主編　蔡宗齊

本輯主編　　蔡宗齊　汪春泓

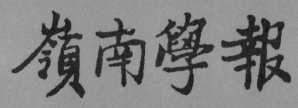

Lingnan Journal of Chinese Studies

嶺南學報

（本輯全部論文均經過匿名評審）

復刊　第七輯

上海古籍出版社

圖書在版編目(CIP)數據

嶺南學報. 復刊第七輯／蔡宗齊主編. —上海：
上海古籍出版社，2017.5
ISBN 978-7-5325-8382-9

Ⅰ.①嶺… Ⅱ.①蔡… Ⅲ.①社會科學—期刊—彙編
—中國 Ⅳ.①C55

中國版本圖書館 CIP 數據核字(2017)第 042706 號

嶺南學報(復刊第七輯)

蔡宗齊　主編

上海世紀出版股份有限公司
上 海 古 籍 出 版 社　出版

(上海瑞金二路 272 號　郵政編碼 200020)

(1)網址：www.guji.com.cn

(2)E-mail：guji1@guji.com.cn

(3)易文網網址：www.ewen.co

上海世紀出版股份有限公司發行中心發行經銷

啓東市人民印刷有限公司印刷

開本 710×1000　1/16　印張 18.75　插頁 2　字數 298,000

2017 年 5 月第 1 版　2017 年 5 月第 1 次印刷

ISBN 978-7-5325-8382-9

Ⅰ·3148　定價：78.00 元

如有質量問題,請與承印公司聯繫

目　　録

*《嶺南學報》名家講座系列專稿

思想史論壇

仍在胡適的延長綫上

——有關中國學界中古禪史研究之反思

葛兆光

【摘　要】本文從 1980 年代以來中國大陸對於禪宗研究狀況的討論開始,探討在當時"文化熱"背景下禪宗研究存在的問題與方法,並且介紹迄今爲止中國大陸的禪宗研究狀況。試圖指出,1920—1930 年代,胡適開創了中國學界禪宗研究的現代典範,他大力提倡並且身體力行的歷史學與文獻學結合的方法,至今仍是中國學界在禪宗尤其是禪宗史研究領域最擅長、最有希望也是最有成績的。本文在簡單介紹了日本與歐美禪宗史研究界的各種現狀,並與中國對比之後,强調中國學界關於禪宗尤其是禪宗史研究,至今仍在胡適當年的延長綫上,歷史學與文獻學結合,至今仍是應當努力的方法。

【關鍵詞】胡適　禪宗史　歷史學與文獻學結合　日本學界有關禪宗史研究　歐美學界有關禪宗史研究　後現代歷史方法

引子: 從高行健説到八十年代禪文化熱

2000 年的秋天,我在歐洲訪問,大概是 10 月 12 號,比利時魯汶大學的鍾鳴旦(Nicolas Standaert)教授突然來告訴我説,今年的諾貝爾文學獎授給高行健,以表彰他的小説,尤其是《靈山》,對一種文化的深刻描述。這是第一位華人得到諾貝爾文學獎,我當然很高興。兩天後我到荷蘭,在萊頓大學漢學院圖書館看高羅佩(Robert Hans van Gulik, 1910—1967)藏書,正巧那裏有個朋友希望我講一講中國對於高行健戲劇和小説的感想，我就即興講了一段。記得當時我説的大意是，高行健得獎值得高興，但我始終有一個奇怪的感覺，就是儘管他在法國已經十幾年了，但他好像仍在 1980 年代的中國，他的小説中關於中國的認識、記憶和想象，好像都來源於 1980 年代“文化熱”。可是，“山中方七日，世上已千年”，現在中國已經和“文化熱”那個時代不同了。記得當時我還用了“子在川上曰：‘逝者如斯夫，不舍晝夜’”的典故，感慨無論是身在此山外的歐洲人，還是身在此山中的中國人，如果不瞭解八十年代中國文化熱，也許很難體驗和理解高行健《靈山》的文化背景和靈感來源。

　　這並不是我個人的感覺，經歷過中國大陸 1980 年代“文化熱”的人，都會覺得“記憶停滯在八十年代”①。爲什麽我講禪宗史研究，要扯到這麽遠呢？因爲在高行健的《靈山》裏，曾經用了很多佛教、禪宗的元素，暗示他想象中的一種荒蠻（貴州）的、邊緣（佛道）的、充滿神秘色彩（靈巫）的文化，這是和西方常識中的中國文化並不一樣的文化，高行健的文化記憶中，就包含了二十世紀八十年代中國理解的“禪”。就在前些年，我在《明報月刊》2007 年第 5 期上，又看到他和劉再復在巴黎對話，題目居然是“慧能的力度”。高行健在馬賽歌劇院導演《八月雪》，還説“惠能是東方的基督”，惠能“啓發人自救”，而禪是“一種立身的態度，一種審美”。可見，這個對於禪的文化想象在他心裏是很深的。這種有關禪宗的文化想象，現在已經不多見了，但在 1980 年代是很普遍的。因爲那個時代中國不少學者相信，對於禪宗史的興趣，有關禪文化的熱情，可以衝擊主流政治文化的一統，瓦解傳統儒家思想的固執，改變中國人的實用性格，這是在那個時代背景中出現的特別的文化現象。

　　那麽，那個時代背景是什麽呢？爲什麽那時會對禪宗產生異常興趣呢？這要回頭説到當時中國出現的“文化熱”②。

---

① “中國八十年代的文化主潮是理想主義、激進的自我批判，以及向西方取經”，“至少在過來人當中，大家並没有忘掉那段歷史”。參看查建英《八十年代訪談錄》，北京：三聯書店 2006 年版，《寫在前面》，第 9、4 頁。

② 關於文化熱，可參考林同奇《文化熱的歷史含意及其多元思想流向》（上）、（下），連載於《當代》（臺北）第 86、87 輯（1993 年 6—7 月）。亦可以參考陳奎德編《中國大陸當代文化變遷》，臺北：桂冠圖書公司 1994 年版。

一、1980 年代中國禪宗研究的政治與文化背景

　　簡單地説,中國 1980 年代的"文化熱",是在一種矛盾心態中形成的。一方面,當時的人們在理智上大都嚮往現代化,因爲人們相信這樣一些格言:"落後是要挨打的",是要被"開除球籍"的。因此,剛剛改革開放的中國,思想世界基本上仍在"五四"甚至晚清以來"尋求富强"的脈絡之中。在這種被史華兹(Benjamin Schwartz, 1916—1999)稱爲"尋求富强"(In Search of Wealth and Power),也就是奔向現代化的心情中①,科學、民主、自由等等普世價值,在經歷過"文革"的人看來,仍然是追求的理想和目標。因此,魯迅的"批判國民性"是那個時代的主旋律,批判傳統的聲音還很强。特別是,由於不好直接批判政治的弊病和追究政黨的責任,就讓文化傳統爲我們"還債"。所以,就像"伍子胥鞭屍"一樣,當時很多研究歷史和文化的人,就會發掘傳統文化中間那些導致中國封閉、落後、蒙昧的因素。這個時候,儒家、佛教、道教就統統被翻出來,重新放在聚光燈下和手術臺上。

　　可是,還有另一方面。畢竟都是中國的知識人,對於自身的傳統和歷史,本來就多少有一些依戀的感情,而且傳統的天朝大國心態,也讓中國人不那麼甘心或者不那麼服貼於西方文化,總覺得中國傳統還是有現代資源的。所以,對於那種符合士大夫口味的禪宗,包括那些自由的思想、反叛的行爲、怪異的公案,都很有興趣。所以,在批判的同時也不免有點兒留情,對它的好感從前門被趕出去又從後門溜進來。像我自己寫《禪宗與中國文化》那本書,在談到它造成文人士大夫心理内向封閉的時候,可能批判的意味很重,但談到它追求"幽深清遠"的審美情趣時,又往往不自覺地稱讚。特別是,當時中國一批"尋根"小説家,他們在發掘中國文化資源的時候,覺得歷來佔據正統的儒家很保守,古代主流的政治意識形態很没有意思,中原的、漢族的、秩序感和道德感都很强的文化也很乏味。因此,文學家們常常去發掘那些怪異、反叛和邊緣的東西。因而佛教禪宗、道家道教、巫覡之風、西南或西北少數民族,就開始被濃墨重彩地想象和渲染。像當時韓少

---

① 這是史華兹一部有關中國近代思想文化史著作的書名,即葉鳳美譯《尋求富强:嚴復與西方》,南京:江蘇人民出版社 1990 年版。

功《爸爸爸》、王安憶《小鮑莊》、賈平凹《臘月正月》等等，其中多多少少都有這方面的趨向。高行健也不例外地受到這一潮流的影響，所以，他的《靈山》裏面就用了貴州（非漢族）、佛教、道教這些和中原（漢族）、儒家主流文化不一樣的元素①。

　　1980 年代的政治、文化和思想背景刺激了“禪宗熱”。不過這個“禪宗熱”，本質上並不是歷史學或文獻學意義上的學術研究，而是現實的社會關懷與文化反思下的政治批判。在這個時代，禪宗只是一個箭垛，就像“草船借箭”似地讓批判和反思的箭都射到這上頭來。可需要追問的是，爲什麽偏偏是禪宗當了這個箭垛呢？因此，我們還應當注意，“禪宗熱”背後還有一些“洋背景”。

　　很多人都知道，那個時候中國有一套叢書很流行，這個叢書叫做“走向未來”。聽這套叢書的名字就知道，那個時代的人對於“走出中世紀”的心情多迫切。在叢書裏面有一本小書，是一個西方人卡普拉（Fritjof Capra, 1938—）寫的，書名叫《物理學之道：近代物理學與東方神秘主義》。這個卡普拉是一個很有反叛性的物理學家，他大概學了一些東方思想，對西方科學有很多質疑②。除了這本書外，他還寫過一本叫《轉捩點：科學、社會與興起的文化》，兩本書裏面都引用了不少道家和禪宗的説法——當時被稱爲“非理性主義”或“東方神秘主義”——對西方慣常的理性思維和科學主義進行抨擊。《物理學之道：近代物理學與東方神秘主義》這部書當時被譯成中文，就好像俗話説的“歪打正着”，也就像古話説的“郢書燕説”。他的這些很“後現代”的批判性想法，對於當時正在熱心追求科學的中國人沒有形成太大的影響，但是對仍然依戀傳統文化的中國人，卻給了一個有趣的啓發：原來，我們這裏的禪宗、道家，還是比西方哲學和科學更加時髦

---

① 《靈山》中寫到貴州東北部著名的梵淨山，寫到山中寺院老和尚的圓寂與火化。但是，老和尚的兩個大弟子最終也沒有得到口授真傳，連象徵佛法的衣鉢的“鉢”都粉碎了。最後，一場大火三天三夜，一切只剩下灰燼。“浩劫之後又只剩下這一座廢墟和半塊殘碑，供後世好事之徒去作考證”。他又寫到，古廟廢墟不久又成爲土匪窩，他感慨歷史的變遷不居。高行健其實是在暗示佛教道理“凡所有相，皆爲虛妄，所相非相，乃非非相”。

② 收在“走向未來叢書”的那個中文本，題爲《物理學與東方神秘主義》。這部書流行非常廣，後來又在中央編譯局出版社重新出版，在 2012 年第 4 次印刷，並且增加了新的內容。在卡普拉看來，道家、禪宗及東方的其他神秘主義學派，如印度教、佛教等等之所以能像現代量子物理學一樣，對宇宙的基本統一性有深刻的認識，其原因就在於他們的思維形式是渾然不分的直覺思維，而不是門類分裂的理性思維。

更加先進的思想呢,就像禪宗語録講的,"自家寶藏不肯信,整日四處尋覓",這下可好,我們有自豪的本錢了,所以,很多人對禪宗開始另眼相看起來。

其實,卡普拉有關"東方神秘主義"的想法(包括西方人對於禪宗的理解),一方面來自歐洲哲學家或東方學家對於印度的研究;另一方面來自日本鈴木大拙的影響。這裏没有篇幅仔細討論,只是要説明的是,西方人在19世紀末、20世紀初,已經有一些對於現代性的反思,在反思中,他們發現了可以用來自我批判的東方資源,比如叔本華、尼采,一直到海德格爾、雅斯貝斯等等。因此,這個時候歐洲哲學家或東方學家關於吠陀、佛教、道家的研究,日本學者對於佛教、禪宗的哲學詮釋,就會成爲批判資源,進入他們的思想世界。另外,我們也應當承認,日本學界在哲學和思想的反思性批判和自主性追求上,比中國學界要早得多。這也許是由於日本較早進入現代國家行列,又割不斷東方文化傳統的緣故,它很早就有所謂"近代超克"的意識,總試圖在西方思想和觀念籠罩下掙脱出來。所以有一批如鈴木大拙、西田幾多郎、西谷啓治、久松真一、阿部正雄這樣的學者,一直在努力發掘和宣傳自己的思想文化,其中,很重要的就是"禪"。因爲禪對於宇宙本質的理解,對於語言和理性的懷疑,對於社會生活的理解,對於心靈自由的另類尊重,似乎都和西方人不同。所以,從20世紀初期起,鈴木大拙就用英文在西方傳播禪思想和禪文化,後來他甚至被西方人稱爲"世界禪者",連"禪"這個詞,現在西方人都習慣用日文的發音叫作"Zen"而不是中文的"Chan"[1]。

這些傳統的佛教思想,在日本學者中用西方概念重新包裝,出口到西方,可是,又從西方的接受者那裏穿上了洋外衣,出口轉内銷回到了1980年代的中國[2]。這種西方人都承認的東方智慧,給當時强調中西思想文化差異的中國學者很多啓發,也給暗中留戀本土傳統的中國知識分子,提供了一個重建傳統思想和本土文化的新契機。我記得那個時候,對於德國哲學家海德格爾(Martin Heidegger,1889—1976)曾經請臺灣學者蕭師毅給他讀《老子》這一傳聞,大家都津津樂道,覺得其中深意令人遐想。而佛教與禪

---

[1] 當然,現在歐美學界研究禪宗的學者,倒是有意識地用"Chan"來標示禪宗,特别是中國禪宗。而用"Son"來標示朝鮮禪宗,用"Zen"來標示日本禪宗。在有的著作中,還會特别採用"Chan/Zen"或"Zen/Chan"這樣的方式。

[2] 例如,阿部正雄撰,王雷泉、張汝倫譯《禪與西方思想》,上海:上海譯文出版社1989年版;Masao Abe:*Zen and Western Thought*(London:MaCmillan,1985)。此書中譯本曾經在1980年代末出版,並且發行一萬多册。

宗,就是在前面所説的那種"批判"和後面所説的這種"留戀"中,被 1980 年代的中國學界重新發現的。包括我自己那部《禪宗與中國文化》,現在回想起來纔漸漸察覺這部書中一些思路、方法和評價的問題所在,可是,當時我卻並没有這麽明確和自覺的意識。身處一個時代潮流中,往往身不由己地被裹進去,要到很晚纔能自己反思。後來,我在翻譯鈴木大拙《禪への道》那部書前面寫的譯者序中,對這個學術史過程有一些檢討,當然這可以叫"後見之明"。

我的《禪宗與中國文化》,也許是現代中國大陸學界第一部專門討論禪宗的著作,此後,中國陸續出現了不少有關禪宗的論著。可是應該指出,整個 1980 年代,中國的禪宗歷史和文化研究,嚴格地檢討起來,並不能算很學術或學院的。如果允許我簡單地説,中國學界的禪宗研究大致可以分三個領域。一是作爲歷史和文獻學研究領域的禪史研究,在這個領域中,研究者得先去收集史料、考察歷史、還原語境、排列時序,那是很嚴格的學院式研究。二是作爲哲學、心理學解釋領域的禪思想研究,在這個領域你得説明,在人的思想和智慧上,禪宗是怎樣超越傳統,給中國思想世界提供新思路、新認識,從而改變了中國人的習慣的,也得説明作爲一個以救贖爲目標的宗教,它通過什麽方式使信仰者的心靈和感情得到解脱? 這也是很難的。三是作爲歷史和現實批判資源的禪文化研究,這當然是根據當下的需要,借助歷史和文化,來含沙射影、旁敲側擊地進行現實批判,這需要的不是歷史和文獻、哲學和心理的嚴格、細緻,應該説就比較容易。但是,這三個不同領域和三種研究進路在 1980 年代是被混淆的,而最後一個領域也就是現實批判,在那個時代是最受關注,也是最能够引起共鳴的。應當承認,我寫《禪宗與中國文化》,就是在這個層面建立論述和思考基礎的,所以嚴格説來它並不能算"學術的"或者"學院的"研究。可是,偏偏這一非學院或非學術式的禪宗研究,對 1980 年代學術界文化界的"禪宗熱",起了最大的作用。

寫《靈山》的高行健,恰恰就是受到這一方面的影響。

二、胡適的意義: 中國禪的基本問題與
近百年來中國的禪宗史研究之狀況

現在,讓我們從禪宗的基本常識開始,重新討論中國在禪宗研究領域

的一些學術史問題。通常,在有關中國的禪宗與禪宗史研究裏,需要重點討論的是以下幾個方面:

第一,靜坐的方法。在漢魏六朝時期,佛教有重視義學(就是依據經典講明道理)的一個方向,也有重視實踐(包括坐禪、苦行、造寺)的一個方向,後面這個方向中,特别以小乘禪學的影響最大。在小乘禪學中,靜坐的方法是很重要的,來源也很古老①。可是,爲什麽後來有了"律師"、"禪師"和"法師"的分工? 爲什麽裏面的"定"會逐漸獨立起來,並且在唐代中葉以後成爲佛教的大宗? 換句話説,就是禪如何由實踐方法變成了整體理論,並且涵蓋了整個佛教關於人生和宇宙的理解和認識? ——這一方面的問題,涉及在中國"禪"如何成爲"宗"的大關節問題,這是屬於禪思想史必須討論的話題。

第二,關於"空"和"無"。什麽是禪宗對於"空"的理解? 它如何與道家的"無"區别和聯繫? 佛教中的這一支,其核心觀念和終極追求,如何從《楞伽》的"心"轉向《般若》的"空"? 所謂"佛性常清淨",又怎樣逐漸偏向"本來無一物"? 這種理論如何被詮釋和實踐爲自然主義的生活? ——這一方面的問題,涉及禪思想如何"中國化",就是它怎樣和中國原有思想的結合,以及中國禪宗最終爲何有這樣的理論和實踐走向的問題。

第三,什麽是"頓悟"? 如何纔能"頓悟"? 所謂"無念、無住、無相"究竟怎樣轉向了"平常心是道"? 所謂"即心即佛"如何轉向"非心非佛"? 在這些變化中,牛頭、荷澤、洪州各自起了什麽作用? 這種逐漸趨向輕鬆修行和自我超越的思想,對於禪宗和佛教本身的宗教性,以及對於禪宗信仰者的成分,會有什麽影響? 形成這種輕鬆修行的歷史和文化語境是什麽? ——這個問題,涉及禪宗如何以及爲什麽能够進入上層社會,並成爲文人士大夫的精英文化。

----

① 古代印度本來就有瑜伽派,它有八個重要的方法,一是禁制(特别要謹記五戒:戒殺、戒盜、戒淫、戒妄語、戒貪欲)、二是勸制(勤修五法:清淨、滿足、苦行、學誦、念神)、三是位坐法(有各種坐法,包括蓮坐、勇士坐、賢坐、幸坐、杖坐、獅子坐、牛口坐、龜坐、弓坐、孔雀坐、自在坐等等)、四是調息(即呼吸法,吸入時爲滿相,呼出時爲虚相,在三時調節氣息,氣滿時人在氣中爲瓶相,就進入了所謂三昧狀態)、五是制感(控制自己的感覺器官,使眼耳鼻舌身意與外部世界分離)、六是執持(指精神與心靈凝聚於一境)、七是禪那(包括四禪階段)、八是三昧(這是瑜伽修煉最高級最純真的解脱境界)。可是,小乘的禪,作爲瑜伽八支實修法之一,"禪那"是如何被放大並凸顯成實踐的關鍵的? 本來,戒、定、慧三學,都是佛教追求解脱和超越的整體方法。參看後藤大用《禪の近代認識》,東京:山喜房佛書林1935年第三版,第七章《坐法について》。

　　第四,什麽是"不立文字"? 其實,佛教本來是很相信文字和經典的,"如是我聞",記録下來的佛陀説法成千上萬,有經典,有戒律,有解説的論。可是,什麽時候産生對於文字的這種不信任? 它的理論基礎是什麽? 它如何通過回到生活世界來實現感悟? 然後,到了禪宗的手裏,它如何經由矛盾、詩歌、誤讀、模糊表達等等方式,瓦解人們對語言的信任? 它是一種所謂的"反智論"嗎? 如果不是,那麽,它是否像現代西方哲學一樣,是讓人回到"原初之思"呢? 這關係到我們如何來理解各種看上去奇奇怪怪的禪宗文獻,也涉及我們今天如何來理解禪宗的現代意味。——這一方面,則關係到禪如何成爲文學趣味、生活方式和藝術資源,從而成爲文化,漸漸淡化了原來的宗教性。

　　以上這四個方面,表面看去都是禪宗理論和實踐的問題,但是,實際上它們涉及的,恰恰也是禪宗歷史研究的幾個重點: 一是它如何從實踐方法轉化爲理論體系,涵蓋了對人生和宇宙的理解;二是它如何從修行傾向變成了佛教派别,使得禪師變成禪宗;三是它如何從草根階層轉向精英階層,從而使它的影響從南方到北方、從山林到廟堂。這些恰恰就是禪宗史的關節點。在這些問題裏,既涉及歷史,也涉及思想,還涉及知識和信仰,甚至還要涉及整個中國思想、宗教和文化的轉型問題,在這樣的觀察角度下,這就首先是一個禪宗史的問題了。當然,除了以上禪宗史過程之外,歷史上的政治、社會與文化對禪宗的影響和禪宗對中國政治、社會與文化的反影響,也仍然是需要討論的。

　　可是,1980 年代中國大陸的禪宗研究,主要聚焦點卻在禪宗對於中國,尤其是上層知識人文化心理的影響,以及它如何影響到今天中國知識人的政治態度和社會取向。不過,從 1980 年代"文化熱"以來,經歷了 1990 年代的"學術熱",現在禪宗研究已經有了很大變化,逐漸有了新的視野、思路和方法①。關於這一方面,近年來有龔雋、陳繼東兩位合作的《中國禪學研究入門》,這是我們編的"研究生學術入門系列"叢書中的一種,對於目前禪宗研究的狀況,已經寫得很全面了②。我這裏想要重點討論的,是胡適開創的有關中國禪宗史研究方向和研究方法,在當下中國是否仍然有意義

① 有關中國學術界的這一轉變,請看葛兆光撰,土屋太祐譯《文化史、學術史、そして思想史へ——中國學術界における最近三十年の變化の一側面》,載《中國—社會と文化》(東京大學·中國社會文化學會) 第 25 號(2010)。

② 龔雋、陳繼東《中國禪學研究入門》,上海: 復旦大學出版社 2009 年版。

的問題。所以,我應當先回顧一下現代中國有關禪宗史研究的百年學術史。

　　在我個人視野中所見,沈曾植(1850—1922)應當是現代的中國禪宗史研究的開創者。他死於 1920 年代,生前並沒有專門寫過關於禪宗的著作或文章,但是,他去世後由門人後學整理出來的劄記,也就是《海日樓劄叢》中有好幾篇關於禪宗的短文①,既具有現代意味,又富於開拓意義。比如,關於早期禪宗是"楞伽宗"的説法,就比胡適早很多年,他看到了早期禪宗奉《楞伽經》的歷史;比如,像禪宗傳法系統最重要的金石資料《法如碑》,他就最先注意到了,並指出禪宗傳續過程中,並不像禪宗後來説的是東土六祖即從達摩到弘忍到惠能,甚至也不像北宗禪説的,從弘忍直接到了神秀,而是中間有一個法如;又比如,從《禪門師資承襲圖》論神會的部分,他也注意到了神會的意義,這比日本的忽滑谷快天和中國的胡適更早,他説"南宗之克勝北宗,爲人王崇重,實賴(神)會力"②。特別應當指出的是,沈曾植是當時學界領袖式人物,民國初年在上海寓居,儼然就是舊學世界的領袖,但開一代新風的羅振玉、王國維、陳寅恪,都很受他影響。他對古代中國和突厥之關係、西北歷史地理、蒙元史的研究,都有深刻見解,這在當時都是很前沿的學問。因此當他以學界領袖的地位來關心佛教和道教的研究,就會産生不小反響③。

　　沈曾植身前身後,像太虚和歐陽竟無領導的僧侶佛學和居士佛學中,也都有一些有關禪宗史的研究,學者中間也有像梁啓超、蒙文通等人的零星論述。但是,真正現代學術意義上的禪宗研究,還是要到 1920 年

---

① 沈曾植《海日樓劄叢》,卷五、卷六,瀋陽:遼寧教育出版社 1998 年,"新萬有文庫"本,特別是有關禪宗的第 185、188、195—197 頁。

② 他的精悍短小的研究,已經很有現代意味。比如在道教方面,像關於道教五斗米教是"拜五斗"即五方星辰,就使我們聯想到道教關於五方的崇拜,這是一直到後來還有人做的課題。在佛教方面,像關於早期佛教部派問題的討論,他就已經脱離了漢傳佛教的老説法。那個時候,沈曾植可能已經接觸了歐洲的印度學,而且還有所批評,比如他討論吠陀的時候,就批評歐洲人關於佛教否定吠陀,受自由思想影響的説法,指出佛教只是"反外道";又比如他討論《舍利弗問經》和《宗輪論》關於十八部分離的記載爲何不同,討論了大衆、上座部的分裂的三種説法,並且考證了大衆部中的大乘思想和馬鳴與婆須迦旃延子的關係,顯然已經超越了傳統漢傳佛教的範圍。

③ 晚清民初是居士佛學興起的時代,沈曾植的佛教論述,也是這個時代居士佛學論述的代表。不過,畢竟他還是博學之士的業餘興趣,又是用傳統劄記的形式記録和表達,所以,這些研究和論述只是偶然的成就,没有在立場和方法上形成重要影響。

代中期的胡適纔開始。所以現在我就轉入正題，講講胡適的禪宗史研究①。

　　我一直認爲，真正使得中國禪宗史研究有根本性變化，使它變成現代學術研究的奠基人，當然是胡適②。胡適對禪宗史的興趣和動力，或許來自兩方面，一方面是由於歐洲"文藝復興"的刺激，他對現代國家語言和白話文學傳統的關注③，因爲禪宗語録在他看來是最好的白話文學；另一方面來自他重新撰寫中國哲學或思想史的抱負。他覺得，寫中國思想史繞不開佛教，研究中國白話文學也離不開禪語録。所以，從 1924 年起，他下定決心研究禪宗史，現在還保存了當時他試着寫禪宗史的手稿④。胡適對敦煌卷子

---

① 在中國大陸，有關胡適禪宗研究的評論中有三篇論文最有代表性：第一篇是任繼愈《論胡適在禪宗史研究中的謬誤》，載於《歷史研究》（1955 年第 5 期），第 29—48 頁。説（胡適）之所以研究禪宗，是因爲禪宗與胡適"都是反理性的，都是主觀唯心主義的，都是反科學的"，並且説胡適的禪宗研究"没有任何價值"。這是 1949 年之後，胡適批判運動下的產物，代表了政治意識形態式的評價。第二篇是樓宇烈《胡適禪宗史研究平議》，載於《北京大學學報》）（1987 年第 3 期），第 59—67 頁。指出"（胡適）以非信仰者的立場、用思想史的眼光、歷史學的態度和方法研究禪宗史的學者"，代表了 1980 年代改革開放之後的新評價。第三篇是潘桂明《評胡適的禪宗史研究》，載於《安徽大學學報》（1988 年第 1 期），第 54—59 頁。特別討論了胡適對於禪宗史文獻的發掘和考證，一方面批評胡適方法論上的根本錯誤是主觀唯心主義，説"（胡適）從'懷疑'出發，以'考證'爲手段，提出了一些難以爲人所接受的'武斷的結論'（柳田聖山語）"。但是另一方面也承認"在這些著述中，胡適的某些考證還是具有一定學術價值的"，説明 1980 年代政治批判的痕跡仍然存在。

② 關於胡適在現代中國思想史和學術史上的意義，參看余英時先生《中國近代思想史上的胡適》（原爲 1984 年爲胡頌平《胡適之先生年譜長編初稿》所寫的序言）以及《〈中國哲學史大綱〉與史學革命》，均載《重尋胡適歷程：胡適生平與思想再認識》，臺北：聯經出版事業公司 2004 年版。

③ 1917 年，胡適（1891—1962）在美國留學回國途中，曾仔細閱讀薛謝爾（Edith Helen Sichel）的著作 The Renaissance，從胡適日記中可以看到，他極爲關注歐洲文藝復興的成果，是在各國"俗語"基礎上形成"國語"，而形成"國語"則對這些現代"國家"的形成非常重要。因此，胡適把意大利語、法語等現代國家語言（國語）和中國宋代的語録、元代的小説以及民衆口語相提並論，他認爲，這就是普及國民文化，提升國民意識，形成現代國家的重要途徑。而"白話猶未成爲國語"，正是他努力在中國推動"白話文學"以及"建設國語"最重要的思想來源。禪宗研究在胡適學術世界中佔有重要位置，在很大程度上來自他的這一思想。

④ 見胡頌平《胡適之先生年譜長編初稿》第二册，臺北：聯經出版事業公司 1984 年版。胡適在 1924 年 7—11 月間開始寫《中國禪學史稿》，他説："寫到了惠能，我已經很懷疑了，寫到了神會，我不能不擱筆了。我在《高僧傳》裏發現了神會和北宗奮鬥的記載，又在宗密的書裏發現了貞元十二年敕立神會爲第七祖的記載，便決心要搜求關於神會的史料。"（第 570 頁）又，胡適《禪宗史草稿》有關神會一段，寫於 1925 年 3 月 4 日，批評《宋高僧傳》"這書頗能徵集原料，原料雖未必都可靠，總比後人杜撰的假史料好的多多"。又説："禪宗書往往把後世機緣話頭倒裝到古先師傳記裏去……我們所以借神會一傳，給讀禪宗史者下一種警告。"見《胡適全集》第九卷，安徽：安徽教育出版社 2006 年版，第 56—57 頁；按：手稿在《胡適手稿及秘藏書信》第 8 册中。

的注意更早，在美國留學的時候他就給英國刊物寫文章，指出大英博物館
敦煌文書目録的問題①。到了 1926 年，他恰好有機會到歐洲去看敦煌卷
子，帶着自己的關注，便發現了禪宗史上前人很少接觸的新資料。1927 年
夏天，他在上海美國學校"中國學暑期講習會"講了四次《中國禪宗小
史》②，1928 年，他寫了《禪學古史考》，同年又與湯用彤討論禪宗史③。可以
看出，這個時候已經基本形成了他的禪宗史基本脈絡和評價立場④。於是，
從 1929 年起到 1934 年，他陸續發表了好幾篇關於禪宗的研究論文⑤，範圍
涉及了早期禪宗系譜、中古禪宗史、南宗的神會，以及《壇經》作者、惠能與
神會之後的南宗禪等等，一時引起學界極大關注。應當説，他發現有關禪
宗的敦煌文獻，是千年來不曾看到的新材料，他提出有關禪史的好多看法，
都是石破天驚極具震撼力的。比如，關於《壇經》不是惠能的作品而是神會
的作品；比如，開元年間滑臺大會是禪宗史南宗與北宗盛衰的轉捩點；比
如，安史之亂中神會爲朝廷籌"香水錢"奠定了南宗的正統地位；又比如，寫
禪宗系譜的傳統依據傳燈録往往不可信等等。這些研究無論結論是否正

---

① 胡適爲英國《皇家亞細亞學會會刊》(Journal of the Royal Asiatic Society)撰文，批評 1914 年第 3
期上翟理斯(Herbert Allen Giles)編撰的《敦煌録：關於敦煌地區的記録》(第 703—728 頁)，指
出其錯誤。見王冀青《胡適與敦煌録》，載於《文史知識》(2010 年第 7 期)。

② 1931 年，他給朝鮮人金九經寫信，提到他有一篇英文的《禪宗小史》，曾請 Sauncers 帶給鈴木大
拙看，但此文我沒有看到。見耿雲志等編《胡適書信集》上册，北京：北京大學出版社 1996 年
版，第 528 頁。

③ 1928 年 7 月 21 日他和湯用彤的書信討論，即《論禪宗史的綱領》，共十三條。其中有幾個最重
要的關節，一是印度禪與中國禪，中國禪受道家自然主義影響的成分最多；二是菩提達摩一派當
時叫"楞伽宗"，敦煌有《楞伽師資記》；三是惠能的革命和神會的作用；四是八世紀下半葉出現
了很多有關禪宗系譜的偽史；五是八世紀下半葉到九世紀上半葉，禪宗的分派要參考宗密的著
作和敦煌的資料；六是神會一派不久衰微，馬祖道一成爲正統，"中國禪至此始完全成立"。以
上這些論述，基本上構成了六至九世紀禪宗史的大體框架。

④ 原發表在 1928 年 8 月 10 日《新月》第一卷 6 號，收入《胡適文存》三集第四卷，見《胡適文集》第
4 册，第 221—235 頁。這篇文章一開頭就強調："印度人是沒有歷史觀念的民族，佛教是一個
'無方分(空間)無時分(時間)'的宗教。故佛教的歷史在印度就沒有可靠的記載。"他説他在
上海美國學校講禪宗小史，對中國禪宗人物生死年代講的很清楚，這使得兩個印度聽衆很吃驚，
覺得這是"中國民族特別富於歷史觀念的表現"。顯然，這已經體現了胡適對於禪宗史研究，重
視時間與空間研究的現代性的方法特徵。

⑤ 像《菩提達摩考》(1927)、《白居易時代的禪宗世系》(1928)、《荷澤大師神會傳》(1930)、《壇
經考之一》(1930)、《楞伽師資記序》(1932)、《壇經考之二》(1934)、《楞伽宗考》(1935)等
等(分別收入《胡適文集》第 3、5 册)，還編輯了《神會和尚遺集》，上海：亞東圖書館 1930
年版。

確,都使得禪宗史不得不重寫①。

胡適雖然並不是僅僅以禪宗史爲自己的領域,但他一輩子都在關注禪宗研究,在 1930 年代前後專注於禪宗史研究之後,有十幾年因爲第二次世界大戰、政局變化,他受命擔任駐美大使,暫時放下了禪宗研究。但是,1952 年之後,當他開始有餘暇的時候,又開始研究禪宗史。1952 年 9 月,他重新拾起《壇經》的資料,檢討他自己過去的看法。那一年他到臺灣,在臺灣大學講治學方法時,就舊話重提,大講他發現禪宗史料的經過,可見禪宗史的興趣始終未泯。1953 年 1 月,在紀念蔡元培 84 歲生日的會上,他又以《禪宗史的一個新看法》爲題做了一次演講,這一年他還寫了《宗密的神會傳略》,這象徵著胡適再次回到他 1930 年代的禪宗史領域和問題。此後一直到他去世,他仍然在不斷地就禪宗史的文獻、歷史、方法進行探索。一直到他去世前的 1961 年 5 月 23 日,他在病榻上仍然認真地重讀 1928 年他曾經考察過的《傳法堂碑》,並鄭重地記下在衢州月果禪寺居然有這塊碑的原石。

在胡適的禪史研究論著出版之後,幾乎半個多世紀中,中國學術界甚至日本學術界,都深受這些資料和觀點的影響。日本的入矢義高教授、柳

---

① 臺灣學者江燦騰曾經質疑,胡適的神會研究,是否曾經受到日本忽滑谷快天 1923 年、1925 年出版的《禪學思想史》的啓發和影響,所以,並不算他的原創。江勇振在《舍我其誰:胡適傳》第二部《日正當中:1917—1927》(臺北:聯經出版事業公司 2013 年版,第 661—664 頁)中,一方面贊成江燦騰的意見,但另一方面又指責江燦騰"只留心出版的作品,而忽略了胡適未出版的筆記和手稿"。他認爲,胡適確實讀過忽滑谷快天的書,是"徵而不引的壞習慣",但他又根據現存胡適手稿,認爲胡適八年前即"潛心研讀佛學或禪宗的歷史",因此發現神會新資料是"拜他八年來用功之所賜"。因此,"胡適對禪宗在中國佛教史上的革命的意義,以及神會在這個革命裏所扮演的角色的認識,在這時(1925)就已經奠定了"。按:胡適在 1924 年就開始自己思考禪宗史問題,1925 年 3 月 4 日寫神會一節,主要依據是《宋高僧傳》,對《景德傳燈録》頗有批評,這有當時的"禪學史手稿"爲證。因此我懷疑,在禪宗史研究之初,胡適未必依據了忽滑谷快天的著作。在未被收録於《胡適書信集》(包括《胡適全集》)、寫於 1926 年 10 月 29 日一封致顧頡剛的信中,胡適提到他在巴黎看伯希和帶回的敦煌卷子,說:"發見了不少的禪宗重要史料,使我數年擱筆的《禪宗史長編》又有中興的希望了。前年(1924)作禪宗史,寫了八萬字,終覺得向來流行的史料,宋人僞作的居多,沒有八世紀及九世紀的原料可依據,所以擱筆了。"(原載《國立中山大學語言歷史學研究所週刊》第二卷第 15 期,此據蔡淵迪《跋胡適致顧頡剛書信兩通》,載於《敦煌學輯刊》2014 年第 1 期,第 159—169 頁。)胡適的禪宗史看法的形成,應當與忽滑谷快天關係並不大。雖然 1926 年發現敦煌神會文書時,有可能參考過忽滑谷快天的書,受到了一定的啓發,但是,胡適從敦煌文獻入手重新審視禪宗歷史,通過整體質疑禪宗系譜的書寫,來重建一個可信歷史,在方法上他的意義更大。所以,不必糾纏於他是否沿襲了忽滑谷快天的書。當然,江燦騰也並不否認胡適在中國學界對禪宗史研究的開創性意義。

田聖山教授,都是佛教研究中的權威,但他們在與胡適交往通信中,不僅深受影響,也很認同胡適關於禪宗史的一些説法。柳田聖山先生還編過《胡適禪學案》一書,專門討論胡適的禪宗研究以紀念這個開創者。在臺灣和香港,一直到 1960 年代,圍繞胡適關於《壇經》的考證再次掀起爭論,包括錢穆等學者都捲進去了。中國大陸在 1950 年代重新開始禪宗研究以後,其實,大多數學院學者的研究也還是在胡適的延長綫上的。只是大陸當年把胡適當做"敵人"來批判,連胡適在禪宗研究上的成績也一筆抹殺,所以,只好在歷史學與文獻學的角度與方法之外,新增加了兩個觀察立場和分析維度,來超越過去的研究。第一個是所謂"哲學史",這也是由於中國大陸宗教研究長期設置在大學的哲學系,並推動以馬克思主義哲學觀念研究宗教,所以,禪宗研究中增加了宇宙論與知識論層面、唯心唯物觀念角度的研究,最著名的如任繼愈及其弟子們;第二個是"社會史",在有意無意中,繼承了傳統儒家對於佛教在社會、政治和經濟方面作用的批判,把禪宗放在政治、社會和經濟角度進行研究,最重要的如范文瀾《唐代佛教》以及思想史領域的追隨者。可是應當説,一直到 1980 年代,中國大陸的禪宗研究並没有多大起色,也没有什麽專書出版。

1980 年代以後,禪宗研究興盛起來。正如我前面所説,先是出現了"歷史與文化批判"的新角度;再往後,受西方現代甚至後現代禪學研究影響,出現了新的禪學論述,這當然是後話。今天,中國大陸的禪宗研究著作已經非常多[1],如果不算佛教界内部的研究,而只討論學院的學術研究,那麽這些論著大體可以歸納爲三種:(一)"哲學史研究"的進路,主流是用馬克思主義哲學和社會發展史的分析方法,我認爲,這是一種"反西方的西方模式";(二)"歷史學與文獻學"進路,這方面成果不少,比如發現神會碑銘,整理敦煌本《壇經》、《神會語録》等,近年來有關禪宗的碑誌文獻大量出現,可見,以傳世文獻與出土資料爲主的研究方法最有成績[2];(三)"文化批評"進路,這包括由於對現代性的質疑而引出的價值重估,對歐洲近代文

---

[1] 包括楊曾文《唐五代禪宗史》,北京:中國社會科學出版社 1999 年版;楊曾文《宋元禪宗史》,北京:中國社會科學出版社 2006 年版;杜繼文、魏道儒《中國禪宗通史》,南京:江蘇古籍出版社 1993 年版,以及洪修平、賴永海、麻天祥、潘桂明、蔡日新、劉思果等人的禪宗史論述。

[2] 但是應當指出,在這一方面,方法仍然略嫌簡單,採用這一進路的學者,對歷史語境和社會背景,即政治狀況、社會生活、禮儀風俗的重建以及普通信徒觀念和知識的關注仍然不夠,對文獻上的文本細讀、疊加層累、僞中之真、真中之僞的複雜方法運用仍有距離。

化與哲學的質疑①。但是,依我的看法,中國學者最擅長,也是最有成就的仍然是歷史學與文獻學的研究,在這種史料批判和歷史評價上,禪宗史研究還是沒有走出胡適的時代,想建立新典範,恐怕沒有那麼容易。

我想特別強調的一點是,胡適的禪宗史研究的意義,不是對禪宗史具體的歷史或文獻的結論。如果要細細追究的話,可能胡適的很多説法都有疑問,比如前面説到的:(1)關於《壇經》不是惠能的作品而是神會的作品,這根據是不足的②;(2)滑臺大會,他説開元年間滑臺大會是禪宗史南宗與北宗盛衰的轉捩點,這個説法是誇大的③;(3)安史之亂中神會爲朝廷籌"香水錢"奠定了南宗的正統地位,也被證明很不可靠④。但是,我們爲什麼要説他依然是禪宗史研究的開創者呢?這是因爲胡適最重要的貢獻,就是建立了中國學術界研究禪宗的典範。爲什麼是"典範"?這裏主要指的,就是這個中國禪宗研究的歷史學與文獻學範式,這個研究範式影響了和籠罩了至今的中國禪宗研究,現在中國學界研究禪宗,仍然走在胡適的延長綫上。

---

① 但是,應當指出,這一進路中,往往過度詮釋頗多,而西方擅長的"心理學"和"語言學"方法,至今中國學界仍然並未很好把握。

② 關於《壇經》的作者是神會,胡適的證據之一是《壇經》和《神會語錄》裏面,很多術語和思想相近,但是這個説法並不成立,因爲學生和老師之間相似是很自然的;之二是惠能不識字,不可能講這麼深奧的思想,但是焉知惠能不識字是真是假;之三是《鵝湖大義碑》中有説荷澤一系的"洛者曰會,得總持之印,獨曜瑩珠。習徒迷真,橘枳變體,竟成檀經傳宗"一句,胡適認爲,這證明神會炮製了《壇經》,但是,這段話只能證明神會一系用《壇經》作爲傳授時的憑信,不能證明神會就是自己撰寫了《壇經》。就連胡適自己後來也改變了看法,《胡適之先生年譜長編初稿》中,胡頌平記載説:"到了……(1959)二月二十日,先生在此文(指《六祖壇經原作檀經考》)的封面上自注説'後來我看了神會的〈壇經〉兩個敦煌本,我也不堅持〈檀經〉的説法了'。"(《編者附記》,第 2224 頁)胡適論據中比較有説服力的,是《壇經》裏面有惠能説的"吾滅後二十餘年,邪法撩亂,惑我宗旨,有人出來,不惜身命,定佛教是非,豎立宗旨,即是吾正法"這一條,所以,這段話一定是後來與神會有關係的人的説法,爲了證明真傳嫡系在神會,所以《壇經》和神會肯定有關係。但是我們相信,更可能的是神會對《壇經》有修改補充,而不是神會自己炮製《壇經》。

③ 滑臺大雲寺並非佛教在唐帝國的中心,沒有特別大的意義,同時,辯論會在唐代相當普及,凡是有疑義,常常就會有論戰,這一次在滑臺舉行的論戰是否特別有影響?還是有疑問的。與神會辯論的"崇遠法師"不是北宗,而是義學僧人,一個法師,他敗了不等於北宗敗了,那個時代,北宗禪可能對神會很不屑,因爲當時的北宗禪正如日中天。

④ 關於香水錢,雖然贊寧在《宋高僧傳》説過這件事,但只是簡單叙述了一下,把它當作南北宗之爭的一個大關節,則是胡適《荷澤大師神會傳》纔開始的,很多人都接受這個説法,但是這是不可靠的。參看葛兆光《荷澤宗考》,《新史學》(臺北:史語所)第五卷第 4 期。收入《增訂本中國禪思想史——從 6 世紀到 10 世紀》,上海:上海古籍出版社 2007 年版。

　　在這個"典範"中,有三點特別要肯定:

　　第一,是他開拓了禪宗史研究的新資料,特別是在敦煌卷子中發現了很多有關禪宗的新資料。1935 年,他在北京師範大學演講的時候,曾經説到能夠顛覆禪宗正統派妄改的歷史的新資料,一是要從日本寺廟中找,一是從敦煌石室寫本中找①。其中,他對敦煌資料的重視是從 1916 年在美國留學的時候開始的,當時他曾寫過英文文章糾正過英國敦煌編目的錯誤,後來,由於對白話文學史和中古思想史的兩方面興趣,他對佛教新資料就更加關注,這纔有了 1926 年他去歐洲尋找敦煌文獻中的禪宗史料的事情,這可不是忽滑谷快天的影響②。經由他發現並且整理出來的神會和尚的幾份卷子③,仍然是我們瞭解禪宗史上最重要的歷史時期的基本史料。没有這些史料,禪宗史不可能擺脱燈録系統的影響,顛覆傳統的説法,寫出新的、清晰的禪宗歷史來。

　　第二是他重新書寫了禪宗史的脈絡,提出了中古禪宗史研究的新方法。與古史辨派所謂"層層積累的僞史"説一樣,他有關菩提達摩見梁武帝故事爲"滚雪球越滚越大"④,《壇經》從敦煌本到明藏本字數越來越多是"禪宗和上妄改古書"⑤,以及中唐禪宗編造系譜常常是"攀龍附鳳"的説法,給後人相當深刻的影響。雖然,他特別強調神會在禪宗史上的意義,把弘揚南宗禪的重大功績都加在神會身上,包括惠能的《壇經》也是神會炮製的,戰勝北宗也是神會滑臺大會的功勞,在傳統禪宗史之外重新建立起來一個以神會爲中心的中國禪史,可能這些説法並不可靠,我後來寫《荷澤宗考》就反對這個看法。但是,由於胡適的"新説",使得禪宗史研究者一方面要抛開燈録的叙事系統,一方面又需要在反駁胡適叙事的基礎上再建構,這就像西方哲學中的"四元素"説、化學上的"燃素"説一樣,不一定正確,卻成爲一個新模式。在胡適發現神會的資料之後,他對於禪宗系譜與歷史文

① 胡適《中國禪學的發展》,《胡適文集》(十二),第 301—302 頁。

② 江勇振《舍我其誰,胡適傳》第二部《日正當中: 1917—1927》,第 684—685 頁認爲,胡適有意識去尋找新資料,是在美國讀書時受到"高等考據學"啓發,以及赫胥黎《對觀福音書》的影響,可備一説。

③ 1926 年,先後在巴黎發現《頓悟無生般若頌》(胡適認爲就是《宋高僧傳》中説的《顯宗記》)、《菩提達摩南宗定是非論》(即滑臺大會上與崇遠法師等的辯論)、《南陽和尚問答雜徵義劉澄集》(陸續與衆人的問答)、《五更轉》(南宗宣傳詩歌),見於 1927 年他的《海外讀書雜記》。

④ 胡適《菩提達摩考》,收入《胡適文存》三集卷四,《胡適文集》(四),第 257 頁。

⑤ 胡適《壇經考之二》,收入《胡適文存》四集卷二,《胡適文集》(五),第 254 頁。

獻研究方法的認知越來越明晰。他反復强調,"今日所存的禪宗資料,至少有百分之八九十是北宋和尚道原(《景德傳燈録》)、贊寧(《宋高僧傳》)、契嵩(改編《壇經》)以後的材料,往往經過了種種妄改和僞造的手續"①,强調"中唐與晚唐有許多僞書與假歷史,都成了《景德傳燈録》的原始材料"②。主張對一切系譜與史料進行質疑,便成爲他的禪宗史研究的出發點③,他也指出了禪宗史料造僞的時代。柳田聖山《胡適禪學案》記載,胡適曾致信柳田聖山説到,"從大曆到元和(766—820),這五六十年是'南宗'成爲禪門正統,而各地和尚紛紛的作第二度'攀龍附鳳'大運動的時期"④。另一方面,他也非常積極地尋找可以"穿越"禪宗譜系的真史料,正因爲如此,不僅較早的敦煌禪籍就成了他質疑禪宗譜系的重要憑據,而且唐代碑刻史料也成爲他層層剥去禪宗"舊史"的原始依據。在這一點上,他比忽滑谷快天、宇井伯壽等學者要更有貢獻,因爲他使得禪宗研究重新開闢了新的歷史學途徑。

　　第三,正是因爲他自覺地質疑禪宗史料,要在禪宗自我編造的系譜之外重新叙述禪宗史,因此,他對於"教外資料",即唐人文集、碑刻資料有特別的重視。從現在留存胡適的大量筆記文稿中我們看到,胡適曾經相當詳細地做過《全唐文》中隋唐時期各種佛教、道教碑銘的目録,不僅一一記下有關隋唐佛教人物的 216 份碑銘、塔銘,記録了碑主、卷數、作者,而且標注

---

① 見《神會和尚遺集》自序,收入《胡適文存》四集卷二,《胡適文集》(五),第 235 頁;他在 1952 年 12 月 6 日在臺大演講《治學方法》的時候,還重新提到,1926 年到歐洲發現敦煌禪宗資料的事情,指出當時可以看到的材料"尤其是十一世紀以後的,都是經過宋人竄改過的",又以日本學者矢吹慶輝發現敦煌本《壇經》爲例,説明擴張史料的重要。陳垣《中國佛教史籍概説》中評論《禪林僧寶傳》時,也説到禪宗燈録是"以理想爲故實"。

② 柳田聖山編《胡適禪學案》,臺北:正中書局 1975 年版,第 617 頁。

③ 正因爲如此,他既對已經看到敦煌文獻的鈴木大拙"過信禪宗的舊史,故終不能瞭解楞伽宗後來的歷史"有所批評。當然,對忽滑谷快天完全依賴傳統史料叙述禪學思想史,也不能認可。見胡適《致金九經》,載柳田聖山編《胡適禪學案》,第 14 頁。此外,1960 年 2 月 9 日胡適又在演講《禪宗史的假歷史與真歷史》中從鈴木九十歲紀念文集説起,認爲他"是有雙重人格的人,他用英文寫的禪宗很多,是給外國的老太婆看的,全是胡説。但他用日文寫的禪宗,就兩樣了,因爲日本還有很多研究禪宗的人,他不能不有顧忌了"。見胡頌平《胡適之先生年譜長編初稿》,第 3172—3183 頁。

④ 柳田聖山編《胡適禪學案》,第 630 頁。1959 年 12 月胡適致嚴耕望的信中,又談到"十宗之説,實無根據,南北宗之分,不過是神會鬥爭的口號,安史亂後,神會成功了,人人皆爭先'攀龍附鳳',已無南北之分了,其實南宗史料大都是假造的……"見胡頌平《胡適之先生年譜長編初稿》,第 3105—3106 頁。

出這些人物的卒年,以便對佛教史一一排比①。我注意到,越到晚年,胡適越重視唐代禪宗石刻文獻的重要性,在他最後的歲月,即 1960—1961 年中,他不僅依然特別關注各種金石文獻中的唐代禪宗碑文(在他留下的讀書筆記中有裴休的《唐故圭峰定慧禪師傳法碑》、白居易的《唐東都奉國寺禪德大師照公塔銘》、李朝正的《重建禪門第一祖菩提達摩大師碑陰文》、李華的《左溪大師碑》、《鶴林寺徑山大師碑》以及《嵩山(會善寺)故大德淨藏禪師身塔銘》等等)②,而且他還特別提醒學者,對這些載於《全唐文》的碑文、詔敕要有警惕③,要注意直接查閱真正目驗過碑石原文的文獻如《金石録》、《金石萃編》等等④。這一點他遠遠超出了忽滑谷快天,使得中國以及日本學者開始形成以傳世的文集、碑刻、方志等"教外資料",印證新發現的敦煌、日韓古文書,佐之以教內佛教禪宗典籍的研究傳統。要注意,由於這種歷史和文獻學的研究思路,很多唐代文集中的碑誌以及石刻文獻,都統統被發掘出來,這成爲禪宗研究中的歷史學與文獻學結合的路數。胡適一直到晚年,還在很有興趣地討論這個碑、那個碑的史料價值,在唐代文集中到處發現可以打破傳統禪宗記載的資料。這成了一個傳統,也成了一個方法,至今中國學者也還是沿著這一條路在走,應該説,這是中國學者的特長或者擅長之一。包括印順法師的《中國禪宗史》、楊曾文的《唐五代禪宗史》、杜繼文等的《中國禪宗通史》以及我本人於 1995 年出版 2007 年修訂的《增訂本中國禪思想史》,也還是走在胡適的延長綫上。

三、與日本與歐美相比：什麼是中國　學者有關禪宗史研究的特色

在日本與歐美的禪宗史研究這一方面,我並沒有資格作全面的介紹,以下所説的內容,只是用來觀察禪宗研究領域裏面,歐美和日本學者與中國學者的不同,探討一下中國的研究特長與將來出路究竟在哪里。

---

① 均見《胡適全集》第九卷。

② 胡頌平編《胡適之先生年譜長編(初稿)》第 10 册。

③ 見 1960 年 2 月 11 日撰寫的《全唐文裏的禪宗假史料》,《胡適全集》第九卷,第 441—444 頁。

④ 見 1961 年 1 月 6 日撰寫的《金石録裏的禪宗傳法史料》,這一筆記討論了宋代趙明誠所見的《能禪師碑》與《山谷寺璨大師碑銘》等等,《胡適全集》第九卷,第 539—541 頁。

　　日本的中國禪宗研究,比中國興盛得多,研究論著也多得多,有的著作水準相當高。關於這一方面,請大家看一本很好的入門書,即田中良昭編《禪學研究入門》,這部很細緻的入門書最近又有新的修訂本問世①。這裏我不想全面叙述,因爲日本禪宗研究歷史很長、著作太多,這裏只是就我關心的領域和問題,重點指出兩點:

　　第一,應當看到,日本有關禪宗歷史和文獻的研究,至今仍然相當發達。這方面要舉出有代表性的禪宗史研究學術著作,很早期的,人們會提到大正、昭和年間如松本文三郎的《達磨》(東京:國書刊行會,1911)、忽滑谷快天的《禪學思想史》上下卷(東京:玄黄社,1925)、宇井伯壽的《禪宗史研究》第一至第三(東京:岩波書店,1939,1941,1943)等等②。在這以後,日本的禪宗史研究仍然有相當深入的成果,二戰之後如阿部肇一的《中國禪宗史の研究》(東京:誠信書房,1963)、關口真大的《禪宗思想史》(東京:山喜房佛書林,1962),這裏就不一一介紹了。只是特別要提到柳田聖山(1922—2006),這是日本禪宗史研究的重要學者,如果要研究禪宗初期的文獻與歷史,他的《初期禪宗史書の研究》(京都:法藏館,1967)是不可不看的關鍵性著作③。此外,如較早的山崎宏對神會的研究、鈴木哲雄對唐五代禪宗歷史的研究④,滋野井恬對唐代佛教禪宗的地理分佈之研究⑤,稍晚的,如石井修道對宋代禪宗史的研究⑥,衣川賢次對禪文獻特別是《祖堂集》

---

① 田中良昭《禪學研究入門》(第二版),東京:大東出版社 2006 年版。

② 這些都是禪宗研究的名著,奠定了現代日本有關中國禪宗歷史與文獻研究的基礎。其中,忽滑谷快天的《禪學思想史》中的中國部分,可以説是第一部完整的、系統的清理禪宗歷史的現代著作,雖然它尚未參考過敦煌新發現禪宗文書,主要依賴禪宗自己的燈録和佛教的僧傳構建歷史系譜,但是他給後人留下了禪宗的一個基本的歷史輪廓。其中,特別是他以禪宗六祖惠能爲分水嶺,區分達摩到六祖是唯傳一心、簡易明瞭、只此一途的"純禪時代",六祖之後是棒喝機鋒、分宗開派、禪法分歧的"禪機時代",這種區分背後的價值評判,很值得注意。而宇井伯壽的三册《禪宗史研究》,則廣泛參考了更多的文獻,包括新出土的敦煌文書和散見於藏外的史料,以及各種石刻資料,對禪宗史上各種宗派和人物的傳承,作出細緻的考證,非常有參考價值。

③ 前面提到,柳田聖山和胡適曾經有過交往,編過《胡適禪學案》,對於瞭解胡適的禪宗史研究有很大的幫助。他的這一著作對於禪宗早期的史書如敦煌發現的《楞伽師資記》、《傳法寶紀》等等,有很深入的研究,至今研究早期禪宗文獻,特別是敦煌禪宗文書,都要參考這部著作。關於柳田聖山的中國禪宗史研究,可以參看何燕生《柳田聖山與中國禪宗史研究——深切懷念柳田聖山先生》,載於《普門學報》(2007 年 1 月第 37 期)。

④ 鈴木哲雄《唐五代禪宗史》,東京:山喜房佛書林 1985 年版。

⑤ 滋野井恬《唐代佛教史論》,京都:平樂寺書店 1973 年版。

⑥ 石井修道《宋代禪宗史の研究》,東京:大東出版社 1987 年版。

的研究①、野口善敬對元代禪宗史②、伊吹敦對唐代禪門的研究③、小川隆對神會與唐代禪語録的研究④,都相當出色,這些論著仍然延續著歷史學加上文獻學的研究路數。特別值得佩服的是,日本學者常常以研究班的方式,針對某一文獻,數年如一日地集體討論、考證和研究,甚至一再重新討論,因此常常能够拿出相當厚重的成果⑤。

　　第二,是有關傳統禪思想的現代哲學詮釋。在這方面,中國學者常常並不在行。正如我前面所説,中國研究禪宗的學者,有成績的多在歷史學和文獻學方面,除了印順之外,基本上是學院學者,與寺院禪僧不同,與有信仰的居士學者也不同,一般對於禪思想並没有多少興趣。可是日本卻很不同,一方面很多著名禪學者來自禪門宗派,不僅對於禪思想有深入體驗與理解,而且闡發和弘揚這種禪思想的立場相當自覺;另一方面他們很早就接觸西洋哲學思想,常常有意識地在日本本土思想資源中尋找可以對抗、接納和融匯西方思想的東西。因此,禪思想常常就作爲化解、接引、詮釋、對抗西方的哲學,被他們使用。在這方面,也許可以舉出鈴木大拙(1870—1966)、西田幾多郎(1870—1945)、久松真一(1889—1980)和西谷啓治(1900—1990)爲代表⑥。

---

① 衣川賢次《祖堂集劄記》,載於《禪文化研究所紀要》第 24 號(1998 年 12 月),他與小川隆、土屋昌明、松原朗、丘山新等合作,撰有“祖堂集研究會報告”多種,發表在《東洋文化研究所紀要》各期上;又,可以參看衣川賢次與孫昌武等合作校訂整理《祖堂集》,北京:中華書局 2007 年版。

② 野口善敬《元代禪宗史研究》,京都:禪文化研究所 2005 年版。

③ 伊吹敦《禪の歷史》,京都:法藏館 2001 年版。

④ 小川隆《語録の思想史》,東京:岩波書店 2010 年版。此書的中文本:何燕生譯《語録的思想史——解析中國禪》,上海:復旦大學出版社 2014 年版。此外,还可以看他的《神會——敦煌文獻と初期の禪宗史》,京都:臨川書店 2007 年版及《語録のことば》,京都:禪文化研究所 2007 年版。

⑤ 比如《碧岩録》,就有老一輩的入矢義高、中年一代的末木文美士、年輕一代的小川隆的精細研究和闡發,而唐代宗密《禪源諸詮集都序》,就有石井修道與小川隆等人對它詳細準確的注釋和翻譯,他們所採用的,基本上就是文獻學的扎實做法。

⑥ (一)鈴木大拙的很多禪宗研究著作,是有意識回應西方古代哲學和現代思想的,多是英文著作。他的有關論述,把東方的禪思想説成是主流的東方思想,又以臨濟禪作爲主流的禪思想,然後加以現代的發揮,比如“禪”超越西方 A 與非 A 的二元對立,“悟”使人們能够反身意識自身生命意義,以綜合的肯定超越分析的否定,以非邏輯性瓦解思維的邏輯性等等,在 20 世紀鈴木大拙與西方心理學家榮格(Carl G. Jung)和弗羅姆(Eich Fromm)互相溝通,就在心理學與宗教之間產生很大影響。其實,就是用東方思想尤其是反智(反理性)主義對抗西方理性主義和現代思維。參看鈴木大拙《禪問答と悟り》、《禪と念佛の心理學の基礎》,久松真一的著作如《禪の現代的意義》。(二)西田幾多郎是日本很有西方哲學素養的學者,專門從哲學角度闡　(轉下頁)

　　毫無疑問,日本禪宗研究與中國禪宗研究,在方向、問題和重心上有很
大的不同。前面已經説到,這種不同有兩方面的原因:第一,是因爲歷史原
因,禪宗在中國和日本的發展不同,八九世紀禪宗由留學僧人、遣唐使傳入
日本,經過日本奈良時代的發展,到鐮倉時代發展出五山禪文化,興盛一
時。雖然近代曾經有過明治時期的"神佛判然"等挫折,但很快重新振作,
至今禪宗不僅廟宇衆多,財力雄厚,而且開辦不少大學①。而中國在宋元之
後禪宗漸漸衰落,即使到了近代,也没有回到學術世界的視野中心來②。第
二,是近代學術背景差異。日本的佛教與禪宗研究,自從明治以來,不僅受
到西方印度學、佛教學的影響,學會西洋宗教學的分析方法和歷史學的文
獻訓練,還受到西方哲學的衝擊與刺激,因此才會出現所謂關於禪宗是否

(接上頁)發禪宗的超越思想與有關"無"的本體論思想,試圖通過禪宗思想的參究,弘揚東方禪思
　　想的世界意義,由於長期在京都,所以開創所謂日本哲學的"京都學派"。(三) 久松真一則繼
　　承這些思想,以存在主義的"無"與禪宗的"無"進行對比分析,認爲存在主義的"無"是永遠不
　　能克服的宿命的否定性,而禪宗的"無"則是自律的、理性的、能夠克服宿命的否定性(没有意義
　　的生命)和絶對二元論(生死)的積極、肯定的智慧,一旦體悟,是"從出生的歷史到出身的歷史
　　的大轉換"。見久松真一《禪の現代的意義》,載於鈴木大拙、宇井伯壽監修《現代禪講座》第一
　　卷《思想與行爲》,東京:角川書店1956年版,第319頁。這種禪思想的現代詮釋風氣,至今仍
　　然在延續。可以參看前引阿部正雄《禪與西方思想》和《禪與比較研究:禪與西方思想續編》
　　[Zen and Comparative Studies: Part Two of a Two Volume Sequel to "Zen and Western Thought"
　　(Basingstoke: MaCmillan, 1997)]。

① 比如京都的花園大學(臨濟)、東京的駒澤大學(曹洞)等等。
② 這裏可以概括地從三方面講:(1) 日本禪僧可以充當國家的使者、禪宗對世俗政治領域和生活
　　世界的深刻介入,這不是中國禪宗可以想象的。佛教在奈良時代以後就是日本的政治軍事力
　　量,在十四世紀以後,日本武士中普遍流行禪宗,禪宗成爲日本武家社會的重要思想支柱,更因
　　爲通曉漢文,又常常介入政治活動。比如《善鄰國寶記》就記載過足利時代的相國承天禪寺住
　　持絶海中津(1336—1405),1392年爲官方起草過政府給朝鮮官方的文書;而豐臣秀吉準備侵略
　　朝鮮之前,曾經在天正二年(1592)供奉禪宗僧人西笑、惟杏、玄圃,因爲他們"通倭、漢之語路",
　　所以,西笑終生都給官方起草外交文書,惟杏、玄圃就給豐臣秀吉征討朝鮮起草檄文,文禄二年
　　(1593)玄圃還給豐臣秀吉起草日本和大明之間的和約文書。(2) 日本禪宗經由叢林制度逐漸
　　寺院化、宗派化,通過對漢字書寫的語録、評唱、公案的深入體驗,漸漸形成自己的思想,比如他
　　們對《碧岩録》和《無門關》的重視,也與中國禪宗的風氣很不同。(3) 由於宋元之際、明清之際
　　的中國禪僧東渡和日本禪僧的西來,而刺激出新宗風,並影響社會和政治,出現了前者如大休正
　　念(1215—1289)、無學祖元(1226—1286)、一山一寧(1247—1317),後者像榮西(1141—1215,
　　傳臨濟宗黃龍派、並傳天台、真言,有《興禪護國論》)、道元(希玄,1200—1253,傳曹洞宗),特別
　　是隱元隆琦(1592—1673),明清之間在日本開創黃檗宗。這些日本禪宗史上出現的傑出人物與
　　變化現象,都不是宋元以下中國禪宗所具有的宗教現象,因爲日本禪僧對於中國文化影響很小,
　　而中國禪僧對於日本文化影響很大。要研究日本禪宗史而研究有關日本的中國禪宗史,其實已
　　經是很大的一個領域,它時時刺激着禪宗研究的變化和發展,如野川博之《明末佛教の江户佛教
　　に对する影響——高泉性激を中心として》就是一例。

真的是佛教,禪宗思想與西方思想孰優孰劣這一類充滿現代意味的問題的爭論。特别是,他們中間很多是禪宗的信仰者與實踐者,因此,在西方思想衝擊下,他們試圖以禪思想來回應和抵抗的心情,就格外迫切,那種對於禪宗的超歷史的過度解釋、哲理化禪宗思想和實踐性組織活動①,就呈現了他們的努力方向。而這一種努力方向,是以歷史和文獻爲中心的中國禪宗研究者所不具備的。

　　再説一下歐美的禪宗史研究②。在這一方面,我没有做過深入研究,只能就 1980 年代以後,也就是過去籠罩性的鈴木(大拙)禪終結之後的一些新話題和新趨向,舉一些例子③。

　　首先是關注"周邊的或邊緣的領域"。一般説來,中國學者很容易一方面把禪宗看成是漢傳佛教的一部分,另一方面則較多聚焦於禪宗精英層面的話題,關注禪宗的傳承系譜與思想脈絡④。可是,近幾十年來歐美學者的研究取徑卻很不一樣,他們一方面始終對漢族中國周邊即日本、中國西藏、蒙古、中國新疆、越南、朝鮮的佛教禪宗有很多的關注,特別是對古代的吐

---

① 如鈴木大拙的海外傳播禪宗,久松真一對海德格爾、田立克的對談,他所創立的 F.A.S 協會,根據三個中心觀念即"無相的自我"(Formless Self)、"全人類"(All mankind)、超歷史(Supra-historically),參看吴汝鈞《佛學研究方法論》,臺北:臺灣學生書局 1983 年版。

② 1993 年以前的情況,可以參看馬克瑞(John McRae)的"Buddhism: State of the Field", *The Journal of Asian Studies* 54: 2(1985): pp.354－371;佛爾(Bernard Faure)的"Chan/ Zen Studies in English: the State of the Field",法文原載《遠東亞洲叢刊》(*Cahiers d'Extreme-Asie*, 7; EFEO, Paris-Kyoto, 1993),有蔣海怒所譯中文本《英語世界的禪學研究》;近年的研究情況,可以參看羅伯松(James Robson)《在佛教研究的邊界上》(中譯本),載復旦大學文史研究院編《佛教史研究的方法與前景》(北京:中華書局 2013 年版),第 89—109 頁。當然,後者並不是專門介紹禪宗研究,而是包括禪宗在内的東亞佛教研究。

③ 2006 年以來,英文世界有關禪宗史的著作,如 Jia Jinhua(賈晉華):*Hongzhou School of Chan Buddhism in Eighth-through-Tenth Century*,(New York: New York State University Press, 2006);Wendi L. Adamek: *The Mystique of Transmission: On an Early Chan History and its Contexts* (New York: Columbia University Press, 2007);Mario Poceski: *Ordinary Mind as the Way*(有關洪州宗)(New York: Oxford University Press, 2007);Morten Schlutter: *How Zen Become Zen*(有關宋代禪宗史)(University of Haweii, 2008);Albert Welter: *The Linjilu and the Creation of Chan Orthodoxy* (New York: Oxford University Press, 2008);Alan Cole: *Fathering your Father* (Berkeley: University of California Press, 2009)。

④ 在較早時期,中國學者中只有吕澂、陳寅恪等少數學者例外。我在另一篇論文《預流的學問》,載於《文史哲》(2015 年第 5 期)中説到,中國學者裏面,陳寅恪就注意並且也加入這一學術取向之中。比如 1927 年剛剛回到中國的陳寅恪發表的《大乘稻芊經隨聽疏跋》,就是運用他對各種文字如藏文的知識,研究了一個叫作"法成"的吐蕃僧人,在河西被吐蕃佔據和張義潮光復時期,往來於吐蕃、敦煌、甘州等地的講經説法情況。

蕃、西域和西夏,較早的學者中,無論是法國的戴密微,還是意大利的圖齊,
都在這一方面相當用力。佛爾《英語世界的禪學研究》中提到的 Whalen
Lai 和 Lewis Lancaster 合編的《漢藏早期禪學》(1983)①、Jeffrey Broughton 的
《西藏早期的禪學》、馬克瑞對南詔(今雲南)禪宗的研究,以及大量對日本、
朝鮮禪宗的研究論著,都説明這一方向長期被堅持。這當然是由於歐美東
方學對於中國"四裔"——不僅是滿、蒙、回、藏、鮮,也包括西域、南海——
的地理、歷史、語言、文化的關注,對於他們來説,所謂"中國"與"四裔",並
不像中國學者有中心與邊緣的差異,因此,就像他們對中國"本土"抱有關
注一樣,對這些邊緣地區的禪宗流傳也曾經相當用心。另一方面,他們對
於禪宗本身的研究也不像中國學者那樣,把眼光集中在著名禪師和精英階
層中,真的相信"以心傳心,不立文字"的感悟體驗,或者是沉湎於語録、公
案、機鋒之類的語言文字資料,把禪宗當作玄妙與超越的思想史來研究,而
是深受文化人類學等學科之影響,非常注意"眼光向下",不僅注意到禪宗
信仰的民間傳播與滲透,而且關注形而下的問題,如禪宗的教團、禮儀、贊
助與規矩。比如,我們看到一些有關禪宗的"Ritual"的討論,例如佛爾編的
*Chan Buddhism in Ritual Context*②,鮑狄福(William M. Bodiford)的 *Zen in the
Art of Funerals: Ritual Salvation in Japanese Buddhism*③。他們的目的顯然是
把宗教放進具體的歷史語境,從社會學角度觀看宗教的形成與信仰的傳
播,考察看似破棄戒律卻遵循清規的禪宗,觀察禪宗如何在政治、社會與寺
廟中實際存在。也許,這是百多年來,甚至更早的歐洲東方學就形成的傳
統。正是因爲歐洲有一個廣泛的東方學傳統,又有各種語言、文書、考古的
工具,因此,他們一貫相當注意研究中國的邊疆地區,發掘邊邊角角的新資
料,加以新解釋,禪宗史研究領域也一樣④。

---

① Whalen Lai, Lewis Lancaster: *Early Chan in China and Tibet* (Berkeley, Asian Humanities Press, 1983).
② 佛爾(一譯佛雷或傳瑞,Bernard Faure): *Chan Buddhism in Ritual Context* (New York: Routledge Curzon, 2003)。
③ 鮑狄福(William M. Bodiford)的"Zen in the Art of Funerals: Ritual Salvation in Japanese Buddhism", *History of Religions* Vol.32 - 2: pp.146 - 164。
④ 例如,法國學者戴密微的《吐蕃僧諍記》就是利用了巴黎所藏的敦煌文書(伯 4646),對八世紀後期發生在吐蕃的印度佛教和大唐禪宗爭論的一個研究。通過對於敦煌漢文文書《大乘頓悟正理論》尤其是一個叫王錫的人的序文的研究,把過去僅僅從藏文資料《桑耶寺志》中看到蛛絲馬跡的佛教論爭歷史,一下子搞清楚了。説明八世紀後期,迅速崛起的漢地禪宗,曾經影響過吐蕃,只是在與印度佛教的較量中失敗,纔退出吐蕃。後來,日本學者如上山大峻、今枝由郎等,也加入了這一領域,並且取得了相當不錯的成績。

　　其次,值得中國學者注意的是,近年來歐美學者對日本禪宗研究與詮釋中隱含的政治背景的發掘與批判[1]。近三十年來,像 Brian Victoria、Robert H. Sharf、Bernard Faure 等人已經從日本學者如鈴木大拙叙述和構造的"禪"形象中走出來,開始追究那些看上去寧靜、空無的"禪者"的歷史背景和政治取向。他們不再把現代日本禪學研究者向西方刻意傳播的禪思想和禪藝術,放在想象的純淨的思想世界,而是放回到現實的歷史世界中去[2]。特別是,當他們借用福柯的"知識"與"權力"的理論,以及薩義德的"東方學"思路來反觀日本的禪學研究時,他們尖鋭指出,日本禪學者形塑"日本心靈"和"日本人"的時候,强調"靈性的經驗",會有意誇大日本禪宗和西方思想之間的對立,如果放回歷史語境之中,顯然這與日本所謂"大東亞聖戰"中所凸顯的東西方對立,是一致的,日本宣傳禪宗思想和境界的獨一無二性,多少是在西方面前凸顯著日本的優越性,其實骨子裏面是一種民族主義[3]。

---

[1] 參看 Paul Swanson: Recent Critiques of Zen,日文本《禪批判の諸相》,載《思想》,東京:岩波書店(2004 年第 4 期),第 126—128 頁。

[2] Brian Victoria: *Zen at War* (Weatherhill: New York, 1997);日文本《禪と戰爭:禪佛教は戰爭に協力したか》,東京:光人社 2001 年版。應該指出,他對禪宗的這一批判也受到日本京都花園大學的禪宗研究教授市川白弦(1902—1986)《佛教者の戰爭責任》(東京:春秋社 1970 年版)的啓發。Brian Victoria 是一個傳教士,1961 年也就是越南戰爭期間到日本之後,對基督教聖戰很有懷疑,覺得佛教的和平之道很好,於是漸漸對禪宗發生興趣,因此不僅學習參曹教禪,而且開始進行禪宗研究。但是,當他看到二戰期間一些著名禪僧的言論後,他又產生很大懷疑。這本書就從日本明治時期禪宗的動向開始,考察日俄戰爭(1904—1905)中的"護國愛教"、1913 年至 1930 年佛教與日本軍部在"大東亞共榮圈"建設中的合作,以及一直到二戰期間的各個禪僧與禪學者的表現,指出他們與"皇國"或"軍國主義"的關係。另外一個學者羅伯特·薩福(一譯沙夫,Robert H. Sharf)的一些論著,則考察的是鈴木、日本禪和民族主義或者帝國主義之間的複雜關係。他認爲,鈴木大拙在構造一種東方人與西方人奇怪的二元對立圖像時,借用禪與現代西方思想的差異,對西方進行否定,特別是在二戰中所寫的有關《日本的靈性》和《禪與日本文化》等等,其實與當時日本帝國主義確立日本精神價值的意義,是一致的。包括他對日本禪和中國禪的認識中,常常流露中國佛教衰亡没落,日本禪宗在宋代以後成爲純粹和正宗,也是同樣帶有這種民族主義或國家主義的背景的。

[3] 比如法裔美國學者佛爾(Bernard Faure)的 *Chan Insights and Oversights: an Epistemological Critique of the Chan Tradition* (Princeton: Princeton University Press, 1993)。此書有一章譯爲日文《禪オリエンタリズムの興起——鈴木大拙と西田幾多郎》,載《思想》(東京:岩波書店)2004 年第 4 期,第 135—166 頁;這一點,現在并非僅僅是歐美學者,有的日本學者如末木文美士、石井公成等,也逐漸加入批判的行列。如末木文美士與辻村志のぶ《戰爭と佛教》,收入《近代國家と佛教》("アジア佛教史 14"·日本 4;東京:佼成出版社 2013 年版)第五章,第 223—240 頁。

　　再次,是通過新理論新方法,對於禪宗史加以重新認識。歐美學者近年來,往往借用一些現代理論如福柯的系譜學、利科的詮釋學等等,對有關禪宗的傳統歷史研究和文獻考證的一般原則進行重新理解①。比如,把禪宗歷史系譜作爲後來禪宗的記憶、想象和重構,而不是把它當作信史來看待;又如,對於過去認爲是可信度較高的早期文獻、石刻文獻,他們並不承認史料真實程度會有不同等級和序列,甚至要從根本上質疑這些文獻,認爲這也許只是想象祖師或者編造歷史的"另一個版本"。這一點,下面我們還將仔細討論②。

　　可是,無論是日本學者對於禪思想的哲學解説,還是歐美學者對於禪宗在當代的民族主義表現的研究,目前尚不是中國學者關注的焦點,中國學者擅長的、也是最關注的,仍然是在禪宗史的歷史與文獻學研究領域,也就是胡適當年開拓的領域。但是,看看歐美、日本學者引入後現代理論來討論禪宗歷史與文獻的流行傾向,我們不禁要問:胡適代表的這一傳統歷史學、文獻學方法,還有用嗎? 它是否要跟著新潮流一起變化呢?

四、當代新方法潮流中: 胡適的
禪宗史研究方法過時了嗎

　　法裔美國學者佛爾在《正統性的意欲》中,對過去相對研究不是很充

---

① 有一些這方面的研究,未必非常可靠,也有從理論出發,爲解構而解構的作品。例如羅伯松(James Robson)批評過的 Marten Cole: *Fathering your Father: The Zen of Fabrication in Tang Buddhism* (Berkely: University of California Press, 2009)的研究就是一例。見 James Robson, "Formation and Fabrication in the History and Historiography of Chan Buddhism", *HJAS* 71. 2 (2011): pp.311–349。

② 這方面法裔美國學者佛爾(Bernard Faure)的《正統性的意欲: 北宗禪之批判系譜》(*The will to Orthodoxy: A Critical Genealogy of Northern Chan Buddhism*)很有代表性。原書是作者1984年以法文書寫的博士論文基礎上修訂成的,1997年由 Stanford University Press 出版,現在有中文本蔣怒波譯《正統性的意欲: 北宗禪之批判系譜》,上海: 上海古籍出版社2010年版;但是這個譯本似乎有一些問題,這裏不能詳細討論。中文世界對本書的評價,參看龔雋、陳繼東《中國禪學研究入門》,第217—220頁。Faure 還有 *The Rhetoric of Immediacy: A Cultural Critique of Chan/Zen Buddhism* (Princeton: Princeton University Press, 1991);另外,近年去世的美國學者馬克瑞(John R. McRae)的《由禪諦觀》(*Seeing Through Zen*)也很有代表性。

分、並且評價相對較低的北宗禪①,進行了一個新的研究。按照佛爾的説法,過去胡適接受了宗密的觀點,站在南宗神會一邊,以頓、漸分別南北,雖然胡適批判了後世各種禪宗文獻的"攀龍附鳳",但他把南宗、北宗"誰是正統"的問題,看成是歷史的真實内容。而佛爾則不同,他把"誰是正統"這個問題,看成是禪門各個系統的"正統性意欲",就是追求政治承認的運動,認爲這一本來曖昧甚至叛逆的運動,成爲後來三個世紀禪宗主導的和支配的意識,形成了禪宗的革命歷史。換句話説,就是禪門各種派別各種文獻,都在這種"正統性意欲"的支配下,在建構禪宗系譜。

他把這個追求正統性的過程分爲五個階段:(一) 六世紀,禪師在北方中國宣稱達摩爲祖師,試圖在北中國立足,但是不很成功;(二) 七世紀中葉,東山禪門在南中國崛起,但未曾與北方禪門建立聯繫;(三) 七世紀末,神秀逐漸接近中央政府;(四) 神秀的成功與神會的崛起,在安史之亂中成功成爲正統;(五) 安史之亂後,中央政府的衰落和新禪宗宗派在各地的興起,正統性轉向馬祖道一②。這個禪宗史系譜我大體上可以同意。不過我的問題是,根據各種西方新理論重新建構的這個系譜,究竟與過去根據敦煌文書等新材料,由胡適以及其他人重新叙述的禪宗史有什麽區别? 似乎没有。佛爾在書中,徵引了包括福柯、利科、海德格爾等等理論,也採用了很多新穎的術語,可是,是否禪宗這樣的歷史研究,就一定需要結構主義、詮釋學、知識考古及系譜學等等那麽複雜和時尚的理論? 這些都值得深究③。

另一個近年去世的美國學者馬克瑞(John McRae, 1947—2011),在佛爾的法文本博士論文之後、英文本著作出版之前,也出版過《北宗與早期禪佛教的形成》(*The Northern School and the Formation of Early Ch'an Buddhism*, 1986)。這部書比起佛爾的著作來,似乎比較偏向歷史學與文獻

① 這裏有必要説明,我在撰寫《中國禪思想史——從六世紀到九世紀》一書的時候,没有機會看到佛爾和馬克瑞的著作。同樣,佛爾在 1997 年出版他的英文版此書的時候,也没有看我本人在 1995 年出版的《中國禪思想史——從六世紀到九世紀》對北宗禪的歷史與思想的一些新研究。

② 《正統性的意欲》中文本第 6 頁,英文本,pp.4 - 5;但是,在這一段短短的禪史概述中,有不少問題:(一) 把法如和慧安當做神秀的弟子(His disciples),(二) 神秀 700 年被召,並非長安而是洛陽;(三) 神會並非在安史之亂中因爲香水錢達到目的,這是受了胡適的誤導。

③ 他的另一部著作 *The Rhetoric of Immediacy: A Cultural Critique of Chan/Zen Buddhism*,是 1991 年由普林斯頓大學出版社出版的。此外,他還編有一部論文集 *Chan Buddhism in Ritual Context*,(London: Routledge Curzon, 2003)。

學的風格。有趣的是，他們兩位其實都受到日本柳田聖山的影響，而柳田
聖山則受到胡適的影響①。但是，西方知識背景和歐美學術傳統中的佛爾
和馬克瑞，似乎都不太像柳田聖山那樣，恪守歷史學和文獻學的傳統邊界，
對於目前可以看到初期文獻如敦煌文獻保持著尊重和敬畏，並以這些文獻
爲判斷尺規。馬克瑞就批評説："來自敦煌寫本的證據，大都只被用來在原
有的傳統圖像上加繪一些更美的特點，只是在前述的系譜模式上加添知識
上引人矚目的細節。"②如果説馬克瑞的《北宗》一書還没有太多的理論表
述，那麽，後來出版的 Seeing Through Zen: Encounter, Transformation and
Genealogy in Chinese Chan Buddhism 裏面，就比較明顯地借用後現代理論，
並且把歷史與文獻放置在理論視野之下重新考察。這部書的一開始，他就
提出了所謂的"馬克瑞禪研究四原則"(McRae's Rules of Zen Studies)③，這
裏固然有他的敏鋭，但也有其過度依賴"後"學而過分之處④。在這四條原
則中，第一條是"它(在歷史上)不是事實，因此它更重要"(It is not true,
and therefore it's more important)；第二條是"禪宗譜系的謬誤程度，正如它
的確實程度"(lineage assertions are as wrong as they are strong)；第三條是
"清晰則意味著不精確"(precision implies inaccuracy)，據説越是有明確的
時間和人物，它就越可疑；第四條是"浪漫主義孕育諷喻"(Romanticism
breeds cynicism)，據説，説故事的人不可避免要創造英雄和壞蛋，禪史也同
樣不可避免，於是歷史將在想象中隱匿不見。

　　也許，這一理論太過"後現代"，這些原本只是禪宗歷史上特殊的現象，
在馬克瑞的筆下被放大普遍化了，當然也要承認，我們如果回到最原始的
文獻中去看，唐代禪宗史中確實有這種"攀龍附鳳"的情況。

　　不妨舉一個例子。以我個人的淺見，近幾十年中古禪宗史研究最重大
的收穫之一，也是海外學者對於中古禪宗史研究的重要成績之一，就是法
裔美國學者佛爾和日本學者伊吹敦，通過一塊碑文，即《侯莫陳大師塔銘》，

---

① 見《正統性的意欲》中文本，第 1 頁；英文本 Acknowledgment, pp.1。

② 引自馬克瑞另一篇翻譯成中文的文章《審視傳承乎：陳述禪宗的另一種方式》，作者贈送的列
　印本。

③ 在馬克瑞贈給本文作者的《審視傳承乎：陳述禪宗的另一種方式》文稿中，有他自己的中文翻
　譯，其中，第一條："它(在歷史上)不是事實，因此它更重要"，第二條："每一個有關傳承的主張，
　如果重要性越多，則其問題也就越大"。

④ John McRae: *McRae's Rules of Zen Studies*, *Seeing Through Zen: Encounter, Transformation, and
　Genealogy in Chinese Chan Buddhism*, (Oakland: University of California Press, 2003), p.xix.

證明了法藏敦煌卷子 P.3922、P.2799、P.3922 的《頓悟真宗金剛般若修行達彼岸法門要訣》①是智達禪師(也就是侯莫陳琰,他是北宗老安和神秀的學生)在先天元年(712)撰寫的,聯繫到另外一份敦煌卷子 P.2162,即沙門大照、居士慧光集釋的《大乘開心顯性頓悟真宗論》,這篇《論》原來被誤認爲是神會南宗系統的,現在被證明,其實它們都是北宗的。最令人吃驚的是,他們都講"頓悟",比號稱專講"頓悟"的神會要早得多,於是,禪宗史就擺脱了傳統的"南頓北漸"的説法,也許還是神會剽竊了北宗的思想,反而在南北之爭中倒打一耙,使得後來形成了"南頓北漸"的固定看法②。可是需要指出,這不是得益於後現代理論和方法的産物,而恰恰是傳統歷史學與文獻學方法的成果。

　　所以我要問的問題是,胡適當年的研究,不用後現代的理論和方法,其實也達到了這樣的認識,爲什麽今天的禪宗研究一定要弄得這麽玄虛呢? 1993 年,福克(T. Griffith Foulk)撰寫了《宋代禪宗: 神話、儀禮以及僧侶實踐》③,這篇被認爲是"過去的十五年關於中國禪宗史出版的最重要的著作",據説它的意義是指出"我們對唐代禪宗史的理解在很大程度上是宋代文獻的産物"④,但是,這不是胡適早就指出的現象嗎? 從胡適以來,學者們已經知道所謂唐代禪宗史基本上都是以禪宗自己書寫的燈録爲基本綫索的,這些傳燈録只是後人對禪宗史的叙述,這在中國禪宗史研究領域已經成爲共識或常識。因此,胡適纔會提倡,如果能夠更多地依賴"教外"資料比如文集、碑刻和其他佛教徒或非佛教徒的記述,也許就可以看到,各種燈

---

① 還有英藏(斯坦因編號)S.5533、日本龍谷大學藏 58 號等等,共有七個抄本。

② 但是,還值得考慮的是,《頓悟真宗論》的作者署名中,沙門大照與居士慧光,是一人還是兩人,過去似乎都以爲是一人,最早英國學者 L. Giles 在 1951 年針對 S.4286 殘卷,於倫敦發表的 Descriptive Catalogue of the Chinese Manuscripts from Tunhuang in the British Museum 中,就説"大照"和"慧光"是一個人,問答是自問自答。但是,從文中記載(慧光)"居士問"與"大照禪師答"的對話來看,恐怕是兩個人,因此,就要考慮大照有没有可能是著名的普寂? 而裏面提到大照"前事安闍黎,後事會和尚"中的"會",有無可能是"秀"之誤。田中良昭已經指出,老安(傳説 582—709)和神會(670—762)相差了八十多歲,似乎慧光無法既跟隨老安,又跟隨神會。那麽,姓李的長安人慧光居士是誰? 此外,如果大照真的是普寂,那麽,這份文書的時代,應該在什麽時候?

③ Theodore Griffith Foulk: *Myth, Ritual, and Monastic Practice in S'ung Chan Buddhism*, in *Religion and Society in Tang and Sung China*, edited by Patricia B Ebrey and Peter N. Gregory (Honolulu: University of Hawaii Press, 1993), pp.147 - 208.

④ 羅伯松(James Robson)《在佛教研究的邊界上》,中文本收入復旦大學文史研究院編《佛教史研究的方法與前景》,北京: 中華書局 2013 年版,第 90 頁。

錄和在燈録之後的各種研究著作中,究竟禪史被增添了多少新的顔色,又羼入了多少代人的觀念和心情。

中國的禪宗史研究者理應向胡適致敬。國際禪宗研究界也許都會察覺,在禪宗研究領域中,各國學者的取向與風格有相當大的差異。在中國學界,類似西田幾多郎似的禪宗哲學分析並不很普遍,類似鈴木大拙那樣從信仰與心理角度研究禪宗的也並不發達,對於禪宗的民族主義與國家主義的分析,恐怕也還没有太多關注,倒是歷史學與文獻學結合檢討禪宗歷史的路數,始終是中國學界的風氣與長處,而不斷從石刻碑文及各種傳世文獻中發現禪宗歷史,把佛教史放在當時複雜的政治史背景之中討論,更是中國學者擅長的路子。

這也許正是拜胡適(也包括陳寅恪、陳垣)之賜。

結語: 在胡適的延長綫上繼續開拓

最後,我要越出“中古”的範圍,大膽地討論一下,在敦煌文書逐漸被發掘的情況下,我們在禪宗史研究上是否還可以獲得新進展? 還有什麽地方可以讓禪宗史研究者繼續努力發掘的呢? 我想針對中國學界説一些不成熟的看法,這裏不限於“中古時期”,也不限於“中國禪宗”。

首先,對於禪宗在亞洲更廣大區域的傳播、變異和更新,非常值得研究。這一點,佛爾在《正統性的意欲》中已經提到,他説應當“打破流傳至今的中日(sino-japanese)視角所帶來的限制”。他説,要注意禪宗曾經在唐代作爲一種思想(我覺得同樣重要的是,禪宗作爲一種生活藝術和文學趣味),曾經傳播到了中國和日本之外,比如中亞、吐蕃、越南、朝鮮,所以,應當從更廣闊的地理空間和文化區域中“恢復它的原貌”①。雖然,所謂“恢復原貌”有一點兒違背了他這本書“後現代”的立場,不過,我們確實應當承認這個建議有道理,關注禪宗的傳播、影響、適應以及變化,並且更注意這背後的文化和歷史原因。像八世紀末北宗禪宗與印度佛教在西藏的爭論,像禪宗文獻在西域的流傳,像中國禪宗在朝鮮衍生支派,像日本禪僧對中國禪的重新認識,像明清之際中國禪宗在西南與越南的流傳等等。這方

---

① 《正統性的意欲》中文本,第 8 頁。

面,戴密微的著作《吐蕃僧諍記》就值得學習。

其次,禪宗在各國政治、社會、文化上的不同影響,以及它在各國現代轉型過程的不同反應和不同命運,其實是很值得討論的。以中國和日本的歷史上看,我們看到,後來的中國禪宗,雖然經過宋代的大輝煌,但是它的世俗化(從"佛法"到"道"轉向老莊化,不遵守戒律的自然主義,自由心證下的修行)很厲害,自我瓦解傾向也很厲害。所以,它一方面成爲士大夫文人的生活情趣,一方面在世俗社會只能靠"禪淨合流"以拯救自身存在,即使明代出現幾大高僧,似乎重新崛起,但仍然曇花一現,一直到清代它最終衰敗。這個歷史和日本很不一樣,日本僧侶的獨立化、寺院化與儀式化,經歷五山、室町、德川時代的昌盛,到了近代仍然可以延續。它一方面通過介入世俗生活深入民衆,一方面依靠與王權結合成爲政治性很強的組織,它不僅可以與武士道、葬儀結合,也可以充當將軍的幕賓和信使,所以即使後來遭到現代性的衝擊,禪宗仍然可以華麗轉身,與現代社會結合。後來出現很多像鈴木大拙、西田幾多郎、久松真一這樣的學者,當然也出現深刻介入軍國主義的宗教現象,更出現宗教的現代大學和研究所,這與中國大不相同。所以,這些現象很值得比較研究,也許,這就是把禪放在"現代性"中重新思考的研究方式。

再次,我希望現代學者研究禪宗史,不必跟著禪宗自己的表述,被捲入自然主義的生活情趣、高蹈虛空的體驗啓悟、玄之又玄的語言表達,也不一定要把禪宗放在所謂哲學那種抽象的或邏輯的框架裏面,分析(發揮)出好多並不是禪宗的哲理。這不是現代的學術研究方式。反而不如去考察一下,禪宗除了這些虛玄的思想和義理之外,他們還有沒有具體的生活的制度和樣式,他們在寺院、朝廷(或官府)、社會(或民間)是怎樣存在的。舉一個例子,大家都知道《百丈清規》以下,有一些關於禪僧生活的規定,好像和他們說的那些高超玄妙的東西不同,可是如果你看《禪林象器箋》就會知道,禪宗寺院裏面各種器物,他們還是要維持一個宗教團體的有序生活。所以,研究禪宗不要只是記得超越、高明、玄虛的義理,也要研究形式的、具體的、世俗的生活。

最後,我們要引述幾句胡適關於禪宗史研究的話,來結束這篇論文。胡適曾經評論日本禪學者和自己的區別,說"他們是佛教徒,而我只是史家";他又提到,"研究佛學史的,與真個研究佛法的,地位不同,故方法亦異"。在 1952 年他批評鈴木大拙談禪,一不講歷史,二不求理解,可是他認爲,研究禪宗"第一要從歷史入手,指出禪是中國思想的一個重要階段"①。

　　這些都是他的夫子自道。

　　　　　　　　　　　　　　　　2015 年 11 月完稿於東京大學

　　　　　　　　　　　　　　（作者單位：復旦大學文史研究院）

---

① 曹伯言編《胡適日記全編》第六册,第 229—231 頁。

顧頡剛與崔述

林慶彰

【摘　要】探討崔述和顧頡剛學術的關係的論文已有多篇，但多從學術史的角度切入，論述崔述對顧頡剛古史考辨思想的淵源。其實，顧頡剛對當代學術史的貢獻，即樹立一個整理古人著作的方法和準繩，作爲後人模仿效法的對象。本文舉他兩次重編《崔東壁遺書》爲例，説明他蒐集資料的方法及其對後代的影響。全文分《前言》、《崔述的生平》、《蒐尋崔東壁遺書》、《重編崔東壁遺書》、《上海古籍版崔東壁遺書》、《顧頡剛對崔述的評價》、《結語》七小節，重點在第三、四、五三個小節。

【關鍵詞】崔述　顧頡剛　古史辨　古史的層累説　樸社《崔東壁遺書》　陳履和

一、前　　言

顧頡剛在《我是怎樣編寫古史辨的?》[①]一文中説："我的《古史辨》的指導思想，從遠的來説，就是起源於鄭、姚、崔三人思想；從近的來説，則是受了胡適、錢玄同二人的啓發和幫助。"[②]鄭、姚、崔氏指鄭樵(1102—1160)、姚際恒(1647—?)、崔述(1740—1816)三人。可見顧頡剛的古史辨思想，受到

---

① 本文原刊於《中國哲學》第二輯(1980年3月)。收入《古史辨》第1冊，上海：上海古籍出版社1982年3月影印本。又見《文史哲學者治學談》，長沙：嶽麓書社，1983年1月，第82—112頁。
② 根據學者研究，顧氏受晚清今文學的影響甚深。

這三位古人,和胡適(1891—1962)、錢玄同(1887—1939)兩位同時代學者之影響,鄭樵、姚際恒和錢玄同,本人已有專文論述,本文專論崔述。

　　研究顧頡剛與崔述兩人之關係的論文有很多,據筆者所知有(1)路新生《崔述與顧頡剛》,載於《歷史研究》(1993年8月第4期)①,這篇論文主要在探討顧頡剛和崔述的個性、治經方法的異同,顧頡剛蒐集崔述的著作以及崔述的影響。(2)吳少民、張京華《論顧頡剛與崔述的學術關聯》,發表於《洛陽大學學報》第17卷第3期(2002年9月)。這篇論文描述胡、顧兩人開始搜尋崔述的《考信錄》,胡適積極肯定《考信錄》,顧頡剛對《考信錄》的評價等。(3)邵東方《論胡適、顧頡剛的崔述研究》(收入邵東方著《崔述與中國學術史研究》,北京:人民出版社1998年4月版),這篇論文分《發現崔述及其思想史背景》、《胡適、顧頡剛對崔述的推崇和表彰》、《胡適、顧頡剛與崔述之學的關係》、《胡適、顧頡剛的崔述研究之內在限制》四節,文長七八萬字,可謂體大思精之作。邵先生近年出版《崔述學術考論》(新北市:華藝學術出版社2010年10月第2版),仍收有此篇論文,內容相同。這幾篇論文論述的重點,都把它放在學術史的角度,以至忽略了顧頡剛編纂《崔東壁遺書》時所投注的心力和該書編纂方法,及其對後代的影響,都未及詳論,未免遺憾。

二、崔述的生平

　　崔述(1740—1816),字武承,號東壁,直隸大名府魏縣(今河北)人。生於乾隆五年(1740)庚申,卒於嘉慶二十一年(1816)二月丙子。父崔元森治經學,宗程朱,鄉試不第。母李氏以《大學》、《中庸》授之,十四歲時,已泛覽群書。乾隆二十八年(1763)舉人,專心撰寫《考信錄》。翌年與成靜蘭結婚,乾隆三十年(1765)返回魏縣,設館授徒。乾隆三十四年(1769)赴京會試不第,訪孔廣森。在乾隆三十八年(1773)著《救荒策》。嘉慶元年(1796)被任命爲羅源縣知縣,有廉聲。嘉慶六年(1801),因病乞休,以著述自娛。

---

① 路氏的論文又收入陳其泰、張京華主編《古史辨學說評價討論集》,北京:京華出版社2001年2月版,第373—396頁。

　　崔述治學主要在疑古辨僞,指責當世漢學家"但以爲漢儒近古,其言必有所傳,非安撰者",又斥其"但據後人之訓詁,遂不復考前人之記載"。臨終前將所作裝爲九函,並留下遺囑。著書三十四種,凡八十八卷,道光四年(1824)門人陳履和匯刻爲《崔東壁先生遺書》。日本漢學家那珂通世(1851—1908)①,加上圈點,於明治廿九年(1896)四月,由日本史學會出版。

　　崔述之學始終被學者排斥於乾嘉之流以外。阮元編輯的《皇清經解》和王先謙編輯的《皇清經解續編》,均不收崔述的《考信録》,張澍則斥責崔述:"陋儒無識。"②張維屛説:"其著書大旨,謂不以傳注雜於經,不以諸子百家雜於傳注。以經爲主,傳注之合於經者著之,不合者辨之。異説不經之言,則辟其謬而削之。述之爲學,考據詳明如漢儒,而未嘗墨守舊説而不求其心之安;辨析精微如宋儒,而未嘗空談虛理而不核乎事之實。然勇於自信,任意軒輊者亦多。"③這段話頗能道出崔述治學的特色。

　　早在光緒三十一年(1905)八月蓁照在《東方雜誌》第二卷第7期(1905年8月20日)發表《崔東壁學術發微》。這位作者所以特別關心崔氏的思想,大概是受到那珂通世的影響,光緒三十三年(1907)劉師培作《崔述傳》,刊於《國粹學報》第三卷第7期,顧頡剛將其收入《崔東壁遺書》中。這些傳記資料並不難找,經學者整理,有下列數條:

　　1. 陳履和《勅授文林郎福建羅源縣知縣崔東壁先生行略》(見道光四年刊《崔東壁先生遺書》附)

　　2. 唐鑑《國朝學案小識》卷十四

　　3. 李元度《國朝先正事略》卷三十六

　　4. 張維屛《國朝詩人徵略》二編卷三十五

　　5. 陶梁《國朝畿輔詩傳》

　　6. 咸豐三年《大名府續志·文苑傳》

　　7. 閔爾昌《碑傳集補》卷三十九

　　8. 清史館編《清史列傳》卷六十八

① 那珂通世的生平資料,可參考田中正美《那珂通世》一文,收入江上波夫編《東洋學の系譜》,東京:大修館書店1992年11月版,第1—12頁。此書已有林慶彰譯本,改名爲《近代日本漢學家》第一集,臺北:萬卷樓圖書公司2015年7月版,那珂氏的資料見第1—9頁。

② 見張澍《闢崔氏説》,收入《養素堂文集》,清道光十七年(1837)棗華書屋刻本。

③ 張維屛《國朝詩人徵略》第二編,卷三五,《清人傳記叢刊》,臺北:明文書局1985年版。

9. 趙爾巽《清史稿・儒林三》

10.《大清畿輔書徵》卷三十三《崔述小傳》

11. 劉師培《崔述傳》,《國粹學報》第三卷第 7 期,光緒三十三年 (1907)①

這些傳記資料,由於編纂各書的目的不同,篇幅長短也不一。在各種資料中,以李元度《國朝先正事略》中的傳記資料和著作書目,比較完備。顧頡剛説在十二三歲時即已讀過李元度的《國朝先正事略》②,李元度的書,作成於同治初年,由曾國藩作《序》,在日本流傳甚廣,日本學者知道有崔述這個人,最初通過李元度這本書。同樣地,國內學者也通過此書瞭解崔述,顧氏見到《國朝先正事略》所收的《考信録》書目,大爲驚訝地説:

> 其中有《崔東壁先生事略》一篇,説他著有《補上古考信録》、《唐虞考信録》、《夏考信録》、《商考信録》、《豐鎬考信録》、《洙泗考信録》,把以前的歷史和孔子個人的歷史,作出了細密的考辨,於是大量的傳記中許多失真的記載給他一掃而空了,這豈不是一件大快事! 但這部偉大的著作,直到我大學畢業時還没有看見,因爲它的流行量太小了③。

顧氏雖然知道崔述書的偉大,但直到大學畢業,還没有見過該書,原因是該書的"流行量太小了"。流行量太小,也許可能,但一本好書絕不會自動送上門,必須鍥而不捨地找,纔有可能找到。顧氏是民國九年(1920)七月自北京大學畢業④,二十八歲。當時,崔述的《考信録》的版本已有多種;

1. 清道光四年(1824)陳履和編《崔東壁先生遺書》本

2. 清光緒五年(1879)王灝刊刻《畿輔叢書》本

---

① 李慶《崔東壁遺書和二十世紀初中日兩國的疑古思潮》,《學術集林》卷一〇,上海:遠東出版社 1997 年版。

② 顧潮所著《顧頡剛評傳》,南昌:百花洲文藝出版社 1995 年 11 月版,把此事繫於顧頡剛十四五歲(1906、1907)時,見該書第 29—31 頁。

③《顧頡剛評傳》,第 29—31 頁。

④ 見顧潮著《顧頡剛年譜》,北京:中國社會科學出版社 1993 年 3 月版,第 55 頁。

3. 日本明治三十六年(1903)那珂通世標點本

其中,《畿輔叢書》本是流傳很廣的,很容易就可以買到。可見顧氏並沒有刻意去找。

三、蒐尋崔東壁遺書

清道光四年(1824)崔述弟子陳履和將蒐集來的崔述著作刊行,稱爲《崔東壁先生遺書》,民國十三年(1924)上海古書流通處根據這個版本影印。爲了以下討論方便,我們先把道光四年陳履和刊本的子目臚列如下:

考信録三十六卷
考信録提要二卷　道光二年(1822)刊本
補上古考信録二卷　道光二年(1822)刊本
唐虞考信録四卷　道光二年(1822)刊本
夏考信録二卷　嘉慶二十二年(1817)刊本
商考信録二卷　嘉慶二十二年(1817)刊本
豐鎬考信録八卷　嘉慶二十二年(1817)刊本
洙泗考信録四卷　道光四年(1824)刊本
豐鎬考信別録三卷　道光四年(1824)刊本
洙泗考信餘録三卷　道光四年(1824)刊本
孟子事實録二卷　道光二年(1822)刊本
考古續説　道光四年(1824)刊本
考信附録　道光四年(1824)刊本
王政三大典考　道光四年(1824)刊本
三代正朔通考一卷　道光四年(1824)刊本
經傳禘祀通考一卷　道光四年(1824)刊本
三代經界通考一卷　道光四年(1824)刊本
讀風偶識四卷　道光四年(1824)刊本
古文尚書辨僞二卷　道光四年(1824)刊本
論語餘説一卷　道光四年(1824)刊本

　　　　五服異同彙考三卷　道光四年(1824)刊本

　　　　易卦圖説一卷　道光四年(1824)刊本

　　　　無聞集四卷　道光四年(1824)刊本

　　清光緒五年(1879)王灝刊刻《畿輔叢書》,從陳履和刊本《崔東壁先生
遺書》中選了十四種,收入該叢書中。這是《崔東壁遺書》初期流傳的情況。
日本漢學家那珂通世根據清道光四年陳履和刊本,加以圈點,於明治三十
六年(1903)由日本史學會出版。宣統元年(1909)顧頡剛十七歲,曾向孫宗
弼借得姚際恒《古今僞書考》,讀後受極大震動,以爲他在二十歲以前,所受
學術上的洪大的震蕩,只有兩次,他説:

　　　　第一次是讀了一本監本《書經》,又讀了一篇《先正事略》中的《閻
　　若璩傳》。第二次就是這一回,翻看了一部《漢魏叢書》,又讀了一本
　　《古今僞書考》。我深信這兩次給予我的刺戟深深地注定了我畢生的
　　治學的命運,我再也離不開他們的道路了![1]

顧氏受到第一次震蕩所讀的監本《書經》,是指蔡沈的《書集傳》。《先正事
略》是指李元度的《國朝先正事略》中有《閻若璩傳》。《書集傳》所收古文
《尚書》五十八篇中的二十五篇,是晉人的僞作。李氏的《閻若璩傳》,論及
閻若璩考辨古文《尚書》之僞,這些書都是考古辨僞的著作,很合顧氏的胃
口。第二次是程榮的《漢魏叢書》和姚際恒的《古今僞書考》。《漢魏叢書》
所收大都爲假託漢魏人著作的僞書。從《漢魏叢書》可以知道僞書的內容,
從《古今僞書考》可以知道僞書的種類和考辨方法。知道有那些僞書,學者
蒐集治學材料時應避免受到這些僞書的影響。

　　《校點古今僞書考序》所説的,姚氏學術影響到顧頡剛的哪些方面,必
須將兩人的著作仔細作比對,纔能得到較正確的答案。從這裏我們可以理
解,顧頡剛所提到的古人,受姚際恒的影響最早,受崔述的影響是比較晚
的。雖然,顧頡剛説他在十二三歲時讀李元度《國朝先正事略》中的一篇
《崔東壁先生事略》所錄崔述的著作書目,説是偉大的著作,但直到民國九

---

[1] 顧頡剛:《校點古今僞書考序》,收入林慶彰主編《姚際恒著作集》第5冊,臺北:中研院中國文
　　哲研究所1994年6月版,第350—363頁。

年(1920)十二月十五日他寫信給胡適,説到:

清代人辨證古史真偽的,我知道有二大種而都没有看過:一是崔述的《東壁遺書》,一是林春溥的《竹柏山房叢書》。①

十二月十八日胡適給顧頡剛的信説;

崔述的《東壁遺書》,我没有。林春溥的《竹柏山房叢書》,我有全部。你要看,可以拿去看。此兩書中,只有關於考證古史的部分可以抽出。崔氏書有日本人那珂通世的新式圈點校印本,可惜此書不易得了。我已託人尋去。②

民國十年一月二十四日胡適給顧頡剛的信説:

近日得崔述的《東壁遺書》(還不是全書,乃是《畿輔叢書》本,只有十四種,但《考信録》已全),覺得他的《考信録》有全部翻刻的價值,故我決計將此書單行,作爲《國故叢書》的一種。③

一月二十五日顧頡剛給胡適的信説:

《考信録》這部書,我想看了好久了,到琉璃廠問了兩回,書易得而價不能出。所以至今還没有看見。④

一月二十八日胡適的回信説:

《考信録》在清代要算一大奇書,你肯任標點,那是極好的了。我想此書太多,不必重鈔,可即用《畿輔叢書》本點讀。我當再買一部供此用,因我此部已被我批點過了。

① 見顧頡剛編著《古史辨》第 1 册,臺北:明倫出版社 1970 年版,第 14 頁。
②《古史辨》第 1 册,第 15 頁。
③《古史辨》第 1 册,第 19 頁。
④《古史辨》第 1 册,第 20 頁。

　　《考信録》甚多使人失望處,你看了便知。但古今來没有第二個人
能比他的大膽和棘手的了。以後你的"僞史考"即可繼此而起,把他的
判斷再細細判斷一回。……送上《考信録》二、三、四、五册。①

接著,胡適又給顧頡剛一封信説:

　　玄同先生信五頁,論崔述書附上,請看了還我。我現在正在物色
陳刻全本。日本刻本,我明天去託人訪求。②

可見,胡適要找陳履和刊本,也要託人購買那珂通世的標點本,所託之人即
日本漢學家青木正兒(1887—1964)③。青木和胡適有來往,《支那學》④創
刊號出版後,青木寄了一本給胡適,胡適在民國九年(1920)九月回信答謝,
兩人書信往來很頻繁。胡適馬上託青木查尋姚際恒和崔述的著作。態度
非常積極。不久,錢玄同給胡適一封信説:

　　你説崔東壁是二千年來的一個了不得的疑古大家,我也是這樣的
意思。我以爲推倒漢人迂謬不通的經説,是宋儒;推倒秦漢以來傳記
中靠不住的事實是崔述;推倒劉歆以來僞造的古文經是康有爲。……
崔述推倒傳記雜説,卻又信《尚書》、《左傳》之事實爲實録。……道光
二年陳履和刻的《東壁遺書》纔是全璧。日本史學會鉛印本,就是翻陳
本,加上句讀和引號,做上索引。此部最佳,但此時恐買不到。⑤

這封信是在説明宋人不喜歡漢人,所以崔述就起來推翻了秦漢以來傳記中
靠不住的史事,崔述推倒傳記雜説,卻又相信《尚書》、《左傳》之事實爲實
録。日本史學會鉛印本的《東壁遺書》纔是最完整的本子。從上面所録的

---

① 《古史辨》第 1 册,第 22—23 頁。
② 《古史辨》第 1 册,第 27 頁。
③ 青木正兒的生平資料,可參考水谷真成《青木正兒》一文,收入江上波夫編《東洋學の系譜》,第
　261—270 頁。江上的書已有林慶彰譯本,改名爲《近代日本漢學家》第 1 集,青木的資料在第
　187—192 頁。
④ 雜誌名。日本京都大學支那學會機關刊物。大正九年(1920)九月,第 1 卷第 1 號創刊,昭和二
　十二年(1947)八月,第 12 卷第 5 號停刊。
⑤ 《古史辨》第 1 册,第 27—28 頁。

五封來往書信,可以看出當時的辨僞活動是由胡適來推動,顧頡剛等人來執行。顧頡剛大概比較執著於點書,所以胡適要他去找《考信錄》,他由於沒有下功夫去找,根本找不到。以一個中國人找書的能力,卻比不上一個日本人,這也够讓人難堪了。

　　另外,我們可以知道顧頡剛開始研究崔述,是在民國十年(1921)左右,起先是很賣力地作標點。他把崔述的著作一本一本接著點下去,民國十一年(1922)至十二年(1923)校點《考信錄》,到民國十五年(1926)全部結束,花費時間有六年之久。補入的資料比陳履和的《崔東壁遺書》要多出約四分之一。

四、重編《崔東壁遺書》

　　顧頡剛爲何要重編《崔東壁遺書》? 最主要的是陳履和所編道光四年刊本的《崔東壁先生遺書》,所收資料不够完備。整理古籍,尤其是古人的著作集或全集,應以資料完備爲第一優先。以什麽標準來衡量資料的完備度? 這可分成兩個層面來討論,一是被編全集者的著作是否收羅完備,從顧頡剛重編的《遺書》,可知陳履和刊本失收了崔述的《知非集》、《莜田賸筆殘稿》,還有不少佚文。二是被編全集者的相關著作是否完備,這裏的相關著作比較難下定義,原則上包括被編全集者的傳記資料、著作序跋評論提要、後人研究著作,還有關係密切的親友之相關資料也應收集。總而言之,凡對被研究者有所幫助的資料,都應收錄。崔述臨終時交給陳履和的文稿僅有二十一種,陳氏全部把它刊刻出來,如果有崔述未交代的文稿,恐怕陳履和也不敢刻進去。另外,要提出説明的是,陳履和所生長的時代,有爲人編全集者,大概也還沒有顧頡剛那麽求完備的觀念,就很難要求資料要多完備了。

　　顧頡剛整理古文獻,自有他的一套方法,兹分項説明如下:

(一) 蒐集資料

胡適在民國十年一月纔得到《畿輔叢書》本的《東壁遺書》,僅有十四種,並不是全本,他們並不滿意,要繼續搜尋道光四年陳履和刊本和日本漢學者那珂通世的標點本,版本蒐集越多,資料也越完備。詳細情形請參考本文第三小節《蒐尋崔東壁遺書》。

（二）開始標點、校勘

顧頡剛開始標點《崔東壁遺書》，是在民國十年（1921），到民國十五年已點校完。這可以《顧頡剛日記》爲證，民國十一年（1922）十月廿三日下記載"標點《考信録》序傳"，十月廿四日至廿五日下記載"標點《考信録提要》卷上、下畢"，十月卅日、卅一日下記載"標點《補上古考信録》上、下卷畢"，十一月一日至六日下記載"標點《唐虞考信録》第一至第四卷畢"，十一月七日至八日下記載"標點《夏考信録》第一至第二卷畢"，十一月九日至十日下記載"標點《商考信録》第一至第三卷畢"，十一月十一日至十八日下記載"標點《豐鎬考信録》第一至第八卷畢"。民國十二年（1923）三月起，顧氏標點《洙泗考信録》、《豐鎬考信餘録》、《洙泗考信餘録》、《孟子事實録》、《考信附録》等。同年，五月二十七日校對《考信録》，十月一日起覆看《考信録提要》、《補上古考信録》、《唐虞考信録》等。民國十三年（1924）五月起，標點《孟子事實録》、五月三十日起標點《洙泗考信餘録》、《洙泗餘録》，自六月十七日止。從《日記》上的記載，可見顧頡剛標點崔述著作的勤奮和效率，假使沒有很高的學術熱忱是很難做到的，說顧氏有學術的工作狂也不爲過。

（三）加入新資料

民國十年一月開始標點，民國十五年已校完，而書是直到民國二十六年（1937）才由亞東圖書館出版，中間有十餘年的時間，爲何耽擱這麽久。這點胡適在《崔東壁遺書》的《序》已先説明：

> 他要收羅的最完備，不料材料越收越多，十幾年的耽擱竟使這部書的內容比任何《東壁遺書》加添了四分之一。①

胡適認爲所以耽擱的原因是因爲材料收集越來越多，這是顧氏治學的一種

---

① 胡適：《崔東壁遺書序》，見顧頡剛編《崔東壁遺書》第 1 冊，上海：亞東圖書館 1937 年版，第 1 頁。顧氏編輯的《崔東壁遺書》有亞東圖書館版、上海古籍出版社版兩種版本，所收資料略有出入。以下引用時，分別加注"亞東版"、"上海古籍版"，以免混淆。

特色,也可以説是一種缺點。看他的《讀書筆記》就可以明瞭顧氏爲什麼没留下一本代表作,因爲顧氏有蒐集資料的癖好,所以他編定的《東壁遺書》比其他版本的《東壁遺書》内容加添了四分之一。錢穆的《序》也説:

> 顧君於東壁書,謀爲標點行世,顧鄭重其事不欲倉卒潰於成,積十年乃卒業,而所收遺稿視前益豐。①

錢穆認爲顧頡剛爲了慎重其事,花費十年的工夫纔完成,資料也更加豐富。至於增加的資料内容是什麼,顧氏的《序》有詳細的説明:

> 不幸我的好求完備的癖性,覺得應當把有關本書的材料輯出,列爲附録,作"論世知人"之一助;這樣一來,範圍就放寬了,出版之期就延長了。②

顧氏因爲好求完備的個性,與本書相關的資料,都要全數收入,書的分量就變很大,出版時間也延後了。顧氏的《序》又説:

> 起先,我們所看見的只是道光本《遺書》而已。不久,嘉慶本《書鈔》找得了,《書鈔》的改訂本也找得了。在這方面,使我們對於東壁先生的學問進展得到更清楚的認識。還不只這些,東壁夫人的《二餘集》發見了,東壁先生的《知非集》和《莜田賸筆》也發見了,他的幼妹《針餘吟稿》也發見了,甚而至於他的弟弟德臯先生的詩文集和雜著一大宗都發見了。以前,我們要求知道他的事蹟,只有死守著一部《遺書》和陳履和所作的一篇《行略》,要去分年繫事,終有許多闕疑的地方,現在則因新材料的發見而得確定了,他們的家庭狀況也更明瞭了。③

以前只能看見道光本《東壁遺書》,後來又找到《崔東壁書鈔》,還找到崔氏的《知非集》、《莜田賸筆》,崔氏夫人的《二餘集》,幼妹的《針餘吟稿》等資

---

① 錢穆:《崔東壁遺書序》,見顧頡剛編《崔東壁遺書》(亞東版),第1册,第2頁。
② 顧頡剛:《崔東壁遺書序》,見顧頡剛編《崔東壁遺書》(亞東版),第1册,第2頁。
③ 顧頡剛:《崔東壁遺書序》,見顧頡剛編《崔東壁遺書》(亞東版),第1册,第2頁。

料陸續發現,這些都要收進去。《遺書》的内容也越來越豐富。當然,顧氏這部書所以資料那麽完備,是有許多人協助完成的,這點顧氏也不敢掠人之美,把有幫助過他的人一一列名,並表達深深的感謝之意。

　　將顧頡剛所編的《遺書》與陳履和的《崔東壁先生遺書》兩相比較,可以看出顧氏書中的甲前編和丙後編,都是陳履和的書所没有的,這都是顧頡剛和他的研究團隊苦心收集來的。兹將顧氏書新收集資料稍加分析,以見顧氏重新編輯時所下的功夫,也使這部《崔東壁遺書》成爲各種版本收録最完整的。

(四) 加入資料詳目

甲、前編部分,有五種類型的資料

1. 新序。所謂新序是指胡適、錢穆、顧頡剛爲《崔東壁遺書》所作的序。

2. 序目。收崔述《東壁先生自訂全集目録》、王灝《崔東壁遺書目》(《畿輔叢書》本)和顧頡剛、趙貞信所作的叙録,計有《考信録》三十六卷、《讀風偶識》四卷的提要、崔述《考信録自序》、陳履和《校刊考信録例言九則》、汪廷珍的《考信録序》、蕭元桂的《崔東壁先生遺書序》、楊道生《崔東壁先生遺書題詞》、那珂通世《書重刊崔東壁遺書目録後》、那珂通世著、于式玉譯《考信録解題》。原發表於《史學雜誌》第 13 編第 7 號(明治三十五年七月)、洪業《崔東壁書版本表》、趙貞信《各種書鈔遺書版本攝影》。

3. 傳狀。收崔述傳記五篇。

(1)陳履和《勅授文林郎福建羅源縣知縣崔東壁先生行略》附劉大坤《崔東壁先生行略跋》

(2)唐鑑《大名崔先生學案》(《學案小識》卷十四)

(3)李元度《崔東壁先生事略(附陳履和)》

(4)徐世昌《崔述傳(附弟邁)》,《大清畿輔先哲傳》卷二十三

(5)劉師培《崔述傳》《國粹學報》第 34 期　史篇

4. 胡適《科學的古史家崔述》。本文爲胡適等人研究崔述之第一長文,先發表於《國學季刊》第一卷第 2 號(第一章《家世》和第二章《年譜上》)。後胡適要到歐洲,把此事交給顧頡剛,最後由趙貞信完成。此文内容極爲豐富,是研究崔氏必須參考的著作。

5.《崔東壁先生故里訪問記》。這篇訪問記,是民國二十年(1931)四月

七日,顧頡剛等一行人從邯鄲出發,到河北大名參訪崔述故里的訪問記錄,
四月十一日回到邯鄲,這個訪問記就是在寫這次考察所得的經過。考察時
所收集的資料應該不少,所以可以寫出兩萬多字的考察報告。

乙、本書部分

    1. 崔東壁遺書細目

    2. 考信錄提要(二卷)

    3. 補上古考信錄(二卷)以上前錄二種

    4. 唐虞考信錄(二卷)

    5. 夏考信錄(二卷)

    6. 商考信錄(二卷)

    7. 豐鎬考信錄(八卷)

    8. 洙泗考信錄(四卷)以上正錄五種

    9. 豐鎬考信別錄(三卷)

    10. 洙泗考信餘錄(三卷)

    11. 孟子事實錄(二卷)

    12. 考古續説(二卷)

    13. 考信附錄(二卷)以上後錄五種

    14. 王政三大典考(三卷)

    (1) 三代正朔通考

    (2) 經傳禘祀通考

    (3) 三代經界通考

    15. 讀風偶識(四卷)

    16. 古文尚書辨偽(二卷)

    17. 論語餘説(一卷)以上翼錄四種

    18. 五服異同匯考(三卷)

    19. 易卦圖説(一卷)以上雜著二種

    20. 無聞集(四卷)以上文集一種

    21. 崔東壁遺書引得(洪業)

《崔東壁遺書細目》和洪業的《崔東壁遺書引得》都是顧頡剛重編《遺書》時
所加入。

丙、後編部分

未收入陳履和所刊《崔東壁遺書》的新發現的資料，有十種。

（1）胡適輯《崔東壁先生佚文》
（2）崔述《知非集》
（3）成靜蘭《二餘集》
（4）崔幼蘭《針餘吟稿》
（5）崔述《莅田賸筆殘稿》
（6）崔邁《崔德皋先生遺書四種》
（7）顧頡剛、趙貞信輯《崔東壁先生親友事文彙輯》
（8）顧頡剛輯《評論》
（9）顧頡剛輯《評論續輯》
（10）趙貞信《初刻本校勘記》

顧頡剛重編的《崔東壁遺書》，花費顧氏十餘年的時間，資料收集相當完備，也創新體例，大量收錄與崔述相關的資料，顧氏書的前編和後編，都是陳履和的書所沒有的。也開創編全集應順便收集相關資料的風氣，今人所編的古代學者之全集或文集，大都附有相關資料，足見顧氏編輯方法對學者的影響。

（五）添加案語

顧頡剛在編輯《崔東壁遺書》的過程中，如在亞東版《崔東壁遺書》後編的部分，往往在各書的書前或書後加上長短不一的案語。例如：

1. 胡適輯《崔東壁先生佚文》，書前目錄後有顧頡剛案語，署“一九三二年二月二十五日顧頡剛記”。

2.《知非集》目錄有顧頡剛的案語，署“一九三二年二月十七日顧頡剛記”。

3.《莅田賸筆》殘稿書前目錄後有顧頡剛案語，署“一九三五年四月二十八日記於蘇州”。

4.《訒菴筆談》書前目錄後有顧頡剛案語，署“一九三五年四月二十五日記”。

5.《尚友堂文集》書前目錄後有顧頡剛案語，署“一九三五年四月二十五日記"。

6.《寸心知詩集》書前目録後有顧頡剛案語二則,署"一九三五年四月二十五日記"。

7.《〈崔東壁遺書〉版本表》書前目録後有洪業案語,署"一九三一年三月十四日"。

8.《傳狀》書前目録後有顧頡剛案語,署"一九三二年二月二十二日"。

所謂案語,無非在説明獲得這書的過程及其版本異同與内容特色,以及書的價值。兹舉一例,以概其餘。《莜田臏筆》殘稿的案語:

> 頡剛案:此殘稿一册,前年范廉泉先生發見於大名,去歲姚晉蘖先生持以來,洪煨蓮先生爲之考,考定爲《莜田臏筆》之初稿及《莜田綴語》之一部,其説縝密而可信。東壁先生之私人生活,尤爲宦閩六年中之生活,觀此益可明白。其與人書札,於作令時所屢屢慨歎者不外數端:吏玩民蠻,是多掣肘,一也;地係衝途,差使絡繹,二也;前任虧空,時慮賠累,三也。此即成孺人《黄鶯兒》之所咏者也。至其與朱松田、陳海樓之書,一往情深,足爲師友矜式。與海樓書更可與《考信附録》中海樓來書合看,於以知《考信録》與《王政三大典考》之刊改次第。《知非集拾遺》缺失雖多,而可知今存之本,先生由舊本刪去者之題目爲何,其今本雖存而終被刪於定本者又爲何,斯固一快事。《雜説》推闡人情,以明率意論古者之非,疑爲《考信録釋例》之前身。噫,先生定稿未刊者皆焚於滇南矣,何意叢殘棄擲之稿轉得保存於河北,而吾儕亦得賴以識先生之墨蹟,豈非藝林之大幸耶!一九三五年四月二十八日,記於蘇州。①

主要是考證《莜田臏筆》殘稿的歸屬,及該殘稿的内容價值。有些資料可以跟其他著作相印證,並肯定該殘稿的學術價值。後來,加案語也成了顧頡剛編書的一大特色。

(六) 編輯崔述選集

顧頡剛除了重編《崔東壁遺書》外,從他所寫的《日記》,也可看出他在

---

① 見《崔東壁遺書》,上海:上海古籍出版社 1983 年 6 月版,第 800 頁。

民國十三年（1924）二月開始“竟日輯選《東壁集》”。他在二月十七日的《日記》中說：“竟日爲商務館選輯《崔述》完畢，《東壁集》選畢，凡得百篇”①，這裏的《崔述》和《東壁集》是何種關係？ 没有其他佐證資料，後來商務印書館好像也無出版二書的消息。他在民國十三年（1924）底到十四年（1925）三月，都在注解《崔述》此書，可見顧頡剛研究崔述的工作做得相當密集。再來，三月廿七日“校《崔述》選本中之《無聞集》訖”，顯然此《崔述》和前面提到的《崔述》，應是指同一件事情。《日記》七月七日“圈出《崔述》應注處。覆看《洙泗録》”，七月八日“圈出《崔述》應注處，畢。覆看《洙泗録》”，七月廿一日“作出《崔述》注二十條”，從以上引文可以知道，《崔述》一書應是崔述作品的選集，由顧頡剛選定。

　　但是，民國十三年十二月廿三日《日記》又載“與適之先生相商，即日編《崔述》一書，傳爲卒歲之資”，此處提到的《崔述》與上文提到的《崔述》應是同一本書。從十二月廿四日開始，每天都在注解《崔述》，一直到民國十四年（1925）的一月二十日暫時停止，三月三日又開始作注解，到三月十四日又停止②。這本《崔述》應該是胡適要顧頡剛去編輯的崔述作品選集，其中又有顧頡剛的注解，應該是頗有學術價值，但是商務印書館並没有出版過此書的消息。如果是這樣，顧頡剛的心血也可以説是白費了。好在這只是顧頡剛編輯《崔東壁遺書》的副產品，有出版當然最好，没出版也不妨礙顧頡剛研究崔述的貢獻。

五、上海古籍版《崔東壁遺書》

　　1983 年上海古籍出版社又出版顧頡剛編《崔東壁遺書》，本來以爲是亞東版的影印本，後來發覺兩種書的內容有不少差異。從這裏可看出顧頡剛對此套書的重視。兹先將上海古籍版的目次抄録如下，以做爲比較的根據。

---

① 見《顧頡剛日記》第 1 册（1913—1926），臺北：聯經出版事業公司 2007 年 5 月版，第 454—456 頁。

② 《顧頡剛日記》第 1 册，第 564—598 頁。

崔東壁遺書序

崔東壁遺書細目(顧頡剛)

考信録提要二卷

補上古考信録二卷　以上前録二種

唐虞考信録二卷

夏考信録二卷

商考信録二卷

豐鎬考信録八卷

洙泗考信録四卷　以上正録五種

豐鎬考信别録三卷

洙泗考信餘録三卷

孟子事實録二卷

考古續説二卷

考信附録二卷　以上後録五種

王政三大典考三卷

　三代正朔通考

　經傳禘祀通考

　三代經界通考

讀風偶識四卷

古文尚書辨偽二卷

論語餘説一卷　以上翼録四種

五服異同彙考三卷

易卦圖説一卷　以上雜著二種

無聞集四卷　以上文集一種

崔東壁先生佚文

知非集

二餘集

針餘吟稿

苑田賸筆殘稿

附編

　崔德皋先生遺書四種

　訥菴筆談二卷

尚友堂文集二卷

尚友堂説詩一卷

寸心知詩集二卷

附録

序目

傳狀

科學的古史家崔述

崔東壁先生故里訪問記

關於本書的評論

崔東壁遺書名目索引

從這個目次來觀察,可以發現上海古籍版和亞東版有數點不同;

其一,更換文章的内容。最明顯的是,抽换顧頡剛的《序》文。亞東版顧頡剛的《序》文僅僅六頁,上海古籍版的《序》長達七十一頁,專門討論歷代的造僞與辨僞,全文分爲二十一個小節,節目如下:(1)古人缺乏歷史觀念,(2)戰國、秦、漢間好古者的造僞,(3)孔子對於歷史的見解,(4)戰國以前的古史是"民神雜糅"的傳説,(5)墨子的託古,(6)種族融合過程中造成的兩大偶像,(7)孟子的託古,(8)陰陽五行説所編排的古史系統,(9)道家的託古,(10)戰國與西漢的疑古,(11)司馬遷與鄭玄的整齊故事,(12)東漢的疑古,(13)萌芽階段的結論,(14)三國、六朝的造僞與辨僞,(15)唐代的辨僞,(16)宋代辨僞的發展,(17)明代的造僞與辨僞,(18)清代的辨僞,(19)崔述的考信録,(20)唐以後辨僞的發展趨勢,(21)標點問題。可説是一篇簡明扼要的辨僞學史。

其二,删去某些篇章。上海古籍版顧頡剛《序》文後有王煦華的《附記》,説:"新版《崔東壁遺書》的校訂工作,是在顧師生前親自指導下進行的。他説亞東版所收的附録材料,其中有些對瞭解崔述的思想和生平,用處不大,可以删去。"①根據這個原則,後編部分删去顧頡剛、趙貞信合輯的《崔東壁先生親友事文彙輯》、趙貞信《初刻本校勘記》。

其三,重新編排資料的順序,原來亞東版將全書分爲甲、乙、丙三編,甲是前編,收五種類型的資料:第一種是《新序》,收胡適、錢穆、顧頡剛三人

---

① 見《崔東壁遺書》(上海古籍版),第71頁。

的《序》，顧氏的序太短，以長序取代，胡適、錢穆的《序》，被安排到附錄中《關於本書的評論》中；第二種《序目》；第三種《傳狀》；第四種《科學的古史家崔述》；第五種是顧頡剛、趙貞信等《崔東壁先生故里訪問記》。乙是本書，收崔氏《考信錄》和其他著作。丙是後編，原書收胡適輯《崔東壁先生佚文》、崔述《知非集》、成靜蘭《二餘集》、崔幼蘭《針餘吟稿》、崔述《莜田賸筆殘稿》，被調整至《無聞集》之後。《崔德皋先生遺書》被調整至附編。這樣的調整比較符合全集編輯的規範。

　　有一點可提出討論的是，將亞東版胡適和錢穆的《序》放到《關於本書的評論》裏，這個安排恐怕不妥。序的文體和評論本質上有很大的不同，胡適和錢穆兩人的《序》，是爲亞東版《崔東壁遺書》不折不扣的序，上海古籍版要處理這兩篇《序》，可以把他安排在附錄裏，雖仍舊不理想，但總比現在的位置要好一點。

六、顧頡剛對崔述的評價

　　顧頡剛對崔述的研究，是從《考信錄》開始的。在民國十年(1921)一月胡適購買了《崔東壁遺書》中的《考信錄》，送交顧頡剛閱讀，這是顧氏第一次接觸到崔述的著作，想見應該會相當的高興，所以顧氏馬上開始閱讀。他首先提出古史層累說，這個說法對當時及後來的學者都有很大的影響，利用這個觀點來看中國的經典，中國的經典也被打得七零八落。他認爲他的古史考辨的指導思想，從遠的來說是受到鄭樵、崔述、姚際恆的影響，從近的來說，是受胡適、錢玄同的影響，可見顧頡剛的思想與崔述有相當密切的關係。顧頡剛一拿到崔述的著作就開始日以繼夜地加以點校，由此可見他對崔述著作喜愛的程度，非一般人可比。這一節我們來討論顧頡剛對崔述的評價。顧頡剛說：

　　　　崔述從小就有分析的習慣，所以分得出各種事態的層次，懂得各家學說的演化。他覺得一種學說不是突然出現的，所以要尋出它的前後左右的關係。這樣一來，就是很亂的材料，也就會了解它的秩序。①

① 顧頡剛：《崔東壁遺書序》，《崔東壁遺書》(上海古籍版)，第61頁。

此是顧頡剛褒獎崔述治學方法有很大的特點,崔述的研究方法是把一種學説要尋出它前後左右的關係,這樣一來混亂的材料也可以得到妥當的安排。

(一) 對《考信録》的評價

顧頡剛在 1921 年 1 月 31 日給胡適的信中説:

> 《考信録》已讀兩册,大快。他(崔述)雖但疑史傳雜説而仍信經,令人不滿意,但經到底少,史傳雜説則很多,他把難的地方已經做過一番功夫,教我們知道各種傳説的所由始了,由此加功,正是不難。①

這封信已提到崔述雖然懷疑史傳雜説,但仍相信經,令人不滿意。胡適和錢玄同等人,他們並不相信有經書,所以他們把古代的經書看成古代的史料,既然是史料就有記載真或不真的問題。崔述本於傳統的觀念,他相信經的權威,所以史傳雜説跟經相違背的地方,他寧可相信經的記載,這一點與古史辨學派的理念並不完全相合。此外,顧頡剛又説:

> 我弄了幾時辨僞的工作,很有許多是自以爲創獲的,但他(崔述)的書裏已經辨證得明明白白了,我真想不到有這樣一部規模弘大而議論精鋭的辨僞的大著作已先我而存在! 我高興極了,立志把它標點印行。②

崔述的辨僞工作,顧頡剛證明他辯證得已經清清楚楚,他認爲崔述這一本《考信録》是一本規模弘大而議論精鋭的辨僞大著作,這本著作在他之前兩百年就已經出現。顧頡剛讀此書,遂有相見恨晚之感。可見崔述的著作在學術史上的重要性,但學界人士並不重視他,到了顧頡剛,崔氏纔大大地受到關注。顧頡剛又説:

---

① 顧頡剛:《論僞史例書》,收入《古史辨》第 1 册,第 28 頁。
② 顧頡剛:《自序》,《古史辨》第 1 册,第 45—46 頁。

　　我二年以來,蓄意要辯論中國的古史,比崔述要進一步。崔述的《考信錄》確是一部極偉大又極細密的著作,我是望塵莫及的。我自知要好好的讀十幾年書,才可追得上他。①

顧頡剛也提到崔述的考辨思想非常先進,考辨先秦諸子及夏商周古史的想法,在崔述都已經完成,所以他自認爲比不上崔述,要好好地讀十幾年書纔可追得上他。

崔述以爲後世所傳的古代史大半是先秦諸子假造的,顧頡剛又説:

　　崔述研究了一世的古代史,運用司馬遷"考信於六藝"的方法,以經書裏的記載來駁斥諸子百家裏的神話和傳説,做成了這部不朽的巨著——《考信錄》。他以爲後世所傳的古史,大半是戰國諸子所假造的,主張信史起自唐、虞,唐、虞以上便不甚可稽考了。我們今日講疑古辨僞,大部分只是承受和改進他的研究。②

顧頡剛的説法是民國初期的大部分學者共通的理念,以爲古代史是後人僞造的。其實,古代史的真僞問題,不是那麼簡單,必須要認真對待它纔容易找出頭緒來,不能認爲古代史都是先秦諸子所造。顧頡剛又説:

　　到了十八世紀的九十年代,崔述發揮了他的極大的勇氣,加上沉潛三十年的功力,作了一部《考信錄》,把戰國、秦、漢間所説的上古、夏、商、西周以及孔子、孟子的事情全部考證了一下,結果推翻無數僞史,又系統地説明了無數傳説的演變。雖是他牽纏於聖道王功的偶像作用,還不能把這個工作做得徹底,究竟他已經斧鑿開山,後人就他的基業上進展容易了不少。③

崔述的《考信錄》把上古到秦漢間的史事,以及孔子、孟子的事蹟,都作了詳細的考證。因此,推翻不少僞史,但嚴格來説辨僞還做得不徹底,後人跟隨

---

① 顧頡剛:《與錢玄同先生論古史書》,《古史辨》第 1 册,第 59 頁。
② 顧頡剛:《崔東壁遺書序》,《崔東壁遺書》(上海古籍版),第 60 頁。
③ 顧頡剛:《崔東壁遺書序》,《崔東壁遺書》(上海古籍版),第 59 頁。

他的腳步前進,會容易許多。崔述稱呼先秦的古史叫做偽史,這是相當具有偏見的説法。古代學者寫作時所能利用的資料非常的少,所以就把當時的傳説和神話等等也納進去,這是很不得已的事情,並非有意作偽。顧頡剛又説:

> 他(崔述)所著的《考信録》,真是清代史學研究上的一部奇書,其目光的敏鋭和史學方法的嚴謹,在近代史學界上可説已發生了巨大的影響。①

由於顧頡剛與崔述的學術興趣相吻合,所以他對《考信録》的評價就相當的高,他認爲這是一生中受到最大影響的兩件事情之一。他唯一對《考信録》的不滿,是崔述太相信經而不相信史傳雜説,以爲先秦諸子的書都是後人偽造的。但是,我們如果拿出《考信録》好好閲讀,就會發現該書中有許多問題,尚未徹底解決,這些顧頡剛也有所瞭解,所以他在點校《考信録》時,也有與崔述不同的意見出現。

(二) 批評崔述對經書的態度

顧頡剛對經書的態度,從他的話可見:"竊意董仲舒時代之治經,爲開創經學,我輩生於今日,其任務則爲結束經學。"②這是好大的氣魄。顧氏要如何結束經學? 我們都知道經書在成爲經之前,大概有兩種情況,一種是古代保存下來的文獻,如《詩》、《書》等都是;另一種相傳是聖人的著作,如《易》、《禮》等都是。孔子有他對政治、社會的理想,他用這些文獻作爲教材時,在關鍵的字句或對某一事件加上批判的話語,就是所謂的"微言大義",這些經孔子加持過的文獻,後來就變成了經。兩千年來的經書解釋史,就是在探尋孔子微言大義的歷史。顧氏要結束經學,就是要去掉這些古文獻裏孔子所加的微言大義,及後儒解釋時的種種附會,讓這些文獻回歸本來的面目。

這些經書本來既是古文獻,也就是當時人類活動的種種紀録,在當時書寫工具還不太發達的情況下,能流傳下來的史料相當有限,整理文獻時

---

① 顧頡剛:《當代中國史學》,臺北:新文豐出版公司 1982 年版,第 126 頁。
② 顧頡剛:《顧頡剛讀書筆記》卷五,臺北:聯經出版事業公司 1990 年版,第 2788 頁。

把神話和傳説等也收録進來,用史學的眼光來看,有許多記載是不真的。所以劉知幾的《史通》批評《尚書》、《春秋》的記載不真①,就是用史學求真的態度來看待經書。另外,也可以用哲學、文學的角度來看這些文獻。歷代學者往往偏執這些經書的某一種學科屬性,而忽視其他的屬性,導致許多無謂的糾紛。

崔述的考辨認爲秦漢以下,諸史皆不可信,這是從史學的眼光來看待這些古文獻,也因此他認爲秦漢以下諸史皆不可信,唯一可信的就是經書。顧頡剛對崔述這種尊經的態度,相當不滿意。他批評崔述説:

> 只有司馬遷和崔述,他們考信於六藝;凡六藝所没有的,他們都付之不聞不問。這確是一個簡便的對付方法。但六藝以外的東西並不曾因他們的不聞不問而失其存在,既經有了這些東西,難道研究歷史的人可以閉了眼睛不看嗎? 況且就是六藝裏的材料也何嘗都是信史,它哪裏可以做一個審查史料的精密的標準呢? 所以他們的不信百家之言而信六藝,乃是打破了大範圍的偶像而崇奉小範圍的偶像,打破了小勢力的偶像而崇奉大勢力的偶像,只掙得"以五十步笑百步"的資格罷了。②

考信六藝,就是以六藝作爲考證的依據。崔述的做法是凡六藝所没有的他就不聞不問,顧頡剛説這是一個簡便的對付方法,但是六藝以外的東西並不因他不聞不問而失去其存在。顧頡剛批評他不信百家之言而信六藝,乃是打破大範圍的偶像而崇奉小範圍的偶像。

崔述雖然相信經書,但他並不相信傳注,所以顧頡剛又説:

> 從前人以爲傳記即是經,注、疏必得經意,把二千餘年陸續發生的各家學説視爲一件東西。因此這個方法,看來雖很平常,但"不以傳注雜於經"的一個考信的基礎方法,崔述即於幼時養成了。③

① 劉知幾《史通》有《疑古》、《惑經》二篇,《疑古》篇在批判《尚書》的記載不真,《惑經》篇在批判《春秋》的記載不真,以爲兩書各有"十未諭"。
② 顧頡剛:《自序一》,《中國上古史研究講義》,北京:中華書局 1988 年版,第 1 頁。
③ 顧頡剛:《崔東壁遺書序》,《崔東壁遺書》(上海古籍版),第 60—61 頁。

中國歷代解釋經書的傳、注、疏是經典解釋的精華所在,是各家研究經典詮釋最重要的資料,大體上古代的學者都同意這種看法,但經和傳注必須分清楚。崔述提到"不以傳注雜於經"就是從事經書考據最基本的信念,他在小時候就已經有這種思想了。民國時期的學者完全繼承了這種觀念。所以,顧頡剛研究《周易》時,把經傳分開來研究,就是把《周易》的經文和《易傳》(又稱十翼)分開來詮釋。他們所以這樣做,是因爲《易》古經被認定爲西周時代的作品,《易傳》則被認爲是戰國至西漢初年,學者詮釋《易》古經的作品,兩者的時代相差數百年,思想也不可能一致,所以應分開研究。後來,李鏡池、屈萬里、高亨等《周易》專家,雖然都説是受《古史辨》學派的影響,但是追溯他們思想的根源應來自崔述。

顧頡剛又説:

> 我很怕別人看了我表彰鄭樵、崔述諸人的文字,就説我做了他們的信徒而來反對毛公、鄭玄,所以現在在此附帶聲明一句:我對鄭樵、崔述諸人決無私愛;倘若他們的荒謬有類於毛公、鄭玄,我的攻擊他們也要和對於毛公、鄭玄一樣。①

顧頡剛對歷代注經者的態度應該是平等對待的,所以他對鄭樵和崔述特別加以表彰,在別人看來好像是鄭樵、崔述等人的信徒,顧頡剛否認這種不客觀的看法,他認爲,他對鄭樵、崔述絕無私愛,倘若崔述有像毛公、鄭玄那樣的大錯誤,顧氏對他們的攻擊也會像對毛公、鄭玄一樣。可見顧氏對歷代注疏者的態度是相當一致的,並不偏袒漢學或宋學。

最後,來看看顧頡剛與崔述根本不同的地方:

> 在亞東本《崔東壁遺書》中,梁隱説崔述是"考諸經以信史",我則是"求於史以疑經",這把我和崔走的不同路綫,指出的最明白。我只是借《考信録》作我工作的階梯或工具而已,本未嘗作崔氏的信徒也。所謂求於史者,不但各種文獻也,考古所得文物及一切社會現象皆是,其範圍至廣。②

---

① 顧頡剛:《自序》,《古史辨》第1册,上編,第82頁。
② 顧頡剛:《顧頡剛讀書筆記》卷一○,第7863頁。

顧頡剛說他只是借《考信錄》作爲工作的階梯或工具,未嘗做崔述的信徒,可見顧頡剛雖然推崇崔述,但他們對待經學的態度還是有很大的差別。崔述是尊經的,他認爲《尚書》、《左傳》之事實爲實錄,顧頡剛認爲經書與聖人無關,是一堆不太可信的上古史料。由於顧頡剛很堅持自己的看法,時而批評崔述的說法,在這一方面他有相當客觀的態度;但是對於談到經書的作者和本質問題時,他的態度就顯得不很客觀。

七、結　語

從以上的論述,對於顧頡剛整理崔述的文獻,有幾點感想。

其一,顧頡剛是從民國十年得到胡適替他購買的《畿輔叢書》本《崔東壁遺書》後,花費十多年的時間來重編《崔東壁遺書》,由亞東圖書館出版。但是他對亞東版仍舊不滿意,時時指導學生該如何修訂,纔能更完善。1980 年顧氏過世後,由他的學生王煦華主導修訂,1983 年上海古籍出版社出版這新版本。由於他編書時,對資料的來龍去脈,都要一一考訂清楚,所以在所收的書中,往往加上按語,因此,全書的篇幅增加了許多,比其他版本的《東壁遺書》篇幅還多出四分之一,是有關崔述著作最完備的一種。顧氏編輯的方法和他對資料的態度,都是當時最先進的。譬如他的書除了崔東壁本人的著作外,也附有親友的著作、傳記相關資料,將各種零星的記載收羅在一起,編成資料彙編,這種方法節省了讀者搜尋資料所花費的人力物力,是最值得學習的一種編輯法。今人編輯的許多書都附有相關資料彙編,就是受顧頡剛的影響而來。

其二,顧頡剛在蒐集崔述的資料時,由於他依靠胡適幫他蒐集,所以他本身並不太注意資料的所在。陳履和刊行的《崔東壁遺書》,那珂通世可以找到,他卻找不到,這是很令人納悶的事情,就好像顧氏要編輯《姚際恒著作集》,並沒有很努力去蒐集資料,所以將近五十年的時間,《姚際恒著作集》並未編成①。他要蒐集崔述的資料,僅到書店去詢問兩次,因爲價格太貴他就不買,這種態度未免不夠積極。

---

① 臺灣中研院中國文哲研究所林慶彰教授已將《姚際恒著作集》編輯成書,共有 6 大册,1994 年由該所出版。

其三,顧頡剛在研究崔述的過程中,他把重點放在《崔東壁遺書》的編輯問題上,增加了很多資料,在各種資料中也作了相當多的考證,所以全書有不少顧頡剛的案語,這些案語長短不一,但都是顧頡剛花費了不少心血與時間考證得來的。此外,顧頡剛又在胡適的指示下編輯《崔述》一書,這應該是崔述文章的選集。從他的《日記》中,可看出顧頡剛在爲此書作注解,可惜商務印書館未有此書出版的信息。如果是這樣,顧頡剛的心血未免白費了。

在民初疑古考辨的風氣下,顧頡剛的學問受到鄭樵、姚際恒、崔述的影響,顧氏已經説明得很清楚。但是學界對顧氏學術淵源,雖有學者論述,但還不夠全面,例如,晚清今文學對顧氏的影響有多大,尚未有論文作仔細的討論,這點是研究顧頡剛的學者,應該要再努力的地方。這樣做,纔能够釐清學術史上疑古辨僞的淵源與傳承的關係。

（作者單位：山東曲阜師範大學孔子文化研究院、臺灣東吳大學、臺灣中研院中國文哲研究所）

丁茶山的中國易學史論

吳偉明

【摘　要】丁茶山是朝鮮易學史上極重要人物。他在《周易四箋》及《易學緒言》分別提出具啓發性的方法論,及對中國歷代易學作系統性批判。前者提出研究《周易》的四大方法,後者以此四法爲標準評價中國歷代易學。本研究以此二著作爲主要參考,考察茶山對中國歷代易學的評價。這不但有助了解茶山易學的特色及貢獻,而且亦可窺見實學與朱子學的關係及朝鮮儒學的創意及其局限性。

【關鍵詞】丁茶山　周易　朝鮮儒學　李朝實學　易學評論東亞易學

一、引　言

丁若鏞(號茶山,1762—1836)是朝鮮易學史上的重要人物,其地位可與李滉(號退溪,1501—1570)相提並論。退溪重象數推敲;茶山折衷象數義理。退溪治《易》專精,在其著作《易學啓蒙傳疑》(1557年)用富創意角度詮釋朱熹(1130—1200)的《易學啓蒙》;茶山治《易》博大,在《周易四箋》(1804—1808年,24卷)及《易學緒言》(1820年,13卷)中旁徵博引,分別提出具啓發性的方法論及對中國歷代易學作系統性批判。《周易四箋》運用茶山主張的四大方法(他稱之爲"易理四法"或"四箋")論六十四卦,《易學緒言》以此四法爲標準評價中國歷代易學。本研究以《易學緒言》爲主,《周易四箋》爲副,考察茶山對中國歷代易學的評價及其本身的看法,這不但有助了解茶山易學的特色及貢獻,而且亦可窺見實學與朱子學錯綜複雜的關係及朝鮮儒學的創意及其局限性。

二、評論中國易學的標準

丁茶山對《易經》的觀點主要見於其《周易四箋》及《易學緒言》。《周易四箋》是其個人對六十四卦的解説,内容參考不同學者意見,對朱子尤爲推崇①。《易學緒言》以評論中國歷代《易》著爲主,分析從伏羲、文王、周公、孔子至明清學者的看法。茶山對中國歷代的易學評論受其本身的《周易》觀及學術性格影響。

綜觀茶山的《周易》思想,最重要的是"四箋"説。其易學重視象數中之卦變及爻變之理,是否懂得此道成爲其評價中國歷代易學的最重要指標。他在《周易四箋》開宗明義表示:"《易》有四法:一曰推移,二曰物象,三曰互體,四曰爻變。"②茶山提出以推移、物象、互體及爻變爲研究《易經》的四大方法。推移是注意陰陽升降的關係之道,物象是透過《説卦》了解卦辭爻辭所指之物,互體探討各卦的組合與相互關係,爻變重視卦中陽爻與陰爻的關係。推移與爻變不可分,物象與互體亦不可分③。他對朱熹之推崇及對鄭玄、王弼之鄙視均由此起。"四箋"之中,爻變尤爲重要,爻不變,則無推移、物象及互體,但是偏偏歷代懂爻變者少,此乃易道不明之故。他謂:"自漢以來,爻變之説,絕無師承。此《易》之所以晦盲也。辟衍之推移也,説卦之物象也,互體之博取也。此三者九家諸《易》皆能言之。至於爻變之義,自漢至今,絕無影響,此《易》之所以不可讀也。"④

第二,折衷主義。茶山爲實學大師,重視文獻的研究方法。跟朝鮮的朱子學派不同,他治《易》兼採義理及象數,認爲義理及象數若不從文字、音

---

① 茶山在《周易四箋》的引文中解釋"四箋"是指推移、物象、互體及爻變這大四研究《周易》的方法,而且强調這些方法皆已爲朱子所發揚。參《周易四箋》卷一,第 3 頁。本研究使用收藏在 C. V. Starr East Asian Library, University of California, Berkeley (https: //archive. org/details/ chuyoksajonkwon01rich)的版本。

② 《周易四箋》,卷一,第 5 頁。

③ 有關茶山象數易的方法,參馮琳《丁若鏞象數易學初探》,載於《周易研究》2011 年第 1 期,第 70—75 頁。

④ 《周易四箋》,卷一,第 31—32 頁。

韻及訓詁學入手,不能明白:

> 欲得經旨,先認字義。諸經皆然,而《易》爲甚。……《易》詞韻法最嚴最精,而其格律多變,最難尋索。……察韻苟精則絶句無錯,絶句無錯則經旨以明,此又學者所宜十分明白者也。①

他建議學《易》前可先讀《詩經》以加深對文字、音韻的認識,提出"不讀《詩》,無以讀《易》。《易》詞之中原有比興之體者"②。他又用《左傳》對照部分《周易》文字,其對爻變的理解最初是受《左傳》所啓發,曾謂:"《左傳》在世,即爻變之法,無以晦矣。"③他對用訓詁方法整理義理及象數的學者給予較高評價。

茶山認爲義理與象數必須配合,反對只單獨談義理或象數。這種折衷立場比較接近朱子④。他治《易》兼採象數、義理,雖然嚴格上來説是以象數爲主,但論象數時從不抽離文字⑤。他亦强調"《易》詞之文有象有占",討論文字不能不理象數⑥。他嘗試折衷義理與象數。茶山對於只談文字,無視象數的研究者如王弼及程頤都非常不滿。他認爲《周易》跟《論語》及《孟子》不同,單從文字無法明其理。同樣,不理文字,只談象數亦不可取。基本上他以象數爲手段以通義理,曾表示:"《易》凡義理皆出卦象。舍卦象而看義理,抑又何法典謨者乎?"⑦他對於卜筮亦有所肯定,相信神靈的存在及接受問卜爲通神靈之法。他認爲卜筮亦是以明義理爲目標:"《易》主於筮,而義理寓焉。聖人察進退消長之勢,玩升降往來之象,而寓義理於其間。"⑧他反對亂用卜筮:"余疏釋《易》象爲明經也。若有人謂《易》例既明,

---

① 丁若鏞《周易總論》,收録在李錫浩編《茶山學提要·上》,首爾:大洋書籍1975年版,第250頁。此段文字亦見《周易四箋》,卷一,第48—52頁。
② 《易學緒言》,收録在尹世鐸編《丁茶山全書·中》,首爾:文獻編纂委員會1960年版,第481頁。
③ 《易學緒言》,秋之卷九,第61頁。此書收藏在 C. V. Starr East Asian Library (https://archive.org/details/yokhaksoonkwon03rich)。
④ 方仁《通過茶山的〈易論〉對卜筮模擬實驗功能的考察》,載於黃俊傑編《東亞視域中的茶山學與朝鮮儒學》,臺北:臺灣大學出版中心2006年版,第99頁。
⑤ 茶山從未以象數派自居。究竟他屬象數派或義理派,現代學者意見不一。個人認爲他是折衷派。
⑥ 《周易四箋》,卷一,第44頁。
⑦ 《易學緒言》,秋之卷十,第91頁。
⑧ 《周易四箋》,卷一,第46頁。

可以行筮。則不唯占險不合而其陷溺不少，此余之所大懼也。今人守正者宜廢卜筮。"①

　　第三是其對《周易》本質的看法。茶山重視《易》的道德及學問價值。他認爲《易》的大義是勸人悔改，謂："孔子曰：假我數年，卒以學《易》，庶無大過矣。斯可驗也。改過曰悔，不改過曰吝。吝悔者，《易》家之大義也。"②他以《易》與三禮不可分，可以互相解説③。此外，他以《易》爲自然法則，是氣而非理，從中可明白宇宙萬物的運作，曰："易之爲字包函日月，是亦舍氣之始。何謂未見氣乎？"④從《易》可明白宇宙萬物的運作。因此對他而言，《周易》最終爲義理之書，上至聖人之道，下至蟲魚草木皆在其中。

三、論三代《周易》的形成

　　茶山熟讀中國歷代注疏，對中國易學史有一套完整及獨特的看法。他以伏羲、文王及孔子爲"三聖人"。傳統看法以伏羲創八卦，文王作爻辭，孔子作十翼。茶山對此作出訂正。他認爲伏羲不只畫八卦，其實亦創六十四卦及卦變、爻變之法⑤。他説："余謂八卦、重卦、説卦之物象，卦變、爻變之法，一時並興於庖犧之時。單作八卦，將安用之？若云卦變之法，當時未有。則《損》、《益》二卦，何名損、益？"⑥此與《漢書·藝文志》以文王作六十四卦之説不同。

　　此外，他不相信爻辭盡爲文王所作，例如部分《明夷》卦便不是，曰："《易》之爻詞曰：'箕子之明夷。'又曰：'王用亨於岐山。'其非盡文王所作明矣。"⑦"總由先儒以《易》詞爲文王所作，而箕子明夷、文王不可預言。故曲解至此。然'王用亨於西山'，'王用亨於岐山'，亦非文王之筆。"⑧因"王用岐山"發生在武王克商之後，應是文王以後的人所增補。他相信《易》詞

---

① 《易學緒言》，冬之卷一二，第 55 頁。(https://archive.org/details/yokhaksoonkwon04rich)
② 《周易四箋》，載於《丁茶山全書·中》，第 241 頁。
③ 參鄭吉雄《丁茶山〈易〉學與禮學關係初探》，載於《茶山學》第 26 期 (2015)，第 51—70 頁。
④ 《易學緒言》，春之卷三，第 90 頁。
⑤ 《周易四箋》，卷二二，第 74 頁。(https://archive.org/details/chwyoksajonkwon11rich)
⑥ 《易學緒言》，春之卷三，第 91 頁。
⑦ 《易學緒言》，春之卷二，第 75 頁。
⑧ 《周易四箋》，卷一二，第 96 頁。(https://archive.org/details/chwyoksajonkwon06rich)

早已存在,文王、周公只是删補而已,故曰:

> 《易》詞非一人所作。蓋自夏商之時,有此《易》詞。屢經删補者
> 也。文王演《易》。演《易》者,補入新句於舊詞之謂也。若皆新作,曷
> 謂之演? 文王之所未備,周公又從而删補之。①

跟朱子一樣,茶山承認《易》原是作卜筮之用,在周朝始加入政治思想。
茶山的十翼觀亦頗有特色。《史記·孔子世家》記:"孔子晚而喜《易》,
《序》、《彖》、《繫》、《象》、《説卦》、《文言》。"可見至西漢初十翼仍未有定
論。漢以後一般以《彖上》、《彖下》、《象上》、《象下》、《繫辭上》、《繫辭
下》、《説卦》、《序卦》、《雜卦》及《文言》爲十翼。茶山指出自西漢田何及費
直才有十翼之統稱,現今的排列出於鄭玄②。他認爲此排列有問題,因將本
來應獨立成經的《大象》及本不屬十翼的《文言》編入:

> 昔田何授《易》以二經十翼爲十二篇。至東萊費直始合十翼附之
> 經文。其後鄭玄又分《彖》、《象》諸傳附之經下,而《大象傳》、《小象
> 傳》牽連爲一。後之儒者遂以《文言》爲十翼之一,而《大象傳》不能別
> 自爲經矣。③

茶山認爲《大象》應獨立成經,不應視作《周易》的注釋書。根據其考
證,《大象》附於經文始於西漢費直,東漢鄭玄加以沿用。此外,他以《文言》
只是《彖》及《象》的輔助讀物,本不屬十翼。他將《文言》踢出十翼,而將
《象》分《大象》、《小象上》及《小象下》以配對十翼之數。茶山認爲十翼應
是《彖上》、《彖下》、《大象》、《小象上》、《小象下》、《繫辭上》、《繫辭下》、
《説卦》、《序卦》及《雜卦》④。
　　至於十翼的作者與年份,茶山的看法多少有歐陽修(1007—1072)《易
童子問》的影子。十翼之中,他只承認《彖》及《象》出自孔子:"孔子取二聖
(按: 文王及周公)之詞而發其淵奧,名之曰《彖傳》、《象傳》。各成二篇,爲

---

① 《易學緒言》,冬之卷一三,第116頁。
② 《易學緒言》,春之卷三,第95頁。
③ 《周易四箋》,卷二一,第3頁。
④ 《易學緒言》,秋之卷一〇,第75頁。

十翼之四。"①至於其餘五翼與文言則不能確定其作者及年份。他肯定《繫辭上》及《繫辭下》的道德價值及《説卦》、《文言》的參考價值。他相信《文言》、《説卦》在孔子以前已經存在,強調不讀兩者,難以明《易》:

> 《説卦》者,自昔傳來之古文也。《文言》者,穆姜所誦之古書也。孔子執此二種古文,以之讀《易》至於韋編三絶。今以《説卦》、《文言》爲孔子所作可乎? 蓋《説卦》、《文言》即《易》詞之詁訓,非此二種,雖聖人實無以讀《易》矣。②

茶山高度評價《説卦》,謂自古已有,並非孔子所作,孔子只爲其作序詞。他稱許它可助通過"取象"以明《易》詞:"文王、周公之撰次《易》詞,其一字一文皆取物象。舍《説卦》而求解《易》,猶舍六律而求制樂,此之謂物象也。"③"《易》詞取象皆本《説卦》。不讀《説卦》,即一字不可解。棄鑰匙而求啓門,愚之甚矣。"④他反對一些人將《説卦》貶爲僞書而不加重視。此外,他視《文言》爲學《易》的必備字典,謂:"《文言》猶言説文,專釋《易》中文字之義,如《爾雅》之爲《詩》詁也。"⑤他引《史記》及《漢書》説明《文言》在孔子以前已存在,而孔子亦曾引用,但否定梁武帝(464—549)所謂《文言》即文王之言的推測。

茶山對中國歷代易學的批評多少反映一種新的華夷秩序觀,以韓國取代被夷狄入主的中國,成爲儒學正統的保存地,李氏朝鮮的本土意識亦在箕子崇拜中呈現,不少韓人認爲箕子與古代朝鮮皇室有關,從而強調韓人亦是中國聖人之後⑥。這種想法跟日本的吳太伯皇室祖先論有些

---

① 《周易四箋》,卷二二,第 49 頁。
② 《易學緒言》,春之卷二,第 76 頁。
③ 《周易四箋》,載於《丁茶山全書·中》,第 228 頁。
④ 《周易四箋》,卷二四,第 47—48 頁。(https://archive.org/details/chwyoksajonkwon12rich)
⑤ 《易學緒言》,冬之卷一一,第 9—10 頁。
⑥ 朝鮮半島早在三國時期已出現箕子崇拜,從而產生"小中華"的概念。11 世紀官方設箕子祠。參 Young-woo Han,"Kija Worship in the Koryo and Early Yi Dynasties: A Cultural Symbol in the Relationship between Korea and China," in *The Rise of Neo-Confucianism in Korea*, eds. Wm. Theodore de Bary and JaHyun Kim Haboush (New York: Columbia University Press, 1985), pp.349 – 374. 李氏朝鮮朱子學盛行,不少儒者強調箕子爲開國之祖,因此韓人跟中國人同屬聖人之後。李珥的《箕子實紀》便反映此觀點,頌曰:"箕子誕位朝鮮,不鄙其民,養之厚而教之勤,變椎結之俗,成齊魯之邦,民到於今,受其賜。禮樂之習,濟濟不替,至於夫子有浮海欲居之志。"(轉下頁)

相似①。茶山經常引用《明夷》卦《象傳》"利艱貞,晦其明也。內難而能正其志,箕子以之"來歌頌箕子的德行,認爲箕子將聖人之道帶進韓國,令它不致失傳。箕子經略朝鮮出自《尚書·洪範》、《史記》及《漢書·地理志》,茶山頌曰:"箕子抱先王之道,既不能內明中國,於是東出朝鮮,明此道於夷邦。其道不絕,則其明不息。此聖人之苦心也。"②他甚至相信部分《周易》之文,包括《明夷》卦,可能出自箕子之手③。

四、論漢至唐的注釋

茶山對漢注的態度複雜。他同意東漢班固(32—92)在《漢書·藝文志》中將漢易分經學及筮學兩大系統④。他以前者爲正道,經常引用漢經學家的注釋,因其保留不少古易元素,有助藉此恢復《易》在先秦的面貌。此外,他又讚許漢儒有師承及文學修養:"漢儒師承專明章句,故句讀多雅,非後世之所能及。"⑤另一方面,茶山對漢學者的批評亦十分嚴厲。他認爲漢學者治《易》的最大問題是胡亂訓詁,弄至紛爭不斷,而且解説支離破碎:

> 《周易》免於秦火,經文無缺。據《漢書》所論,商瞿以降,師承不絕。降及九家,名聞韡燁,其訓詁義理,宜若無謬。胡乃傳聞各殊,秉執相舛,傅會穿鑿,破碎纏繞,誠不足以建一統於來世。⑥

此外,他又指出漢人不懂爻變,令《易》不明,故曰:"自漢以來,爻變之説,絕無師承。此《易》之所以晦盲也。"⑦"自馬融、鄭玄、荀爽、虞翻以來,不知何

(接上頁)收録在《栗谷全書》,卷一四,雜著一,首爾:成均館大學大東文化研究院 1958 年版,第290 頁。後期李氏朝鮮箕子廟林立,韓人以拜孔子之禮拜之。

① 吳偉明《日本德川前期吳太伯論的思想史意義》,載於《新史學》第二五卷第 3 期 (2014 年 9月),第 143—170 頁。

② 《周易四箋》,載於《丁茶山全書·中》,第 317 頁。

③ 李退溪亦認爲《尚書·洪範》出自箕子。此説源自《古文尚書·孔安國傳》及孔穎達《尚書正義》。《周易四箋》,載於《丁茶山全書·中》,第 317 頁。

④ 《易學緒言》,春之卷二,第 78—79 頁。

⑤ 《易學緒言》,春之卷二,第 62 頁。

⑥ 《易學緒言》,春之卷一,第 39—40 頁。

⑦ 《周易四箋》,卷一,第 31 頁。

故,遂遭泯昧。千年長夜,無復三聖之舊義。不亦悲哉! 爻不變則象不合,象不合則《説卦》從而廢,而《易》不可讀矣。"①

茶山指出西漢淮南九家易學派常犯低級錯誤,對時人過分推崇鄭玄(127—200)最不以爲然。他認爲鄭玄不懂卦變、爻變之理,亂解《周易》,遺害後代至深:

> 唯此鄭説,其傅會無理,反甚於諸家之説,而獨爲後世之所取。天一生水,地二生火,遂爲不刊之典,而風水、看相、算命、擇吉之流,無不以此爲淵藪。窮理之學,實業之家,皆以此説爲天經地義。豈不嗟哉!②

此外,他不滿鄭玄胡亂改字:"鄭不知卦變、爻變,則物象無緣得白,所以多改字也。今觀諸改字亦與本卦物象全然無涉。"③他甚至懷疑鄭玄注釋的緯書《易乾鑿度》根本就是玄所作的僞書。對於在漢代出現《易》的緯書,茶山認爲全是謬論,不合聖人本旨。

茶山對東漢末荀爽(128—190)及三國東吳虞翻(164—233)相當重視,以二人爲漢易兩大宗師,並常引述其解説④。他讚曰:"其中荀爽、虞翻二家之説,多合經旨。蓋易學三十餘家,其集大成者,九家也。九家之中,其集大成者,二家也。"⑤他認爲兩人均明推移之義,二人提出的卦變説對其影響尤大⑥。他對東漢馬融(79—166)的見解亦頗肯定,曾謂:"馬融以北辰爲太極。今人愕然不信。然求諸字義,實無錯誤。"⑦

茶山對六朝易學的評價更爲嚴厲,特別是批評魏王弼(226—249)爲易學罪人,以其《周易注》爲極劣之作:"王氏之《易》,不唯卦象全缺,並與字句訓詁絶無可考。……自有箋注以來,無此孟浪。"⑧"不幸有所謂王弼者,

---

① 《周易四箋》,卷二二,第 60 頁。
② 《周易總論》,載於《茶山學提要·上》,第 271 頁。
③ 《易學緒言》,春之卷二,第 46 頁。
④ 不過他亦批評虞翻變卦多錯,根本不懂爻變。參《易學緒言》,春之卷一,第 21 頁。
⑤ 《易學緒言》,春之卷一,第 41 頁。
⑥ 《周易四箋》,卷一,第 14 頁。
⑦ 《易學緒言》,冬之卷一一,第 20 頁。
⑧ 《易學緒言》,載於《丁茶山全書·中》,第 425 頁。

起以私意小智掃蕩百家。凡自商瞿以來相承相傳之説,盡行殄滅。"①王弼
只看文字,得意忘象,完全不用《説卦》。茶山認爲若不用《説卦》,不依物
象,不能了解《周易》文字。他數王弼之罪以引老莊入《易》爲大:

> 王弼之學深於老氏,其注《易經》一字一句,咸以其所謂玄虚冲漠
> 之旨,擩之染之,使三聖人御世經國之精義大法,淪之於異端之流,豈
> 不惜哉!②

將王弼注進一步補充的東晉韓康伯(332—380)則被批"其注大傳,凡卦象、
爻象之義,一無所發明,意欲引《易》以合於老莊。"③"王輔嗣、韓康伯不以
物象,而全用老莊之旨。諸法悉廢。"④"韓康伯之注全是玄談,非《易》
本旨。"⑤

　　諷刺的是,茶山最不喜歡、批評最多的易學者正是唐以前兩個最有影
響力的鄭玄與王弼。他認爲漢易九家之中,以鄭玄最差,而王弼比鄭玄更
差,曰:"鏞案:鄭、王二家皆不言卦變、爻變,將無同矣。然鄭氏猶用物象互
體,王氏並二者而廢之,益孟浪矣。"⑥"[鄭]於九家諸《易》之中,最爲下乘,
反不如王弼之盡掃物象也。自唐以前,諸《易》盡衰,唯鄭、王二家霸於一
世,豈不異哉?"⑦

　　茶山較爲肯定唐易學,因唐注多集漢魏六朝精華,十分方便參考。他
稱讚孔穎達(574—648)"邃學精識,獨步千古",但批評其《周易正義》使用
王弼之注及鄭玄的解説,而且只重經文,不明象數⑧。此外,他稱許李鼎祚
在《周易集解》及陸德明(550?—630)在《易釋文》(又稱《周易音義》)致力
恢復《周易》的本來面目⑨。他指出《周易正義》及《周易集解》的貢獻在彙
集漢魏諸家之説,而且兼採義理及象數,認爲學《易》的最佳途徑是以《周易

①《易學緒言》,載於《丁茶山全書·中》,第413頁。
②《易學緒言》,春之卷三,第124頁。
③《易學緒言》,載於《丁茶山全書·中》,第427頁。
④《周易四箋》,卷二二,第92頁。
⑤《易學緒言》,春之卷三,第111頁。
⑥《易學緒言》,春之卷二,第44頁。
⑦《易學緒言》,春之卷二,第48頁。
⑧《易學緒言》,春之卷一,第40頁。
⑨《易學緒言》,載於《丁茶山全書·中》,第413、468頁。

集解》爲主,輔以《周易正義》及《易釋文》,互相補充以復漢注舊貌。他如此建議:

> 今之學者誠欲學《易》,唯取李鼎祚《集解》十卷,以爲拱璧。又就其中,擇善而固執之,則庶乎其得之矣。孔穎達《正義》、陸德明《釋文》或引漢魏諸家之説。若採而輯之,以補《集解》之缺,亦好古者之所取也。①

他推崇《易釋文》不但因它保留漢魏古法,亦因其使用以字音通字義的方法。他又讚陸德明明白卦變、爻變之義。不過他認爲《易釋文》討論王弼注的部分沒有價值。

唐注之中,茶山不喜郭京的《周易舉正》,因其胡亂篡改文字:"《周易》不經秦火,本無錯簡誤字。唐人好改經文。…今郭京改《易》亦是此法。假託王輔嗣手寫耳。俗儒猶或疑之,今列舉數十條以見真僞妄。"②茶山不喜王弼及韓康伯,但郭京卻假託得其手稿,因此令茶山反感。他對郭京的改字遂一駁斥,訂正多達 103 處③。

五、論宋至清的注釋

宋注才是茶山最傾心的學問,他尤愛朱熹晚年完成的《卦變圖》,認爲朱子已成功補充荀爽、虞翻論卦變之不足,解決有關卦變的長期爭論及恢復《周易》本來的卜筮法④。他如此讚曰:"大抵卦變之説,自漢至宋綿綿不絕,至朱子而大者。然《本義》所論,每於十二辟卦之外,博取諸卦,恐是未定之論,故以《卦變圖》爲正。"⑤他指出《卦變圖》的最大貢獻是闡明推移及互體之義:"推移之義,漢儒皆能言之。朱子《卦變圖》即其遺也。"⑥"九家

---

① 《易學緒言》,春之卷一,第 42 頁。
② 《易學緒言》,載於《丁茶山全書·中》,第 471 頁。
③ 茶山論中國易學史似受實學之父李星湖(1681—1763)的影響,例如其論十翼及評郭京均有星湖影子。茶山在《易學緒言》中常引星湖。他又讚星湖懂爻變之理。
④ 參林忠軍《象數易學發展史》,濟南:齊魯書社 1998 年版,第 346—47 頁。
⑤ 《易學緒言》,載於《丁茶山全書·中》,第 436 頁。
⑥ 《周易四箋》,卷一,第 14 頁。

諸《易》皆論互體,王弼獨起而廢之。……苟非朱子重闡斯文,互體之説幾乎熄矣。"①他亦肯定朱子《易學啓蒙》闡明爻變之道及《周易本義》爲集大成之作:"自漢以降,《易》學大備於朱子。名言至理,多在《本義》。"②茶山雖然對朱子的卦變説推崇備至,以他爲集大成者,但其論卦變跟朱子不同,認爲朱子之論仍未臻完美③。他指出《周易本義》有不少問題,包括其所言有不合古義之處,其論卦變不及《卦變圖》全面及不用互體。

茶山對其他宋儒評價一般。他批評程頤的《易傳》受王弼的影響,完全不理象數及周敦頤(1017—1073)引佛道入《易》。對他而言,邵雍(1011—1077)的象數古怪離奇,難以明白,而且跟"三聖"之意不合,將其列爲道士、占卜師之流:"邵子天挺人豪,後學所不敢議。然其術仍是郭璞、管輅之流。"④茶山對程頤及邵雍的批評不少引用自朱子。

他對南宋王應麟(1223—1296)的《鄭玄易注》評價亦不高,因它修輯已佚失的鄭玄注。茶山厭惡鄭玄,認爲王應麟搜集鄭玄注是浪費精力。他評曰:"王伯厚蒐輯零落,以爲此篇,其志苦矣。然鄭玄易説,無推移、爻變之義。其言物象,亦不以《説卦》爲本。"⑤

茶山對宋以後的易學興趣不大,較少提及或引用,而且傾向負面。他比較喜歡元胡炳文(1250—1333)的《周易本義通釋》,以其爲"朱子之嫡傳也。其説於卦變、卦象、卦互之義,多所發明。獨於爻變之義,尚昧昧耳"⑥。他在《易學緒言》中亦多處引用《周易本義通釋》。他對明清學者批評較多,指出他們不懂互體之説:"漢儒説《易》,皆論互體。至朱子其義益章。胡雲峰、洪容齋並宗斯義。今人卻又昧昧如是,不亦謬哉?"⑦他評明來知德(1526—1604)志大才疏,謂其《易經集注》多誤:

> 特其自贊自誇,有若深究而獨悟者,故淺學蒙識,疑有真諦,往往宗之爲正學。亦易家之大蠹也。其論象數之本,仍遵邵子先

① 《周易四箋》,卷二二,第89頁。
② 《易學緒言》,夏之卷五,第47頁。(https://archive.org/details/yokhaksoonkwon02rich)
③ 有關茶山及朱子論卦變的不同,參林忠軍《論丁若鏞推移説與漢宋易學》,載於《周易研究》2015年第3期,第10頁。
④ 《易學緒言》,夏之卷六,第114—115頁。
⑤ 《易學緒言》,冬之卷一一,第32頁。
⑥ 《易學緒言》,夏之卷五,第71頁。
⑦ 《易學緒言》,冬之卷一二,第87—88頁。

天之義而稍變其説。乃欲跨越程、朱,掃蕩荀、虞,實易家之下
乘也。①

茶山對《易經集注》之序遂點駁斥,例如批評来知德將八卦胡亂配對,將震
兑、艮巽連在一起,違反震巽、艮兑相配的原則,故謂:“即來氏之《易》,不唯
於三聖古義,茫然不省。而邵堯夫先天一部,亦未嘗精細一覽也,而可以知
《易》乎哉?”②他又指出來知德認爲作《易》者憑空想象不對,主張象皆本於
真實存在,因此乾卦中的龍是遠古存在過的動物。③ 他批評來知德自以爲
懂爻變,其實皆錯。對於其《易》圖,他正斥其“痴人必傲,自作怪圖。乃欲
跨伏羲,以居其上。豈不痴哉”④。

　　茶山雖批評明清學者不懂互體,但他頗肯定清考據學,而且亦受其影
響⑤。他肯定毛奇齡(1634—1713)的學問,在論推移時多次引用毛奇齡的
《仲氏易》,但同時批評他不懂爻變及卦變⑥。他對撰寫清朝科舉教材書
《周易折中》的李光地(1642—1718)評價極差,斥罵其爲《周易》罪人及朱
子叛徒:

　　　　總之榕樹(按:李光地之别號)之學,不信卦變,不知爻變,不用互
　　體,不用物象。雖自以爲篤信朱子,而不信卦變,則已棄朱子之學。雖
　　自以爲博綜古今,而漢魏儒説及宋元儒説,其有卦變物象之跡者,悉行
　　淘汰。唯取其空言臕説敷衍。⑦

他指李光地好談術數與《易》圖,但均是皮毛,根本不通古《易》:

①《易學緒言》,秋之卷九,第45—46頁。
②《易學緒言》,秋之卷九,第58頁。
③ 參方仁《周易四箋的符號學解讀》,載於《周易研究》2010年第1期,第43—44頁。
④《易學緒言》,秋之卷九,第62頁。
⑤ 有關毛奇齡對茶山的影響,參林忠軍《論丁若鏞推移説與漢宋易學》,第11—13頁;辛源俸《清
　　代思想對茶山樹立易學觀的影響:以毛奇齡爲中心》,載於《茶山學》第3期(2002)。
⑥ 辛源俸《朱熹、毛奇齡及丁若鏞的〈周易〉占筮觀比較研究》,載於《周易研究》2014年第5期,第
　　38—48頁。辛源俸相信茶山的四箋説(又稱“易理四法”)是受毛奇齡的影響。參辛源俸《清代
　　思想對茶山樹立易學觀的影響:以毛奇齡爲中心》。
⑦《易學緒言》,載於《丁茶山全書·中》,第458頁。

榕樹之學,全把算數之糟粕,蒙以《河》、《洛》之面皮,名之曰易理之根本。其實三聖古《易》,與算數家毫髮無涉。算數之學,又與《河》、《洛》毫髮無涉。①

回顧中國易學,茶山指出曾出現三次浩劫,分別由鄭玄、王弼及李光地帶來:

哀哉!《周易》一遭鄭玄,既大厄矣。虞翻、荀爽僅僅扶顛。而王弼起矣,再遭王弼,既大厄矣。李鼎祚、朱晦庵綿綿延脈。而李光地又作矣。挾帝王之勢,據儒宗之位,以滅此既亡之《周易》。②

茶山重視恢復經文的原意以明聖人之意。他對孔子推崇備至,對漢注亦相當重視。對唐宋以後的易學評價以是否闡明《周易》本旨爲原則,因此他充分肯定朱熹的貢獻及對引道釋入《易》和不理卦變、爻變的學者提出嚴厲批評。他作《周易四箋》就是要通過漢、唐、宋的諸注釋,恢復已衰微的易道。不過茶山十分謙卑,沒有大吹大擂自己的貢獻。

六、結　語

通過茶山對中國歷代易學的評價,可窺見茶山易學的特色、實學與朱子學錯綜複雜的關係及朝鮮儒學的創意及其局限性。

丁茶山不愧是東亞易學大師,其對中國歷代易學的評價全面而獨到,立論清晰,有破有立,足見其功力之深厚及李氏朝鮮實學派易學的一些特色。第一,對中國歷代注疏及漢籍旁徵博引,所言皆有所本,決非泛泛空論。第二,重唐宋,輕漢及明清的學問。第三,反映民族本位主義,強調韓國爲聖人之後及韓國儒學的實力。對歷代中國易學的酷評多少隱藏其撥亂反正的抱負及自信。第四,重現《周易》的實用性及政治價值。第五,富懷疑精神,對《周易》的形成及十翼的構成均挑戰主流看法。他尊古而不泥

① 《易學緒言》,秋之卷一〇,第116頁。
② 《易學緒言》,秋之卷一〇,第84頁。

於古,崇拜聖人卻敢質疑俗説。第六,重視研究方法,利用文字訓詁及音韻研究《周易》經文及數象及"易理四法"整理中國易學史。

茶山學與朱子學派在方法論及理氣論上有頗多對立,不少人將茶山視作反朱子學大將①。其實茶山對朱熹的經學及考據學相當重視,大量採納其意見,他對《大學》與《中庸》的觀點跟朱子不合較多,但二人對《周易》則較同聲同氣,可見朱子學與實學的關係複雜,它們並非簡單的對立,而是多元互動②。

茶山儒學規模宏大,思路清晰,一氣呵成。他在衆多議題上均有全盤認識及自己的一套看法。在朝鮮易學史上,茶山是有高水準及創意的詮釋者,其四箋説別樹一幟,令他在東亞易學史上佔一重要席位。用四箋論中國易學固然很有特色並成一家之言,但難免有所偏頗及對其他學説或看法的評價過分嚴苛。他對三代聖人、孔子及朱子的尊敬以及經以載道的觀點令其易論有相當局限性,例如將八卦、六十四卦、卦變、爻變全歸功伏羲便不太合理。此外,茶山有意思的觀點(例如十翼非全爲孔子所作及爻辭非盡爲周文王所作)不少多是點到即止,未能進一步發揮。不過這些不足均無損其在韓國及東亞易學的崇高地位。

(作者單位:香港中文大學日本研究學系)

---

① Mark Setton, Chong Yagyong: *Korea's Challengeto to Orthodox Neo-Confucianism* (Albany: State University of New York Press, 1997).

② 黄卓越《茶山四書經學的返古主義路徑》,載於茶山學術文化財團編《茶山的四書經學》,北京:商務印書館 2008 年版,第 120—124 頁。

文獻考釋

《宣室志》作者張讀墓誌考釋

陳尚君

【摘　要】張讀著《宣室志》是唐後期重要的志怪小説集，以往對他的家世生平瞭解甚少，僅知他是張薦孫，牛僧孺的外孫，大中間登進士第，該書撰成時比較年輕。僖宗時追隨入蜀，官至禮部侍郎。今根據西安碑林新入藏徐彦若撰其墓誌，得以完整瞭解他的生平履歷。知道他是唐初著名小説家張文成的四世孫；其父張希復是《酉陽雜俎》作者段成式的好友，雖因早亡未有著作存世，但段書中許多次提到他對於新奇事物的興趣。其母爲牛僧孺女，叙述其父母婚姻的部分也提示他文學來源的另一綫索。墓誌罕見地爲此小説世家保存了珍貴記録。而對存世《宣室志》遺文的截止時間，以及苗台符曾爲撰序，基本可認爲該書譔寫於他二十歲左右。此後他進士及第，宦海浮沉，雖與文學活動漸遠，但足以瞭解他完整履歷，足稱珍貴。

【關鍵詞】張讀　《宣室志》　唐志怪集　張文成　小説世家

唐志怪集《宣室志》作者張讀墓誌，近期在陝西西安南郊出土，承王慶衛君以拓本見示，得以先期讀到這份與唐代文學，特別是從初唐張文成至唐末張讀，常山張氏小説世家的珍貴記録，感到意義重大，特撰文予以介紹，並將研讀後的初步認識寫出，就教與方家鴻識。

一、張讀墓誌校録

墓誌全文長達兩千餘字，先全録如下：

唐故通議大夫尚書左丞上柱國賜紫金魚袋
贈兵部尚書常山張公墓誌銘并序」

銀青光禄大夫行御史中丞上柱國東海縣
開國男食邑三百户徐彥若撰」

　　公諱讀,字聖朋,常山人也。張氏得姓於軒轅,時歷五帝三王間,
瓜瓞綿具。秦失其鹿,劉項爭未決,張耳與陳餘有隙,獨歸漢」,漢王憐
之。漢稱天子,耳封常山王。傳封至敖絶,子孫世爲常山人。高祖鷟,
字文成,以字著,事具《唐書·文苑傳》。曾祖不斿,皇揚」州天長令。
祖薦,皇尚書工部侍郎、史館修撰,贈太子太保。起深州陸澤,爲顏真
卿所識,名籍甚。在史館二十年,著述號大手」筆。三使絶國,不辱命。
謚憲公。父希復,皇河南府士曹、集賢校理,累贈禮部尚書。妣秦國太
夫人牛氏,公外祖丞相奇章公」,文學正直,相穆宗、文宗朝,以程式中
州人物爲己任。仲父又新,標致亦峻。一時名士,皆出公内外族。

　　公少孤,多育外」氏。在綺紈中,不好弄。尚書亡,公尚幼,居喪如
老成人,哭輒哀,退則不去秦國左右,如以色養寬秦國悲戚者。七歲爲
文,」偏好八韻賦。(句絶)最高者天才,不仿傚摸寫,下筆皆心胸中奇
絶語,賦成,旋爲人取去。與苗台符齊名,時人號爲張苗。年二十」,擢
進士第。是科國家盛選,初昇名者,雖江嶺老生,高車盛服,以意氣盤
遊相矜尚。公少年負盛名,終無喜色。同年生每大」會,弊服羸馬,獨
一人末至者,必張進士也。人益重之。

　　鄭公薰觀察宣歙道,公與苗台符俱爲從事,試祕書省校書郎,牋奏
甲」天下。廉察坐吏議免,公貶授鄧州司户。尋移同州朝邑縣尉。楊
公漢公自左馮翊遷宣武軍節度使,在同日固已假公」爲幕吏矣。至是
奏天子乞掌軍中書記,改試大理評事。府除,薛公尢爲東川節度使,慮
東諸侯得公,急幣走檄,署公」以舊職。檄至,丁秦國太夫人艱,不勝
喪,殆將滅性,骨肉與公居者,三年不見改感容。苫蘆讀《祭禮》外,手
寫佛書百編。服闋」,邠公奏充鳳翔支使,又許監察御史裏行,又許殿
中、内供奉,假禮部員外郎,賜緋,職如故。邠公持大柄將五十年,掾屬
繼踵」爲將相,幕中多宏儒鉅人。公少年居其中,人不能以厚薄等量,
莫知其際也。昔竇憲開車騎府,賓佐三十人,崔駰白衣少」年居其中,
□最冠,公無愧焉。

徵拜右補闕,遷起居郎。書記温雅,有古之風烈。懿宗晚年留意於近臣,便殿丞相、御史奉﹂職而進次,必召供奉吏與語。一日,公在召中,敷揚愜旨,賜三品服,改尚書司封員外郎,換兵部員外郎,拜河南縣令。自﹂宣皇帝總覈名實,廷臣不任牧令者,不得爲大吏。時風寖薄,以京兆河南四赤令,號爲塞詔官名郎。由是者旦至任,夕已延﹂頸於徵遷矣。公莅理之後,剋苦於吏事。鋒鋩不頓,翕然有循吏之謠。自解鞍至封印西歸,終不言官。時相以制誥重事,講﹂求稱職者,故北門李公蔚初爲相,首舉公爲可,遷駕部郎中、知制誥。公久負文華譽,每詞詔一出,人皆改觀。始革近體﹂,不饒借褒貶,純用約束,如周漢間書。遷中書舍人、弘文館學士,判館事。居西掖凡數年,守本官知禮部貢舉。近代掌是務者﹂,不能以心目自任,皆取成於人,亦有所信,便爲肘制,不復許採聽矣。公深懲其弊,自詔下至入宗伯省,豁關見賓客,至夜﹂漏下一二刻,博訪不倦,凡薦士之書,無阻卻者。深抑浮華朋黨之士,以節操貞實者爲先。及公再爲左丞,門生兩人與﹂公同居貳卿班中,時人以爲盛。遷禮部侍郎。太學生四百人舉旛闕下,願借公更治宗伯一年。公辭之,改戶部侍郎。間﹂歲,遷吏部侍郎。

黃巢犯闕,天子狩成都,公徒步奔問,復典銓管。時大盜竊國,百事草創,銓衡文籍,皆委棄矣,冒官假蔭﹂者,不可覆問。公素聰察,盡辨其真偽,銓事大理。尋加史館修撰、判館事。公嗣憲公舊職,思成一朝之史,以緒祖筆。會拜﹂御史中丞,書不成而罷。復拜吏部侍郎、弘文館學士、判館事。天子返正,命公兼禮儀使,陵廟謁謝之儀,朝廷揖讓﹂之禮,不失舊章,皆公默識。車馬再順動,改尚書左丞。駐蹕鳳翔,改工部尚書,充兩川慰諭使。田令孜挾天子幸梁洋﹂,諸侯以宮闕再失,指令孜爲根,先皇帝優游不斷,命充西川監軍。蜀帥陳敬瑄,令孜同父兄也,相膠爲惡,欲盡有三川﹂地,屢出兵攻東川城邑,亦爲東川節度使顧彥朗所却,天子不能禁,至是命公兩解之。公以敬瑄、令孜反狀明具,非﹂三寸舌可説,軺車至止,蜀道不通,朝廷罪公以逗撓,改睦王傅,廷議多言公屈者。拜禮部尚書,赴闕。至近次,復拜尚書﹂左丞。龍紀元年六月二十日遘疾,薨於萬年縣開化里私第,享年五十七。輟朝一日,贈兵部尚書。

著《西狩録》十卷、《神州總載﹂》十五卷、《宣室志》十卷、制誥詩賦雜著凡五十卷,行於世。

公性謙仁，似不能言者，臨大節，雖萬夫不可奪。三紀從宦，孤甥稚⌐姪，無疏密，所處必均廩賜。公兩娶韋氏，皆韋歸州端符女也。前不期，後止再歲，皆亡去。後夫人有子一人，早夭。別室有女⌐一人，既笄矣。奔問之際，艱危挈提，至蜀而死。蜀人與公鄰者，聞公哭慟，皆泣下。嗚呼！才名之折人，至是耶？兩娶不三歲⌐，通貴矣。訖無胤續，一女不及嫁而逝，向使公以虛名世禄取達宦，不用才學壓人，上天所報答，當異於是耶？公少鰥，懼⌐無嗣，姬媵數輩，竟絶繼。進士張潯，公猶子也，有子，公取以爲後，曰華相，年甫四歲矣。姬馬氏，賢婦人也，公捐館之夕⌐，哭曰："公之存亡，繼華相矣。妾誓死不嫁，願得保華相至成人，以立張氏之祭。"昔鍾繇謂荀君曰："卿卒後，唯得嫁卿阿鶩耳"。"荀死，繇經紀門戶，盡如其言。余聞馬之節於聖朋，不復師鍾太傅矣。

以其年秋七月二十五日，歸葬于萬年縣洪原鄉曹⌐村，祔于先塋，禮也。公之甥右拾遺席梲來乞銘，余與公交久最詳，宜銘。銘曰⌐：

張出於軒，綿綿是繼。自耳至公，凡三十世。敖忠不信，貫謀坐廢。失土而卿，遂昌來裔。其一。

文成矯矯⌐，藝實顯丕。憲通舊史，果大於時。荊唯産玉，宣亦生芝。跨唐掩漢，五百之期。其二。

聖朋善鳴，英年決起⌐。賈思班情，筆落紙貴。人皆鼠進，我則鶚視。人皆力昌，我則藝致。其三。

宣梁歧侯，以道進退。衮史筆鋒⌐，無所隱晦。明光善奏，洛郊報最。聏時聽聞，爰及顯大。其四。

明明帝誥，去醨務質。桓桓多士，抑華取實⌐。劍戟衝關，豺狼入室。奔問官司，守而不失。其五。

所得伊何？廉夷貞惠。所歎伊何？蘭焚玉脆。其六。

先君之封⌐，永藏於此。不絶不私，以昌孺子。其七。

外甥將仕郎守右拾遺席梲書⌐。

墓誌撰者徐彥若，《舊唐書》卷一七九、《新唐書》卷一一三有傳，字俞之，鄭州新鄭（今屬河南）人。懿宗相徐商子。大中十二年登進士第。乾符末，以主客員外郎知制誥，充翰林學士，正拜中書舍人。昭宗即位，遷御史中丞，即撰墓誌時之職位。景福二年入相，天復元年（901）卒於嶺南東道節度使任。書者席梲,官右拾遺,爲張讀外甥,别無所聞。

張讀之表字,晁公武《郡齋讀書志》卷三下作聖朋,《新唐書·藝文志》和陳振孫《直齋書録解題》卷一一作聖用,據《張讀墓誌》作聖朋是,聖用爲聖朋之形訛。張讀卒於龍紀元年(889),年五十七,是應生於大和七年(833)。其登第在大中六年(852),年二十。涉及其家世、科第、仕履、家室、著述等,則容下文詳作考釋。

二、小説世家的殿軍

《張讀墓誌》云:"張氏得姓於軒轅,時歷五帝三王間,瓜瓞綿具。秦失其鹿,劉項爭未決,張耳與陳餘有隙,獨歸漢,漢王憐之。漢稱天子,耳封常山王。傳封至敖絶,子孫世爲常山人。"《古今姓氏書辨證》卷一三引《元和姓纂》佚文云唐時張姓有四十三望,常山當爲其一。《張讀墓誌》云出漢初常山王張耳之裔,當爲一般之説。《舊唐書·張薦傳》稱爲"深州陸澤人",地近常山,即唐真定地。

《張讀墓誌》云:"高祖鷟,字文成,以字著,事具《唐書·文苑傳》。"張鷟在高宗後期至玄宗前期享文學盛名,存世著作有三部:一是《遊仙窟》,唐時傳至日本,中土不存,近世自日本傳回,引起極大關注,近年則有李時人教授《遊仙窟校注》(中華書局 2010 年 5 月)爲通行;二是《龍筋鳳髓判》,唐宋著録爲十卷,存本四卷,凡七十八則,爲科舉及銓選試判提供範本的擬判集;三是《朝野僉載》,《新唐書·藝文志》作二十卷,存世六卷本,爲明人所輯,主要出自《太平廣記》,其外佚文尚多,所存超過四百則,但遠非全書。此書對武后至玄宗初期朝事士行,作了大量極其尖鋭而刻毒的揭露和譏諷,可以説代表傳統軼事類筆記之另類。張鷟一生仕履坎坷,大約與他的此類叙述有關。張鷟先世仍多疑問,目前僅據《桂林風土記》提及其祖爲齊王文學,即在玄武門事變中被殺之齊王李元吉之幕僚,或許因此他的祖、父兩代都仕途坎壈,並影響到他對主流士族之敵視。權德輿撰《張薦墓誌》,稱其父爲"義,皇澤州治中",地位確不高。

《張讀墓誌》云:"曾祖不訛,皇揚州天長令。"張鷟子嗣情況,難以知其詳,權德輿撰《張薦墓誌》載"烈考不訛,揚州天長縣令,贈睦州刺史",與《張讀墓誌》所載同。

　　《張薦墓誌》云："祖薦,皇尚書工部侍郎、史館修撰,贈太子太保。起深州陸澤,爲顔真卿所識,名籍甚。在史館二十年,著述號大手筆。三使絕國,不辱命。諡憲公。"張薦(744—804),《順宗實録》卷三和《舊唐書》卷一四九、《新唐書》卷一七五皆有傳,權德輿爲其撰墓誌,蓋爲此一家族之中興者。他少精史傳,天寶間顔真卿一見歎賞,浙西觀察使李涵薦其才可當史任,但皆以母老辭。出仕則遲至德宗初,貞元間曾兩度出使吐蕃,一次出使回紇,飽覽異域風物。官至工部侍郎,死於使蕃歸途。《舊唐書》載其著有文集三十卷,及《五服圖》《宰輔略》、《靈怪集》、《江左寓居録》等,但無一傳世。《靈怪集》,《新唐書·藝文志》著録作二卷,《宋史·藝文志》作一卷,但未題作者。顧況《廣異記序》有"張孝舉之徒互相傳説"語,即指此書。《太平廣記》等書所引大約有十多則,陶敏《全唐五代筆記》有輯本。其中至少有六篇皆述及遇神鬼賦詩事,太原郭翰遇天上織女下凡,太宗征遼至定州遇慕容垂鬼賦詩,中官於官坡館遇鬼崔常侍賦詩聯句,開元六年(718)有人於河湄遇鬼賦詩,吳郡漁人張胡子於太湖中釣得巨魚腹上丹書詩,另吳興妖童贈謝府君詩僅存詩而事實已不詳。再如《太平廣記》卷三五八所引:

　　　　鄭生者,天寶末應舉之京,至鄭西郊,日暮,投宿主人。主人問其姓,鄭以實對。内忽使婢出云:"娘子合是從姑。"須臾,見一老母,自堂而下。鄭拜見,坐語久之。問其婚姻,乃曰:"姑有一外孫女在此,姓柳氏,其父見任淮陰縣令,與兒門第相埒。今欲將配君子,以爲何如?"鄭不敢辭。其夕成禮,極人世之樂,遂居之。數月,姑爲鄭生,可將婦歸柳家。鄭如其言,攜其妻至淮陰,先報柳氏。柳舉家驚愕,柳妻意疑令有外婦生女,怨望形言。俄頃,女家人往視之,乃與家女無異。既入門下車,冉冉行庭中。内女聞之笑,出視,相值於庭中,兩女忽合,遂爲一體。令即窮其事,乃是妻之母先亡,而嫁外孫女之魂焉。生復尋舊跡,都無所有。

幾乎就是《遊仙窟》故事之濃縮版。

　　此外,張薦兄張著亦撰有《翰林盛事》一卷,《崇文總目》卷二列入傳記類,《郡齋讀書志》卷七列入職官類,稱其"記唐朝儒臣美事凡三十八人",《直齋書録解題》卷五列典故類,並云"首載'張文成七登科',即著之祖也"。陶敏《全唐五代筆記》輯得七則,如載崔湜下天津橋賦詩,爲有名故事;載朱佐日賦"白日依山盡,黄河入海流,欲窮千里目,更上一層樓"詩,爲武后所賞,亦與一般認爲王之涣所作不同。著早官剡縣尉。大曆中爲上元主簿。轉右金吾兵曹參軍,預湖州刺史顔真卿《韻海鏡源》修撰事。建中元年(780)官監察御史。事蹟見《舊唐書·德宗紀》上、《册府元龜》卷五二二、顔真卿《湖州烏程縣杼山妙喜寺碑銘》、《寶刻叢編》卷一五等。《會稽掇英總集》卷一四載其與嚴維等聯句一首。

《張讀墓誌》云:"父希復,皇河南府士曹、集賢校理,累贈禮部尚書。"《張薦墓誌》載其嗣子敦靖,其次則有敦簡、敦業、敦謙、敦紹等,與張讀父希復字善繼不契,與張又新字孔昭亦不合。西安碑林近收石刻有張又新撰《唐故女道士常山張氏墓誌》,張氏名熙真,爲又新姊,大和四年(830)卒,年四十四,書者則署"兄左春坊太子典設郎敦簡書"。誌云:"鍊師勤身以率下,剋己以節用數,□衣常布於寒燠,菲食必均於早暮,卒使諸弟得就□業,又新再忝科選,二季各膺名第,僅乎成立,鍊師之力也。"張氏在父張薦卒時年約十八,張又新與二季弟當更年幼,其一當即希復,估計父卒時或在十歲以内,則又新以下均因年幼而未在父誌中提及。長姊如母,張又新自述與二弟得以成立,多虧姊張熙真之照拂,應屬實情。從張希復之婚姻與仕履分析,很可能爲張薦之幼子。

希復與小説家段成式爲摯友,估計因二人開成初同在集賢院供職而相熟。段著《酉陽雜俎》有四則引及張所告異聞:

> 集賢張希復學士嘗言,李揆相公將拜相前一月,日將夕,有蝦蟇大如牀,見於寢堂中,俄失所在。(前集卷四)
>
> 集賢校理張希復言,嘗有人得其所吐黄剖之,中有物如蝶飛去。(前集卷一〇)
>
> 西域有黑獅子、捧師子。集賢校理張希復言,舊有師子尾拂,夏月蠅蚋不敢集其上。(前集卷一六)
>
> 成式常見張希復言,陳州古倉有蝎,形如錢,螫人必死。江南舊無蝎,開元初,常有一主簿,竹筒盛過江。至今江南往往而有,俗呼爲主簿蟲。蝎常爲蝸所食,以跡規之,蝎不復去。舊説過滿百,爲蝎所螫。蝎前謂之螫,後謂之蠆。(前集卷一七)

蓋亦博聞好奇之人,惜未能有所著述。《酉陽雜俎續集》卷五、卷六《寺塔記》二卷,則録會昌三年(843)段成式與張希復、鄭符三人以一旬之時,遍訪長安兩街寺廟,記録異聞,疊唱酬和,欲補《兩京新記》及《遊目記》所載之未備。凡存張希復參與聯句十七首,三人分作詩二首。《張讀墓誌》云:"公少孤。"參段成式之記載,張希復之卒當在會昌三年至大中七年間。今知張讀大中五年中第時年十九,即出生於大和七年,會昌三年年十一歲,估計父亡即在會昌三年後一二年間。

《張讀墓誌》云:"妣秦國太夫人牛氏,公外祖丞相奇章公,文學正直,相穆宗、文宗朝,以程式中州人物爲己任。"奇章公即中唐名相、牛黨魁首牛僧孺。張希復婚牛氏及張讀之出生,還有一則意外故事。《唐闕史》卷上《許道敏同年》:

> 貢士許道敏隨鄉薦之初,獲知於時相。是冬,主文者將蒞事於貢院,謁於相門,丞相大稱其文學精臻,宜在公選,主文加簡揖額而去。許潛知其旨,則磨厲以須,屈指試期,大挂人口。俄有張希復員外結婚於丞相奇章公之門,親迎之夕,辟道敏爲儐贊。道敏乘其喜氣,縱酒飛章,搖珮高談,極歡而罷。居無何,時相敷奏不稱旨,移秩他郡,人情恐駭,主文不敢第於甲乙。爾後晦昧坎壈,不復聞達。繼丁家故,垂二十載,至柘國小兵部知舉年,方擢於上科。時有同年張侍郎讀,一舉成事,年纔十九,乃道敏敗於垂成之冬,懷導外郎鵲橋之夕,牛夫人所出也。差之毫釐,何啻千里!

其中"柘國小兵部知舉年",《太平廣記》卷一八二引作"至大中六年崔瑥知舉",與《登科記考》所考合,應可信。若此可知張希復與牛氏結婚於大和六年(832),時牛僧孺恰在相位。至是年十二月,牛罷相出守,時恰秋集冬試至春榜之間,許即因坐此而不及第。以當年張讀父母大婚之儐相,二十年後與張讀同年及第,實在很富戲曲性。牛僧孺本人亦是中唐小説之重要作者,所著《玄怪録》,《新唐書·藝文志》著録爲十卷,《直齋書録解題》卷一一作十一卷,原書不存。今存明書林陳應翔刻《幽怪録》四卷,凡四十四事,適與明高儒《百川書志》卷八所叙合,但其中已雜有李復言《續玄怪録》内容。《全唐五代筆記》本參校諸書,復補十二則,最爲完備。今人雖多認爲此書爲牛應舉時著,但所載元和以後事甚多,且以"党氏女"條述"大和三年(829)秋,有僧玄照,求食於党氏家","大和壬子歲(832),通王府功曹趙遵約言"爲最遲,可能到晚年方寫定。牛氏喜小説,當時極負時名,以致對立的李德裕、韋瓘等人借託《周秦行紀》誣其有不臣之想,其表甥皇甫松撰《大水變》以諷其納真珠妓事。

《張讀墓誌》云:"仲父又新,標致亦峻。"稱"仲父",則張希復必非長子。又新,《舊唐書》卷一四九、《新唐書》卷一七五皆附其傳於《張薦傳》後。就大端言,他初爲京兆解頭,元和九年(814)進士及第爲狀頭,十二年(817),舉博學宏詞科爲敕頭,時號"張三頭"。後歷使府、補闕,長慶中爲宰相李逢吉所重用,據説"以兇險敢言",特別是構陷賈餗、李紳,爲"八關十六子"之一。文宗、武宗時歷刺汀、温、江、申諸州,則多存政績。大體中唐傳記多存黨派立場,不必據以定其是非。從各種綫索勾稽,則知早年與李賀、李漢交密。性嗜茶,曾嘗天下煎茶之水,在劉伯芻《水品》基礎上,記録陸羽與李季卿所談、品第其名次,凡二十等,作《煎茶水記》以記之,爲陸羽《茶經》後,茶史上最著名的著作。此外,他在温州作《永嘉百詠》,以七絶百首遍詠温州山水,爲今知地方名勝百詠之最早記録。温州地方文獻存二十題(部分已殘),頗爲可觀。又新雖未著小説,但延續了張文成以來之文學傳統。

就前文所考,可以大致排出張讀家族的譜系:

齊王文學□—義—薦—不忒—著

薦—敦靖

敦簡

敦業

敦謙

敦紹

又新

希復—讀—華相

三、《宣室志》成書於張讀二十歲以前

《宣室志》書名所據,晁公武《郡齋讀書志》卷三下云:"纂輯仙鬼靈異事,名曰《宣室志》者,取漢文召見賈生論鬼神之義,苗台符爲之序。"所據當即今已失傳之苗序。李商隱《賈生》詩:"宣室求賢訪逐臣,賈生才調更無

倫。可憐夜半虛前席,不問蒼生問鬼神。"當然更有名,但張讀書成時,李還在世,此詩不知已流行否。

爲《宣室志》作序的苗台符,應該比張讀還小四歲,即約生於開成二年(837),與張讀同年及第時年方十六。《唐摭言》卷三:"苗台符,六歲能屬文,聰悟無比。十餘歲博覽群籍,著《皇心》三十卷,年十六及第。張讀亦幼擅詞賦,年十八及第,同年進士,同佐鄭薰少師宣州幕。二人嘗列題於西明寺之東廊,或竊注之曰:'一雙前進士,兩箇阿孩兒。'台符十七不禄,讀位至正卿。"其間似稍有出入。《墓誌》云:"與苗台符齊名,時人號爲張苗。"又云:"鄭公薰觀察宣歙道,公與苗台符俱爲從事,試祕書省校書郎,薦奏甲天下。"前者可爲《唐摭言》作注,後者則知苗台符及第後與張讀同入宣歙觀察使鄭薰幕府,《唐刺史考新編》考鄭薰鎮宣歙爲大中十年至大中十二年間事,二人入幕最早在大中十年,即登第後四年,苗台符十六及第,此年二十矣,則知"十七不禄"爲誤。而張讀"年十八及第",也不盡準確。

《宣室志》宋以後原書不存,但因《太平廣記》等書幾乎全書收録,故保存遺文極其豐富。明人輯本雖仍爲十卷,但已非原編,苗台符序也不存,即便如此,所存仍多達二百二十三則(《稗海》本正編十卷一百六十三則,《補遺》一卷十二則,《全唐五代筆記》本復補四十八則),堪稱大備。該書本有苗台符序,是其作於大中六年登第前後的重要依據。此外,披檢該書全部存世文字,沒有涉及咸通以後的記録,叙事最晚者爲大中五年,大中間事有以下幾則:

> 刑部員外邢群,大中二年以前歙州刺史居洛中,疾甚。(《太平廣記》卷三五一)
> 相國李德裕爲太子少保,分司東都。(略)旬日,貶潮州司馬,連貶崖州司户,竟没於荒裔也。(《稗海》本卷九,《太平廣記》卷一五六引作《補録記傳》。李德裕貶卒爲大中三年末事。)
> 太原王坤,大中四年春爲國子博士。有婢輕雲,卒數年矣。一夕,忽夢輕雲至榻前,坤甚懼,起而訊之。(略)是歲冬,果卒。(《太平廣記》卷三五一)
> 河中永樂縣道淨院,居蒲中之勝境,道士寓居,常以千數。(略)蒲人侯道華事悟仙以供給使,諸道士皆以奴隸視之,灑掃井臼,無所不爲,而道華愈欣然。(略)時唐大中五年五月二十一日。院中人方驗道

華竊太玄藥仙去。(《太平廣記》卷五一)

　　大中五年,檢校郎中知鹽鐵河陰院事李重,罷職居河東郡,被疾。(略)其年,讁爲杭州司馬。(《太平廣記》卷三五一)

　　此應爲《宣室志》成書時間的上限,即在大中五年夏。此時張讀十九歲,方應進士試。宋以後多傳唐人有以小說行卷者,若《雲麓漫抄》述之頗詳,《宣室志》可以作爲一個具體的例證。

　　大中五年張讀年方十九,見聞未富,但却能寫出二百多則長短各異、精彩紛呈的以鬼神叙事爲主的志怪小說,實在驚歎他的早慧。其中很多似乎是他少年時得之父董之談説,至少可以有以下一則可備證明:

　　　　李揆於乾元中爲禮部侍郎。嘗一日,晝坐於堂之前軒,忽聞堂中有聲,極震若墻圮。揆驚,入視之,見一蝦蟇俯於地,高數寸,魁然殊狀。揆且驚且異,莫窮其來,即命家童,以一缶蓋之。客曰:"夫蝦蟇者,月中之物,亦天使也。今天使來公堂,豈非上帝以榮命付公乎?"黎明啓視之,已亡見矣。後數日,果拜中書侍郎平章事。(《太平廣記》卷四七四引《宣室志》)

　　　　集賢張希復學士嘗言,李揆相公將拜相前一月,日將夕,有蝦蟇大如牀,見於寢堂中,俄失所在。又言初授新州,將拜相,井忽漲,水深尺餘。(《酉陽雜俎》前集卷四《喜兆》)

同一事,段成式親記爲張希復所告,但所叙稍簡,《宣室志》不言所據,得自父親生前所叙爲多。

四、黄巢亂前張讀的宦蹟

　　張讀大中六年登第後之仕蹟,傳世文獻僅有少數零星之記録,墓誌提供了完整的叙述,可以參比史籍,作逐次的分疏。

　　《張讀墓誌》云:"鄭公薰觀察宣歙道,公與苗台符俱爲從事,試祕書省校書郎,賤奏甲天下。廉察坐吏議免,公貶授鄧州司户。"鄭薰,字子溥,大和二年(828)登進士第,大中三年(849)充翰林學士。八年(854),爲禮部侍郎知貢舉，獎拔寒俊，爲時人所稱。十年（856），自河南尹改宣歙觀察使。十二年（858），爲將吏所逐，奔亡揚州，貶棣王府長史，分司東都。晚年以太子少師致仕，居隱巖，號七松居士，爲一批文學後進所宗奉。事蹟見《新唐書》卷一七七本傳，更詳之考證則見岑仲勉《翰林學士壁記注補》。張讀當在大中十年入其宣州幕府，且坐其失政貶鄧州司户。

《張讀墓誌》云：“尋移同州朝邑縣尉。楊公漢公自左馮翊遷宣武軍節度使，在同日固已假公爲幕吏矣。至是奏天子乞掌軍中書記，改試大理評事。”《洛陽出土歷代墓誌輯繩》頁六九九有鄭薰撰《楊漢公墓誌》，叙其閑居七載後授同州刺史，復遷宣武軍節度使。未周歲，因政有成，至咸通二年（861）遷天平軍節度使，七月道病，歸東都卒。大約其鎮宣武應在大中十四年（860）即咸通元年上半年，刺同州則更在前，大約爲大中十二三年事。張讀時爲同州朝邑尉，因得緣入楊幕，且其舊府主鄭薰復與楊交契，因得追隨。

《張讀墓誌》云：“府除，薛公玨爲東川節度使，慮東諸侯得公，急幣走檄，署公以舊職。檄至，丁秦國太夫人艱，不勝喪，殆將滅性，骨肉與公居者，三年不見改慼容。苫蘆讀祭禮外，手寫佛書百編。”薛玨，兩《唐書》無傳，《唐刺史考全編》載其咸通三年（862）爲東川節度使，張讀雖得禮聘，但因母親秦國太夫人牛氏去世而服憂，不赴東川。其父張希復官微，母封秦國夫人，當爲張讀官顯後追封。

《張讀墓誌》云：“服闋，邠公奏充鳳翔支使，又許監察御史裏行，又許殿中、内供奉，假禮部員外郎，賜緋，職如故。邠公執大柄將五十年，掾屬繼踵，爲將相，幕中多尨儒鉅人。公少年居其中，人不能以厚薄等量，莫知其際也。昔竇憲開車騎府，賓佐三十人，崔駰白衣少年居其中，□最冠，公無愧焉。”邠公爲杜悰，名相杜佑孫，因選尚岐陽公主而一生致位通顯，《舊唐書》卷一四七附見《杜佑傳》。《唐刺史考全編》卷五定其守鳳翔爲咸通五年（864）至十年（869）事。從張讀在杜幕多次改官看，確實歷職較長時間。其時年在三十左右，以崔駰白衣少年爲比，大體尚可。

《張讀墓誌》云：“徵拜右補闕，遷起居郎。書記温雅，有古之風烈。懿宗晚年留意於近臣，便殿丞相、御史奉職而進次，必召供奉吏與語。”大約張讀咸通十年或稍晚方入朝任官，爲懿宗在位之最後幾年。

《張讀墓誌》云：“一日，公在召中，敷揚愜旨，賜三品服，改尚書司封員外郎，換兵部員外郎，拜河南縣令。自宣皇帝總覈名實，廷臣不任牧令者，不得爲大吏,時風寖薄,以京兆河南四赤令,號爲塞詔官名郎。由是者旦至任,夕已延頸於徵遷矣。公茈理之後,剋苦於吏事。鋒鋩不頓,翕然有循吏之謠。自解鞍至封印西歸,終不言官。"張讀任司封員外郎,今西安碑林存《郎官石柱題名》尚存他的題名。後文引張讀咸通十五年(874)十月方守河南令,前一年七月懿宗去世,至此年十一月方改元乾符,故其出守河南,應在咸通十四年或稍前。

《張讀墓誌》云:"時相以制誥重事,講求稱職者,故北門李公蔚初爲相,首舉公爲可,遷駕部郎中、知制誥。公久負文華譽,每詞詔一出,人皆改觀。始革近體,不饒借褒貶,純用約束,如周漢間書。"李蔚,《舊唐書》卷一七八、《新唐書》卷一八三有傳,但錯誤頗多,如《舊唐書》云其咸通十四年鎮淮南,乾符三年受代,百姓請留一年,至四年方入爲吏部尚書,而據《新唐書·宰相表》,則其在乾符二年(875)六月即入相,張讀當在此後不久即入掌制誥。

《張讀墓誌》云:"遷中書舍人、弘文館學士,判館事。居西掖凡數年,守本官知禮部貢舉。近代掌是務者,不能以心目自任,皆取成於人,亦有所信,便爲肘制,不復許採聽矣。公深懲其弊,自詔下至入宗伯省,豁關見賓客,至夜漏下一二刻,博訪不倦,凡薦士之書,無阻卻者。深抑浮華朋黨之士,以節操貞實者爲先。及公再爲左丞,門生兩人與公同居貳卿班中,時人以爲盛。遷禮部侍郎。"《舊唐書·僖宗紀》載,乾符五年末,"以中書舍人張讀權知禮部貢舉"。唐開元二十四年(736)後以禮部侍郎知貢舉,凡以他職知舉者,多在知舉後即轉此職。乾符六年所放進士,今知有《劇談録》作者康軿、唐末至五代初河東李克用掌書記李襲吉,以及宰相杜審權子杜弘徽,難稱得人爲盛。

《張讀墓誌》云:"太學生四百人舉旛闕下,願借公更治宗伯一年。公辭之,改户部侍郎。間歲,遷吏部侍郎。"《舊唐書·僖宗紀》載,乾符六年(879)十月,"以禮部侍郎張讀權知左丞事"。《墓誌》缺載"權知左丞"一職,但有"再爲左丞"語,此即初任。

五、張讀在廣明、龍紀間的經歷

《張讀墓誌》云:"黄巢犯闕,天子狩成都,公徒步奔問,復典銓管。時大盗竊國,百事草創,銓衡文籍,皆委棄矣,冒官假蔭者,不可覆問。公素聰

察,盡辨其真僞,銓事大理。尋加史館修撰、判館事。公嗣憲公舊職,思成
一朝之史,以緒祖筆。會拜御史中丞,書不成而罷。復拜吏部侍郎、弘文館
學士、判館事。”黄巢入佔京師在廣明元年(880)十一月,僖宗出奔成都,張
讀“徒步奔問”,是説未隨車駕,自赴行在。所謂“復典銓管”,指任吏部侍
郎,掌百官銓選,下文“復拜吏部侍郎”可證。時經大亂,官員告身名甲多有
遺失,投機者或乘機冒充官職,頂冒官蔭,銓選本就是六部中最繁重之事
物,至此更增加難度。杜光庭《歷代崇道記》載中和三年(883)九月成都青
羊宮現古篆讖文“太上平中和灾”六字,“御史中丞張瀆”與丞相韋昭度、蕭
遘、鄭畋一齊上表恭賀,張瀆爲張讀之誤。到僖宗自成都歸京時,曾與百官
寫真於成都中和院,宋黄休復《益州名畫録》卷上載行在職官名録,有“尚書
吏部侍郎張讀”。

　　《張讀墓誌》云:“天子返正,命公兼禮儀使,陵廟謁謝之儀,朝廷揖讓之
禮,不失舊章,皆公默識。車馬再順動,改尚書左丞。”僖宗避成都四年,至
光啓五年三月方因亂定歸京。《墓誌》云張讀其間兼禮儀使,爲恢復朝廷秩
序作了努力。所謂“車馬再順動”,指光啓元年(885)末僖宗因沙陀進逼京
師,乃再度出幸鳳翔。其緣起則因權閹田令孜因扈駕在蜀立功,入京後處
置河東事不當,引起事變。

　　《張讀墓誌》云:“駐蹕鳳翔,改工部尚書,充兩川慰諭使。田令孜挾天
子幸梁洋,諸侯以宫闕再失,指令孜爲根,先皇帝優游不斷,命充西川監軍。
蜀帥陳敬瑄,令孜同父兄也,相膠爲惡,欲盡有三川地,屢出兵攻東川城邑,
亦爲東川節度使顧彦朗所却,天子不能禁,至是命公兩解之。公以敬瑄、令
孜反狀明具,非三寸舌可説,軺車至止,蜀道不通,朝廷罪公以逗撓,改睦王
傅,廷議多言公屈者。拜禮部尚書,赴闕。至近次,復拜尚書左丞。”前述再
幸鳳翔,尋移駕山南興元府,朝臣因田令孜亂政,群起指責,田懼而自請爲
西川監軍。但西川節度使陳敬瑄與田本是同父異母的兄弟,此時出現很奇
特的兄弟分別爲節度使和監軍,且欲盡有蜀中,故屢攻東川以圖割據。張
讀此時官晉尚書,但讓他充當兩川慰諭使,實在不足勝任。東西川互攻僅
是蜀中大亂的序幕,張讀以文臣而欲調解雙方歇兵,顯然屬於不可能完成
的任務。加上蜀道不通,因此得到逗撓的處分。估計再起爲禮部尚書,已
經是光啓四年(888)初僖宗返京之時。

　　《張讀墓誌》云:“龍紀元年(889)六月二十日遘疾,薨於萬年縣開化里
私第,享年五十七。輟朝一日,贈兵部尚書。”

張讀生命的最後十年,雖然致位通顯,但遭逢世亂,其實並無特別的建樹。

六、張讀的家室

《墓誌》云:"公性謙仁,似不能言者,臨大節,雖萬夫不可奪。三紀從宦,孤甥稚姪,無疏密,所處必均廩賜。公兩娶韋氏,皆韋歸州端符女也。前不期,後止再歲,皆亡去。後夫人有子一人,早夭。別室有女一人,既笄矣。奔問之際,艱危挈提,至蜀而死。蜀人與公鄰者,聞公哭慟,皆泣下。嗚呼!才名之折人,至是耶?兩娶不三歲,通貴矣。訖無胤續。一女不及嫁而逝,向使公以虛名世禄取達宦,不用才學壓人,上天所報,當異於是耶?公少鰥,懼無嗣,姬媵數輩,竟絶繼。進士張潯,公猶子也,有子,公取以爲後,曰華相,年甫四歲矣。姬馬氏,賢婦人也,公捐館之夕,哭曰:'公之存亡,繼華相矣。妾誓死不嫁,願得保華相至成人,以立張氏之祭。'昔鍾繇謂荀君曰:'卿卒後,唯得嫁卿阿騖耳。'荀死,繇經紀門户,盡如其言。余聞馬之節於聖朋,不復師鍾太傅矣。"此叙張讀之家事。所謂"孤甥稚姪",指他的兄弟姊妹的孩子。估計因爲其家僅他爲顯宦,故承擔照顧家族宗嗣較多之責任,一般都要負責長成及婚配之事。

張讀兩婚,皆韋端符女。韋端符,兩《唐書》無傳,今據零星記録,知其爲京兆人,寶曆元年(824)賢良中舉,出授白水尉。大和五年(831),爲拾遺,曾與諫官十四人伏階請以宰相宋申錫案付外。大和末,自屯田員外郎、史館修撰,爲權倖所惡,出爲歸州刺史,卒於任(詳參李德輝《全唐文作者小傳正補》卷七三三,遼海出版社 2011 年)。《全唐文》卷七三三收其文五篇,除《衛公故物記》外,皆爲論體古文。

《長安新出墓誌》頁三〇八收有張讀爲其岳母鄭霞士所撰墓誌,也是《宣室志》以外張讀存世惟一的文章,全録如下:

唐故尚書屯田員外郎歸州刺史韋公夫人
滎陽鄭氏墓誌銘并序」

子婿朝議郎守河南縣令柱國賜紫金魚袋張讀撰」

滎陽鄭氏,爲世冠族,不待紀述。惟夫人祖先派源,則詳在家諜」,

皆可略不載。夫人諱霞士。曾祖彭州九隴縣丞諱千尋」，祖鄂州唐年縣令贈著作郎諱迪，考監察御史、河南府功曹參軍」諱素。外族韋氏。夫人少孤，依從父姊氏。姊婿中書舍人韋公詞」，又諸舅也，內外慈撫。迨於既笄，有歸於京兆韋公諱端符。大和末」，以屯田員外郎、史館修撰，爲權倖惡嫉，出牧歸州。未幾，而夫人抱」晝哭之感。處喪執禮，稱重姻族。數歲，自荊峽攜諸孤來京師，誨其子」昌。後未冠而有文，舉進士，籍甚名，公卿他人，雖老於文學，咸許其先」。不幸志未就，竟夭歿。夫人生五女，率授以詩書，故皆有才德。長」女嫁河南于珪，以御史從事浙右府。次女嫁常山張讀，又次繼好於」張氏，皆賢而不壽。二女未有歸而夭。夫人始以淑質懿範，嬪於」太君子。及亡所天，以嚴明治家政，以德義訓孤子女，以仁惠厚親黨」。寓居長安，貨粧奩衣玩，俾其子饋賓友，將有俟於振大韋氏。既而天」奪之，卒不克凡七年，繼哭其子及四女。唯長子長安縣尉汰，及于氏女」養膝下。無何，又哭其長子。噫！生人之痛，未斯之酷也。涕感行路，矧」爲慈親之心哉！夫人嬰疾數歲，以咸通十五年七月卅日，遘禍」於長安永寧里，享年六十九。以其年十月廿九日，歸祔於京師南之」畢原。初，夫人未疾，凡釋氏預修，追往乏說。迨衣衾之制，無遺事」在後人，斯可謂達識矣。常以讀再齒姻末，特厚慈愛。言託刊紀」，志在詳實。屬官守洛下，有乖臨奉，承訃悲涕，寄刻墓銘。其辭曰」：夫人生於清門，歸於哲人。婦德母儀，克光以聞。子才女賢」，惟誨之勤。貴赫養榮，宜誰與倫。蘭委珠沉，忽兮如焚」。福善寧究，冤哀孰論。永抱痛傷，竟奪眉壽。祭哭無主」，天道何有。秦城南直，封樹斯久。刻真貞珉，茲焉不朽」。

　　所敘鄭氏家世及婚姻、子嗣、亡歿，皆不討論。韋端符大和末因"權倖惡嫉，出牧歸州"，一般說是指其得罪鄭注、李訓黨人，雖甘露遽變，政事反覆，但韋當在開成初即逝世歸州。鄭氏"處喪執禮"，數歲方攜子女歸京。大約張讀所娶二女皆出生於大和中後期，與他年歲相仿。他之所謂"少鰥"，可以認爲娶韋氏二女皆其三十歲以前事，甚至即在進士登第前後數年間。韋氏雖爲名族，但其時則韋端符去世已久，僅鄭氏與諸子女艱難度日。但因唐人婚姻重門第，故鄭氏長女得婚名臣于敖次子于珪，二女歸張讀。唐人婚姻中娶姊妹者頗多，姊亡娶妹者，如《全唐文補遺》第七冊錄皇甫煒撰《皇甫氏夫人（白氏）墓銘》，其前妻爲宣宗相白敏中長女，大中二年成婚，七年殁,至十年復娶次女,至十二年次女死於産難,即爲一例。南唐後主李煜之大小周后亦如此。

但張讀的兩次婚姻,前一次不到一年,後一次也僅二年,生一子亦早夭。所謂"别室有女一人,既笄矣。奔問之際,艱危挈提,至蜀而死",則爲兩次婚姻以外納妾所生,在廣明間奔蜀不久而死,年已既笄,大約生於咸通中葉。其後則僅有"姬媵數輩",但皆無出。他所立嗣子華相,《墓誌》作猶子張潯之子,唐人雖亦稱姪爲猶子,從此處分析,張潯似乎祇是疏從子姪輩。姬馬氏在張讀死後矢志不嫁,以保嗣子成人。墓誌之此段叙述,爲馬氏以姬妾承繼家業尋求合法性。

七、張讀的著述

《墓誌》云:"著《西狩録》十卷、《神州總載》十五卷、《宣室志》十卷、制誥詩賦雜著凡五十卷,行於世。"凡著作四種,總八十五卷。

其一《西狩録》,《新唐書·藝文志》雜史類載:"張讀《建中西狩録》十卷,字聖用,僖宗時吏部侍郎。"南宋高似孫《史略》卷五亦録此書,但估計僅是據《新唐書》轉録,並未親見。司馬光修《資治通鑑》時引唐人雜史極備,但未引及此書。就書名推測,是叙德宗建中末避涇原兵亂避居奉天的史書,估計即寫於中和、光啓兩度從駕行在期間,可見他希望總結德宗時遇亂避地之歷史,以爲現實借鑒之用意。

其二《神州總載》十五卷,未見他書引及,或屬地理總志或天下物産總彙一類書。

其三《宣室志》,已見前述。

其四,"制誥詩賦雜著凡五十卷",張讀二十第進士,從宦三紀,歷任方鎮幕職,且曾掌制誥,平生所作應甚豐沛,但所存甚罕,是可惋惜。

八、張讀簡譜

爲讀者閲讀方便,稍清眉目,列張讀簡譜如下。

文宗大和七年(833),出生。

武宗會昌三年(843)，父張希復隨段成式參訪長安兩街寺廟。

宣宗大中五年(851)，《宣室志》叙事止此年。

宣宗大中六年(852)，進士及第。

宣宗大中十年(856)，入宣歙鄭薫幕府。

宣宗大中十二年(858)，坐鄭薫失政，貶鄧州司户。

宣宗大中十三年(859)，爲同州朝邑縣尉。

懿宗咸通元年(860)，入楊漢公宣武幕府。

懿宗咸通二年(861)，隨楊漢公移天平，因其病故而止。

懿宗咸通三年(862)，受東川節度使薛珏禮聘，因母去世而服憂三年。

懿宗咸通五年(864)或稍後，入鳳翔節度使杜悰幕府。

懿宗咸通十年(869)或稍後，入朝爲右補闕，遷起居郎。其後數年改司封員外郎。

僖宗咸通十五年(874)，在河南縣令任。

僖宗乾符二年(875)，宰相李蔚薦其爲駕部郎中、知制誥。其後歷遷中書舍人、弘文館學士，判館事。

僖宗乾符五年(878)，以中書舍人受命知貢舉。

僖宗乾符六年(879)，知本年貢舉，尋遷禮部侍郎。復權知左丞事，改户部侍郎。

僖宗廣明元年(880)，遷吏部侍郎。

僖宗廣明二年(881)，奔成都行在，仍知吏部銓選。

僖宗中和三年(883)，爲御史中丞。

僖宗中和四年(884)，仍爲吏部侍郎。

僖宗中和五年(885)，隨駕歸京，兼禮儀使。歲末隨駕避鳳翔，改尚書左丞。

僖宗光啓二年(886)，改工部尚書，充兩川慰諭使。尋以逗撓，改睦王傅。

僖宗光啓四年(888)，拜禮部尚書，赴闕。將至，復拜尚書左丞。

昭宗龍紀元年(889)，六月卒，年五十七，贈兵部尚書。

九、餘　　論

漢唐士族林立，名家衆多，代有建樹，彪炳史册，但如常山張氏這樣，綿歷五代,皆好小説異聞,且至少三人有存世著作,加上張讀的外祖牛僧孺,以及其父執段成式,形成了唐代文學史上一道絢爛的風景。其時間跨度如果從高宗上元二年(675)張鷟登進士第爲起點,到龍紀元年張讀去世,其間長達二百十五年,幾乎與有唐一代爲終始,可爲大觀。

張鷟《游仙窟》自叙西行艷遇,與崔十娘、五嫂歡會一夜,彼此唱和多達七八十首,其文采風流最見唐人之生活態度。本文前已述及,在張薦《靈怪集》中也包含大量人神、人鬼遇合賦詩的故事。張希復雖然没有留下獨立著作,但《酉陽雜俎》所記他的言談興趣,以及同遊兩街寺廟時的大量聯句詩篇,正可看出他的興味。張讀的小説興味,一則傳承父祖的雅興,再則也不能排除從母親那裏體會到外祖的好尚。牛僧孺的《玄怪録》在唐代志怪體小説史上,是有重大開拓的。《宣室志》篇幅宏大,存世篇章也衆多,雖然在藝術造詣方面似乎與其内外先人還有相當距離,估計與其年少成書有關。但前述大量人神、人鬼遇合賦詩的故事,以及文采風流的生活態度,也在在可見。

因爲《張讀墓誌》的發現,我們可以有機會系統完整地梳理張讀一生的行蹟,看到他在三十多年的從宦生涯中,如何一步步提昇官階,榮耀家室,更看到他雖經蹉跌,仍能略有建樹,墓誌對於補充史實的意義,於此可知。但如果從張讀個人發展的角度來説,他二十歲以前完成的《宣室志》,幾乎成爲他在唐代文學史上存有一席之地的全部。在這以後幾十年,雖然也有《建中西狩録》一類著作,希望借鑒歷史爲現實提供參考,此外他所撰制誥亦稍有變化,但從大處來説,實在乏善可陳。當然,他身處末世,經歷動亂,所著未得完整保存,當爲原因之一。但在他同時的諸多詩人作品中,也很少看到他的身影出現。説仕宦斷送了他的文學前程,大約不算過分的評説。

2016 年 3 月 6 日初稿於復旦大學光華樓

(作者單位:復旦大學)

《嘯亭雜録》三條考辨

朱則傑

【摘　要】清代昭槤的著名筆記《嘯亭雜録》,存在著不少記載失實或錯誤的地方。本文對其中"本朝文人多壽"、"老年科目"、"青年科目"這三條進行考察辨析,理清事實,更正錯誤,藉以梳理相關歷史人物的生卒年問題,同時增進對《嘯亭雜録》乃至其他同類著作的認識。

【關鍵詞】昭槤　《嘯亭雜録》　"本朝文人多壽"條　"老年科目"條　"青年科目"條　考辨

　　清嘉慶、道光之際禮親王昭槤撰《嘯亭雜録》一書,是一部内容豐富的著名筆記,向來爲學術界所重視。但正如中華書局整理本《點校説明》指出的那樣,"儘管昭槤記事比較嚴謹,但書中仍不免有記載失實或錯誤的地方"①。其中有三條文字,涉及清代人物生卒年特别集中,而正確者與錯誤者即同時存在,並且後者所佔的比例還相當大。現在以今人江慶柏先生編著的《清代人物生卒年表》作爲主要參照,已有並正確者不論,尚無或錯誤者予以考察辨析。此既有助於梳理相關人物的生卒年問題,也可以增進對《嘯亭雜録》乃至其他同類著作的認識。

---

① 昭槤《嘯亭雜録》,北京:中華書局 1980 年版,第 2 頁。

一、"本朝文人多壽"條

《嘯亭雜録》卷二"本朝文人多壽"條説:

> 王弇州著《文人九厄》,使人閲之,索然氣盡。余按本朝文人多壽,可以證王之失。如王文簡公士禛七十七,朱竹垞彝尊八十四,尤西堂侗八十五,沈歸愚尚書德潛九十五,宋漫堂犖七十二,查初白慎行七十八,方靈臯苞八十二,袁簡齋枚八十二,錢辛楣大昕七十七,紀曉嵐尚書昀八十二,彭芸楣尚書元瑞七十三。姚姬傳鼐八十四,翁覃溪方綱八十餘,梁山舟同書九十二,趙甌北翼八十二,四公至今猶存。①

這裏所舉"本朝文人"一共十五人,分爲兩組。前一組十一人,當時都已經亡故;後一組四人,則"至今猶存"。他們都是清代非常著名的文學家,有關傳記資料十分豐富翔實,生卒年都很確切,在《清代人物生卒年表》中都有現成、準確的記載,因此可以直接進行對照。

先説第一組,恰巧其開頭五人都與《清代人物生卒年表》不同,準確者應該是②: 第一人王士禛,生於明崇禎七年甲戌(1634),卒於清康熙五十年辛卯(1711),享年七十八歲;第二人朱彝尊,生於崇禎二年己巳(1629),卒於康熙四十八年己丑(1709),享年八十一歲;第三人尤侗,生於明萬曆四十六年戊午(1618),卒於康熙四十三年甲申(1704),享年八十七歲;第四人沈德潛,生於康熙十二年癸丑(1673),卒於乾隆三十四年己丑(1769),享年九十七歲③;第五人宋犖,生於崇禎七年甲戌(1634),卒於康熙五十二年癸巳(1713),享年八十歲。

再説第二組,四人都生於雍正年間,具體爲姚鼐九年辛亥(1731)、翁方

---

① 昭槤《嘯亭雜録》,第 31 頁。
② 江慶柏《清代人物生卒年表》,北京: 人民文學出版社 2005 年版,第 34、156、71、368、369 頁。
③ 梁章鉅《歸田瑣記》卷六"文人奇遇"條專記沈德潛,稱其"年至九十八而終",亦誤,見北京: 中華書局 1981 年版,第 104 頁。方濬師《蕉軒隨録》卷八"沈碻士先生"條,稱沈德潛(碻士其字)"壽九十有八",不知是否由此而來,見《蕉軒隨録、續録》本,中華書局 1995 年版,第 291 頁。

綱十一年癸丑（1733）、梁同書元年癸卯（1723）、趙翼五年丁未（1727）①。以這裏的姚鼐、梁同書兩人爲基準，本條應該寫於嘉慶十九年甲戌（1814）。如此則最末一人趙翼，此時準確的年齡應該是八十八歲。

兩組通計，本條所寫十五人中，錯誤者共有六人，比例爲百分之四十。

附帶關於《嘯亭雜錄·續錄》卷三"姚姬傳先生"條，稱姚鼐（姬傳其字）"年八十餘，庚午〔嘉慶十五年，1810〕重赴鹿鳴"②；而依其生年推算，則此時應該還只有八十歲整。

又光緒年間許起《珊瑚舌雕談初筆》卷八第三條③，同樣題作"本朝文人多壽"，而在《嘯亭雜錄》的基礎上增添了不少人物；因其意義不大，所以不再考辨。

二、"老年科目"條

《嘯亭雜錄》卷九"老年科目"條説：

> 本朝老年中式者：〔第一人〕陳檢討維崧舉宏博時〔康熙十八年己未，1679〕，年踰五十。丁丑〔三十六年，1697〕，〔第二人〕姜西溟宸英七十三中探花。癸未〔四十二年，1703〕，〔第三人〕王樓村式丹五十九會狀，〔第四人〕官恕堂鴻曆五十八，〔第五人〕查他山慎行五十四。己丑〔四十八年，1709〕，〔第六人〕何端惠〔簡〕世璂五十八；壬辰〔五十一年，1712〕，〔第七人〕胡文良煦五十八；乙未〔五十四年，1715〕，〔第八人〕裘璉七十二；辛丑〔六十年，1721〕，〔第九人〕陸坡星奎勳五十九，俱入翰林。乾隆丙辰〔元年，1736〕，〔第十人〕劉起振八十歲授檢討。己未〔四年，1739〕，〔第十一人〕沈歸愚尚書六十七入翰林，〔第十二人〕張總憲泰開六十二。癸丑〔五十八年，1793〕，〔第十三人〕吳種芝貽詠五十八中會元。嘉慶丙辰〔元年，1796〕，元和〔第十四人〕王巖八

① 江慶柏《清代人物生卒年表》，第591、658、734、539頁。其中姚鼐生於該年農曆年末，於西曆已入1732年，而傳統習慣仍按照農曆來計算。下文如納蘭性德也有此種情況，不再一一説明。
② 昭槤《嘯亭雜錄》，第447頁。
③ 許起《珊瑚舌雕談初筆》，《續修四庫全書》第1263册，上海：上海古籍出版社2002年版，第596—597頁。

十六中式，未及殿試卒。己巳〔十四年，1809〕，山東〔第十五人〕王服經八十四入翰林。皆熙朝盛事也。①

這段記載可能原本稍前戴璐《藤陰雜記》卷一②，惟開頭第一人陳維崧寫得比較簡略，又新添了中間第十二人張泰開、最末第十五人王服經。

本條所寫這十五人，本來可據以逆推他們的生年。但反過來從已知的生年推算，卻發現其中有七人記載錯誤。爲便於叙述，下文分爲三項。

一是以下五人，可以直接依據《清代人物生卒年表》予以訂正③：第二人姜宸英，生於崇禎元年戊辰（1628），至康熙三十六年"丁丑"（1697）應該是七十歲整。第四人宮鴻曆，生於順治十三年丙申（1656），至康熙四十二年"癸未"（1703）應該是四十八歲；即使至其實際成爲進士的康熙四十五年丙戌（1706）④，也還只有五十一歲（另可參見下文）。第六人何世璂，生於康熙五年丙午（1666），至四十八年"己丑"（1709）應該是四十四歲。第九人陸奎勳，生於康熙四年乙巳（1665），至六十年"辛丑"（1721）應該是五十七歲。第十二人張泰開，生於康熙二十八年己巳（1689），至乾隆四年"己未"（1739）應該是五十一歲；即使至其實際成爲進士的乾隆七年壬戌（1742），也還只有五十四歲。

二是第十人劉起振。其生年應該以《清實録·高宗純皇帝實録》有關記載最具有權威性，例如卷三八四開頭就説：

> 乾隆十六年辛未〔1751〕三月戊戌朔……在籍翰林院侍講劉起振年一百三歲，自粵東來浙迎駕，賜御製詩章並御書匾曰"詞垣耆瑞"。⑤

① 昭槤《嘯亭雜録》，第 288 頁。
② 戴璐《藤陰雜記》對應内容，可見北京：北京古籍出版社 1982 年版，第 10 頁。法式善曾抄入《槐廳載筆》卷五，見《續修四庫全書》第 1178 册，上海：上海古籍出版社 2002 年版，第 392—393 頁。
③ 江慶柏《清代人物生卒年表》，第 583、587、328、425、408 頁。
④ 宮鴻曆實際是康熙四十五年丙戌（1706）科二甲第十八名進士，並且也不存在前科會試中式而至本科再補殿試的情况。後面第十二人張泰開、第十五人王服經，昭槤所記年份同樣錯誤。依次可見江慶柏先生編著《清朝進士題名録》，北京：中華書局 2007 年版，上册第 276、454 頁，中册第 735 頁。
⑤ 《清實録》總第 14 册（《高宗純皇帝實録》第 6 册），北京：中華書局 1986 年版，第 44 頁。

據此逆推,可知劉起振生於順治六年己丑(1649)。如此在此前乾隆元年
"丙辰"(1736),劉起振應該是八十八歲。同時代袁枚《小倉山房詩文集·
文集》卷二《刑部尚書富察公神道碑》叙及"丙辰……有廣東劉起振者,年八
十八,以公薦入翰林,爲一時盛事"①,亦可參證。惟乾隆皇帝"御製詩章",
載其《御製詩·二集》卷二五,題作《翰林院侍講劉起振年一百三歲,自粵東
來浙迎駕,詩以賜之》,而頷聯上句"成名後梁顥"自注説:

> 向聞起振老於場屋。乾隆元年〔丙辰,1736〕,彼已八十七歲矣,因
> 特恩賜以進士,仍命選館。至十三年〔戊辰,1748〕,壽躋百歲,督撫以
> 聞,故特賜今職。②

這裏所説"八十七歲"稍有誤差。而《清代人物生卒年表》轉録《廣東歷史
人物辭典》謂劉起振生於順治十三年丙申(1656)③,則明顯是受了"八十歲
授檢討"的誤導,同時辭典編纂者又不熟悉古人按虛歲計年齡的習慣而犯
了淨減的錯誤。

三是第十五人王服經。《清實録·仁宗睿皇帝實録》卷一九五記載:

> 嘉慶十三年戊辰〔1808〕五月……己亥〔初四日〕……又諭:本科
> 會試中式新進士王服經年八十五歲,殿試三甲,文理清通,引見時看其
> 精力尚健,洵爲熙朝人瑞。伊即未經中式,例得邀恩賞給翰林院檢討
> 銜。今若改用庶起士,令其在館學習,伊年已耄耋,詞賦之學或非所
> 長,且散館轉需時日。王服經著加恩即授爲翰林院檢討,以示嘉惠耆
> 儒至意。嗣後如有中式進士年在八十以外者,均著照此例行。④

由此可知,王服經實際是嘉慶十三年戊辰(1808)科進士,當時已經八十五
歲,逆推其生年爲雍正二年甲辰(1724)。如果至嘉慶十四年"己巳"

---

① 袁枚《小倉山房詩文集》,上海:上海古籍出版社1988年版,下册第1186頁。
② 弘曆《清高宗(乾隆)御制詩文全集》,北京:中國人民大學出版社1993年版,第2册第499頁。
③ 江慶柏《清代人物生卒年表》,第190頁。此外關於這裏第十三人吳貽詠,《清代人物生卒年表》
所據《清代官員履歷檔案全編》也不可信,則可參見拙作《〈清人詩文集總目提要〉訂補——以姚
孫森等十位安徽籍作家爲中心》第七條,載於《古籍研究》第六十一卷,南京:鳳凰出版社2015
年版,第262—263頁。
④ 《清實録》總第30册(《仁宗睿皇帝實録》第3册),北京:中華書局1986年版,第571—573頁。

(1809)，那麼更應該是八十六歲。《清代人物生卒年表》似乎未見著録此人①，如著録則至少生年可以依據《清實録》。

　　附帶關於前述第四人宮鴻曆的生年，《清代人物生卒年表》係轉録已故張慧劍先生編著《明清江蘇文人年表》，而其所注原始依據爲夏荃輯《海陵文徵》②。曾見宮鴻曆自撰詩歌別集《恕堂詩》内，康熙四十三年“甲申”（1704）所作《感秋集》上、中、下凡三卷，卷中《生日有作》二首有句云：“四十九年霜入鬢，年年道路數輪蹄。”（其一）“回頭故里四千里，屈指明年五十年。”（其二）③又卷下有《李太白紫極宫感秋詩，元豐甲子歲坡公過潯陽，道士胡洞微以石本見示。太白詩：“四十九年非，一往不可復。”坡公是年亦四十九，感之，次其韻，有“行年四十九，還此北窗宿”之句。余九月自泉北歸，暫淹莆中，讀公和詩，抑重有感焉，因次韻作感秋詩四首，並以名集，非敢妄希古人，亦聊志行年之同，且以詩紀歲云》，除標題以及本小集命名所示以外，其二正文起句亦明確云：“今年四十九。”④由此逆推，可以更加有力地證明宮鴻曆確實生於順治十三年丙申（1656）。

三、“青年科目”條

　　《嘯亭雜録》卷九接下去即爲“青年科目”條：

　　　　國朝年少登第：順治丁亥〔四年，1647〕，〔第一人〕王文靖熙年二十；乙未〔十二年，1655〕，〔第二人〕伊文端桑阿年十六；戊戌〔十五年，1658〕，〔第三人〕陳文貞廷敬年二十。康熙癸丑〔十二年，1673〕，〔第四人〕徐文定元夢年十八、〔第五人〕納蘭侍衛成德年十九；己未〔十八

① 此外第十四人江蘇元和王巌也未見著録，而從這裏推算，其生年蓋爲康熙五十年辛卯（1711），卒年則當即嘉慶元年丙辰（1796）。
② 張慧劍《明清江蘇文人年表》，上海：上海古籍出版社1986年版，第674頁。
③ 宮鴻曆《恕堂詩》，《清代詩文集彙編》第196册，上海：上海古籍出版社2010年版，第468頁。此影印本《恕堂詩》凡七卷，在《感秋集》三卷前後分別還有《舊雨集》、《散懷集》各上、下兩卷，而底本各卷卷端“恕堂詩卷之□”的總卷次均爲空缺，以致從有關各卷編年來看（《舊雨集》卷上、《散懷集》卷下分別作於康熙四十一年“壬午”〔1702〕、四十年“辛巳”〔1701〕）本來應該排在最前面的《散懷集》卻誤排在最末。
④ 宮鴻曆《恕堂詩》，第475—476頁。

年,1679〕,〔第六人〕李丹壑孚青年十六;辛未〔三十年,1691〕,〔第七
人〕黃昆圃叔琳年二十;庚辰〔三十九年,1700〕,〔第八人〕史文靖貽直
年十九;壬辰〔五十一年,1712〕,〔第九人〕舒大成年十八;辛丑〔六十
年,1721〕,〔第十人〕勵少司寇宗萬年十七。雍正庚戌〔八年,1730〕,
〔第十一人〕嵇文恭璜年二十。乾隆丁巳〔二年,1737〕,〔第十二人〕德
定圃保年十九;乙丑〔十年,1745〕,〔第十三人〕夢侍郎麟年十八;戊辰
〔十三年,1748〕,〔第十四人〕朱文正珪年十八;壬申〔十七年,1752〕,
〔第十五人〕熊恩紱年二十;甲戌〔十九年,1754〕,〔第十六人〕戈太僕
源年十九;丁丑〔二十二年,1757〕,〔第十七人〕彭紹升年十八;辛巳
〔二十六年,1761〕,〔第十八人〕秦司寇承恩年二十;丙戌〔三十一年,
1766〕,〔第十九人〕祥布政鼐年二十;甲辰〔四十九年,1784〕,〔第二十
人〕蔣制府攸銛年十九、〔第二十一人〕文侍郎寧年十八;丁未〔五十二
年,1787〕,〔第二十二人〕何太守元烺年十九、其弟寧夏守〔第二十三
人〕道生年十八,同中式。嘉慶己未〔四年,1799〕,〔第二十四人〕張侍
御麟年十八。①

　　這段記載同樣可能原本戴璐《藤陰雜記》卷一②,惟第三人陳廷敬之後
和最末分別新添了兩人、三人,而第十二人德保之後減少了蔣麟昌一人,另
外第二十一人文寧"年十八"原作"年十九"。

　　本條所寫二十四人,其中有十三人需要注意,大致包含正、反兩個方面
的情況。

　　先説反面的情況。以下八人,可以直接依據《清代人物生卒年表》而訂
正其錯誤③: 第二人伊桑阿,生於崇禎十年丁丑(1637),至順治十二年"乙
未"(1655)應該是十九歲。第四人徐元夢,生於順治十二年乙未(1655),至
康熙十二年"癸丑"(1673)應該也是十九歲。第五人納蘭成〔性〕德,生於
順治十一年甲午(1654),至康熙十二年"癸丑"(1673)應該是二十歲。第
十六人戈源,生於乾隆三年戊午(1738),至十九年"甲戌"(1754)應該是十
七歲。第二十一人文寧〔後避道光皇帝諱而改名"文幹"〕,生於乾隆三十年

<hr>

① 昭槤《嘯亭雜録》,第288—289頁。
② 戴璐《藤陰雜記》對應內容,見第4—5頁。法式善也曾抄入《槐廳載筆》卷五,但第十四人朱珪
　之後多出翁方綱一人,見第392頁。
③ 江慶柏《清代人物生卒年表》,第166、644、519、73、78、327、332、385頁。

乙酉（1765），至四十九年“甲辰”（1784）應該是二十歲。第二十二人何元煨，生於乾隆二十六年辛巳（1761），至五十二年“丁未”（1787）應該是二十七歲。第二十三人何道生，生於乾隆三十一年丙戌（1766），至五十二年“丁未”（1787）應該是二十二歲。第二十四人張麟〔鱗〕，生於乾隆四十二年丁酉（1777）[①]，至嘉慶四年“己未”（1799）應該是二十三歲。此外，第三人陳廷敬，另據可靠記載生於崇禎十一年戊寅（1638）[②]，至順治十五年“戊戌”（1658）應該是二十一歲。

　　再説正面的情況。以下三人，《清代人物生卒年表》都僅有卒年[③]，則據本條逆推，可以爲之補得生年，並進而計算出享年：第十二人德保，生於康熙五十八年己亥（1719）；至乾隆五十四年己酉（1789）謝世，享年七十一歲。第十五人熊恩紱，生於雍正十一年癸丑（1733）；至乾隆五十一年丙午（1786）謝世，享年五十四歲。第十八人秦承恩，生於乾隆七年壬戌（1742）；至嘉慶十四年己巳（1809）謝世，享年六十八歲。此外，第十九人祥鼐〔覺羅祥奈〕，《清代人物生卒年表》未見著録，而據本條可以逆推其生年爲乾隆十二年丁卯（1747）。至於道光年間王培荀撰《聽雨樓隨筆》，卷三“寧遠知府”條最末稱祥鼐爲“嘉慶丙戌進士”[④]，該“嘉慶”顯然係“乾隆”之誤。

　　本條正面這種情況，在人物生卒年的考察上最能够體現出價值。當然，其中如第十二人德保，他的生年綫索在其他很多文獻中也可以見到。例如沈初《蘭韻堂文集》卷三《德定圃先生書跋》叙及：“乾隆丙子〔二十一年，1756〕，扈從上塞，年三十有八；己丑〔三十四年，1769〕典試禮闈，年已五十有一矣。”[⑤]又乾隆五十年乙巳（1785）《欽定千叟宴詩》，卷一所收“禮部尚書德保”詩，名下注有當時年齡“年六十七”[⑥]。趙翼《甌北集》卷二四《德定圃中丞六十壽宴詩，時公自淮南漕帥移節撫閩，夫人亦同壽》四首[⑦]、汪學

----

① 《清代人物生卒年表》此條有注釋：“張鱗生於乾隆四十二年十二月十九日，西曆爲 1778 年 1 月 17 日。”另同頁下文還有“張麟”條，並且僅有卒年，則實際就是這個張鱗。

② 參見拙作《〈清人詩文集總目提要〉訂補——以陳廷敬等九人爲中心》第一條，載於《江西師範大學學報》2013 年第 1 期，第 68 頁。

③ 江慶柏《清代人物生卒年表》，第 826、821、601 頁。

④ 王培荀《聽雨樓隨筆》，成都：巴蜀書社 1987 年版，第 158 頁。總第三百零二則。

⑤ 沈初《蘭韻堂文集》，《四庫未收書輯刊》第十輯第 23 册，北京：北京出版社 2000 年版，第 241 頁。

⑥ 乾隆《欽定千叟宴詩》，《景印文淵閣四庫全書》第 1452 册，臺北：商務印書館 1986 年版，第 39 頁。

⑦ 趙翼《甌北集》，上海：上海古籍出版社 1997 年版，上册第 514 頁。

金《靜厓詩初稿》卷一二《定圃師七十壽宴詩》四首①，據集内作品編次分別作於乾隆四十三年戊戌（1778）、五十三年戊申（1788）。凡此種種，逆推德保（定圃其號）生年同樣都是康熙五十八年己亥（1719）。但是，另外三人，別處就不容易查到了。儘管所記年齡不一定都像德保這樣可靠，那也總比没有要好。

《嘯亭雜録》本條以及上一條，無論正面還是反面的情況，主要自然應當歸功或歸咎于《藤陰雜記》。但從所涉人物的數量來看，無疑以《嘯亭雜録》更爲豐富，因此也更加值得重視。

附帶關於稍後錢泳《履園叢話》，卷一三《科第》"異事"條下也以《藤陰雜記》爲基礎叙及本朝若干"弱冠登第者"②，而其中卻又生出不少新的問題，在此一併予以訂正：一是所謂"順治丁亥王熙，年二十一"，對照《藤陰雜記》以及《嘯亭雜録》，可知多出了一個"一"字。二是所謂"乾隆丁巳，德保，年十九；蔣麟昌，年十九"，對照《藤陰雜記》，可知蔣麟昌之前脱漏了一個年份"己未"（四年，1739）。三是新添的"順治……辛丑〔十八年，1661〕，蔣堦，年二十"，這個蔣堦本來其進士科名就相當複雜，有説是該科成爲進士的，也有説該科僅會試中式，至康熙二十四年乙丑（1685）科繼補殿試，正式成爲進士的，而據題名則直接屬於後面這一科的進士③；《清代人物生卒年表》曾依據《康熙二十四年乙丑科會試進士履歷便覽》著録其生年爲崇禎十三年庚辰（1640）④，因此即使計算至前面該科，蔣堦也已經是二十二歲。四是另一新添的"嘉慶辛未〔十六年，1811〕，侯官李彦章，年十六"，實際生於乾隆五十九年甲寅（1794）⑤，當時應該是十八歲。

---

① 汪學金《靜厓詩初稿》，《續修四庫全書》第1472册，上海：上海古籍出版社2002年版，第157頁。

② 錢泳《履園叢話》，北京：中華書局1979年版，下册第354頁。

③ 可見《清朝進士題名録》，上册第220頁，並參下册第1721頁人名索引。另蔣堦字曠生，曾官浙江樂清知縣；金堦《不下帶編》卷一所謂"蔣樂岳清曠生（堦同名）"即指此人，而"岳"字則系衍文，或者作爲"樂"字注音（當加括弧），見《〈不下帶編〉〈巾箱説〉》本，北京：中華書局1982年版，第4頁。

④ 江慶柏《清代人物生卒年表》，第752頁。

⑤ 江慶柏《清代人物生卒年表》，第289頁。《履園叢話》該説，可能原本李彦章《榕園文鈔》卷首高澍然序所謂"年十六，第進士"，可見《清代詩文集彙編》第584册，上海：上海古籍出版社2010年版，第210頁。另其《榕園詩鈔》有關作品涉及生年，個別地方也有疏忽，例如第一個小集《槐忙吟草》内《上温景僑師制府》六首小序謂嘉慶十一年（1806）"丙寅歲，温景僑師巡撫八閩，甄别鼇峰書院，侯官李彦章時年十二"，逆推生年爲乾隆六十年乙卯（1795），則該"十二"實際應該是"十三"，見同册，第312頁。

　　昭槤在《嘯亭雜録》一書中,曾經一再批評袁枚、趙翼兩人所撰詩話、筆記存在各種錯誤。如其《續録》卷二"考據之難"條,就合説兩人"詩文秀雅蒼勁,爲一代大家;至於考據,皆非所長",甚至對趙翼稱"其言直同囈語","昏憒若此"①。又卷四"隨園先生"條,專説袁枚(隨園其號,又號簡齋)"惟考訂實非所長,其詩話、筆記中,錯誤不一而足",甚至叙述"同時人之事,乃舛錯至此"②。卷五"趙甌北"條,則專説趙翼(甌北其號)"考訂每患疏漏",甚至譏笑"其與囈語何異? 真堪令人噴飯也"③。這些批評,特別是就袁枚而言,的確是相當客觀的。然而昭槤本人,從本篇有關考察來看,他的筆記中同樣存在著大量的錯誤,論比例至少佔到三分之一以上,並且同樣不乏"同時人之事"④。這在某種程度上,正反映出筆記、詩話類著作的共同特點。因此,對待此類著作中的資料,尤其需要謹慎細緻,以達到披沙揀金、去僞存真的目的。

　　　　(作者單位: 浙江大學傳媒與國際文化學院國際文化學系)

---

① 昭槤《嘯亭雜録》,第 428 頁。
② 昭槤《嘯亭雜録》,第 494 頁。
③ 昭槤《嘯亭雜録》,第 516 頁。
④ 此外如《續録》卷五"王勿庵"條,將卒於道光三年癸未(1823)年末的王以銜(勿庵其號)説成二年(1822)"壬午春"謝世,誤差也達兩年左右,見第 538 頁;並參《清代人物生卒年表》,第 39 頁。其他錯誤,還可以參見拙作《清代"千叟宴"與"千叟宴詩"考論》第三部分《涉及"千叟宴"與"千叟宴詩"的若干錯誤》第四款"關於第三次'千叟宴'"末尾,載於黑龍江大學明清文學與文化研究中心《明清文學與文獻》第一輯(首刊號),哈爾濱: 黑龍江大學出版社 2012 年版,第 303—304 頁。

文體與流派

詞與樂府關係新論

——關於詞與樂府關係的綜合考察

錢志熙

【摘　要】本文從以下三個方面對詞與樂府關係作新的考察：一、唐宋時期詞稱樂府的實義；二、詞作爲新興樂章系統與前此的古樂府系統的關係；三、詞作爲新聲樂府與唐宋時代已經不能實際入樂的古樂府的消長倚伏的關係，即詞與唐詩中各種新舊樂府體的關係。

【關鍵詞】詞　樂府　燕樂　聲詩　唐樂府　詞與樂府

　　詞與樂府的關係，常被詞史家所忽略，甚至否認二者之間存在關係。其中兩種觀點最具代表性。一種觀點是籠統地説詞即樂府，是繼古樂府而生的一種"新樂府"，兩者不僅體性相同，而且在脈絡上也不能截然分開。這種觀點比較廣泛地存在於古代的詞論中，一直延至近代之初。這種觀點的價值，在於啓示我們在中國古代詩樂關係的整體上認識詞的特性，其理論的根據往往可以追溯到中國古代以儒家爲代表的樂教思想，但容易忽略詞體特殊的音樂性能，以及其作爲"我國詩樂關係的新傳統"的事實①。另一種觀點，是從音樂的類型與文體的特點上嚴別詞與古樂府之不同。其核心的觀點是認爲詞乃隋唐燕樂所生，爲倚聲之體，與樂府不僅音樂母體不同，而且兩者在詩與樂的關係上也是不同的。在與音樂的結合方式上，詞爲倚聲之作，詩與樂密切配合，詩因樂而生；古樂府則或采歌謠入樂，或因金石而造新詩，詩與樂的關係是比較寬疏的。這種看法，在現代詞學中趨

---

① 吳熊和《唐宋詞通論》，杭州：浙江古籍出版社 1985 年版，第 2—10 頁。

向成熟並成爲主流,而且對前一種看法是帶有明顯的否定性的。或者説,從籠統地將詞與樂府混爲一談,到强調詞與樂府之不同,向來被視爲現代詞學的一種進步,一種科學化的推進。從後一種較現代的觀點來看,好像詞與樂府的問題已經清楚,不須再作過多的討論。所以,現代的詞史建構往往完全截斷詞與樂府的關係,將力量主要集中於尋找詞樂與詞體的發生上。古代詞學家的詞即樂府的看法,以及從古歌、古樂府中尋找詞體淵源的探討方法,也基本上被放棄了。

但是,詞與樂府的關係,仍然是一個很複雜的問題。上述兩種看法,各自强調事實的一個方面,應該結合起來探討。

詞與樂府的關係,存在於好幾個層面上:一是詞稱樂府義,即詞爲唐代新聲樂府之一種,且其源出於教坊,至宋詞本質仍爲入樂歌詞,故沿用唐人稱詞爲樂府的習慣。唐宋人稱詞爲樂府,即據此義。二是詞作爲一個新興的樂章系統與前此的樂府系統的關係,明清人認爲詞也是樂府,或詞源出樂府,即據此義。詞是在隋唐燕樂的大背景中發生的,而隋唐燕樂是接替漢魏六朝的新舊清商樂系統而興起的。所以詞在音樂背景上,與前面的樂府有一種代迭的關係。三是詞作爲新聲樂府與唐宋時代實際上已經不能入樂的古樂府的消長倚伏的關係,即詞與唐詩中各種新舊樂府體的關係。這是詞史研究中基本上被忽略了的一個問題。這三個層面的問題,都是本着這樣一種基礎性的認識,即詞與古樂府從音樂與文體上看是兩個能够清晰區分的系統。但在另一方面,中國古代學者已經建立了一種牢固的觀念,即詞是整個廣義樂府範疇中的一種,所以,必須在廣義的樂府的整體中,纔能完整地把握詞史,並對詞體文學作出準確的評價。近代的一些詞學家,也多有沿著這種思考方式來認識詞史,不就詞而論詞,而是從中國古代詩歌史的整體中來認識詞史中的各種問題。如夏承燾對婉約正宗論的批評,就代表了這種認識方法的成果①。

某種意義上説,上述認爲詞與古樂府從音樂與文體上看是兩個能够清晰區分的系統,也只是我們的一種假設,即認爲存在一種與舊的樂府音樂完全不同的、全新的詞的音樂。實際上這個問題並没有得到一種科學的、全面的論證。在實際的音樂與文體兩方面,詞與樂府可能存在著這樣三種

---

① 參考夏承燾的衆多詞史論文,尤其是《瞿髯論詞絶句》。筆者另有論文《夏承燾詞史觀及詞史建構》對此有專門論述。

承續關係：一是詞在音樂上與前面的漢魏六朝樂府音樂有接續關係，詞繼承着古樂府的音樂成分；主張詞爲燕樂之體的學者，也多同時承認詞樂中有清樂的成份，且認爲清樂與燕樂並不能完全區分。如夏承燾即認爲"詞淵源於周隋以來的胡樂及魏、晉六朝以來的民間歌曲（清商樂）"①。二是從詩樂關係來看，在前面的樂府時代也存在類似於詞的倚聲、倚樂的作法。三是詞的長短句體制，與前面的樂府長短句在文體上可能存在繼承的關係。結合上述六個層面（包括前文所説的三個層面）的問題，則詞與樂府關係就能得到全面的梳理，而傳統的詞爲樂府説及詞出樂府説這兩種詞史觀點的是非利鈍，也能得到一個科學的審視與評判。

一

"曲子詞"之外，樂府也是詞的一個正名。這是宋元人的常言，其例甚多：如李清照《詞論》："樂府聲詩並著，最盛於唐。"②劉將孫《新城饒克明集詞序》："樂府有集，自《花間》始，皆唐詞。《蘭畹》集多唐末宋初詞。"③元好問《新軒樂府引》："人有言：'樂府本不難作，從東坡放筆後便難作。'此殆以工拙論，非知坡者也。"④至於宋元人詞集多以樂府爲名，如《東坡樂府》等，則是學者所熟知的事實。但是，我們這裏提出一個問題，宋元人稱詞爲樂府究竟根據何種理由，體現何種名實關係？ 其情況應該有這樣兩種：第一種情況是宋代的士大夫根據詞的樂歌體性，用了古代的樂府作爲雅稱，以擡高作爲當代俗樂歌詞的詞的地位；事實上，明清人稱詞爲樂府，就是這種情況，是一種托古之稱。第二種情況是，詞在當時的本名就是樂府。稱詞爲樂府，並非文人托古之稱，而是唐宋聲歌本身的名稱。我認爲，宋元人稱詞爲樂府，主要是體現後面這一種名實關係。這裏一個最基本的事實是唐人仍稱朝廷掌樂機構爲樂府，唐宋人因此稱當代的聲歌爲樂府。其例甚多，不煩贅舉，如《舊唐書·音樂一》載永徽二年太常奏白雪琴曲，以御製

① 夏承燾《夏承燾集》，第 8 册，杭州：浙江古籍出版社 1997 年版，第 82—83 頁。

② 黄墨谷《重輯李清照集》，濟南：齊魯書社 1981 年版，第 56 頁。

③ 劉將孫《新城饒克明集詞序》，《養吾齋集》卷九，《文淵閣四庫全書》第 1199 册，臺北：商務印書館 1986 年版，第 84 頁。

④ 姚奠中主編《元好問集》，卷三六，太原：山西古籍出版社 2004 年版，第 765 頁。

《雪詩》爲《白雪歌辭》，並以侍臣奉和爲送聲。"上善之，乃付太常編於樂府。六年二月，太常丞呂才造琴歌《白雪》等曲，上製歌辭十六首，編入樂府。"①而段安節《樂府雜錄》所記的即是宮廷樂府的音樂。宋代也仍稱教坊爲樂府，《宋史》"樂十七"："政和間，詔以大晟雅樂施於燕饗，御殿按試，補徵、角二調，播之教坊，頒之天下。然當時樂府奏言，樂之諸宮調皆不正，皆俚俗所傳。"②這些都是專治此學的學者已經清楚的。由於唐代宮廷音樂機構仍稱樂府這個原因，唐代的新聲歌曲，也統稱樂府。這與漢樂府詩歌得名於樂府所奏是一樣的。只是漢代的樂府，特指屬於少府令（或黃門鼓吹署）掌管的俗樂機構，與屬於太常令掌管雅樂的太樂令不同。所以，漢代雅俗歌詞分流，樂府詩主要是指俗樂歌詞的相和清商曲，即使到了魏晉南北朝的文人擬樂府，擬的也還是漢代的俗樂歌詞，而諸如鐃歌十八曲、郊祀及雜歌謠之類，並不在樂府所擬之列。唐代樂府新聲中最活躍的部分仍屬配合燕樂的聲詩與曲子詞。而且我們看到這樣一種情況，即唐人將預備入樂的詩歌直接稱爲"樂府"。如李頎《送康洽入京進樂府歌》中説道："新詩樂府唱堪愁，御妓應傳鵁鶄樓。"③《唐才子傳》卷四記載康洽事蹟："洽，酒泉人，黃須美丈夫也。盛時攜琴劍來長安，謁當道，氣度豪爽。工樂府詩篇，宮女梨園皆寫於聲律。"④戴叔倫有《贈康老人洽》："酒泉布衣舊才子，少小知名帝城裏。一篇飛入九重門，樂府喧喧聞至尊。宮中美人皆唱得，七貴因之盡相識。"⑤康洽所工之"樂府詩篇"，其體裁究竟是什麼？我們尚不能考。依上所叙，康洽寫這些詩，就是將它們當作樂府詩篇來創作的，換言之，這裏稱它爲"樂府詩篇"是它未入樂前的名稱。那麼，這種樂府詩篇究竟屬於什麼體制呢？有一點是確定的，它們不是沿用漢魏以來舊題的擬古樂府，而是新體的詩歌。而我們知道，唐人能够入樂的，除了後來的曲子詞外，就是當時流行的齊雜言新體，其中五七言律絕是大宗。五言稱短調，七言稱長調，見李賀《申鬍子觱篥歌序》。序謂朔客李氏："自稱學長調、短調，久未知名。"又對李賀説："李長吉，爾徒能長調，不能作五字歌詩。"⑥可

① 《舊唐書》卷二八，第 4 冊，北京：中華書局 1975 年版，第 1047 頁。
② 《宋史》卷一四二，第 10 冊，北京：中華書局 1977 年版，第 3344 頁。
③ 陳貽焮主編《增訂注釋全唐詩》，卷一二二，第 1 冊，北京：文化藝術出版社 2001 年版，第 978 頁。
④ （元）辛文房著，王大安校訂《唐才子傳》，哈爾濱：黑龍江人民出版社 1986 年版，第 73 頁。
⑤ 《增訂注釋全唐詩》卷二六三，第 2 冊，第 800 頁。
⑥ 葉葱奇疏注《李賀詩集》，北京：人民文學出版社 1959 年版，第 100 頁。

知唐人稱五言爲短調,七言爲長調,故唐人入樂之詩,也可直稱爲樂府。而五七言絕句,尤其是其中樂府體、歌曲體五七言絕句,則更多直著樂府之名。我們看《全唐詩》所收,有些七言絕句是直接冠以"樂府"之名的,如劉言史《樂府雜詞》三首,其體即爲七絕:

> 紫禁梨花飛雪毛,春風絲管翠樓高。城裏萬家聞不見,君王試舞鄭櫻桃。

> 蟬鬢紅冠粉黛輕,雲和新教羽衣成。月光如雪金階上,迸卻頗梨義甲聲。

> 不耐簹前紅槿枝,薄妝春寢覺仍遲。夢中無限風流事,夫婿多情亦未知。①

徐凝《樂府新詩》:

> 一聲盧女十三弦,早嫁城西好少年。不羨越溪歌者苦,採蓮歸去綠窗眠。②

此稱樂府新詩,亦爲七絕體。我們知道,唐人的絕句,有一部分如王昌齡《從軍行》是用古題的,而《長信秋詞》則用新題,都可歸爲樂府一類中。但像上面這四首詩,只是一般的絕句,卻直接地用"樂府雜詞"、"樂府新詩"這樣的名字,它的理由是什麼呢? 又如曹鄴《樂府體》:

> 蓮子房房嫩,菖蒲葉葉齊。共結池中根,不厭池中泥。③

這是唐人稱五絕爲"樂府體"的例子。陸龜蒙《樂府雜詠六首》,也全是五絕體,有用仄聲韻的,如《樂府雜詠·雙吹管》:

---

① 《增訂注釋全唐詩》卷四五七,第 3 冊,第 734 頁。
② 《增訂注釋全唐詩》卷七七二,第 3 冊,第 772 頁。
③ 《增訂注釋全唐詩》卷五八七,第 4 冊,第 312 頁。

　　　　長短裁浮筠,參差作飛鳳。高樓微月夜,吹出江南弄。①

有用平聲韻的,如《樂府雜詠·東飛鳧》:

　　　　裁得尺錦書,欲寄東飛鳧。脛短翅亦短,雌雄戀菰蒲。②

　　從上述例子,我們發現一個文體方面的事實,即唐人有時直接將五七言絶句稱爲樂府,這當然是因爲這兩種體裁經常是入樂的。又明人徐應秋《玉芝堂談薈》:

　　　　李賀樂府數十首,流播管弦。李益與賀齊名,每一篇出,樂人輒以重賂購之,樂府稱爲二李。③

　　此處"李賀樂府"之"樂府"是指歌詞體裁,"樂府稱爲二李"之"樂府"是指音樂機構。李益樂府,就是指他那些入樂的七絶,李賀同時也作古樂府,但這裏的"樂府數十首",應該主要是指其律詩、絶句。由此我們再看皮日休《七愛詩·李翰林白》"吾愛李太白,身是酒星魄","醉中草樂府,十幅筆一息"④這一首,他所説的李白醉中草樂府,是指傳説中玄宗召他作《清平樂》一事,所用體裁也是七絶。則這裏所説的李白樂府,非指其擬古樂府一類。

　　唐人採爲聲詩者,當然不止絶句一體,這一點我們從任二北《唐聲詩》中已經可以觀察得很清楚。但是唐人最常用爲歌曲的,的確是絶句一體。絶句有兩類,一類是從晉宋人的聯絶體來的,如杜甫集中自爲絶句的諸首,這一類,當然不屬樂府。但另一類從吳聲歌曲中發展過來,就是樂府體了⑤。而這一類發展出來的大量的準備入樂的絶句體,在唐人那裏,頗懷疑常常直接稱它爲樂府。換言之,即唐人絶句的樂歌類,其正名即爲樂府。

---

① 《增訂注釋全唐詩》卷六二一,第 4 册,第 589 頁。
② 《增訂注釋全唐詩》卷六二一,第 4 册,第 589 頁。
③ 徐應秋《玉芝堂談薈》"外國乞文"條,《四庫全書》本。
④ 《增訂注釋全唐詩》卷六二〇,第 4 册,第 424 頁。
⑤ 錢志熙《論絶句體的發生歷史和盛唐絶句藝術》,載於《中國詩歌研究》第 5 輯,北京:中華書局 2008 年 12 月版。

唐人對於詩歌體裁的稱呼，並不像後來宋元明人那樣注重形式，而是更多地側重於其功能與性質，如同是五言古體，有稱爲古風的，有不稱爲古風的。同樣，同是今人所説的絕句，有稱爲"絕句"者，有稱爲"樂府"者，蓋體裁雖同，而功用不一也。唐李益、施肩吾都是作樂府體絕句的好手，孟簡《酬施先輩》："襄陽才子得聲多，四海皆傳古鏡歌。樂府正聲三百首，梨園新入教青娥。"①這裏所説的樂府正聲，就是施氏所作的以絕句體爲主的擬入樂歌詩。我們考察施肩吾所作，如《帝宮詞》、《歎花詞》、《杜鵑花詞》、《曉光詞》、《春日美新緑詞》、《效古詞》、《侯仙詞》、《修仙詞》、《金吾詞》、《望夫詞》、《少婦游春詞》、《惜花詞》、《抛纏頭詞》、《夜笛詞》等凡以"詞"標題者，以及《襄陽曲》、《將歸吟》、《折柳枝》，實即所謂樂府正聲。可見唐之歌曲，即唐之樂府，以絕句爲主要體制。亦因此，當時的絕句亦稱樂府。後來清人王漁洋稱"唐三百年以絕句擅場，即唐三百年之樂府也"②，雖是後世揣摩之論，卻正合唐時的實際情形。唐人使用"樂府"一詞，具體的情況比較複雜。也因此，唐人的某類絕句曾直接冠以樂府之名的事實，就被淹没掉了。當然，並非所有絕句唐人皆稱爲樂府，只是其中作爲聲歌之體來創作的稱樂府，其餘皆爲徒詩。如何辨認其聲歌之體，仍須從其題名上判斷，如上述施肩吾之作，即多用"詞"標題，他如吟、曲、歎、歌及用專門之曲名如《楊柳枝》、《結襪子》來作題目的，都可以説就是唐樂府、唐歌詞。

歌曲而稱樂府，進而入歌曲之詩歌體裁也稱樂府。長短句的曲子詞，由聲詩的唱法和作詞法的改變而來。故聲詩在唐代稱樂府，詞自然也稱樂府。宋明以來，沈括、朱熹等人就提出"泛聲説"，至胡震亨《唐音癸籤》則爲此説之全：

> 古樂府詩，四言、五言，有一定之句，難以入歌，中間必添和聲，然後可歌，如妃呼豨、伊何那之類是也。唐初歌曲，多用五七言絕句，律詩亦間有采者，想亦有賸字賸句於其間，方成腔調。其後即以所剩者作實字，填入曲中歌之，不復別用和聲，則其法愈密，而其體不能不入於柔靡矣，此填詞所繇興也。③

① 《增訂注釋全唐詩》卷四六二零，第 3 册，第 764 頁。
② 王士禎著，吳鷗點校《唐人萬首絕句選》，瀋陽：遼寧教育出版社 2000 年版，"序"第 1 頁。
③ 胡震亨《唐音癸籤》卷一五，上海：上海古籍出版社 1981 年版，第 170 頁。

　　我們現在知道,在唐代,預備入樂的五七言絕句習慣就稱爲樂府,那麼由五七言絕句變化出來的曲子詞,當然也沿用了樂府這一名稱。所以,詞稱爲樂府,應該是其來甚遠的,並非宋人的托古之稱。

　　事實上,唐宋人的習慣稱呼,單説"樂府"二字,主要是指當代的新聲歌詞,至於漢魏六朝的樂府及其當代擬作,則稱爲"古樂府"。古樂府在唐宋時代屬於詩體,而新聲歌曲纔是真正的歌曲一體。這一點,王灼《碧雞漫志》裏有比較清楚的記載。其論古歌曲與當時流行的倚聲曲子詞之區別云:

　　　　永言,即詩也。非於詩外求歌也。今先定音節,乃制詞從之,倒置甚矣! 而士大夫又分詩與樂府作兩科。古詩或名曰樂府,特指爲詩之流,而以詞就音,始名樂府,非古也。①

　　這裏所説的"士大夫又分詩與樂府作兩科"一句中的"詩",指傳統内涵的詩,包括五七言古近體及古樂府之類。所以古樂府當時是常稱爲詩的,只有"以詞就音"的詞,"始名樂府"。没有比這一例更能説明樂府二字,是當時曲子詞的正名。甚至流傳已久的古樂府體,也頗有讓此專名於新興的詞體的趨勢。如黄庭堅《小山集序》中説晏幾道"乃獨戲弄於樂府之餘"②,又自稱"余少時間作樂府以使酒玩世"③,陸游《跋後山居士長短句》中説"唐末,詩益卑,而樂府詞高古工妙,庶幾漢魏"。④ 後一例直接稱唐末詞爲樂府詞,尤堪玩味。唐人稱五七言絕句爲樂府,詞的體制變於此,自然也稱呼詞爲樂府。《全唐詩》"詞一"下小序最能明唐宋聲詩、曲子詞俱爲樂府之義:"唐人樂府,元用律絕等詩雜和聲歌之。其並和聲作實字長短其句以就曲拍者,爲填詞。"⑤此可謂樂府爲唐宋詞之正名的一言定論。唯清人尚不知唐人有直呼入樂之律絕等體爲樂府者。而宋郭茂倩《樂府詩集》合隋以來的聲詩與曲子詞爲"近代曲辭"一編,正是反映了宋人對於詞體性質的一

① 王灼《碧雞漫志》卷一,《中國古典戲曲論著集成》第一集,北京:中國戲劇出版社 1959 年版,第105 頁。
② 黄庭堅著,劉琳等校點《宋黄文節公全集·正集》卷一五,《黄庭堅全集》第 1 册,成都:四川大學出版社 2001 年版,第 413 頁。
③ 黄庭堅著,劉琳等校點《宋黄文節公全集·正集》卷一五,《黄庭堅全集》第 1 册,成都:四川大學出版社 2001 年版,第 413 頁。
④ 《陸游集·渭南文集》卷第二十八,第 5 册,北京:中華書局 1976 年版,第 2247 頁。
⑤ 《全唐詩》,上海古籍出版社影印康熙揚州詩局本,第 2161 頁。

般認識。

以上是詞與樂府關係的第一層,即詞稱樂府的名實關係,乃其原爲沿聲詩(五七言絕句)稱樂府而來。

二

詞與樂府關係的第二個層面的問題,是詞作爲一個新興的樂章系統與前此的樂府系統的關係。詞與《詩經》的國風、雅、頌以及漢樂府、南朝吳聲西曲都是樂章歌詞,並且都有源於民間謠曲而後進入宮廷、並爲文人紛起模仿的發展歷史。所以,歷來詞論的一種,即著眼於樂章的共同體性及詞與前此各樂章系統的淵源關係來立論。現在可知的最早詞論——五代歐陽炯《花間集序》就追溯了歌曲、歌唱的歷史:

> 鏤玉雕瓊,擬化工而迥巧;裁花剪葉,效春豔以爭鮮。是以唱雲謠則金母詞清,挹霞醴則穆王心醉。名高白雪,聲聲自合鸞歌;響遏行雲,字字偏諧鳳律。楊柳大堤之句,樂府相傳;芙蓉曲渚之篇,豪家自製。①

歐陽炯認爲詞是豔麗新聲,所以追溯它的歷史。《穆天子傳》載:"天子觴西王母於瑤池之上,西王母爲天子謠曰:'白雲在天,山川間之。將子無死,尚能復來。'"②所謂"唱雲謠則金母詞清"即指此事。20世紀初在敦煌藏經洞發現的早期曲子詞集《雲謠集雜曲子》,以"雲謠"名集,正與歐陽炯此處同一意思。可見早期詞家,無論是民間還是文人,都是將新興的曲子托體於古代的歌曲。而且從以"雲謠"名集,可知早期曲子詞源出民間徒歌,是一種新穎、流行的歌唱藝術。至於《花間集序》中的"楊柳大堤之句",應該是指清商曲辭《讀曲歌》中的"暫出白門前,楊柳可藏烏。歡作沈水香,儂作博山爐",以及《襄陽樂》中"朝發襄陽城,暮至大堤宿。大堤諸女兒,花豔驚郎目"之類。"芙蓉曲渚之篇",則似是《子夜歌》中"高山種芙蓉,復經黃蘗塢。果得一蓮時,流離嬰辛苦"之類詠到芙蓉的歌曲,唯"曲渚"不詳何

---

① (後蜀)趙崇祚輯《花間集》,瀋陽:遼寧教育出版社"新世紀萬有文庫"本1998年版,第1頁。
② 郭璞注《穆天子傳》卷三,上海:上海古籍出版社"諸子百家叢書"本1990年版,第10頁。

篇。或者“芙蓉曲渚”指薛道衡《昔昔鹽》中“花飛芙蓉沼”這一句。這就將
詞的淵源,直接地追溯到南北朝的樂府新聲那裏了。

宋代樂府是詞的正名,而古樂府則稱爲詩。宋人的基本看法,自然是
推崇古樂府,而貶低詞這種當代的俗樂歌詞。所以,我們考察宋人詞論,多
是批評詞不合古樂府的格法,而少有將詞與古樂府相提並論的,這在一定
意義上,正説明詞是一種新興歌樂。如宋人的一種普遍看法,認爲古詩及
樂府都是因情志而發爲詩,又由詩而配爲樂;而詞則是先有樂曲而作詩。
他們將《堯典》中的“詩言志、歌永言、聲依永、律和聲”四句奉爲原則,認爲
先有言志,然後緣永言,而後發爲歌聲,而附以音律,認爲詞曲將這個順序
完全倒過來。《唐音癸籤》卷一五引王安石之言:“古之歌者,皆先有詞,後
有聲,故曰‘歌永言,聲依永’,如今先撰腔子,後填詞,卻是永依聲也。”[1]王
灼《碧雞漫志》則據王安石此論作了更專門的闡發,並且爲樂府之名爲詞所
獨佔而辨析古是今非。所以,在詞與古樂府的關係上,宋人詞論是持一種
詩尊詞卑的觀點的,認爲相對於古樂府,詞是音樂文藝的一種卑靡化。但
是,南宋以降,崇尚蘇軾一派以及復雅論者,開始力求提高詞品,其中的一
種論調,就是認爲詩詞同源,詞與國風、樂府,原本一脈,甚至認爲詞出於古
樂府。胡寅爲向子諲作《酒邊詞序》就是較早發表這種論調的一家:“詞曲
者,古樂府之末造也。古樂府者,詩之旁流也。詩出於《離騷》、《楚辭》。而
騷辭者,變風變雅之怨而迫、哀而傷者也。其發乎情則同,而止乎禮義則
異。名曰曲,以其曲盡人情耳。”[2]上面我們論述過,宋元間樂府是詞的專
名,凡稱漢魏六朝樂府者,必加古字。胡寅這裏也是一個顯例。胡寅在序
的後文專門推崇蘇詞,而貶抑柳永一派的婉約詞。可見詞論裏面的這一
派,是屬於復雅的論調。又如張鎡爲史達祖作《梅溪詞序》即説:“《關雎》
而下三百篇,當時之歌詞也。聖師删以爲經。後世播詩章於樂府,被之金
石管弦,屈、宋、班、馬,由是乎出。而自變體以來,司花傍輦之嘲,沉香亭北
之詠,至與人主相友善,則世之文人才士,遊戲筆墨於長短句間,有能瑰奇
警邁,清新閑婉,不流於淘蕩污淫者,未易以小伎訾。”[3]這裏不僅推尊詞體
於國風、樂府,而且認爲變體之詞,始於隋唐之際。王炎《雙溪詩餘自序》:

① 胡震亨《唐音癸籤》,上海:上海古籍出版社 1981 年版,第 170 頁。原出處爲趙令時《侯鯖録》。
② 施蟄存主編《詞籍序跋萃編》,北京:中國社會科學出版社 1994 年版,第 168 頁。
③ 《詞籍序跋萃編》,第 263 頁。

"古詩自風雅以降，漢魏間乃有樂府，而曲居其一。今之長短句，蓋樂府曲之苗裔也。古律詩至晚唐衰矣，而長短句尤爲清脆，如厶弦孤韻，使人屬耳不厭也。"①王炎認爲詞出於樂府中以曲爲名的一種，不免望文生義。但可見宋人在推尊詞體、追溯詞源時，其中的一種看法，是認爲詞出於古樂府的。他們的基本看法，是認爲詞爲樂府之變。至於張炎《詞源》通論樂府、聲詩、詞體之延承關係："古之樂章、樂府、樂歌、樂曲皆出於雅正。粵自隋唐以來，聲詩間爲長短句。"他認爲至周邦彦，八十四調之聲稍傳，"作詞者多效其體制，失之軟媚而無所取"，也是曲終奏雅之論，反映詩莊詞媚的看法②。雖然他們喜愛曲子詞，但在整體的文學地位上，又不能不將它們置於古樂府之下。張炎此書題爲《詞源》，全書講的都是樂律與作法，真正溯源於古的，卻只有這開頭一句。可見宋人的托體樂府，大半都是一種空洞之論。他們對於詞與古樂府的真正關係，也是缺少考察的。

關於詞與樂府之遞嬗歷史的探討，宋人以王灼最具專家之學的卓見。王灼首明詞爲歌曲之體。並因此而述歌曲之體，稱漢以前爲古歌，漢至唐爲古樂府，詞爲今曲子。三者都是入樂之詩，然古歌是先有詩，而後以詩入聲律；而曲子詞則先定音節，而後作歌。此今曲子之變於古，失古法者。其引《堯典》"詩言志，歌永言，聲依永，律和聲"及《詩序》"在心爲志，發言爲詩"諸論，並作結論云："故有心則有詩，有詩則有歌，有歌則有聲律，有聲律則有樂歌。永言，即詩也，非於詩外求歌也。今先定音節，乃製詞從之，倒置甚矣。而士大夫又分詩與樂府作兩科。古詩或名曰樂府，謂詩之可歌也，故樂府中有歌，有謠，有吟，有引，有行，有曲；今人於古樂府，特指爲詩之流，而以詞就音，始名樂府。"③此言樂府與詞之別，宋人作爲詩體的樂府，是指古樂府，以古字別於今曲子稱樂府。所以宋代樂府之名，實又讓位於今曲子。這就是王灼所謂"今人於古樂府，特指爲詩之説，而以詞就音，始名樂府"。其實，唐代就已經以"古樂府"稱謂詩之一體的漢魏以來的樂府，而新聲歌曲則直稱樂府。《宋書·鮑照傳》稱其作爲"古樂府"。則在宋齊時代，漢魏樂府及其擬作已帶"古"字。其義一直沿用到宋代。宋元稱詞爲樂府，其例舉不勝舉，皆用此義。明此，則於曲子詞在詩歌體制發展史上的

① 《詞籍序跋萃編》，第 302 頁。
② 張炎著，夏承燾校注《詞源注》，北京：人民文學出版社 1963 年版，第 9 頁。
③ 《碧雞漫志》，《中國古典戲曲論著集成》第一集，第 105 頁。

位置得一定位，它的基本性質，是隋唐之際出現的一種樂府新聲。

關於詞與古樂府的區別，王灼認爲古歌是先有詩而後入樂；詞爲先有音節，後製歌詞，是樂府之變：

> 古人初不定聲律，因所感發爲歌，而聲律從之，唐虞禪代以來是也，餘波至西漢末始絶。西漢時，今所謂古樂府者漸興，晉魏爲盛，隋氏取漢以來樂器、歌章、古調併入清樂，餘波至李唐始絶。唐中葉雖有古樂府，而播在聲律則尠矣；士大夫作者，不過以詩一體自名耳。蓋隋以來，今之所謂曲子者漸興，至唐稍盛，今則繁聲淫奏，殆不可數。古歌變爲古樂府，古樂府變爲今曲子，其本一也；後世風俗益不及古，故相懸耳。而世之士大夫，亦多不知歌詞之變。①

何爲詞體，其最先的性質爲倚聲的今曲子，後世則爲倚調填詞的徒詩，從倚聲到倚調，其文體功能性質已發生根本的變化，即樂章與徒詩之別，但因倚聲與倚調，詞體文學作爲一個詩歌體裁系統纔得以成立。拿樂府來比較，樂府也是先爲樂章，並有曲調名，後又發展爲不入樂的文人擬樂府；但一個樂府的曲調，即使在入樂的當代，就是文體不定的，詞體所具之篇有定句、句有定字、字有定聲的特點，是樂府體所沒有的，不但文人據古調名（古題）所擬的樂府詩沒有這種情況，即使是原始的漢魏樂府，也是沒有的。我們看建安時候的樂府，常常是同一個曲題，篇體卻很不一樣。這種情況的原因究竟如何，我們不得而知，大概是樂府的歌曲，是只有調而沒有譜的，尤其是相和歌詞這一類。但有一種情況，似乎與曲相似，即漢鐃歌十八曲與後來的魏、吳、晉歷代的據曲擬作，我們看其篇體，雖然不是完全的前後劃一，但大體是差不多的。另外，如有些特定的樂府調，如三、五、七配合的一種雜言歌行，其篇體前後大體是劃一的。這種情況，可以視爲詞體倚聲、依音節填詞的前例。當然，我們沒有必要直接視其爲詞體淵源，只可以視爲詞體倚聲方法的淵源。王灼也從這方面爲詞體尋找過淵源，他在指出古歌主要是先作詩、後入律入樂的同時，也提到幾個特例：

> 然中世亦有因管弦金石造歌以被之，若漢文帝使慎夫人鼓瑟，自

---

① 《碧雞漫志》，第106頁。

倚瑟而歌,漢魏作三調歌辭,終非古法。①

作爲一種入樂的方法,我們不能不説,詞的倚聲法,淵源於"因管弦金石造歌以被之"的一種,而廣義的倚聲法,是古已有之的。正因爲存在着這種方法,纔有大量的倚聲方式出現的可能。但在詞體之前的古歌、古樂府時代,這種倚聲的作法不是主流的,並且事實上並没有達到篇有定句、句有定字、字有定聲這樣嚴格的程度。但話説回來,詞的如此嚴格的倚填方法,也是到了後來纔完全定下來的。在曲子詞的早期發展階段,一個詞調出現篇體、句字、聲韻的不同,還是很常見的,敦煌詞中就存在這種情況。所以,詞的倚聲與古樂府的倚聲,還只是嚴格程度的不同,而非性質的根本不同。在考慮詞體起源時,完全忽略古樂府時代的倚聲關係,顯然是不符合事實的。明白了倚聲法的歷史演變,我們就不能對詞的起源作非此即彼的簡單處理。應該看到詞是開始於古樂府時代的倚聲、倚樂方法的一種發展,也可以説是這一種入樂方式的定型。

元明清時代,詞樂失傳,詞完全成了詩的一種,這時期將詞溯源於三百篇、古樂府的托古派的詞論更多。如元延祐間葉曾作《東坡樂府叙》:

> 今之長短句,古三百篇之遺旨也。自風雅隳散,流爲鄭衛侈靡之音,不能復古之淳厚久矣。東坡先生以文名於世,吟詠之餘,樂章數百篇,樂而不淫,哀而不傷,真得六義之體。②

同時,一些詞學家也開始從曲調與體制等方面探尋詞與樂府的淵源關係。此時形成一種詩詞同工異曲、共源分派的詞史觀,其中的一種看法是認爲詞與樂府相接,出於南朝後期的樂之體。楊慎就持這種觀點:

> 詩詞同工而異曲,共源而分派。在六朝,若陶弘景之《寒夜怨》、梁武帝之《江南弄》,陸瓊之《飲酒樂》,隋煬帝之《望江南》,填詞之體具矣!③

---

① 《碧雞漫志》,第106頁。
② 《詞籍序跋萃編》,第61頁。
③ 楊慎《詞品》,上海:上海古籍出版社2009年版,"序"第1頁。

　　楊氏博涉窮覽,其《詞品》卷一搜集了一大批南朝及隋時期的長短句樂
府曲,甚至包括《丁都護歌》、《白團扇歌》等早期吳聲曲中的長短篇,並且一
一指認後世詞體與這些歌曲的淵源關係。可以說是詞出南朝樂府之說的
集成,後來爲此說者,率不能超過他的範圍。於是就有人進一步從《詩經》
中搜尋長短句的起源。如清初丁澎《藥園閒話》,就從《詩經》中搜尋三五言
調、二四調、疊句調及所謂的"換韻"、"換頭"之例,提出了三百篇爲詞之祖
禰的看法①。

　　詞的曲調,有出於樂府的一種。如楊慎《詞品》卷一稱"《六州歌頭》,
本鼓吹曲也。"②又鄒祗謨《詞衷》稱"沈天羽云:'調名多本樂府,然去樂府
遠矣。南北劇又本填詞,去填詞更遠。'"③就是論詞與樂府及後來的曲之
間,存在着調名沿用的關係。徐釚《詞苑叢談》引梨莊之論:

　　　　又曰:"徐巨源云:古詩者,風之遺,樂府者,雅之遺;蘇、李變而爲
　　黄初,建安變而爲選體,流至齊、梁排律及唐之近體,而古詩遂亡。樂
　　府變爲吳趨、越豔,雜以《捉搦》、《企喻》、《子夜》、《讀曲》之屬,以下逮
　　於詞焉,而樂府亦衰。然《子夜》、《懊儂》,善言情者也,唐人小令尚得
　　其意,則詩餘之作,不謂之直接古樂府不可。予謂巨源之論詞之源於
　　樂府是矣;獨所言《子夜》、《懊儂》善言情者也,唐人小令尚得其意;是
　　詞貴於言情矣!"④

　　　　又曰:"宋人詞調,確自樂府中來,時代既異,聲調遂殊,然源流未
　　始不同,亦各就其情之所近取法之耳。周、柳之纖麗,《子夜》、《懊儂》
　　之遺也。歐、蘇純正,非《君馬黄》、《出東門》之類歟? 放而爲稼軒、後
　　村,悲歌慷慨,傍若無人,則漢帝《大風》之歌,魏武'對酒'之什也。究
　　其所以,何常不言情? 亦各自道其情耳。"⑤

　　這是明清時期認爲詞源於樂府這一派比較典型的觀點,主要是從曲調

① 徐釚著,王百里注《詞苑叢談校箋》卷一,北京: 人民文學出版社 1988 年,第 13 頁。
②《詞品》,第 14 頁。
③《詞苑叢談校箋》卷一,第 89 頁。
④《詞苑叢談校箋》卷四,第 251 頁。
⑤《詞苑叢談校箋》卷四,第 252 頁。

的淵源、文體的遞嬗與風格的繼承這幾個方面來着眼,在以燕樂區斷詞與樂府之界限的現代詞史觀流行之前,詞出於樂府無疑是明清近代的主流看法。值得特別提出的是,在名義上,明清時期的詞已經失去了樂府的專名,樂府作爲一個專名,又歸還給漢魏六朝的樂府詩歌了。

　　20 世紀初,新型的文學史學引進,學者開始以近代學術的方式建構詞史。最初的幾家,如劉毓盤、吳梅、王易等,仍然繼承南宋以來逐漸流行的詞源於樂府之説。劉毓盤《詞史》,歷考周漢以來詩樂關係及樂府的發展,其基本的看法是認爲漢樂府詩樂合一,至魏晉諸家擬樂府,逐漸脱離音樂,多爲徒詩五言,後來又逐漸進入近體格律。"論者以梁武帝《江南弄》、沈約《六憶詩》四首,字句相同,若填詞然,謂即詞體之初起云。"①漢魏與南北朝樂府曲調相繼淪亡,唐人所作樂府,皆不入樂。唐樂的主體爲采詩入樂,而詩樂之間的矛盾始終存在,這就爲一種新的音樂文體的産生提供了歷史的機遇。劉氏根據上述的事實,提出"論詞之初起由詩與樂府之分"②的觀點:

　　　　古樂府在聲不在詞。唐之中葉也,舊樂所存,其有聲有詞者,《白雪》、《公莫舞》、《巴渝》、《白苎》、《子夜》、《團扇》、《懊儂》、《莫愁》、《楊叛兒》、《烏夜啼》、《玉樹後庭花》,凡三十七曲。有聲無詞者,七曲而已。(原注:見《碧雞漫志》)唐人不得其聲,故所擬古聲樂府,但借題抒意,不能自製調也。所作新樂府,但爲五七言詩,亦不能自製調也。其采詩入樂,必以排調、有襯字者爲詞體。(原注:見《樂府解題》)。蓋解其聲,故能制其調也。至宋而傳其歌詞之法,不傳其歌詩之法。於是一衍而爲近詞,再衍而爲慢詞,惟小令終不如唐人之盛。③

　　雖似求源過遠,但卻從音樂文體發展的大背景上,將詞視爲漢樂府、南北朝樂府音樂功能消失後産生的一種新的音樂文體,在歷史事實與邏輯關係兩方面都説得通。但劉氏的論述方式比較陳舊,以至後人在討論詞源時,多將這種詞出於樂府之説視爲迂遠之論。但無論哪家哪派,在追溯詞的音樂與文體起源時,都不能完全拋棄樂府前段。

---

① 劉毓盤《詞史》(1931),上海:上海古籍出版社 2011 年版,第 17 頁。
② 劉毓盤《詞史》,第 9 頁。
③ 劉毓盤《詞史》,第 23 頁。

吳梅《詞學通論》也承楊慎等人詞出南朝樂府長短句之説：

> 詞之爲學，意内言外，發始於唐，滋衍於五代，而造極於兩宋。調
> 有定格，字有定音，實爲樂府之遺，故曰詩餘。惟齊梁以來，樂府之音
> 節已亡，而一時君臣，尤喜別翻新調。如梁武帝之《江南弄》，陳後主之
> 《玉樹後庭花》，沈約之《六憶詩》，已爲此事之濫觴。①

其書《概論一》亦持詩餘之説，歷述《詩經》以來詩樂興廢之跡，認爲周
衰樂亡，經秦亂古樂胥亡，於是有漢樂府合樂之歌詞的興起，但魏晉以降，
文人依曲作新歌，開直抒胸臆的文人擬樂府一途，樂府又一次失真。“一時
君臣，尤喜別翻新調，而民間哀樂纏綿之情，托諸長謡短詠以自見者，亦往
往而有。如東晉無名氏作《女兒子》、《休洗紅》二曲，梁武帝之《江南弄》，
沈約之《六憶詩》，其字句音節，率有定格，此即詞之濫觴。蓋詩亡而樂府
興，樂府亡而詞作。變遷遞接，皆出自然也。”②其説較序論尤廣而詳。

現代詞學，尤其是詞出隋唐燕樂之説流行之後，學者們所强調的主要
是詞與樂府在音樂上屬於兩個不同系統的事實。而現代諸家叙詞樂，都斷
自隋唐之際前後相遞承的七部樂、九部樂及十部樂。而自敦煌石室曲子詞
發現後，得以窺探詞的前期發展的某種真相，於是現代的詞源説開始形成，
其主要的結構就是論樂溯自隋唐之際十部樂的形成，而論作品則溯自敦煌
曲，傳統的溯自南朝齊梁之際的詞源説不再流行。如梁啓勳《詞學》一書
《詞的起源》一節，即認爲：“詞起於唐，於敦煌石室發見有所謂雲謡曲子者
十八闋。”又云：“大中以後，詩學浸衰，而貞觀之十部樂，上承清商曲之遺
音，旁及西涼、龜兹之樂與吳歌楚調。蓋自永嘉以後，下及梁陳，咸都建業，
吳聲歌曲，爲世所尚，開皇仁壽間，南北樂府，同入於隋。大業中，定中原清
樂及西涼樂等爲九部樂，入唐則定爲十部樂，燕樂分爲坐部伎與立部伎，其
歌曲有所謂破陣樂、聖壽樂等。舞曲則分健舞與軟舞，其曲調有所謂涼州、
甘州、蘭陵王、烏夜啼、柘枝等，皆後世詞調之名，可想見其歌拍舞容，已屬
倚聲矣！是則詞之所以繼樂府而興，其痕跡固歷歷可尋也。”梁氏此論，大
體上已經範圍了後來諸家的詞起於燕樂説。於是古代形態的廣義的詞起

---

① 吳梅《詞學通論》，上海：華東師範大學出版社 1996 年版，第 1 頁。
② 《詞學通論》，第 46 頁。

源於樂府、爲樂府之變的説法，就不再流行。而探討詞源於國風、楚辭者，更被視迂闊的托古之論。

三

詞與樂府關係的第三個層面，就是詞作爲新聲樂府與唐宋時代已經不能實際入樂的古樂府的消長倚伏的關係，即詞與唐詩中各種新舊樂府體的關係。這個層面的關係，歷來的詞史研究者基本上没有注意到。

唐代詩歌與音樂的關係，是體現在多個層面上的。第一層是朝廷郊廟、燕射的雅樂歌詩，它在音樂與歌詞上，主要是繼承前代的，新舊《唐書》的《音樂志》中對歷朝這種雅樂歌詩有詳盡的叙述。但這一部分的歌詞在詩歌藝術上陳舊而缺少個性，與唐詩藝術的實際關係不太大。第二層是與各種燕樂新聲配合的聲詩，主要採用文人創作的五七言律絶詩。這部分與唐詩的關係最大，其淵源實可追溯到梁陳君臣的采詩入樂，如陳朝何胥采後主君臣之詩，製爲歌曲，實爲唐代入樂大宗之聲詩的前導。於是唐代歌曲的主體，轉爲文人創作的近體詩歌，這也是促使近體定型並流行的重要動力。第三層即曲子詞的流行。前面已論，詞體興盛的事實，是原本非主流的由樂以定詞的倚聲、新翻曲的一種，到開元之後漸成主流，至大中之後而漸興盛。古代學者中流行一種看法，認爲詞的興起與律詩的衰落遞代。如果從近體作爲歌曲之主體讓位於長短句的詞成爲歌曲的主體來説，古人的這種看法是正確的。

除了上面這三層唐代詩歌與音樂的主要關係外，唐詩與音樂的關係，實際上還有第四層，即唐代詩人的擬古樂府、新題樂府的創作。這個問題，應該放在唐代詩樂關係的整體中來把握。唐人的古樂府創作，不僅寄託了唐人崇尚漢魏的詩歌審美理想，同時也寄託了他們在音樂上的復古理想。樂府體是唐代詩人從漢魏六朝詩人那裏繼承下來的一個詩歌品種，吳兢《樂府古題要解》"樂府之興，肇自漢魏。歷代文士，篇詠實繁"一語[1]，是對這個詩歌品種的簡當的概括。樂府系統在唐代的延續並發展，不僅是唐人繼承漢魏及六朝詩歌傳統的一種表現，同時也是唐人復興古樂的音樂理想

---

[1] 吳兢《樂府古題要解》卷上，《歷代詩話》上册，北京：中華書局 1983 年版，第 24 頁。

的表現。在南北朝後期,梁武帝、隋文帝都曾有過復興古樂的行爲。《隋書·音樂志》記載漢魏清商三調云:"《清樂》其始即《清商三調》是也,並漢來舊曲。樂器形制,並歌章古辭,與魏三祖所作者,皆被於史籍。屬晉朝遷播,夷羯竊據,其音分散。苻永固平張氏,始於涼州得之。宋武帝平關中,因而入南,不復存在於内地。及平陳後獲之。高祖聽之,善其節奏,曰:'此華夏正聲也。昔因永嘉,流於江外,我受天明命,今復會同。雖賞逐時遷,而古致猶在,可以此爲本,微更損益,去其哀怨,考而補之。以新定律吕,更造樂器。'"①這就是漢魏清商三調的遺留,其歌詞文本完整地記載在沈約《宋書·樂志》中。但這個曲調系統與晉宋以降文人的擬漢魏樂府卻並沒有音樂上的關係,後者完全是作爲一個徒詩系統存在的。漢魏舊樂到武則天時代猶存三十六曲,見《舊唐書·音樂志》,正是從隋代的樂府中傳承下來的,與唐代詩人的擬古樂府也沒有關係。但是唐代詩人的擬古樂府,雖然已經失去了實際的音樂依藉,卻因此而更加激勵起文士對古樂的嚮往,以及對燕樂新聲的一種蔑視。這在一定的程度上壓抑了詞體在文人詩壇上的流行,而詞體開始興盛的時期,也正是古樂府創作開始走向衰落的時期。唐初詩壇上已有新聲歌調的出現,如長孫無忌《新曲二首》、《堂堂詞二首》、沈佺期等《回波詞》。尤其是《回波詞》,儼然已經是倚曲拍之作。但是這類新聲倚曲,在文人中並沒有太多的流行,文人流行的樂府詩的風氣,正如盧照鄰所述,仍以沿襲古題爲高:"言古興者,多以西漢爲宗;議今文者,或用東朝爲美。落梅芳樹,共體千篇,隴水巫山,殊名一意。"②同時的吳兢《樂府古題要解》,也批評了晉宋以來文人擬樂府的失去古意。陳陳相因與失去古意,成了初盛唐之際樂府體創作上的兩大問題。儘管如此,具有濃厚復古思想的詩人,仍然沒有放棄古題樂府而轉向新聲樂府的創作。李白擺脱了齊梁擬古樂府近體化的僵局,大量使用自我作古的歌行體、雜言體來賦漢魏以來的樂府題,開創出古樂府創作的新局面,並直接爲中唐的元白、韓孟兩派所繼承。可以説,李白對詩歌音樂理想的追求,主要是通過樂府歌行體來實現的。他爲新聲樂曲所作《宮中行樂詞》、《清平調詞》,以及尚處於傳疑狀態的《菩薩蠻》、《憶秦娥》等曲子詞,主要是受到當時流行音樂的影響,並不體現他個人在詩歌創作方面的音樂理想。曲子盛於開

---

① 《隋書》卷一五,第 2 册,第 378 頁。
② 徐明霞點校《盧照鄰集》卷六,北京:中華書局 1980 年版,第 74 頁。

元、天寶之際,這是宋代李清照、薛季宣等人的共同看法,應該是符合事實的。李白出入玄宗宮廷,經遊南北各地,平生多攜伎賞歌之事,他對新聲樂曲,應該不缺少欣賞的機會。他這樣一位重視詩歌音樂性的詩人,之所以沒有創作曲子詞,或者説没有更多地染指曲子詞的創作,從根本上説,仍然是受到復古的音樂思想的支配。元結曾據湘中歌謠作《欸乃曲》,有"停橈細聽曲子意,應是雲山韶濩音"之句,劉禹錫據建平地方歌曲所作《竹枝詞》,也是托意於屈原作《九歌》之事,杜甫的三峽絶句,據説也受到巴中歌曲的影響(夏承燾説),這都説明,唐代詩人願意吸收民間歌曲並托於古,對於宮廷及都市的流行新聲,卻完全是另外的態度。其在歌曲的創作方面,始終堅持以擬古樂府、歌行之體爲正宗。白居易、元稹等人有鑒於古樂府創作的困境,採用杜甫開創的即事名篇、無復依傍的新題樂府,同時也吸收元結的擬《詩經》古風謠的作法,撰寫小序,並且交代創作宗旨,表達貢於朝廷樂府的意圖:"曰:凡九千二百五十二言,斷爲五十篇。篇無定句,句無定字,繫於意,不繫於文。首句標其目,卒章顯其志,《詩》三百篇之義也。其辭質而徑,欲見之者易諭也。其言直而切,欲聞之者深誡也。其事核而實,使采之者傳信也。其體順而肆,可以播於歌曲也。總而言之,爲君、爲臣、爲民、爲物、爲事而作,不爲文而作也。"①白居易是曲子詞的早期嘗試者,又是六義思想的實踐者,其曲子詞只是個人的娛情之作,而真正的歌曲創作理想,卻是寄託在新樂府方面。所謂"篇無定句,句無定字",正是相對於曲子詞"篇有定句,句有定字"的作法,也就是説,是有意與流行歌曲的作法相對抗的。從韓孟、元白到唐末皮日休、陸龜蒙、聶夷中這一派,正是處於新興的倚聲歌曲流行的時期,他們卻都抵制這種新曲,仍然以古樂府、新題樂府爲主要的體裁。所以,雖然燕樂新聲一直在宮廷與都市流行,卻始終沒有成爲文人詩歌創作的一種體裁。這個原因,首先就是由於唐人執持古樂府的體制,其次則是唐代詩人堅持通過聲詩入樂的方式來尋求其詩歌在音樂中的傳播。後一問題,我們在討論詞與聲詩的關係時再作具體的分析。

但是,詞的興起,也反映了樂府創作與聲詩入樂方面的困境。其中兩個主要的問題,一是近體詩方面,流於千篇一律化與瑣碎、雕鐫兩種習氣;二是元白、韓孟一派力圖復興古風、古樂府的意圖也陷入了困境,尤其是他們不顧古樂實際已經消亡難復的現實,欲以古體、歌行體入樂章,與當代的

---

① 顧學頡點校《白居易集》卷三,第 1 册,北京:中華書局 1979 年版,第 52 頁。

燕樂格格不入。結果這一場復興古樂章的工作，雖然就詩歌藝術來説取得了非凡的成就，但就音樂的復興來講，卻不能不説是失敗了。唐代部分詩人就是在這樣的背景下接受了新興的詞體，這也意味著他們對於曾經長期抵制的隋唐燕樂的一種接受。事實上，作爲一種現實的音樂生活，唐代文人是一直在享受著這種當代音樂的，這方面可以舉出許多的例子。但文人詞一直到中晚唐纔興起，而且當時的重要詩人，如李賀、李商隱、杜牧等人，都未見參與，這裏面，其實不能不説有一種文體觀念上的紛歧。從整體上看，我們前面説到，唐人與漢人一樣，對於其當代的新聲俗樂，觀念上一直是拒棄的，恢復古樂一直是他們的願望。不考慮這一點，無法解釋唐代古樂府、新樂府創作的興盛。這樣看來，詞體不僅取代了聲詩的功能，同時也取代了樂府詩的功能。古樂府和歌行體的真正衰落是在五代時期，而這時正是文人大量採用詞體的時期，兩者之間有明顯的消長關係。進入北宋以後，首先是聲詩入樂之法完全衰落，詞體完全承擔起當代詩歌的音樂功能。與之相應，則宋詩更加文人化，其與音樂的關係較唐詩更加遥遠。這無疑是唐宋詩風格不同的基本原因之一。而宋代的歌行與古體雖然在復古的美學理想的支撐下再度盛行，並且形成自己時代的風格，但是終有宋一代，擬古樂府的創作在詩體系統中所佔的比重是陡然下降了。可以説，在唐代仍是重要體裁的古樂府詩到了宋代，已經成爲無足輕重的一種體裁。這裏的原因當然是多方面的，其中最重要的一個原因是，宋代詞體興盛，文人在詩歌創作方面的音樂追求完全由詞體所承載，宋代古題樂府已經失去了承載文人復興古樂的審美理想的功能。

2015 年 10 月 16 日初稿

（作者單位：北京大學中文系）

馮夢龍《太平廣記鈔》的
編纂和評點

康韻梅

【摘　要】明末馮夢龍有鑒於《太平廣記》在明代印行的訛亂缺漏情況,遂從事《太平廣記》的編纂整理,完成《太平廣記鈔》一書。在《太平廣記鈔‧小引》中,馮夢龍陳述對於全書進行去同存異、芟繁就簡、併類合事、前後更置、削簡事件、減省字句等編纂。本文嘗試分析馮夢龍如何具體落實這些編纂工作,將 500 卷的《太平廣記》縮編爲 80 卷的《太平廣記鈔》。此外,本文還意圖探究馮夢龍《太平廣記鈔》中的評點,包括評點的形式、立場和功能,以及其中所蘊含的觀點。並藉探討結果綜論《太平廣記鈔》作爲一《太平廣記》選本的特色,進而與於 1462 年韓國朝鮮時代儒者成任所完成的《太平廣記詳節》比較,討論兩部《太平廣記》選本的差異。希冀藉由本文的研究,能夠全面而深入地抉發馮夢龍編纂和評點《太平廣記鈔》的特色與意蘊。

【關鍵詞】明代文學　馮夢龍　太平廣記　太平廣記鈔　編纂　評點

一、前　　言

《太平廣記》成書於宋太宗太平興國三年(978),全書以類書的形式編纂,廣蒐野史、小說諸作,因而保存了北宋之前許多小說文本,在現今許多北宋以前的小說作品多已散佚的情形下,《太平廣記》具有至爲重要的文獻價值。然《太平廣記》在成書之後不久，竟因"非學者所急"而被束之高閣①。雖然北宋之際已見有關《太平廣記》的記載，而南宋依據秘閣御書刊刻了《太平廣記》，然今已不存②。《太平廣記》直至明代纔廣爲刊行，先後出現嘉靖四十五年（1566）談愷（1503—1568）刻本，隆慶、萬曆年間的閩活字本，萬曆年間的許自昌（1578—1623）刻本，除此諸本外，還有沈與文野竹齋鈔本③。在明代印刷文化活躍和商業發達的情況下，不僅出現了《太平廣記》的刊刻和傳鈔，馮夢龍（1574—1646）還編選、評點《太平廣記》，完成《太平廣記鈔》的選評本。在《太平廣記鈔·小引》中馮夢龍説明之所以著手整理《太平廣記》的原因。

> 至皇明文治大興，博雅輩出，稗官野史，悉傳梨登架，而此書獨未授梓。間有印本，好事者用閩中活板，以故掛漏差錯，往往有之。萬曆間，茂苑許氏始營剞劂，然既不求善本對較，復不集群書訂考，因訛襲陋，率爾災木，識者病焉。昔人用事不記出處，有問者，輒大聲曰："出《太平廣記》。"謂其卷帙浩漫，人莫之閱，以此欺人。夫《廣記》非中郎帳中物，而當時經目者已少，若訛訛相仍，一覽欲倦，此書不遂廢爲蠹糟乎？④

馮夢龍對於明代出版《太平廣記》的狀況十分不滿意，他認爲相形於其他的稗官野史多已紛紛付梓，唯缺《太平廣記》，雖有閩中的活字板印本，但多有"挂漏差錯"，而萬曆間始有許自昌刻本，卻因不求善本校對、不集群書考訂而"因訛襲陋"。馮夢龍也指出《太平廣記》"卷帙浩漫"，不易閱讀，如果再加上訛誤衆多，使人"一覽欲倦"，終會被廢爲蠹糟。基於《太平廣記》

---

① （宋）王應麟在《玉海》卷五四中引《宋會要》記述《太平廣記》成書事，並注明因《太平廣記》非學者所急用，以致墨版被收於太清樓。見（宋）王應麟纂《玉海》，江蘇：江蘇古籍出版社 1990年版，第 1031 頁。（明）談愷亦對李昉等所進《〈太平廣記〉表》有類似之按語。見（宋）李昉等編，汪紹楹校點《太平廣記》，臺北：文史哲出版社 1981 年版，第 2 頁所附《〈太平廣記〉表》之談愷按語。又本文論述中所引用的《太平廣記》，即是此汪紹楹先生以談愷刻本爲底本的點校本。
② 參見張國風《太平廣記版本考述》，北京：中華書局 2004 年版，第 6—10 頁。牛景麗《〈太平廣記〉的傳播與影響》，天津：南開大學出版社 2008 年版，第 55—59 頁。
③ 參見張國風《太平廣記版本考述》，第 16—24 頁。牛景麗《〈太平廣記〉的傳播與影響》，第 70—71 頁。
④ 見（明）馮夢龍評纂，莊葳、郭群一校點《太平廣記鈔》，河南：中州書畫社 1982 年版之"小引"，第 1 頁。

刊印的質、量均有待改進,以及卷帙過於龐大,閱讀不易,馮夢龍不願《太平廣記》淪爲廢紙,所以進行整理。然對於一己之選編《太平廣記》,馮夢龍也提出一表相的質疑,從而辯證出編選的正當性。

> 昔以萬卷輻湊,而予以一覽徹之,何幸也! 昔以群賢綴拾,而予以一人删之,又何僭也! 然譬之田疇,耘之藝之,與民食之,或者亦此書之一幸,而予又何妨於僭乎? 宋人云:“酒飯腸不用古今澆灌,則俗氣熏蒸。”夫窮經致用,真儒無俗用,博學成名,才士無俗名。凡宇宙間齷齪不肖之事,皆一切俗腸所構也。故筆札自會計簿書外,雖稗官野史,莫非療俗之聖藥,《廣記》獨非藥籠中一大劑哉!①

馮夢龍將一己的編輯譬爲耘藝田疇,期能與民分享,就是希望編纂出更爲理想的版本,讓他人閱讀,以達到運用稗官野史以療俗之功效。莊葳和郭群一便指出馮夢龍編纂《太平廣記鈔》的原因有三點:一是當代印行的《太平廣記》錯漏之處甚多,二是《太平廣記》選材蕪穢、文字繁瑣、分類不當,三是以編選之《太平廣記》教化世人②。此論即是從馮夢龍的《太平廣記鈔·小引》中抉發。在《小引》中,馮夢龍也陳述了具體進行芟削繁蕪的情況。

> 予自少涉獵,輒喜其博奧,厭其蕪穢,爲之去同存異,芟繁就簡。類可併者併之,事可合者合之,前後宜更置者更置之。大約削簡什三,減句字復什二,所留纔半,定爲八十卷。③

由此可見,馮夢龍並非僅是删除蕪雜而已,還實際對全書進行删定,包括了“去同存異”、“芟繁就簡”,以及合併類、事,更動事件行文次序。馮夢龍還估計這樣的删改,大致削減了十分之三的篇幅和十分之二的字句,保留了

---

① (明)馮夢龍評纂,莊葳、郭群一校點《太平廣記鈔》,第2頁。
② 同上注。傅承洲也依據《太平廣記鈔·小引》的内容指出由於《太平廣記》的篇幅太大,通讀不易;刻本較少,流傳不易;刻本不精,錯誤太多,促使馮夢龍編纂《太平廣記鈔》。參見氏著《馮夢龍〈太平廣記鈔〉的删訂與評點》,載於《南京師範大學學報(社會科學版)》(2012年11月第6期),第135頁。又見氏著《馮夢龍文學研究》,北京:中國社會科學出版社2013年8月版,第181—182頁。
③ (明)馮夢龍評纂,莊葳、郭群一校點《太平廣記鈔》,第1—2頁。

原書的一半,完成八十卷的《太平廣記鈔》①。值得注意的是,馮夢龍不只編選《太平廣記》,同時還針對所選的篇目作了評點,包括了眉批、夾批、文末總評等,爲數相當可觀②。

　　《太平廣記鈔》可以説是一意圖精進《太平廣記》删改幅度甚大的選本,然自明天啓六年(1626)出版後,便不復刊行,長期以來甚少人關注,直至二十世紀的八十年代,莊葳和郭群一兩位先生注意及此書,並對全書加以校點出版③,同時進行學術研究,探究馮夢龍編纂《太平廣記鈔》的立意、體例,以及評點及其意涵。先後發表了《馮夢龍評纂本〈太平廣記鈔〉初探》、《馮夢龍的〈太平廣記鈔·小引〉》以及《馮夢龍評纂本〈太平廣記鈔〉批語選輯》等文,所得結果雖或爲針對全書輪廓性的基礎認知或爲局部現象的呈現,然已使《太平廣記鈔》爲學界所關注,尤其所校點的《太平廣記鈔》可爲進一步的研究植基,日本學者堀誠曾經以莊葳和郭群一校點的《太平廣記鈔》爲底本,完成《〈太平廣記鈔〉篇目索引》一文④。而許建崑的《〈太平廣記鈔〉初探》,以及傅承洲的《馮夢龍〈太平廣記鈔〉的删訂與評點》,皆是對《太平廣記鈔》有較爲深入研究的學術論文。許氏之文是以《太平廣記鈔》和《太平廣記》比較爲基點,從類別篇目的比例,得出馮夢龍編選《太平廣記鈔》較專注於現實人世,減少超現實神異的内容,並探討《太平廣記鈔》的縮編原則,進而抉發馮夢龍在《太平廣記鈔》中所表現的認知和見解,最後則論及《太平廣記鈔》的價值和影響⑤。全篇對《太平廣記鈔》有比較完整的研究。至於傅氏一文,則陳述了馮夢龍删訂《太平廣記鈔》的原則和原因,

---

① 據莊葳和郭群一的統計,《太平廣記鈔》有兩千五百五十篇。參見氏著《馮夢龍評纂本〈太平廣記鈔〉初探》,載於《社會科學》(1980 年第 5 期),第 146 頁。事實上,若加上在夾批中引用的《太平廣記》的篇目内容,《太平廣記鈔》的篇目數一定不止於此數。有關夾批引篇的討論詳見後。

② 莊葳和郭群一指出《太平廣記鈔》的眉批有一千七百多條,篇末總評有兩百多條。同上注。若加上夾批,《太平廣記鈔》的評點,超過兩千條。

③ 莊葳和郭群一在所校點的《太平廣記鈔》的"前言"中陳述,因在上海圖書館見到《太平廣記鈔》天啓六年的珍貴刻本,因而進行此書的整理。見(明) 馮夢龍評纂,莊葳、郭群一校點《太平廣記鈔》之"前言",第 1 頁。

④ 堀誠所編的《太平廣記鈔》的篇目索引,是以汪紹楹先生校點的《太平廣記》爲對照,顯示出兩書之間的篇目差異,和同一篇目在兩書中的卷次和頁碼。參見崛誠編《〈太平廣記鈔〉篇目索引》,載於《中國詩文論叢》第八集,東京:中國詩文學會 1989 年 10 月版,第 1—42 頁。

⑤ 見氏著《馮夢龍〈太平廣記鈔〉初探》,收錄於許建崑《情感、想象與詮釋:古典小説論集》,臺北:萬卷樓 2010 年 8 月版,第 99—131 頁。

全篇論述的重點則在馮夢龍《太平廣記鈔》評點所顯示的崇儒不廢道釋的觀點、史家的眼光、小説家的獨特發現,文人對現實的關懷等①。兩篇論文皆以《太平廣記鈔》的删訂和評點爲研究重心,且得到值得參考的學術成果,對於《太平廣記鈔》的研究,居功厥偉。然審視《太平廣記鈔》全書,在編纂和評點上,仍有一些值得注意的面向,可再抉發,特別是在編纂的用心以及評點所涉及的廣泛觀點上。是故本篇在前人的研究基礎上,將針對全書的編纂和評點,作進一步的闡釋。

二、《太平廣記鈔》的編纂

馮夢龍如何重新整理《太平廣記》完成一部更爲精進的評選本,根據《太平廣記鈔·小引》的内容可知馮夢龍編纂《太平廣記鈔》最主要的就是删減、併合和更置,在許、傅二文中都論及此議題,尤其是許文已經具體地以實例説明了一些馮夢龍縮編《太平廣記》的原則②。在此不僅試圖就觀察全書所得,提供一些前行研究者未述及的面向,同時希冀從一部書成形的完整概念,來展現馮夢龍是如何具體進行編纂,以及如此編纂所具有的理念。以下將分爲分類、編篇和單篇叙事的删減等部分來談。

(一) 分類

《太平廣記》作爲一本類書,最主要的就是以"類"繫事,對於《太平廣記》的分類,歷來的共識是分爲九十二類,然而在此九十二類外,還可見一些歸附該類的類別,而這些歸附的類別若仔細區分,還可以分爲真正的另一類別的附類和歸屬於所附類別的次類,例如卷一九○"將帥"所附的"雜譎智",實爲同在一卷中的另一類,而卷四○六"草木一"所附的"文理木"應歸屬於"木",即《太平廣記》有一些類目中出現次類區分。《太平廣記鈔》在分類上雖然並未作大的更動,但在分類的條理上更爲清晰,以下則針對《太平廣記鈔》的分類説明、類目的歸併、序位和名稱的調整,作一分析。

---

① 見氏著《馮夢龍〈太平廣記鈔〉的删訂與評點》,原載於《南京師範大學學報(社會科學版)》(2012 年 11 月第 6 期),第 134—139 頁。後收録於《馮夢龍文學研究》,第 180—190 頁。以下引用均依據後之版本。

② 見氏著《馮夢龍〈太平廣記鈔〉初探》,第 110—114 頁。

1. 分類説明

《太平廣記鈔》在分類上出現了值得注目的"分類説明",即在分爲多卷的每一類目下,出現歸於此卷的內容説明,使人一覽便知該卷所收內容。例如:

> 卷一"仙部""仙一""此卷雜載周秦及漢初仙迹"。①
> 卷二"仙部""仙二""此卷載兩漢仙迹"。
> 卷三"仙部""仙三""此卷載漢晉唐得道之士"。
> 卷四"仙部""仙四""此卷多載開元天寶中仙迹"。
> 卷五"仙部""仙五""此卷多載唐時天仙及仙官降世者"。
> 卷六"仙部""仙六""此卷多載信心之事"。
> 卷七"仙部""仙七""此卷多載仙境及雜事"。
> 卷八"女仙部""女仙一""此卷多載三界真仙"。
> 卷九"女仙部""女仙二""此卷多載人間得道者"。

除了"異僧部"和"冤報部"外,所有超過兩卷以上的類目,如"定數部"、"神部"、"鬼部"、"龍部"、"妖怪部"皆在每一卷下説明所收內容。此可謂《太平廣記鈔》的"大類"區分的説明。書中亦見"次類"的説明,例如卷一九"徵應部"分爲"休徵"、"咎徵"、"感應"、"讖應"四次類,在"咎徵"下有"以下幫國咎徵","感應"有"舊另有情感在婦人部,今併入"的説明。

馮夢龍同時在每一卷中即使收集相近的內容,但也會在每一篇目下,以眉批的方式再作細分,形成次小類。例如"冤報部"分爲卷一七"冤報一"和卷一八"冤報二"兩卷,並未在"冤報部"的題名下説明所收內容,但卻在篇目下,以眉批注明。試以卷一七"冤報部""冤報一"爲例。

> 《杜伯》下眉批:"以下皆枉殺報。"
> 《樂生》下眉批:"以下知冤不救報。"
> 《長孫無忌等》下眉批:"以下皆爲法自弊。"
> 《郭霸》下眉批:"以下酷吏報。"

---

① 見(明)馮夢龍評纂,莊葳、郭群一校點《太平廣記鈔》,第1頁。以下所引述的《太平廣記鈔》的內容,皆據此一版本,故不贅注。

《婁師德》眉批:"誤殺報。"

《宋申錫》下眉批:"以下殺人媚人報。"

《夏侯玄》下眉批:"忌殺報。"

《岐州寺主》下眉批:"仇殺報。"

《秦匡謀》下眉批:"詿怒殺人報。"

《馬奉忠》下眉批:"遷怒報。"

《曹惟思》下眉批:"負心殺人報。"

《張節使》下眉批:"謀妻殺命報。"

《杜通達》下眉批:"謀財殺命報。"

《崔尉子》下眉批:"以下盜報。"

《公孫綽》下眉批:"厭魅殺人報。"

《楂頭師》下眉批:"以下俱宿冤。"

可見《太平廣記鈔》是以眉批的形式開展更爲精細的分類,這些次小類有些是依據《太平廣記》歸屬於大類的次類來分的,但大部分是馮夢龍所增添的細目。而這些以眉批來呈現的次小類的劃分,可以使讀者很快掌握篇目所收內容,如卷二六"博物部""好尚部""好尚"便清楚地在篇目下眉批:

《杜兼　李德裕》下眉批:"好書。"

《獨孤及》下眉批:"好琴。"

《宋之愻》下眉批:"好歌。"

《潘彥》下眉批:"好雙陸。"

《朱前疑》下眉批:"好醜。"

《鮮于叔明權長儒》下眉批:"食性異。"

以眉批作類分,使人讀之便一目了然,知道該篇所述的"好尚"是什麼。而有的眉批不僅具有分類的功用,也提供出篇目的來源。如卷一五"釋證部"在"崇經像"類的第一篇《趙文昌》下,以眉批"以下俱《金剛經》報應"注明以下數則敘事是來自《太平廣記》卷一〇二"報應一"至卷一〇八"報應七"與《金剛經》有關的故事。復在《沙門和尚》一則下眉批:"以下《法華》報應。"即收錄《太平廣記》卷一〇九"報應八"與《法華經》相關之報應事。在《釋開達》一則下眉批:"以下《觀音經》報應。"即收錄《太平廣記》卷一一〇"報應九"至卷一一一"報應一〇"與《觀音經》相關之報應事。但《王法朗》下眉批:"《道德經》報應。"事實上《太平廣記》並無以《道德經》來類分報應故事。即《金剛經》、《法華經》、《觀音經》都是《太平廣記》所標之次小類,而《道德經》並不是,馮夢龍則有意將《道德經》與《金剛經》、《法華經》、《觀音經》並列。由此可以見出馮夢龍的思想觀念,以及清楚表達分類的用意。又如在卷二二"名賢部"的"名賢"在不同篇目下進行眉批,其中《甄彬》下眉批:"以下德行。"《高季輔》下眉批:"以下言語。"《李膺》下眉批:"以下政事。"《范丹》下眉批:"以下文學。"是按照孔門四科來作類分,以此來突顯"名賢"的不同表現,充分見出馮夢龍彰顯儒行的用心。而在卷三八"詼諧部"《石動筒》,眉批:"以下皆優。"則是重新從《太平廣記》的"詼諧"類,找出有關"優"的詼諧內容。流露出非常強烈的"類"的觀念。在以眉批分類的細目下,《太平廣記鈔》亦出現了不周之處。如卷四七"樂部""樂器"《劉道強》下應該有"以下琴"之眉批,《玄宗　寧王父子》下應該有"以下羯鼓"之眉批,《銅鼓》下應該有眉批"銅鼓",卷六六"畜獸"《明駝》下應眉批"以下駝",《白騾》下應眉批"騾"。

　　《太平廣記鈔》在篇目下以眉批説明所述內容時,尚出現了"附見"和"附記"的詞語,細觀其意,大抵是注記該篇所涉及的人與事,如卷八"女仙部"的"女仙一"的《驪山老母》眉批爲"李筌附見",因該則涉及李筌故事。卷九"女仙部"的"女仙二"的《西河少女》眉批爲"伯山甫附記",因西河少女是伯山甫的外甥。而在卷二一"定數部"的"定數二"的《盧生》眉批爲"神巫附見",《李仁鈞》眉批爲"秀師術附見",事實上這兩則都屬於同卷中《定婚店》篇目下眉批的"以下婚姻定數"類,但《盧生》一則婚姻的定數,是由女巫神奇的預言來展現,而《李仁鈞》則是由神秀的預言爲證明。又同卷中《李公》下眉批"知人食料數附見",《崔潔》下眉批"前知數附見",而這兩則都屬於《張文瓘》下眉批的"飲食定數"。可見"附見"除了注記故事所涉人物外,尚有分類的功能。如此一來《太平廣記鈔》則在次小類下有更小的類分,比《太平廣記》的大類、次類、次小類,又多了一層類分。

　　《太平廣記鈔》大抵與《太平廣記》分類相似,但在分類上更爲精細,同時在類目卷下説明每卷所收內容和以眉批分類,則呈現了分類的用意,甚至編纂者的思維。

　　2. 類目調整

　　《太平廣記鈔》還進行了有關分類的整理,將《太平廣記》的類目作調整。包括併類、移序、更名等。

（1）併整類目

《太平廣記鈔》在分類上進行了併類的工作，將某一些《太平廣記》原有的類目併合到另一類中，有時還加以注明。此外，《太平廣記》也增添類目，整合原有的類目。以下就各類目併整的情形分述之。

卷一〇"道術部""道術"下便以眉批注明："原本道術外，尚有方士，而事義多相類，故去方士部，併入道術。"可見併類的源由，就是事義相近。

卷一五"釋證部"分爲"釋證"和"崇經像"兩次類，即將《太平廣記》卷一〇二到一一六的"報應"類中的內容併入。而"報應"類其餘的內容則另立爲卷一六的"報恩部"和卷一七的"冤報部"；而"冤報"原爲《太平廣記》"報應"之一次類。即《太平廣記鈔》卷一五的"釋證"和"崇經像"，以及卷一六的"報恩部"和卷一七的"冤報部"原屬於《太平廣記》的"報應"一類。

卷一九"徵應部"分爲"休徵"、"咎徵"、"感應"、"讖應"四次類，由"感應"之名可知，已將《太平廣記》卷一六一和卷一六二的"感應"併入；而"感應"下眉批所云："舊另有情感在婦人部，今併入。"表示《太平廣記》卷二七四的"情感"也併入此。《太平廣記》卷一六三的"讖應"則併入了"讖應"此一次類。即《太平廣記》原有之大類的"感應"、"讖應"和"情感"都歸於《太平廣記鈔》的"徵應部"，而成爲次類。又在"徵應部""休徵"的部分，《漢元后》以下眉批"皇后休徵"，將《太平廣記》原歸於"帝王休徵"者，更爲精確地分爲"皇后休徵"一類。"咎徵"《白馬寺》下眉批"僧寺咎徵"，增添"僧寺咎徵"一次小類。

卷二二"名賢部"、"高逸部"、"廉儉部"、"器量部"的"名賢部"下注："舊尚有儒行，今併入。"即將《太平廣記》卷二〇二的"儒行"併入"名賢"，並將《太平廣記》原附於"儒行"的"憐才"附於卷二五"才名部"，如此便與"才"更爲相關。

卷四三"相部"除了"相"之外，還增加"相笏附"、"相宅附"，以"相笏"和"相宅"爲附於"相"之次類，更清楚突顯"相"之性質。

卷四四"婦人部"保留了《太平廣記》"婦人"此一大類的"賢婦"、"才婦"、"美婦人"、"妓"等次類，但卻取消"妒婦"一次類，增添"奇婦"、"不賢婦"兩個次類。又在"不賢婦"所收《段氏》下眉批"以下妒婦"，《秦驍將》下眉批"以下悍婦"，《楊志堅》下眉批"薄惡婦"。由此看來，《太平廣記鈔》將原爲《太平廣記》次類的"妒婦"降爲更小的次類。又《秦驍將》在《太平廣記》中原歸於"妒婦",然在《太平廣記鈔》中有關悍婦的故事,則脱離"妒婦"的歸屬,而成爲與"妒婦"並列的小次類。而在《太平廣記鈔》歸於"不賢婦"中"薄惡婦"一類的《楊志堅》,原在《太平廣記》卷四九五的"雜録三"之列。

卷四六"酒食部",實將《太平廣記》卷二三三的"酒"和卷二三四的"食"併合,並將《太平廣記》原來的次類"酒量"、"嗜酒"和"能食"、"菲食",分爲"酒"、"酒量"、"食"、"食量",似更簡明。

卷五〇"伎巧部"不僅選録《太平廣記》卷二二五至二二七"伎巧"的篇目内容,同時也將卷二二七所附"絶藝"和卷二二八的"博戲"納入,即"絶藝"和"博戲"都歸於"伎巧",當然也取消了"博戲"所分"弈棋"、"彈棋"、"藏鈎"、"雜戲"的次類。

卷六一"再生部""再生"的"悟再生附"收録了《太平廣記》卷三八七"悟前生一"和卷三八八"悟前生二"的内容。即將《太平廣記》的"悟前生"以"悟再生"之名,作爲附屬於"再生部""再生"之一次類。

卷六二以"天部"和"地部"兩類,來囊括《太平廣記》卷三九三至三九五"雷"、卷三九六"雨"("風、虹附")、卷三九七"山"、卷三九八"石"、卷三九九"水"("井附")等。獨立出"風"、"虹"、"坡沙"、"井"成爲與"雷"等並列的次類,删去"溪"一項次類。還增加"土"一項次類,該類多取自於《太平廣記》卷三六二的"妖怪四"、卷三五九"妖怪一"、卷三七三"精怪六"的篇章。

卷六三"寶部"分爲"寶"、"珍玩"、"奇物"等三類,增添了"珍玩"一次類,其内容多爲取自《太平廣記》卷四〇三"寶四"和卷四〇四"寶五"的"雜寶"。

卷六四"花木部",實是《太平廣記》卷四〇六至卷四一七的"草木",以下則分"木"、"花"、"果"、"竹"、"五穀"、"蔬"、"茶"、"草"、"苔"、"藟蔓"、"芝菌"、"香"等次類。即以"木"統攝了《太平廣記》所分的"木"、"文理木"、"異木",以"花"囊括《太平廣記》所分的"草花"、"木花"。以"蔬"代替《太平廣記》所分的"菜"。新添"竹"一次類,事實上這是一賦名予其實的作法,因《太平廣記》在"草木"類,確有一類爲"竹",但《太平廣記》卻未標明。又以"茶"取代《太平廣記》的"茶荈",以"芝菌"取代《太平廣記》的"芝、菌蕈附",以"香"取代《太平廣記》的"香藥"。此外,取消了《太平廣記》所列的"服餌"、"木怪"、"花卉怪"、"藥怪"、"菌怪"等次類。

卷六五"禽鳥部"取消《太平廣記》卷四六〇至卷四六三"禽鳥"所有的次類細目。

卷六六"獸部"實爲《太平廣記》卷四三四至四四六的"畜獸",分爲"畜獸"和"野獸","畜獸"有"此卷皆家畜之屬"的説明,並以眉批的方式將"畜獸"和"野獸"分類的次類標出,例如"野獸"《虎雜説》眉批"以下虎",《狐雜説》眉批"以下狐"。删去了《太平廣記》卷四二六至卷四三三的"虎"和卷四四七至四五五的"狐"。即《太平廣記》的"虎"和"狐"併入了"獸部"的"野獸",並將有關虎、狐精怪的篇目,歸於卷七八"妖怪部"中"多載六畜及野獸諸怪"的"妖怪五"和記載"狐精"的"妖怪六"。此外,卷六六"獸部"也取消了《太平廣記》的"鼠狼"、"雜獸"、"狸"、"蝟"、"麈"、"麞"、"猳獌"、"犳"的次類。

卷六七"昆蟲部"分爲"毒蟲""雜蟲""異蟲"三次類。而"毒蟲"的《蛇雜説》眉批"以下蛇",併入了《太平廣記》卷四五六至四五九的"蛇"。另將涉及蛇精怪的部分,則歸於卷七八"妖怪部"中"多載水族諸怪"的"妖怪七"。

卷七〇"水族部"分爲"鱗族"、"介族",取代《太平廣記》原有的"水怪"、"水族爲人"、"人化水族"、"龜"的次類劃分,側重在真正的自然動物上,亦將涉及水族精怪的部分,則歸於卷七八"妖怪部"中"多載水族諸怪"的"妖怪七"。

卷八〇"雜志"併合了《太平廣記》卷四八四至卷四九二的"雜傳記"和卷四九三至卷五〇〇的"雜録"。

《太平廣記鈔》在併整類目時,可能將《太平廣記》的"大類"之名删削,如"方士"、"報應"、"情感"、"絶藝"、"博戲"、"雷"、"雨"("風、虹附")、"山"、"石"、"水"、"虎"、"狐"、"蛇"等;或將《太平廣記》的"大類"變成《太平廣記鈔》的次類,如"感應"、"讖應"、"畜獸",或將《太平廣記》的次類變成"大類",如"冤報"。除了大的類目合併調整外,《太平廣記鈔》也在次類和次小類上做更動,可見編纂者對於類目的併整是非常精細的,因而達到清楚的類分和簡省篇目的效果。關於類目的調整,還可在此附帶一提的是類名的更改,從前述併整類目的討論,已知《太平廣記》的類名,在《太平廣記鈔》中因併整而被删削,但亦見因併整而改易類名者,如以"酒食"來統合《太平廣記》的"酒"和"食"類;而"雜志"一類,是合併的"雜録"和"雜傳記"後,賦予的新類名,以統合兩類。其實,《太平廣記鈔》新立類名亦是一種廣義的更改類名,如以"天"和"地"兩類,來囊括《太平廣記》原有的自然現象和元素的類目。《太平廣記鈔》中亦見《太平廣記》類目被保留,但卻更改類名的情形,如將"神仙"改爲"仙",將"氣義"改爲"義氣",將"豪俠"改爲"俠客",並以眉批注明"舊名豪俠",又將"童僕奴婢"分爲"妾婢"和"童僕"兩類,並先"妾婢"後"童僕",與《太平廣記》的次序不同。此外,將"花木"改爲"草木",將"畜獸"改爲"獸"。這些類名更改,馮夢龍雖未説明理由,但結合篇目併整來看,可知編纂者對於分類的層次和區隔,以及名實的講究。

（2）移動類序

《太平廣記鈔》在選錄《太平廣記》時,亦在類目的排列順序上作了一些移動。全書易移類序最劇者,應爲卷一一"幻術部"本爲《太平廣記》卷二八四到卷二八七的"幻術",但《太平廣記鈔》將之移至卷一〇"道術部"之後,殆因"幻術"與"道術"相近;以及卷七二到卷七七的"妖怪部",本置於《太平廣記》卷三五九至卷三六七,而馮夢龍將兩者調動至各種動物類之後,顯示了其認爲"夜叉"和"妖怪"是屬於動物的變異,彼此相關。依據類的相關性的認定,《太平廣記鈔》做了許多類目並列的整理,也因此調動了原在《太平廣記》的類序。例如卷二二"名賢部"、"高逸部"、"廉儉部"、"器量部"諸類並列於同一卷中,顯示了在馮夢龍的觀念中,這幾類性質是相近的,全書其他諸類相並的情形如:

> 卷二五"文章部"、"才名部"
> 卷二六"博物部"、"好尚部"
> 卷二七"知人部"、"交友部"
> 卷三三"褊急部"、"酷暴部"
> 卷三四"權幸部"、"諂佞部"
> 卷三五"奢侈部"、"貪部"、"治生部"、"吝部"①
> 卷三六"謬誤部"、"遺忘部"、"嗤鄙部"
> 卷三七"輕薄部"、"嘲誚部"
> 卷三九"譎智部"、"詭詐部"、"無賴部"
> 卷六〇"神魂部"、"冢墓部"、"銘記部"

這些並列類目彼此之間息息相關,例如"知人部"後即"交友部"、"諂

---

① "吝"在《太平廣記》中原名爲"吝嗇",附於"廉儉"之後。

佞"在"權幸"後;又如將"靈異部"置於"神部"之後,都有一定的邏輯。除了類與類之間橫向的相近思考,改動了分類的順序。而從縱向的角度而觀,馮夢龍對於類別的排序,亦有合理的思維。以涉及人物的類別來說,很明顯地,有一人物德才表現由優至劣的順序,再論婦人、童婢,接著纔羅列有關技藝的事物,此一清楚的分類次序,改善了《太平廣記》在類序上淆亂的情形。

(二) 編篇

《太平廣記鈔》選編《太平廣記》,最費心思的就是對於篇目的編輯,全書的篇目與《太平廣記》的篇目比較,顯示出爲數可觀且繁複的改動。就實際的改動情形而觀,《太平廣記鈔》大致上是依據對"類"的認知,產生的重新歸類的意識,而形成的篇目"跨類"現象;又基於精簡原則所作的"併篇"、"删篇",以及爲求名符其實的"改名"等;還有此數類情形不同交集所産生的組合,試分述於下。

1. 跨類

在《太平廣記鈔》中比例最高的篇目更動,就是篇目的跨類,表面上顯示的是篇目的編輯,實質上則是基於對"類"的不同認知,在編目時重新歸類,而造成了跨類的事實。《太平廣記鈔》的單篇跨類之例實不勝枚舉。

卷七"仙部""仙七"的《古元之》原在《太平廣記》卷三八三"再生九",馮夢龍篇目下還以眉批特別注明:"此條元本載蠻夷中,今移入神仙。"[1]殆因古元之死而復生,又不知所終,故置於"仙"一類。由此而觀,馮夢龍是根據所認定的文本叙事核心,來進行歸類。卷一九"徵應部""休徵""人臣休徵"《劉沔》便是一個有趣的例子,因爲在《太平廣記》中,《劉沔》歸於卷一四三"徵應九""人臣咎徵",同一故事,一屬"休徵",一屬"咎徵",完全對反,關鍵在於《太平廣記鈔》著眼在劉沔因雙燭而富貴,《太平廣記》則側重在劉沔燭亡而卒。而爲了突顯文本的著重點,馮夢龍還以評點來強調,如將《太平廣記》卷一七四"俊辯二"《盧莊道》歸於卷二四"幼敏部",因注重的是盧莊道少年聰慧,故於文末評盧莊道爲"少年御史",叙述盧莊道年二十被太宗拔擢爲監察御史事。而删減篇目中其他無涉的内容,也是突顯叙述重點,賦予跨類的正當性。如卷二五"才名部"所附"憐才"一類的《杜

---

[1] 馮夢龍在眉批指出《古元之》原載於《太平廣記》的"蠻夷",殆有誤。

牧》原列於《太平廣記》卷二七三"婦人四""妓女",馮夢龍只取牛僧孺愛護杜牧之事,其餘杜牧之風流韻事皆不載,以符合"憐才"之實。

　　在編目時顧及相關文本的歸類,也會造成跨類的情形。如卷一二"異人部""異人"《劉牧》原在《太平廣記》卷四三三"虎八",文本中劉牧與虎的相感,與《太平廣記》卷八一"異人一"《幸靈》雷同。故馮夢龍將《劉牧》歸於"異人"一類,可見在歸類時,馮夢龍有考慮及相關文本的歸類。這是依據《太平廣記》原本情況的考量。有的則是在調整分類後,而形成的相關文本的篇目跨類,如卷一五"釋證部""崇經像"《潘果》原在《太平廣記》卷四三九"畜獸六",但所述內容與《法華經》有關,所以置此,和其他與《法華經》相關的文本並列。而《太平廣記》卷一六二"感應二"《王法朗》歸入卷一五"釋證部""崇經像",則是基於馮夢龍欲將《道德經》與《金剛經》等佛經並列,特意將王法朗誦《道德經》而有靈驗之事歸於"釋證部""崇經像"。可見編輯者對於全書編輯的理念,也影響著篇目的跨類。卷二六"好尚部"《劉獻之》本列於《太平廣記》卷二〇二"儒行",但"儒行"已併入"名賢",故馮夢龍刪去劉獻之對儒家推崇的言論,集中表現劉獻之的好學。亦是調整分類造成篇目更動之一例。

　　在篇目跨類中,有一值得注意的現象,就是在《太平廣記》中有許多同一篇目題名出現在不同的類別中,換言之,就是關於某一人物在《太平廣記》有多篇的內容,《太平廣記鈔》未取《太平廣記》歸於同一類的篇目,而取了另一類的同名篇目,造成跨類的情形。例如卷一九"徵應部""休徵"《唐太宗》,不是《太平廣記》卷一三五"徵應一""帝王休徵"的《唐太宗》而是《太平廣記》卷四七二"水族九""龜"的《唐太宗》;卷一九"徵應部""休徵"《何比干》是《太平廣記》卷二九一"神一"的《何比干》,而非《太平廣記》卷一三七"徵應三""人臣休徵"的《何比干》;卷三七"嘲誚部"《狄仁傑》是《太平廣記》卷二五〇"詼諧六"的《狄仁傑》,而非《太平廣記》卷二五四"嘲誚二"的《狄仁傑》;卷三七"嘲誚部"《李詳》是《太平廣記》卷四九三"雜錄一"的《李詳》,雖然《太平廣記》卷二五四"嘲誚二"的《李詳》事蹟相近,但"雜錄一"《李詳》的敘事較詳,遂擇取。馮夢龍之所以做如此的歸類,必然是所擇取的篇目更適合置於該類,這樣的跨類可說是一種"取代"的關係。

　　《太平廣記鈔》的單篇跨類尚有一較爲普遍的情形,即原在《太平廣記》歸於"雜錄"或"雜傳記"的篇目,大量的被分置在相關的類別上。例如《太平廣記》卷五○○"雜録八"《振武角抵人》歸於《太平廣記鈔》卷三九"譎智部",《太平廣記》卷四九三"雜録一"《裴玄智》歸於《太平廣記鈔》卷三九"詭詐部",《太平廣記》卷四九一"雜傳記八"《謝小娥傳》歸於卷四四"婦人部""賢婦",《太平廣記》卷四九一"雜傳記八"《楊娟傳》歸於卷四四"婦人部""妓",《太平廣記》卷四九一"雜傳記八"《非煙傳》歸於卷四五"僕妾部""妾婢"等。嚴格而論,"雜録"和"雜傳記"所指涉的是比較近於文體的概念,而非"類"的概念,《太平廣記鈔》賦予《太平廣記》的"雜録"和"雜傳記"清楚的類別,顯示了強烈的分類意識,而將《謝小娥傳》、《楊娟傳》和《非煙傳》的"傳"刪去,就是此分類意識的鮮明表徵。

除了大類的跨越外,《太平廣記鈔》亦見次類的跨類,形成小的跨類,如將《太平廣記》卷二三四"食""菲食"《羊曼》移至卷四六"酒食部""食",《太平廣記》卷二○三"樂一""琴"《馬融》移至卷四七"樂部""樂"《馬融》等。

由以上單篇跨類的情形可知《太平廣記鈔》的跨類,實非簡單的移置,而蘊含著編輯者對於全書分類的關照,並表現出更爲清晰的分類意識,在實際編輯時,也會運用適宜的方法,使跨類的意義彰顯。另外從卷二二"器量部"《于頓》下眉批:"亦可入豪俠,亦可入義氣。"顯示了馮夢龍自覺到歸類的困難,有些故事的內容實可歸於不同的類別中。

2. 併篇

《太平廣記鈔》在篇目編輯上,還進行了篇目的整併,其中一類是將或紀事相關,或同出一書者的數篇篇目,合爲一篇,多半會在篇名上將所合併的篇名列上。另一類則是將多篇同一篇名者進行合併。前者如卷一四"異僧部""異僧二"《徐敬業　駱賓王》實合併了《太平廣記》卷九一"異僧五"出於《紀聞》的《徐敬業》和出於《本事詩》的《駱賓王》兩則,所以篇名是兩者並列。這是出於不同書但紀事相類者。而卷二一"定數部""定數二"《王沐　舒元謙》合併了《太平廣記》卷一五六"定數一一"的《王沐》和《舒元謙》兩篇,都出於《杜陽雜編》,且都涉及甘露之變。這是出於同書且紀事相近者。卷四七"樂部""樂"《師延師曠師涓》,收録《太平廣記》卷二○三"樂一"的《師延》、《師曠》和《師涓》,則是合併了三篇同出於《王子年拾遺記》者。同樣的馮夢龍亦會在篇目內容上作刪減,或以評點的話語,來縮合所併篇目的相關性,使得併篇成爲必要之舉。如卷二三"精察部"《董行成　張鷟》實合併了《太平廣記》卷一七一"精察一"的《董行成》和《張鷟》,

兩篇同出於《朝野僉載》,且馮夢龍删除《張鷟》一則中呂元誣陷馮忱事,致使兩則叙事同樣都是有關驢或驢鞍的失竊案。而卷三〇"貢舉"《汪遵　程賀》合併了《太平廣記》卷一八三"貢舉六"的《汪遵》和《程賀》兩篇,而文末評語云:"許棠侮小吏,崔公獎廳僕。識量相懸,何啻千里。"説明併篇的原因,對比出人物的高下。此外,紀事相類的併合多篇,未必會在篇名上表達,例如卷三二"將帥部"《高駢》,除了收録《太平廣記》卷一九〇"將帥"的《高駢》外,還將《南蠻》一則有關僖宗幸蜀之事載入。卷三〇"貢舉"《宋濟　温庭筠》一篇,則顯示了更爲複雜的併篇,該篇實合併了《太平廣記》卷一八〇"貢舉三"的《宋濟》和《太平廣記》卷一八二"貢舉五"《温庭筠》,以及《太平廣記》卷一九九"文章二"的《温庭筠》三篇。但《太平廣記》卷一八〇"貢舉三"的《宋濟》的部分,只取出於《盧氏小説》的一則,未取出於《國史補》的一則。至於《温庭筠》的部分是將《太平廣記》卷一八二"貢舉五"《温庭筠》插於《太平廣記》卷一九九"文章二"的《温庭筠》的行文中,即以"文章二"的《温庭筠》爲主體,但是把沈詢事提前,即將有關科舉的事,集中記述,並把温庭筠改名的事,置入介紹其名之下:"吳興沈徽云:'温曾於江淮爲親表檟楚,由是改名。'"成爲一種注解的知識,可以見出馮夢龍在併篇上的用心。

　　至於對於相同篇名的併合,不僅是紀事相近的歸整,更具有整飭體例和精簡篇幅的作用,例如卷一九"徵應部""休徵"《仲尼》實合併了《太平廣記》卷一三七"徵應三""人臣休徵"的《仲尼》和卷一四一"徵應七""人臣咎徵"的《孔子》。卷三一"職官部"《雜説》實合併了同出於《國史補》的《太平廣記》卷一八七"職官"的《雜説》和《雜説》。又相同篇名的併合,亦見馮夢龍在篇目内容上删改調整者,如卷四七"樂部""樂"《宋沇》取《太平廣記》卷二〇三"樂一"《宋沇》中出於《羯鼓録》的一則,删去出於《國史補》的一則,並將《太平廣記》卷二〇五"樂三"《宋沇》出於《羯鼓録》的一則併入,且置於前。這樣的併篇避免了同類叙事中篇名的複沓,同時也達到縮減篇幅的功效。

　　3. 篇名更改

　　《太平廣記鈔》更改了許多篇目的篇名,多有"正名"的用意,使得篇名更符合篇目的内容,是故《太平廣記鈔》的篇名更改,實具有依據"類"的意涵指涉,辨析故事主體的意味,特別是在"仙部"和"神部"兩大類中,多以文本中的仙、神之人物爲名,造成篇名更改的情形,例如在卷三"仙部""仙三"

《曹老人》在《太平廣記》卷四三"神仙四三"中篇名是《于濤》,而曹老人纔是故事中的神仙角色,故以其爲篇名是非常適恰的。又如卷八"女仙部""女仙一"《織女婺女須女星》,在《太平廣記》卷六五"女仙一〇"中篇名是《姚氏三子》,事實上織女婺女須女星纔是女仙。而卷五二"神部""神一"《后土夫人》原爲《太平廣記》卷二九九"神九"的《韋安道》。卷五二"神部""神一"《地祇》則是《太平廣記》卷三〇六"神一六"《盧佩》一篇。諸篇皆配合類屬而改名。而卷七"仙部""仙七"《橘中叟》在《太平廣記》卷四〇"神仙四〇"中篇名作《巴邛人》,故事中的神異的主體是橘中叟,實應以之爲題,同時以"橘中叟"爲題,也可達到了標異的效果,引人意欲一探究竟。可見在更改篇名時,馮夢龍也思考及篇目的效果,例如卷六"仙部""仙六"《荆門乞者》在《太平廣記》卷三一"神仙三一"中篇名爲《章全素》,其實荆門乞者就是仙人章全素。馮夢龍改動篇名可能是乞者與神仙的反差較具戲劇張力。卷一九"徵應部""感應"《胡釘鉸》在《太平廣記》卷一六二"感應二"中題爲《胡生》,《太平廣記鈔》以此綽號爲題,更爲生動地傳達出胡生隱於猥賤之業。卷一九"徵應部""感應"《神士冢》在《太平廣記》卷一六一"感應一"題爲《南徐士人》,改爲《神士冢》則更能突顯故事男女主人翁的情意。卷一九"徵應部""讖應"《牛口谷》在《太平廣記》卷一六三"讖應"的篇名是《孫佺》,但易以"牛口谷"則更符合地名之讖。同卷中的《埋懷村》將《太平廣記》卷一六三"讖應"的《李懷光》改名,也有一樣的效果。

　　《太平廣記鈔》亦見以篇名更改配合調整《太平廣記》內容的情形,如卷二一"定數部""定數二"《宗子》在《太平廣記》卷一四七"定數二"中篇名是《王僎》,但是文本故事真正的主人翁是皇宗子,《太平廣記鈔》删去《太平廣記》所記:"唐太子通事舍人王僎曰:'人遭遇皆繫之命,緣業先定,吉凶乃來,豈必誠慎。'"似乎更應以《宗子》爲名。但有時《太平廣記鈔》更改《太平廣記》的篇名,殆源於對《太平廣記》該篇內容所作的一些調整,如卷一〇"道術部""道術"《許元長》改易了《太平廣記》卷七四"道術四"的篇名《唐武宗朝術士》,實因《太平廣記鈔》主要節録了《太平廣記》所記許元長的部分。卷三八"詼諧部"《李可及》實將《太平廣記》卷二五二"詼諧八"《俳優人》改名,因《太平廣記》四則叙事中,《太平廣記鈔》僅録李可及一則。

　　《太平廣記鈔》對《太平廣記》的篇名更改,其實還可以達到避免篇名重複的效果,如卷三五"奢侈部"《阿臧》將《太平廣記》卷二三六"奢侈一"《張易之》改爲“阿臧”，因爲主要是張易之母阿臧的故事，同時也可以避開“張易之”在《太平廣記》中多次重複的題名。卷三六“謬誤部”《語訛》將《太平廣記》卷二四二“謬誤”的《于頔》改爲“語訛”直指其事，又可避開又用“于頔”爲題。卷四二“醫部”《大風醫》改自《太平廣記》卷二一九“醫二”《高駢》，以真正的醫者題名，而且可以區隔多以“高駢”爲篇名者。

此外，《太平廣記鈔》亦有不從叙事内容與“類”所指涉意涵來考量，僅針對叙事之實，更改篇名，例如《太平廣記》卷二三七“奢侈二”《于頔》一則内容叙述了于頔和李昌夔兩人之事，故卷三五“奢侈部”將篇名改爲《于頔李昌夔》。又《太平廣記》卷二一九“醫二”《元顏》在《太平廣記鈔》卷四二“醫部”中是以《京城醫　趙卿》題名，因爲實有關此二醫者事。而《太平廣記》卷一八七“職官”《宰相》，在《太平廣記鈔》卷三一“職官部”改爲《宰相考》，《太平廣記》卷一八七“職官”《御史》改爲《御史考》，連一字之差也改，可見馮夢龍希望篇名能正確反映文本内容。而此求真的立意，還導致篇名更改，有辨誤的功效，如卷三六“嗤鄙部”《侯思止》將《太平廣記》卷二五八“嗤鄙一”的《侯思正》之誤改正。

在《太平廣記鈔》中，亦見爲了配合分類調整而改篇名的情況，如卷四三“相部”《庾道敏》將《太平廣記》卷二二四“相四”的《相手板庾道敏》之名，删去了“相手板”，因相手板已作爲附類名。

由上述《太平廣記鈔》更改《太平廣記》篇名的種種情況，充分表露出馮夢龍在編篇上的用心，力求適宜和精確的篇名，希冀能夠達到篇目正確、引人，同時避免篇名的重複。

《太平廣記鈔》的編篇並非止於前述三項，還出現了三項混合的各種編篇方式。

4. 跨類併篇

跨類併篇就是同時進行兩種編篇的方式，其中最常見的是統攝叙事内容相涉的相同題名者。如卷五“仙部”“仙五”《李林甫》所記不僅是《太平廣記》卷一九“神仙一九”的《李林甫》，還包括卷三〇三“神一三”的《奴蒼璧》和卷三三五“鬼二〇”的《李林甫》，基本上是將有關李林甫的神異故事歸併。又如卷一〇“道術部”的“道術”《賈耽》，不僅收録《太平廣記》卷七八“方士三”的《賈耽》，還併入卷三七三“精怪六”“火”《賈耽》、卷三九〇“冢墓二”《賈耽》、卷三九九“井”《賈耽》、卷八三“異人三”《賈耽》，除了卷四五“神仙四五”《賈耽》外，幾乎將《太平廣記》中所有以“賈耽”爲名且與道術妖異有關的叙事,均收入此則,自然出處便羅列了多部典籍。其他如卷二四"幼敏部"《王勃》收録《太平廣記》卷一七五"幼敏"的《王勃》和《太平廣記》卷一九八"文章一"的《王勃》。至於卷二二"名賢部"《李景讓》收録兩篇都出於《盧氏雜説》的《太平廣記》卷二三三"酒"《李景讓》和《太平廣記》卷一五七"定數一二"《李景讓》,著重的是李景讓之德,尤其在"定數一二"一則的《李景讓》的"信乎命也"之後,添加"然德望如李公,何必探丸? 以人聽天,斯爲陋矣"數語,極度肯定李景讓的德行。以評點來加強跨類併篇的必要性。

　　此外,叙事内容相關的篇目也透過跨類而併篇。如卷一二"異人部"的"異人"《朱遵　賈雍》,收録《太平廣記》卷一九一"驍勇一"的《朱遵》和卷三二一"鬼六"《賈雍》,因兩者都是有關戰死無頭的異人故事,並將兩者並列爲篇名。卷一九"徵應部""感應"《賣粉兒　崔護》,收録《太平廣記》卷二七四"情感"的《賣粉兒》和《崔護》兩篇與情感動天有關的叙事,還於文末評曰"二事恰好對股文字",勾連起兩篇的相關性。卷二五"才名部"《蕭穎士　李華》收録《太平廣記》卷一六四"名賢"的《蕭穎士》和《太平廣記》卷二〇一"才名"的《李華》,都是同樣的情形。但有時《太平廣記鈔》是一篇名來概括所併篇目,如卷一九"徵應部""咎徵"《池陽小人》,收録《太平廣記》卷一三九"徵應五""邦國咎徵"的《池陽小人》,還將《太平廣記》卷一三五"徵應一""帝王休徵"的《臨洮長人》和《蜀李雄》併爲一則叙事於其後。

　　在實際進行跨類併篇時,馮夢龍還在叙事的内容上,有所調整。如卷三〇"貢舉部"《李固言》收録《太平廣記》卷一五五"定數一〇"的《李固言》和《太平廣記》卷一八〇"貢舉三"的《李固言》,將《太平廣記》卷一五五"定數一〇"的《李固言》中出於《酉陽雜俎》和《蒲録記傳》的内容合併,删去《酉陽雜俎》中蜀姥二十年後再會李固言以下叙事,同時删《蒲録記傳》中胡盧先生預言李固言爲紗籠中人事。而卷二五"才名部""憐才附"《韓愈》收録《太平廣記》卷一七〇"知人二"的《韓愈》和《太平廣記》卷二〇二"憐才"的《韓愈》後一則。前一則《韓愈》則被收入卷二四"幼敏部"《李賀》,由此得見《太平廣記》同一篇被收録至《太平廣記鈔》的不同篇目的情形。

　　《太平廣記鈔》在跨類併篇上同樣地展現了馮夢龍編纂篇目上的用心,卷三八"詼諧部"《盧肇　丁棱》收録了《太平廣記》卷二五一"詼諧七"的《盧肇》和《太平廣記》卷一八二"貢舉五"的《丁棱》,在《丁棱》一則中有

“盧肇、丁棱之及第也”之句,殆由於此文句將盧肇和丁棱並提,致使馮夢龍將在《太平廣記》中不同類別的兩篇文本併篇。可見馮夢龍編纂《太平廣記鈔》,必是在熟讀《太平廣記》的前提下進行的。

5. 跨類改名

跨類改名亦是《太平廣記鈔》頻繁出現的編篇方式之一,顯示馮夢龍認爲《太平廣記》中的歸類和命名都需要再思索的篇目不少,當然其中也有因調整分類和删改叙事内容而異動者。略述數例以説明跨類改名的情況。如卷一二“異人部”“異人”《清溪山道者》原爲《太平廣記》卷一五三“定數八”《袁兹》,因叙事主體是道人之異事而非袁兹,故改名並跨類。又如卷二九“俠客部”《古押衙》原爲《太平廣記》卷四八六“雜傳記三”《無雙傳》,因側重在古押衙的俠行,故歸於俠客類並改篇名。又如卷四四“婦人部”“賢婦”《牛氏》原爲《太平廣記》卷四九八“雜録六”《鄧敞》,看重的是鄧敞妻牛氏的賢淑,自然以“牛氏”爲題,置於“婦人部”“賢婦”,何況鄧敞爲人有缺,更不宜作爲篇目題名。而由卷二六“博物部”《委蛇　俞兒》原爲《太平廣記》卷二九一“神一”《齊桓公》一則而觀,馮夢龍顧及所述齊桓公二則分别與委蛇和俞兒神物有關,所以直以二神物爲名,並將之重新歸類,尤其特别的是,並列兩者爲篇名,可見馮夢龍認爲必要時,還是需要詳列篇名,並非完全從簡省來考量。

至於因分類調整而造成跨類並改名者,如卷一九“徵應部”“感應”《玉簫》原爲《太平廣記》卷二七四“情感”《韋臯》,因《太平廣記》卷二七四“情感”類併入《太平廣記鈔》“徵應部”次類,形成了跨類,又馮夢龍認爲玉簫纔是真正情感於天者,因此而改名。而因删改叙事内容而跨類改名者,如卷二四“幼敏部”《王慈》原爲《太平廣記》卷二〇七“書二”《王僧虔》,全篇删去王僧虔的叙事,只取王慈幼時敏於應對之事,自然以“王慈”爲題,並歸於“幼敏”類爲是。又卷四四“婦人部”“奇婦”《村莊婦人》原爲《太平廣記》卷一九二“驍勇二”《王宰》,因删去王宰對抗群盜事,只存村莊婦人奮力抵抗群盜的事蹟,所以歸於“婦人部”“奇婦”類,並加以改名。而卷二二“器量部”《陸象先》原爲《太平廣記》卷四九六“雜録四”《趙存》,因删去《太平廣記》文本開始藉由隱士趙存來叙述陸象先事,使改名成爲必要;同時需注意的是該篇跨類而取,反而不是擇取原出現在《太平廣記》卷一七七“器量二”《陸象先》之文,表示馮夢龍認爲“雜録四”的《趙存》更能傳達出陸象先的器量,也再度讓我們看出編者的作意。此外,卷二二“廉儉部”《李

勣　王罷》實爲《太平廣記》卷一七六“器量一”的《李勣》一則,但馮夢龍删去該則所記李勣爲番官免於外放事,僅記李勣和王罷爲客人設食,客人裂餅邊緣事,雖事類相近,但爲不同的主人翁故事,所以在篇名上,並列兩者爲題。因爲移列在“廉儉”一類,便删去《太平廣記》《李勣》文末所述“今輕薄少年裂餅緣、割瓜侵瓤,以爲達官兒郎,通人之所不爲也”之句,以更符合“廉儉”之實。這樣先删後改名,進而歸類,也説明了馮夢龍縝密而繁複的思考。

6. 併篇改名

　　併篇並改名也是《太平廣記鈔》篇目編纂的方式,此方式兼具了併篇和改名的功效,往往能以精確適宜的命名,整合篇目,自然有益於全書的精簡。

　　《太平廣記鈔》多以一個篇目名稱來統合原在《太平廣記》中的數篇不同篇目,或以其中的一篇的題名來統合,或以一新的題名來統合。前者如卷一九“徵應部”“休徵”《唐蕭宗》一則,實收録《太平廣記》卷一三六“徵應二”“帝王休徵”的《唐玄宗》和《唐蕭宗》兩則。蓋因《唐玄宗》一則實在叙述蕭宗的出生,又兩則都出於《柳氏史》之故。其他如卷三〇“貢舉”《李德裕》實合併了《太平廣記》卷一八二“貢舉五”的《李德裕》和《盧肇》,以及《太平廣記》卷一八一“貢舉四”的《李逢吉》。《盧肇》和《李逢吉》所述都與李德裕有關。而卷三三“酷暴部”《來俊臣》,收録《太平廣記》卷二六七“酷暴一”的《來俊臣》以及《太平廣記》卷二六八“酷暴二”的《酷吏》和《王弘義》叙述來俊臣常行移牒事,再叙述《太平廣記》卷二六九“酷暴三”的《誣劉如璿惡黨》之事,也將《太平廣記》卷二六八“酷暴二”的《吉頊》置入。即以一篇目名併合了多篇,當然在篇目内容上作了删改,僅録《太平廣記》《來俊臣》和《酷吏》兩則,主要記載兩則交集的有關來俊臣的出生與王弘義用刑殘酷、誣陷狄仁傑事,其餘不載。後者如卷二五“文章部”《馬嵬詩》,實收録《太平廣記》卷一九九“文章二”的《鄭畋》和《太平廣記》卷二〇〇“文章三”的《狄歸昌》,兩篇都涉及馬嵬詩,在眉批中,分别以“善翻案”、“又翻”來評價兩首詩,亦是運用評點來繫連兩篇的關係。又如卷一九“徵應部”“休徵”《唐玄宗》一則,實收録《太平廣記》卷一三五“徵應一”“帝王休徵”的《金蝸牛》和《太平廣記》卷一三六“徵應二”“帝王休徵”的《天寶符》兩則與唐太宗瑞應有關的叙事。值得注意的是該篇並未收録《太平廣記》卷一三六“徵應二”“帝王休徵”的《唐玄宗》,而產生了取代的情形。

　　《太平廣記鈔》亦見將改動過的篇名並列,進行併篇者。如卷一九“徵

應部”“讖應”《唐興村　阿婆面》,實收録《太平廣記》卷一六三“讖應”的
《高穎》和《神堯》兩則,改以“唐興村　阿婆面”爲名,則更爲生動地突顯故
事主旨。又卷三〇“貢舉部”《馮氏　張氏　楊氏》收録《太平廣記》卷一八
〇“貢舉三”的《馮陶》、《張環》和《楊三喜》,因叙事内容涉及三人的親族,
以“氏”爲名比較妥當。

7. 跨類併篇改名

《太平廣記鈔》中亦有多篇是經由對《太平廣記》的篇目同時進行跨類、
併篇和改名等編輯手法而完成。多重的編輯手法並行,顯示了馮夢龍對於
篇目的編排實費心思,大抵不脱併整統合與精確符實的概念實踐。例如卷
四四“婦人部”“才婦”《宮人紅葉詩》,收録《太平廣記》卷一九八“文章一”
的《顧況》、《太平廣記》卷三五四“鬼三九”的《李茵》。因《太平廣記》諸篇
都與宮人紅葉題詩有關,涉及婦人之才,基此而觀,《太平廣記鈔》的編輯是
非常適恰的。又卷四七“樂部”“樂器”《廣陵散》,收録《太平廣記》卷三一
七“鬼二”的《嵇康》,《太平廣記》卷三二四“鬼九”的《賀思令》,《太平廣
記》卷二〇三“樂一”“琴”的《王中散》三篇。因爲三篇都涉及《廣陵散》琴
曲,故以之統攝。又卷四三“相部”“相宅附”《泓師》,收録《太平廣記》卷七
七“方士二”的《泓師》、《太平廣記》卷四五七“蛇二”的《李林甫》、《太平廣
記》卷四九七“雜録五”的《王鍔》、《太平廣記》卷三八九“塚墓一”的《韋安
石》諸篇,因全部與泓師相宅有關。以《太平廣記》一篇的篇名來統攝諸篇
的情形,在此類編目中非常普遍,如卷二四“幼敏部”《蘇頲》,實收録《太平
廣記》卷一六九“知人一”的《裴談》,《太平廣記》卷一七五“幼敏”的《蘇
頲》、《太平廣記》卷一七四“俊辯二”的《蘇頲》、《太平廣記》卷二〇一“才
名”的《蘇頲》、《太平廣記》卷四九三“雜録一”的《蘇瓌李嶠子》。

《太平廣記鈔》有時會以“等”的篇目命名,表示該篇實收録了多篇,例
如卷三三“酷暴部”《朱粲等》便收録了《太平廣記》卷二六七“酷暴一”的
《朱粲》、《太平廣記》卷二六九“酷暴三”的《趙思綰》和《太平廣記》卷二六
一“噬鄙四”的《張茂昭》,三篇都與吃人肉有關。又卷四〇“妖妄部”《吕用
之　諸葛殷等》,收録《太平廣記》卷二九〇“妖妄三”的《吕用之》和《諸葛
殷》,以及《太平廣記》卷二八三“巫”“厭呪附”的《高駢》,三篇同出於《妖
亂志》,與妖妄有關。此外,卷六“仙部”“仙六”《蘭陵老人　蘭陵皇冠》則
展現了另一層次分明的繁複編目形式,即《太平廣記》卷一九五“豪俠三”
《蘭陵老人》,因蘭陵老人具道術且行跡實仙,故跨類至“仙部”;然後將所述

內容與《蘭陵老人》相近的《蘭陵皇冠》併篇,《蘭陵皇冠》原爲《太平廣記》卷四九"神仙四九"的《溫京兆》,可見《太平廣記》不僅歸納相類故事,也著眼於兩篇人物和空間的相關性,在篇名上求其統一,在名、實上都成爲一體系。

當然此一編輯手法,也牽涉馮夢龍對《太平廣記》叙事內容的删改。如《太平廣記鈔》卷一〇"道術部"《唐居士　周生》不錄《太平廣記》卷七五"道術五"《王先生》陳述的王先生之術,僅收其故事後附錄的唐居士事,故以"唐居士"爲題,同時該則還並列了《太平廣記》卷七五"道術五"《周生》,殆兩則皆爲以術致月的故事。

8. 其他編目方式

除了上述主要的編目方式外,《太平廣記鈔》還有一些編目方式,值得注意。

(1) 分篇改名

編目時《太平廣記鈔》並不只是併篇,還進行分篇,如將《太平廣記》卷二五一"詼諧七"《周愿》兩則叙事,分爲卷三八"詼諧部"《周愿》和《陸長源》各自獨立的篇目。又如將《太平廣記》卷二五二"詼諧八"《俳優人》一則,分爲卷三八"詼諧部"《李可及》、《安轡新》、《穆刁綾》、《胡趲》四篇。

(2) 併篇分篇改名

《太平廣記鈔》在併篇時,又進行分篇,以新成立一篇,並賦予新的題名。如卷三四"權幸部"《路岩》收錄《太平廣記》卷一八八"權倖"的《路巖》和《高湘》,因爲兩則叙事都與路岩有關,同時皆出於《玉泉子》。所以各删除一些叙事內容,然後合併爲一篇;復將《高湘》一則有關八司馬十司户的部分,分另立一則,題名爲《八司馬十司户》。又卷四七"樂部""樂器"《李勉》,將《太平廣記》卷二〇三"樂一""琴"《李勉》中的兩則併篇;然後將第三則獨立成另一篇爲《樊氏　路氏　雷氏》。又卷四七"樂部""樂器"《玄宗　寧王父子》將《太平廣記》卷二〇五"樂三""羯鼓"《玄宗》中兩則併篇,再將第三則獨立爲另一篇,名爲《黃幡綽》。

(3) 跨類分篇改名

雖在《太平廣記》中有同類同名者,《太平廣記鈔》卻不取,而取《太平廣記》另一類不同篇名者,並將不取者另爲《太平廣記鈔》的一篇,賦予新的題名。如卷四七"樂部""樂器"《徐月華》並非取的是《太平廣記》卷二〇五"樂三""箜篌"《徐月華》,而是出自《洛陽伽藍記》的《太平廣記》卷二三六

"奢侈一"《魏高陽王雍》,但卻將《太平廣記》卷二〇五"樂三""笙簧"《徐月華》中有關田僧起的敘事,另以《田僧起》爲名獨立一篇。

(4) 併篇分篇併篇

《太平廣記鈔》將《太平廣記》中多篇相近的篇目合併,並將其中一篇的内容分出,與《太平廣記鈔》中的另一篇目的内容合併。如卷四八"書部""書"的《書始》將同出於《書斷》的《太平廣記》卷二〇六"書一"《古文》、《大篆》、《籀文》、《小篆》、《八分》、《隸書》、《章草》、《行書》、《飛白》、《草書》併篇,並將《大篆》、《籀文》併在一則之内,因爲都是史籀所作,復在草書的敘述後,引《書斷》所論八體,内容實爲《太平廣記》卷二〇九"書四"《八體》一則的前半,後半則併入卷四八"書部""書"的《荀興》一則。

從《太平廣記鈔》釐析出的各種繁複多樣的編目方式,説明馮夢龍是抱持著一種非常嚴謹的態度,並運用周密的方式,重新整理《太平廣記》的篇目編排,當然也因此改變了原書呈現篇目的風貌。此外,由於大規模的跨類、併篇在全書中運作,導致篇目的排序,與《太平廣記》形成差異,而大致上可以觀察出,《太平廣記鈔》會依據篇目敘事内容相近者排列,其實這也傳達出一種強烈的"類"的觀念,同時可以讓不同的篇目文本形成一種參照。例如卷五八"鬼部""鬼三"的《廬江馮媪》和《鄒覽》,《廬江馮媪》原屬《太平廣記》卷三四三"鬼二八",《鄒覽》原名《謝邈之》,屬《太平廣記》卷三一八"鬼三",《太平廣記鈔》將兩篇並列,一爲妻、女死,雖妻、女現形,爲人夫、父者仍另娶;一爲夫、子死,因夫、子現形,爲人妻、母者遂不復嫁。《太平廣記鈔》安排兩篇相近内容的文本並列,也因此呈現出在再婚上男女性别所導致的差異。在擇取《太平廣記》的篇目以陳述時,也可見《太平廣記鈔》對《太平廣記》篇目敘述次序的顛倒和拆解。例如卷二六"博物部"《段成式》在敘述時將《太平廣記》卷一九七"博物"《段成式》中兩則敘事的次序加以顛倒。卷四二"醫部"《徐文伯》將《太平廣記》卷二一八"醫一"《徐文伯》中出於《談藪》的後一則提前。卷三九"無賴部"《荆州札者》,收錄《太平廣記》卷二六三"無賴一"的《荆州鬻艒者》和《太平廣記》卷二六四"無賴二"的《葛清》兩篇都出於《酉陽雜俎》的敘事,但敘述的次序卻顛倒。又如卷三九"詭詐部"《則天禎祥》收錄《太平廣記》卷二三八"詭詐"的《朱前疑》和《太平廣記》卷二五八"嗤鄙一"的《朱前疑》,但將後者的敘事插於前者的敘事事件中。又卷二二"高逸部"《元結》先敘述《太平廣記》卷二〇二"高逸"《元結》中本在敘事後半部的元結在天寶中的各項稱號,然後再敘述本在《太平廣記》之前半所述元結於安史之亂中的種種義舉，終以"漫叟之作用如此"作結。而卷三五"奢侈部"《李德裕》收録《太平廣記》卷二三七"奢侈二"的《李德裕》，《太平廣記》卷四○五"寶六""奇物"的《李德裕》，並以另起一段落的形式，保留了出於《劇談録》的《太平廣記》卷四○五"寶六""奇物"的《李德裕》中有關"龍皮"的注解。卷四二"相"《袁天綱父子》，收録《太平廣記》卷二二一"相一"的《袁天綱》，但僅録蔣儼、李嶠、王當、袁客師事，並插入《太平廣記》卷二二四"相四"《武后》的叙事，將袁客師事置於後。同時以按語的形式引《太平廣記》卷一六九"知人一"《張鷟》一篇中張鷟對李嶠的批評，置於所叙李嶠事後。卷三一"銓選部"《斜封官》收録《太平廣記》卷一八六"銓選二"的《斜封官》、《太平廣記》卷二八三"巫"的《彭君卿》和《太平廣記》卷二五五"嘲誚三"的《張鷟》，並將《太平廣記》卷一八六"銓選二"的《斜封官》分爲兩部分，先叙述見鬼人彭君卿事，然後將《太平廣記》卷二八三"巫"《彭君卿》叙事引入，然後再叙述《太平廣記》卷二五五"嘲誚"《張鷟》，文末以"張鷟云"按語形式，帶入《太平廣記》卷一八六"銓選二"的《斜封官》後半有關武則天封官事。由此可見無論是選篇或併篇，馮夢龍都會更動篇目内容的叙事次序，意圖使叙事合理完整，也意味着他在編輯篇目上頗費心思。

（三）單篇文本的刪減

除了分類、編篇之外，《太平廣記鈔》的單篇叙事文本編輯也不容忽略，《太平廣記鈔》既作爲選本，必然是擇選篇目以成書，在《太平廣記鈔·小引》中，馮夢龍已表明縮減的原則，這也是研究《太平廣記鈔》的學者所關注的焦點。① 對於擇選的篇目内容呈現也並非依照《太平廣記》文本叙述，《太平廣記鈔》的單篇叙事文本編輯的重心，就是内容的刪減，②事實上在前述編篇中所論及的併篇，已具有縮減篇幅的功效，至於單篇叙事文本内容的刪減，馮夢龍大致是採取直接刪則、刪事件、刪字句的方式。

1. 刪則

《太平廣記》中多見在一篇目中叙述多則者，但《太平廣記鈔》並不全

① 許建崑對於《太平廣記鈔》的編纂關注的焦點是"縮編"，而傅承洲則是"刪訂"。
② 許建崑以《太平廣記》卷二六《葉法善》爲例，説明馮夢龍如何刪去贅詞、累句和歧段，來談《太平廣記鈔》縮減篇章字句的情形。參見氏著《馮夢龍〈太平廣記鈔〉初探》，第111—112頁。

録,僅擇選其中一部分。如卷二五"文章部"《唐德宗》只録《太平廣記》卷
一九八"文章一"的《唐德宗》出於《杜陽雜編》一則叙事,而不取出於《國史
補》的一則。卷三五"奢侈部"《安樂公主》只收《太平廣記》卷二三六"奢侈
一"的《安樂公主》中第二、三則,第一則不取。卷三〇"貢舉部"《蘇張　瑝
嶠》,《蘇張》部分只取《太平廣記》卷一八一"貢舉四"《蘇景張元夫》出於
《摭言》一則,删除出於《盧氏雜説》的兩則。卷三四"諂佞部"《李林甫》只
録《太平廣記》卷二四〇"諂佞二"《李林甫》中出於《國史補》的一則,而不
取出於《談賓録》的一則。卷四六"酒食部""食"《五侯鯖》只録《太平廣
記》卷二三四"食"《五侯鯖》中出於《西京雜記》的一則,而不取出於《語林》
和《世説》的另二則。卷四七"樂部""樂"《唐太宗》只録《太平廣記》卷二
〇三"樂"《唐太宗》中出於《談賓録》的一則,和出於《國史異纂》與《秦王破
陣樂》有關的二則,其餘二則出於《國史異纂》的叙事則不取。如此的删減,
精擇了篇目的内容,也達到了篇幅簡省的目的。

2. 删事件

《太平廣記鈔》在記述一篇叙事時,往往省略了其中某些事件,其實"删
則"也屬於廣義的删事件,只是有比較清楚的"則"的界分。但此處所論的
"删事件",是在一則叙事中發生。例如卷一二"異人部""異人"《幸靈》,
《太平廣記》卷八一"異人"《幸靈》所録有關幸靈之異有六,此只載其一。
卷一九"徵應部""休徵"《晉元帝》删去晉中宗事,殆完全符合"晉元帝"之
題名。卷二〇"定數部""定數一"《陸賓虞》僅記述《太平廣記》卷一五四
"定數九"《陸賓虞》所記陸賓虞取薦京兆府殊等及第事,略去了惟瑛所言陸
賓虞入省試所得名籍不高的結果和預言陸賓虞食禄於吳越之分以及暴終
之事,以符合《太平廣記鈔》在"科名定數"次類所記多爲得功名之内容。卷
二一"定數部""定數二"《許生》中省卻《太平廣記》卷一五八《許生》中記
述許生入冥遇見朱仁忠亡妻乞錢之事,僅記有關冥間食簿所記朱仁忠飲食
事,强調該類主題"飲食定數"。卷二二"高逸部"《陶峴》中僅記《太平廣
記》卷四二〇"龍三"《陶峴》中陶峴被稱爲水仙的事蹟,完全不提叙事主體
崑崙奴摩訶之事。卷二二"高逸部"《賀知章》中未記《太平廣記》卷二〇二
"高逸"《賀知章》陸象先稱讚他爲風流之士事。卷二四"幼敏部"《李百藥》
删去與李百藥年長後之事,以真正符合"幼敏"之實。卷二四"幼敏部"《崔
鉉》只取《太平廣記》卷一七五"幼敏"《崔鉉》中崔鉉年幼作詩爲韓滉稱讚
之事,其餘删除。卷二六"好尚部"《韓愈》中删去《太平廣記》卷二〇一"好

尚"《韓愈》中與韓愈無關的李氏子登慈恩寺浮圖之事。卷三六"嗤鄙部"
《趙仁獎》刪除《太平廣記》卷二五九"嗤鄙二"《趙仁獎》瑣碎事蹟,僅保留
能特別凸顯其令人嗤鄙的叙述。這些刪減不僅能縮減篇幅,也使得叙事更
能符合分類所指。

3. 删字句

《太平廣記鈔》幾乎對每一篇擇選的《太平廣記》文本都進行字句的刪
減,試以卷一四"異僧部""異僧二"《懶殘》的數句爲例:

> 《太平廣記》:"退食,即收所餘而食,性懶而食殘,故號懶殘也。"①
> 《太平廣記鈔》:"性懶而食人殘,故號懶殘。"

兩者比對之下,便突顯出《太平廣記鈔》在行文字句上的精簡。但除了行文
的字句精簡外,《太平廣記鈔》對字句的刪減還是可以從中歸納出值得注意
的重點。即是删減叙事中的人物言語,包括人物發抒情感和議論的詩歌、
詩序、俗諺和簡、表等,以及議論言語,同時還删減原書的評論。

《太平廣記鈔》叙述所選錄的《太平廣記》文本,並非完全删除這些與文
本故事情節發展較無關的言語,但在行文字句的删減上,傾向於删去此類
的行文字句。例如卷一九"徵應部""休徵"《漢高祖》,省卻了《太平廣記》
卷一三五"徵應一""帝王休徵"《漢高祖》中"故俗語云:'漢祖避時難,隱身
厄井間。雙鳩集其上,誰知下有人'"的時人俗語。卷一九"徵應部""休
徵"《唐玄宗》省去了《太平廣記》卷一三六"徵應二""帝王休徵"《天寶
符》:"天下歌之曰:'得寶耶,弘農耶,弘農耶,得寶耶。'"卷二七"知人部"
《苗夫人》删去《太平廣記》卷一七〇"知人二"《苗夫人》中的郭圓詩。卷三
四"諂佞部"《王承休》删去《太平廣記》卷二四一"諂佞三"《王承休》中的
表和詩歌等。卷四四"婦人部""妓"《歐陽詹》删去《太平廣記》卷二七四
"情感"《歐陽詹》中孟簡的詩序及詩。卷四五"僕妾部""姜婢"《非煙》删
去《太平廣記》卷四九一"雜傳記八"《非煙傳》中非煙和趙生往覆的書簡和
部分詩歌。同時《太平廣記鈔》還會删除人物評論的言語,如卷二六"好尚
部"《劉獻之》删去《太平廣記》卷二〇二"儒行"《劉獻之》中劉獻之對儒家
推崇的言論。由此諸例顯示馮夢龍在盡量不影響文本情節發展的前提下,

---

① 見(宋)李昉等編,汪紹楹校點《太平廣記》卷九六,第640頁。

意圖删減行文字句的用心。至於删去原書作者評語之例，如卷二六"好尚部"《朱前疑》删去《太平廣記》卷二〇一"好尚"《朱前疑》中與朱前疑好醜無關事，其事是藉由《朝野僉載》作者的議論叙述出；又卷二二"器量部"《婁師德》删去《太平廣記》卷一七六"器量一"《婁師德》引述《朝野僉載》浮休子的評語。删去《太平廣記》文本所源出之書的議論，一方面可以簡省篇幅，然亦因此留存了建構馮夢龍評議文本的空間。

删則、删事和删字句是《太平廣記鈔》對於選録篇目叙述文本的編輯重心。然書中亦罕見了增事增詩的情形，即卷四四"婦人部""賢婦"《衛敬瑜妻》則增添了《太平廣記》卷二七〇"婦人一"《衛敬瑜妻》所未記衛敬瑜妻於夫墓前種柏樹，而成連理事，和因此衛敬瑜妻所做的詩歌。此一反常的文本叙述，顯示了《太平廣記鈔》依據的版本與汪紹楹校點的談愷刻本可能不同。①

上述有關馮夢龍編纂《太平廣記鈔》所進行的分類、編篇和删減單篇字句等，具體化了其在《小引》所言的"一人删之"的實際狀況，也顯現了編輯的繁複和周密，和因之傳達出編者如何以理性且符合邏輯的編輯意識，致使全書能够更爲精簡。

三、《太平廣記鈔》的評點

如果説"一人删之"是編輯者的身分，"一覽徹之"便是居於讀者的立場，馮夢龍在編纂之際，將閱讀所得記述下來，成爲充盈全書的評點，致使馮夢龍復具有一評論者的身份。由於《太平廣記》的内容非常博雜，所評點的内容指涉也隨之博雜。僅就評點之實，區分出所指涉的幾個面向，以便論述。

---

① 根據張國風的研究，《衛敬瑜妻》較爲豐富的文本，見於談愷本的最後印本，和許自昌本。見氏著《太平廣記會校》，北京：北京燕山出版社 2011 年版，第 4374 頁。這裏實牽涉到一個歷來的研究者皆未討論的問題，就是馮夢龍編選《太平廣記》所依據的版本爲何？或許《衛敬瑜妻》此則一反《太平廣記鈔》删減的編輯原則現象，可以提供一些思考方向。若依據汪紹楹先生的校點，大致可以發現一個趨勢，若排除清代的黄晟刻本，《太平廣記鈔》在"異文"上與談愷刻本、明鈔本互有出入，即有時與談刻本同，有時與明鈔本同，但與許自昌本卻一致，如卷三九"詭詐部"《裴玄智》，卷三九"無賴部"《樂從訓》、《韓伸》等則，以及卷五二"神部""神一"《伏羲》一則，顯示了馮夢龍可能依據的是許自昌本。或許馮夢龍對該許自昌本的批評，正是他編選修改的起點。

(一) 知識的承載

在《太平廣記鈔》的評點中,有非常强烈的知識傾向,即以評點爲注解,説明字音、字義、名物、事類、典故、典章制度等,或作考辨、並存異説等。由於相關的實例太多,僅以數例以説明。

《太平廣記鈔》對於生難的字詞,往往以眉批標示字音和字義。如卷七"仙部""仙七"《李珏》,在"李珏"下眉批"珏,音覺,同瑴"爲釋音。又卷三五"貪部"《鄭仁凱》在"鴷"下眉批:"啄木鳥。"和卷二八"義氣部"《周簡老》在"復與郎君當家"下眉批:"當家,謂同姓。"皆爲釋義之例。而卷一四"異僧部""異僧二"《素和尚》以眉批注解"輠,胡果切,車盛膏器",則是釋音復釋義。

此外,對於字詞所涉及的人、地、事、物等知識,馮夢龍亦一一以眉批注明。如卷八"女仙部""女仙一"《驪山老母》在"大魏真君"下眉批:"真君,魏太武年號。"爲釋人物年號。卷三六"嗤鄙部"《三穢》文末:"又僞周革命,舉人趙廓眇小起家監察,時謂之'臺穢'。"則釋人物綽號。卷三二"驍勇部"《尉遲敬德等》在"王充"下眉批:"王充即王世充。《唐書》避太宗諱,故曰王充。"則點出人名避諱。卷二一"定數部""定數二"《侯繼圖》在"時在左綿"下眉批:"左綿,地名。"爲釋地名。卷七"仙部""仙七"《伊祈玄解》中提到"烏戈山離國",眉批:"烏戈山離國,見班固《西京傳》。"則言名義來源。卷一〇"道術部""道術"《趙知微》中趙知微"化竹釣鯔"眉批:"釣鯔:介象與吳王論膾事。"説明典故。卷二一"定數部""定數二"《李仁鈞》在"窣堵坡"下眉批:"窣堵坡,梵語浮圖也。"爲釋佛家語。卷九"女仙部""女仙二"《鮑姑》對於文本所述羊城即廣州城,有如下之批語:"按尉佗初築廣州城,有五仙人騎五色羊至此,故名。"又卷二七"知人部"《苗夫人》在"天回驛"下眉批:"天回驛因上皇旋駕而名。"和卷四八"書部""書"的《書始》在章草下眉批:"章帝愛而用之,故名章草。"則言命名由來。卷三五"奢侈部"《元載》在"關節"一詞下眉批:"關節之名始此。"則特別注明該則文本爲"關節"一詞的來源。卷三一"職官部"《御史考》文末眉批:"御史臺門北開,蓋取肅殺就陰之義。"和卷二七"知人部"《韋詵》在"寬衣碧衫"下眉批:"唐制,八品已下衣碧。"皆在説明體制。卷一二"異人部"的"異人"《朱遵　賈雍》文末云:"按眉州城西有花卿廟,唐花敬定單騎遇敵,頭已斷,猶跨馬荷戈,至鎮,下馬盥手,適浣沙女曰:'無頭何盥爲?'遂僵仆。事類此。"和卷一〇"道術部""道術"《陳季卿》中以竹葉爲舟言:"壺天法類此。"都在指出相近的事類。卷二六"博物部"《王摘》一則中叙述王儉集才學之士,累物而麗之,謂之麗事。眉批:"類書之始。"則標舉事類的意義。而有時亦注明當代所發生的相近事類,如卷三五"貪部"《龍昌裔》對於龍昌裔祈不雨事,評曰:"萬曆戊子年,吳郡大旱,亦有此事。"和卷三九"詭詐部"《秦中子》以"萬曆庚寅年間,吳中亦有此事。"而卷二五"才名部""憐才"《天后》文末眉批:"按他書,此袍名萬鵲袍。"解釋武則天賜給宋之問之袍名。又卷一三"異僧部""異人一"《釋道安》在"安注諸經"下有:"注《般若》、《道行》、《密跡》諸經,析疑甄解二十餘卷。"和卷三八"詼諧部"《張祜》在"目連變"下眉批:"目連變謂目連尋母,唐人畫有地獄變相。"是爲對文本作進一步闡釋。

　　馮夢龍在評點中會對一些存有疑義之處,提出考訂辨異。如卷三"仙部""仙三"《韓愈侄》眉批云:"本傳云韓愈外甥,今從《酉陽雜俎》改作侄,世傳韓湘子,不知何據,然爲侄無疑。"又卷二六"博物部"《王粲》文末眉批:"或作魏武平烏桓事,謬也,時粲尚在江南。"確定此事。以及卷三六"嗤鄙部"《蘇味道》在"模稜宰相"後眉批:"與《通鑑》模稜待兩端語不合。"此外對於異文,也會於評點中注明,以達到存異的效果。如卷一九"徵應部""休徵"《何比干》關於"百九十枚"的簡策,眉批:"一云九百九十枚。"又卷九"女仙部""女仙二"《張雲容》,在叙述張雲容姓字時,眉批"《仙傳拾遺》作趙雲容",而文本述及"申師名元"時則言:"一云名元之。"卷一七"冤報部""冤報一"《婁師德》在文末眉批:"《唐新話》所載略同,但云壽當八十,今減十年,稍異。"因所引用的是《太平廣記》卷二七七"夢二"《婁師德》所載,故以眉批比較同載於卷一二一"報應二〇"《婁師德》在文字上的差異。而有時在一篇之中的評點,同時呈現了考訂、存異和釋義,如卷一九"徵應部""休徵"《陳倉寶雞》在"秦文公"下眉批:"《列異傳》作秦穆公,誤也。今從《史記》改正。""媼"下眉批:"《晉太康地志》作'媦'。"復對"今南陽雉飛縣,即其地也"眉批:"後漢光武起於南陽。"由上述數例可以見出馮夢龍的博學和求實的精神,致使閱讀《太平廣記鈔》也可以得到很多知識。然更值得推許的是,馮夢龍對於未知之事,也會坦言,如卷三八"詼諧部"《梁武》對何遜所用曹瞞故事,則眉批:"曹瞞故事未詳。"

(二) 文本的呼應

　　《太平廣記鈔》有些評點,廣義來説,應該也具有注解的意思,但可以獨立來討論,即在評點中指出與該篇相關的故事,這些涉及小説文本之間關係的評點,佔有相當的比例。試將馮夢龍以評點注明相關故事的方式略述於下。

或在題目下眉批,指出與該選録故事的相關故事。如卷四四"婦人部""賢婦"《謝小娥》題目下言:"出李公佐撰傳,參《續幽怪録》。"並眉批:"《續幽怪録》事同,但云尼妙寂,姓葉,夫爲任華,亦據李傳,不知何以異也?"指出《謝小娥》與《尼妙寂》的關係,同時也省去對《尼妙寂》的選録。馮夢龍對於"去同存異"的選篇方式,應不止於刪去同類的篇目而已,①他還以評點來作注記,可以説是一種兼具經濟和知識效果的彌補。

或於行文眉批中指出相類的事件。如卷一四"異僧部""異僧二"《僧伽大師》叙及僧伽大師頂上有穴,香氣可從中出入。眉批:"與佛圖澄乳大同。"此即卷一三"異僧部""異僧"《佛圖澄》所記之事。卷八"女仙部""女仙一"《白螺女子》於吳堪留女子爲婦下,眉批云:"《搜神記》謝端侯官人事大同。白螺爲白衣素女,留殻辭去,以殻貯米,殻常不乏。卻無爲妻以下事。"白衣素女事見載《太平廣記》卷六二"女仙七",馮夢龍以此評點,替代了對此篇的選録,同時還比較了兩篇叙事的同異。此外,卷一一"幻術部""幻術"《張和》中張和與豪家子捫佛乳,乳成穴,兩人而入,眉批:"小説莫坡寺佛肚本此。"所指正是《三遂平妖傳》第十回"莫坡寺瘸師入佛肚"的情節。② 又卷二八"義氣部"《周簡老》中以"《水滸傳》李大哥手段"來評論周皓打高力士之子。則將文本與《水滸傳》的文本連結。

或於夾批中以按語的形式,陳述相關故事。如卷三○"貢舉部"《高湜 公乘億》在《高湜》一則後以夾評言:"李紳有詩云:'春種一粒粟,秋成萬顆子。四海無閑田,農夫猶餓死。''鋤禾日當午,汗滴禾下土。誰知盤中餐,粒粒皆辛苦?'吕温覽之云:'斯人必爲卿相。'詩意略同。"實爲出於《雲溪友議》的《太平廣記》卷一七○"知人二"《吕温》所記。又卷三○"貢舉部"《馮氏　張氏　楊氏》收録《太平廣記》卷一八○"貢舉三"的《馮陶》、《張環》和《楊三喜》,又在《馮氏》後,引《北夢瑣言》記述馮藻事,原見載於《太平廣記》卷一八二"貢舉五"。卷四三"相"《袁天綱父子》,收録《太平廣

① 許建崑認爲《小引》所謂的"去同存異"便是刪省雷同的條目。參見氏著《馮夢龍〈太平廣記鈔〉初探》,第110—111頁。
② 莊葳和郭群一認爲此評點提供了文學史上已經失傳的資料。參見氏著《馮夢龍評纂本〈太平廣記鈔〉初探》,第146頁。

記》卷二二一"相一"的《袁天綱》(僅録蔣儼、李嶠、王當、袁客師事),中間並插入《太平廣記》卷二二四"相四"的《武后》,將袁客師事置於後。同時以按語的形式引《太平廣記》卷一六九"知人一"《張鷟》一篇中張鷟對李嶠的批評,置於所叙李嶠事後。而這三則置於夾評的評點内容,皆爲《太平廣記鈔》未選的《太平廣記》篇目内容,卻以評點的方式,得以在《太平廣記鈔》被載記。

　　或於文末以按語、評論來帶出相關的故事。如卷九"女仙部""女仙二"《秦時婦人》後引《抱樸子》所載秦宫人因秦亂入山食松葉、松實長壽,後穀食而老死事,又言《列仙傳》所記毛女事同略異。此外,還引述《集異記》記載華山玉女婢食芝輕舉,卻被書生執辱而老死事,以突顯火食和色欲伐生之害。而秦宫人、毛女爲《太平廣記》卷五九"女仙四"所録,華山玉女婢之事則載於《太平廣記》卷六三"女仙八"。馮夢龍以文末的評論替代了對此諸篇的選録,並達到更緊密的"類聚"效果。卷八"女仙部""女仙一"《織女婺女須女星》中姚氏三子不堪姚氏鞭打道出三星女之事,眉批:"可知杜子春亦不易得。"牽連上卷六"仙部""仙六"的《杜子春》故事。又於文末引《傳奇》所載封陟之事,認爲與姚氏子事,同爲"小説家有托而云"。此外還説明:"《廣記》又載郭翰遇織女事,今删之。牛女相配,已屬浪傳,況誣以他遇,不畏天孫有知乎?"在此以評點順便交代了《太平廣記鈔》未收録封陟和郭翰的故事,但兩則故事也因與《織女婺女須女星》同類,得以被注記。而卷一九"報應部""休徵"《李全忠》末眉批:"子匡威、匡儔相繼。"則是簡略地交代所删減的《太平廣記》卷一三八"徵應四"《李全忠》中有關匡威、匡儔的事蹟。事實上,《太平廣記鈔》文末的評論,往往籠罩了許多同類的故事,如卷六"仙部""仙六"《軒轅彌明》文末評論:"學道之人,第一要去人我相。老子所謂外其身而身存。鄭又玄胸中有門望在,蔣生胸中有先輩主人翁在,黎幹、温璋胸中有京尹在,侯喜胸中有詩名在。心既不虛,腹何由實?所以真仙當面錯過。"此一評語側重在修道貴在超俗清虛,而值得注意的是,雖然没有明指篇名,但貫串了《老子》、《閭丘子》、《荆門乞者》、《蘭陵老人　蘭陵皇冠》和《軒轅彌明》等"仙部"故事,形成了文本間的連結。

　　由上述而觀,諸多的評點涉及《太平廣記》的相關文本,或爲《太平廣記鈔》所選録,或者没有。此外,亦有涉及《太平廣記》之外的相關文本者。特別值得一提的是,馮夢龍不惜篇幅於夾批和文後批中載録所未選録或未記述的《太平廣記》相關文本叙事内容,可以説變相地將之編入《太平廣記鈔》

中,以評點在進行編纂的工作,對於未選的篇目,予以適當的處置,而且也達到"類聚"的功效。此外,也探得馮夢龍會以對一篇的評論,籠括相似的諸篇,一起評議,促進了全書文本之間的綰合。

(三) 閱讀的感受

除了前述偏於知識和文本關係的評點外,在《太平廣記鈔》中亦見馮夢龍以純然的讀者之姿所發抒的意見,故多訴直覺的閱讀反映,也因此較爲明顯地傳達對於文本的感受,特別是針對人物、情節而發,充滿了馮夢龍個人的情緒。此類的評點也遍見於全書之中,如卷九"女仙部""女仙二"《鮑姑》中評崔煒遊海光寺所遇老僧:"此老僧者,人耶,鬼耶,仙耶?"抒發了當下對老僧的印象;而後對於崔煒被任翁恩將仇報作爲祭神之獻祭,復被任女解救脫逃之事,作了"情節似一惡夢"的評論;當崔煒進入一洞府之地遇田橫之女田夫人,後復聞知己實入南越王趙佗和南越尉任囂之墓室,則見"田橫、趙佗、任囂,俱仙乎? 何因緣之幻也"之評;又文本最終未對任女有任何交代,而有"不見任女下落。可憐"之議。隨著文本的進行,馮夢龍以眉批的方式,表達了閱讀的直接感受。又如卷一八"冤報部""冤報二"《劉自然》評黃知感妻爲免夫徵而剪髮爲"可憐",劉自然得髮而不豁免黃知感繇役爲"可恨",評劉自然死亡爲:"要美髮何用?"又評劉自然爲驢,黃妻不許劉子贖回爲:"是。"又評黃妻日加鞭捶驢子爲夫報仇爲:"黃妻大有意思。"在短短一則中,多所批評,充分流露出評點者的情緒起伏。又如卷二六"好尚"《宋之愻》中針對連州參軍宋之愻教連州刺史陳希古婢女唱歌的每一情景提出評語,如以"好看"評宋之愻端笏立於庭中,以"好聽"評他的"呦呦而唱",而對婢隔窗和之,聞者無不大笑,則評爲:"真好笑"。這樣的評點顯示馮夢龍完全以一普通的讀者自居,即做出一般讀者可能的閱讀反映,自然能造成引發共鳴的效果。而卷二〇"定數部""定數一"《崔元綜》以"一度"、"兩度"、"三度"來注記崔元綜合死而未死之處,可說是句讀的另類使用。而卷一五"釋證部""釋證"《劉成》中對劉成投群魚於江中,評:"是。"以衣資賠償李暉失魚的損失,則評:"更是。"亦有同樣的作用,同時達到對劉成放生的行爲肯定的效果。卷一六"報恩部""報恩"《劉弘敬》中劉弘敬收蘭蓀爲甥,並先其女而嫁之,評曰:"誰肯?"則是以對話性的詰問,表達對劉弘敬的敬佩之意。此外,卷一八"冤報部""冤報二"《嚴武》中評嚴武竊室女而逃爲"無賴",又怕獲罪而殺室女爲"無賴甚",對嚴武之行嚴厲批評。卷二三"精察部"《李傑》中以"還便宜了他"評論杖殺有奸的道士和寡婦。這些情緒強烈的眉批,同樣也可引發其他讀者的共鳴。

《太平廣記鈔》直抒閱讀所得的評點,事實上也涉及了文本的叙事效果,全書多見以"奇"、"幻"、"妙"、"新"、"怪"、"異"、"趣"等評點文本者。試舉若干例子列述於下:

卷七"仙部""仙七"《李清》對於李清乘竹簣入雲門山事,眉批曰:"奇志奇策,真奇人也。"

卷一九"徵應部""感應"《任城王》中任城王薨,鬼魂泣,評曰:"鬼送葬,大奇。"

卷一〇"道術部""道術"《唐居士　周生》中對於周生故事中周生製作箸梯則言"箸梯甚新",並評周生攜月致"一室盡明,寒逼肌骨"爲"怪甚"。同時於二則故事後綜評:"月輪大千餘里,中有瑶臺瓊宇,千門萬户,仙桂婆娑,銀蟾玉兔。何以納諸袖中,將佛家所謂一粒粟藏世界耶,抑幻術之雄也? 然其奇矣。"

卷一一"幻術部""幻術"《陽羡書生》評書生入籠而鵝不驚爲"便幻",並在文末綜評全篇:"事既奇幻,叙致亦簡古。"

卷二二"廉儉部"《崔光》中對崔光只取北魏太后所贈絹兩匹,評爲:"妙妙。"

卷一三"異僧部""異僧"《佛圖澄》中叙及左乳旁有孔通腹内,光時從中出。評曰:"異哉!"

卷一〇"道術部""道術"《李秀才》中李秀才使術以笻杖子跳出擊打僧人,則以"趣"評之。

這些閱讀文本所領略的感受,間接也形成了叙事的美學觀點,其中最爲鮮明的就是對"奇"的側重,正反映了當代尚奇的叙事美學觀點。此外,《太平廣記鈔》亦常以"如畫"抒發對文本情景描繪的印象。如卷二〇"定數部""定數一"《李敏求》文本運用諸多顏色摹寫泰山府,評爲"叙事如畫"。卷二九"俠客部"《古押衙》對文本中描述仙客等待之情景評爲"如畫"。甚至認爲故事可以作畫,卷五"仙部""仙五"《許碏》眉批"故事好作壽圖",點出了故事具有鮮明的圖像特質。又卷九"女仙部""女仙二"《謝自然》中群仙持桃的叙述,亦言"可作壽桃圖",皆是對文本情境描寫的肯定。

（四）歷史的識見

馮夢龍在評點《太平廣記鈔》時,亦呈現了諸多對歷史的評價和判斷,[①]其中很大的一部分是對於唐代君王的評價。一般論者多注意到馮夢龍對君王的負面評價,[②]但對於賢明的君主,馮夢龍也不吝於稱讚,如在卷二〇"定數部""定數一"《張嘉貞》中,連評唐玄宗兩次"聖主",對於唐玄宗心念所欲用爲相之人和不解衣以待旦降詔書,予以極度肯定。並對韋抗跪於御前草詔書之景,評曰:"想見古時君臣親密景象。"復對於玄宗夜閱大臣章疏評曰:"開元初,政之勤如此。"同時在該則中叙述唐玄宗不訪左右,詢問用相事,則感慨:"凡受欺者,皆□訪左右誤事。"卷二二"廉儉部"《唐玄宗》於文末眉批:"五十年太平天子,由惜福故。"卷二四"幼敏部"《蘇頲》中對唐玄宗親自舉衾覆蓋在酒醉的蘇頲身上,眉批:"那得此憐才皇帝?"卷四四"婦人部""才婦"《開元製衣女》文末評玄宗爲:"聖主。"在這些評點中特別突出了唐玄宗的勤政、愛臣、重才、惜福、大度,反覆賦予玄宗的"聖主"之譽。由此而觀,馮夢龍對於歷史人物的評價,是實事求是的態度。對於君主的嘉行,還是不吝於稱讚,除了對唐玄宗的正面評價外,馮夢龍於多處肯定唐代的君主,如卷三〇"貢舉部"《顧非熊》對於唐武宗追榜顧非熊,評曰:"聖主。"卷四〇"巫部"《韋覬》對於宣宗明辨韋覬事,評曰:"聖明天子。"甚至對於武則天的能力也予以正視。如卷三九"無賴部"《彭先覺　張德》文末評:"觀此二事,威福不測。全不聽小人搬嘴,所以一女子革命而天下宴然也。"卷四〇"妖妄部"《駱賓王》文末評:"則天大聰明。"

在卷一二"異人部""異人"《趙逸》的評點中,馮夢龍提出了對於歷史真實性的討論,馮夢龍對於趙逸提及史書之弊,並批評時人亦有生愚死智的偏差觀念,眉批爲"説得透",並於文末綜評云:"蔡伯喈曰:'吾爲天下作碑銘多矣! 未嘗不有慚,惟爲郭林宗碑頌無愧色耳。'然則諛墓之弊,自古已然。而修史者乃欲以墓誌爲徵,尚得爲信史乎?"可見馮夢龍非常重視歷史的紀實性。

（五）道德倫理的判斷

馮夢龍在評點中普遍地作了許多故事人物行爲的道德判斷,也藉由對

---

① 傅承洲指出馮夢龍以治《春秋》聞名,著有多種《春秋》著作,晚年著有簡明通史《綱鑑統一》,可以説是一位歷史學家。參見氏著《馮夢龍〈太平廣記鈔〉的删訂與評點》,第185頁。

② 同上注。傅承洲叙及馮夢龍對於歷代荒唐、殘暴的皇帝予以嚴厲的批評,並以卷四〇"巫部"《阿馬婆》馮夢龍揭發唐玄宗謊稱岳神迎駕的愚人且自愚的行徑爲例説明。

文本所涉及情義的肯定，來表達人與人之間應有的對待，形成了《太平廣記鈔》評點特色之一。馮夢龍常對人物行爲予以善惡的分判，同時稱揚道德的典範，如卷三三"酷暴部"《朱粲等》對趙思綰食人肝，眉批："其心死矣。"給予食人肉的酷暴行徑極爲嚴厲的批判。又如卷一〇"道術部""道術"《北山道者》文末評曰："凡涉淫貪悖逆之事，術俱不靈，由邪不奪正也。"批評了邪惡之行。而卷一九"徵應部""感應"《漢武帝》文中漢武帝語主人："朕天子也。"眉批云："天子便如何？"寓有批評漢武帝夜宿主人婢之事的意思。由此可看出，馮夢龍在衡量人的行爲時，是以道德爲尺度，所以出現了如此前衛的思想。在卷二二"器量部"《夏侯孜》中，對於夏侯孜完全應允王生所欲，評爲："厚德。"並在文末綜評時言："與之以明厚，話之以傲薄。"對夏侯孜極爲推崇。卷四四"婦人部""賢婦"《謝小娥》對於小娥假扮男子事，眉批："比木蘭諸人，更□數倍。"文末則評："小娥一女子，而誓報父夫之讎，精誠所至，天洩其機，人效其智，豈偶然哉？方服備之始，視蘭已如刀上肉，所以需遲不發，必欲兼報蘭、春，且殲其黨耳。相機憤發，卒酬血恨，而復不惑鉛華，竟枯心裨律以死，節孝智勇，無一不備，字曰女中丈夫，無愧乎！"對謝小娥節孝智勇的表現推崇備至。卷四五"僕妾部""童僕"《李敬》文末評："觀李敬，可壯忠僕之氣；觀夏侯，可堅貧士之骨。"分別讚譽了兩人的人格。

　　馮夢龍在評點中，亦對人與人之間的情義，多所肯定。一如韓南在分析《三言》時所指出的，馮夢龍非常重視朋友之義，並在各種作品中展現此一主題。[①] 在《太平廣記鈔》的評點中亦見。如卷一三"異僧部""異僧一"《支遁》中對支遁晚年對謝安的懷念，則評："生死交情，孰謂佛子無情哉！"卷三六"謬誤部"《苑咸》對於裴冑所言："苑大來矣。"眉批："祇四字，想見憂友至情。"實爲編纂者對友誼重視的移情之言。又如卷二〇"定數部""定數一"《李敏求》，李敏求在泰山府見到故友柳澥秀才，柳澥顯現出熱情，評爲："大有故人情，不似陽世薄道。"和卷二八"義氣部"《吳保安》敘及仲翔至姚州方與保安相識，眉批："識面方今，識心已久，才是真正好相識。"都是對友情的體會。馮夢龍對於人間之情的注重的另一焦點，是抱持著"重情"的觀點去審視故事文本中的男女關係。如卷九"女仙部""女仙二"《樊夫

---

① 見（美）韓南著，尹慧珉譯《中國白話小說史》，浙江：浙江古籍出版社 1989 年版，第 106—107 頁。

人 雲英》中對於裴航瘋狂地尋找玉杵臼之舉,評爲:"情癡。"並對其洩囊,並出賣僕、馬買杵臼,評爲:"真能輕財,不妨重色。"十分肯定裴航對於雲英的癡情。又在卷一九"徵應部""感應"《賣粉兒 崔護》中對賣粉兒與女會歡踴而死,評曰:"其死久矣。"對崔護至來歲才思念女子,評曰:"周歲方思,崔郎少情哉。"在比較兩人用情多少之際,也表達了馮夢龍重情的態度。卷一九"徵應部""感應"《玉簫》中評韋皋未應允玉簫隨之而離蜀爲"大錯",亦是基於同樣的立場所發之議論。

《太平廣記鈔》中這一類評點實可作爲馮夢龍對傳統道德的護持和因之開展出的情教觀佐證。

(六) 世道人心的感懷

閱讀《太平廣記》的感受,致使馮夢龍作道德倫理的判斷,自然會延伸出對於人處於世的種種設想。全書關涉此一議題的評點,有許多面向。或爲世人處境慨嘆,如卷二三"精察部"《崔碣》中以"鼷鼠食牛而牛不知"評論楊乾夫謀娶王可久妻事。又對王可久悲慘的遭遇而認爲此事"豈可不察",而對楊乾夫一家受刑而感到"快心",並感嘆:"世無博陵公,而有司之冤人也久矣,嗟哉!"或爲行事怵惕警戒,如卷一一"幻術部""幻術"《中部民》敘及趙雲因醉勸天水縣僚加重某一罪人刑責,遭致報復至形、聲俱改而評:"可爲不行方便者之戒。"又如卷一七"冤報部""冤報一"《曹惟思》對於僧人告知曹惟思可以延百日之命的方法,評曰:"作如許善因,僅延百日,人奈何不惜此光陰,孳孳爲善也。"以及卷一八"冤報部""冤報二"《崔道紀》在崔道紀殺龍子被黃衣使者稱"下土小民",並被剝奪壽命、相位。則眉批:"人間宰相,天上猶謂之小民,官爵其可恃乎?"或對人心的審視,如卷一四"異僧部""異人二"《華嚴和尚》,對於夏臘臨終惜鉢而化爲一蛇,又欲殺小沙彌,若成則墮地獄,評:"況所惜不止一鉢者,不知如何墮落,可憐哉!"著眼於人的惜吝。又卷一〇"道術部""道術"《白皎》對於山獠幫助遭逢船難的樊宗仁,而有"山獠亦有緩急。彼漠然身外者,夷狄不如";卷四七"樂部""樂器"《皇甫直》文末評:"片鐵何如,猶憐同調,況人心匪鐵乎?"分別以夷狄和鐵作爲參照,間接揭示了人心的冷漠,同時也蘊含人心扭轉的期待。

有時馮夢龍將從文本敘事中所領略到的意義和價值,集中於檢視今人,這種"今不如古"的觀照,自然寓有對當世的批判。如卷二二"廉儉部"《陽城》中對於陽城常以木枕布衾質錢數萬,人爭取之之事,眉批:"今人誰肯要它?"言下之意,是對時人現實好利有所批評。卷二三"精察部"《劉崇龜》對府主集合庖丁以緝兇,有如此之評:"唐時庖丁疑有名籍可據,若今日,此策不神矣。"是對於制度不完備的批評。卷二五"才名"《李邕》對於京洛之人聚看有才名的李邕,眉批:"想見古時人情好才,若今日爭認尊官高第耳。"認爲今人重視官位門第甚於好才;卷三〇"貢舉部"《李固言》對於許孟容舉李固言爲榜首事,連稱:"大快,大快。"評曰:"憐才至矣。若遇今人,方將借之以立名譽,肯置榜首乎?"則批評了今人藉有才之士以沽名釣譽,而非真愛才士進而加以拔擢。卷二五"才名部""憐才"《張建封》對於張建封護衛崔膺之行,評曰:"若遇今人,方獻崔膺以自媚矣。危哉崔膺!賢哉建封!"認爲今人不講義氣。卷二八"義氣部"《周簡老》文末評曰:"貞非素有德於皓也,特貴其以情投耳。簡老又非素與貞相識也,特不忍負貞之託耳。古人意氣相期如此,何今無萬分之一耶? 吾讀《漢書》至孫賓石救趙岐事,爲之一慟。閱《廣記》至周簡老救周皓事,爲之再慟。"更是義憤填膺地批評今人。卷三三"酷暴部"《李希烈》在李希烈攻汴州時驅百姓婦女及輜重以填濠塹的"濕梢"下,眉批:"亂世之慘,類如此。今人稍不遂意,動輒思亂,由未解思量也。"則評時人不知惜福。卷三六"嗤鄙部"《王初昆弟》爲做官而改父諱,眉批:"改父諱,僅見。"並對二子相次殞謝,而評:"今人不諱,亦未見逆天忤神,何也?"對於今人不避父諱,不以爲然。卷四六"酒食部""酒量"《裴弘泰》對於裴弘泰後至飲酒:眉批:"賓筵於後至者,今亦有罰三杯之語。"對裴均令人視裴弘泰酒後所爲,則評曰:"勿笑均俗,今日均亦不易得。"意味今人的品德淪喪。由此不勝枚舉的"今不如古"的評論,可見馮夢龍有意藉題發揮批判其所處之當世。

關於對人生處世的思考,馮夢龍也展露了命定的觀點,雖然馮夢龍對於人的意志自主,亦加肯定,如前述卷二二"名賢部"《李景讓》一則文末的評語。然在有關命定的故事中,多見馮夢龍附和或衍生的議論,形成另一面對人世的思維。如卷二〇"定數部""定數一"《陸賓虞》中評僧惟瑛預言陸賓虞在某時食水族將及第事:"食水族亦數定,況他乎?"和卷二〇"定數部""定數一"《張去逸》對於去逸死後因爲后父,前後三贈官,文末眉批:"死後之贈,已預定,況生前乎?"在詰問之中,對於人世種種際遇,懷持著命定的觀點。又卷二〇"定數部""定數一"《杜思溫》對於杜思溫被老人預言前程,文末評:"雖知之,亦不可免,人果不能勝天哉!"而卷二一"定數部""定數二"《王沐　舒元謙》文末言:"王、舒禍福,相反如此,趨避信不由人哉!"和卷三〇"貢舉部"《馮氏　張氏　楊氏》在《馮氏》一則後評曰:"以馮氏科第之盛,而藻獨艱一舉如此,信乎其有命矣。"再確定了人生有命,故人必須安命,故於卷一九"徵應部""咎徵"《楊慎矜》中,對於楊慎矜大做法事以止異徵,最終得禍,則有"禳禍即産禍之端,人不可不安命"之評。而卷二九"俠客部"《紅綫》對紅綫所言:"事關來世,安可預謀?"則評:"即今世可預謀乎?"可謂爲完全向命運臣服。同時他也認爲天命不明,難以測知。卷一九"徵應部""咎徵"《崔彦曾》一則中以崔彦曾被龐勛亂賊收執和河間王征輔公祐兩件凶吉之事同一徵兆,陳述禍福之難明,眉批則言:"使禍福易明,何謂天命。"

這些具有感懷世道人心的評點,充分彰顯馮夢龍對人生處於世的艱難和不由自主,反映了他對人生和社會的省思。

(七) 文士的心緒和見解

《太平廣記鈔》的評點也顯現了馮夢龍作爲一個文士的心緒,特別是對於"才"是否能發揮其用的關切,自然也論及科第的議題,其中不無有發抒一己在科舉失意,無所展才的心懷。此外,對於文本所涉及的文章創作的議題,馮夢龍也會以文學家的立場,表達己見。

在多則的評點中馮夢龍往往注目在故事主人翁是否重才之上。例如卷三〇"貢舉部"《司空圖》文末:"凝每寢,必叉手,慮夢中或見先祖。蓋拘方之士而曲獎人才,乃如此。"特別將省略之文置於眉批,强調王凝的重才。卷二五"才名部"《蕭穎士　李華》對於新羅要請蕭穎士爲國師,評曰:"先聖所以欲居夷也。"對於陳少游簪笏等待李華,眉批:"陳少游何等人,而重才猶爾。"兩處評點從不同的面向,强調了對人才的重視。而卷二五"才名部""憐才"《杜牧》對於牛僧孺遣卒護衛杜牧,有"僧孺畢竟愛才,畢竟第一愛才",點出牛僧孺如何愛護杜牧,故對於牛僧孺死後,杜牧爲志極言其美,則評:"不容不泣,志即溢美非過。"又於卷四四"婦人部""奇婦"《温庭筠姊》批評姚勖惜錢帛而不重才。卷四五"僕妾部""童僕"《蕭穎士》對於蕭穎士傭僕因愛蕭穎士的才學不離去以至於死,評曰:"憐才更甚於同調。"則高舉了"才"的價值,故於卷三四"諂佞部"《張説》文末眉批:"燕公原非端正,獨才可取耳。"因爲"才"爲處事的關鍵,卷二七"知人部"《李勣》對於李勣處理蠻賊事,他説出"有才者有事化爲無事,無才者小事弄做大事"的評議。卷三七"嘲誚部"《高士廉》對於高士廉薦引善嘲誚者,眉批:"解嘲誚者亦許自薦,唐之取才備矣。"對於唐代廣取人才,十分欣羨。

此外,馮夢龍也對唐代的尚文之風多所著意,卷三五"奢侈部"《韋陟》對於韋陟家中侍婢主尺題事,則眉批:"如此婢從何處來?羞殺鄭康成矣。唐人好文,故僮僕多能文者,至閨秀以爲常事,若侍兒未數數也。"尤其能够因尚文而被重用是馮夢龍非常羨慕的,如卷二七"知人部"《韋岫》中韋岫預言盧携因文章而有大用,評曰:"爾時文章可憑若此。"卷三〇"貢舉部"《杜牧》對於吳武陵請崔郾拔擢杜牧,而評:"唐人之重文章如此。"又在卷三〇"貢舉部"《王維》中,對於王維請謁公主,評曰:"文士請謁,自古難之。"對於公主舉王維爲解頭,則眉批:"唐時公主有權如此。然公主通文擅才,亦無唐比。"亦是在重才用才的主題上反覆致意。然對唐代故事中所陳述的科舉之弊,亦慨然而陳,如卷三〇"貢舉部"《裴思謙》眉批:"科第由北司薦拔。他日官職皆北司腹心矣。雖然,當時天位亦由北司廢置,何有於科第?"而卷二〇"定數部""定數一"《李君》中叙及以錢謀及第事,則評:"此風自唐已然矣。"則是對當時科舉風氣的有感而發。對於一位多次蹭蹬於科舉事業的有才文士來説,如是的評點内容,自有抒發心緒的意義。在卷一三"異僧部""異人一"《釋道安》中,馮夢龍對於苻堅禮遇釋道安,則評:"石趙之事澄,苻秦之事安,吾儒無此遭遇。"[①]深深地道出希冀爲世所用的心聲。

作爲一作品多元,且質量均有可觀的創作者,馮夢龍對所選録的《太平廣記》文本中的文學表現,不會視若無睹。《太平廣記鈔》多處的評點是馮夢龍的詩歌批評。如卷二五"文章部"《柳公權》中批評柳公權爲宫嬪所寫詩爲:"淺而真。"卷二五"文章部"《白居易》評沈佺期的巫山詩:"沈詩爲冠。"卷二五"文章部""武臣有文"《高崇文　高駢》中認爲高駢的《言懷詩》:"可爲'林下何曾見一人'句解嘲。"復以"新"來評高駢的《咏雪》。卷三七"嘲誚部"《薛能》認爲薛能嘲謔趙璘詩爲"嘲矮佳句"。此外,對於行文的修辭,馮夢龍亦提出修正意見。如卷三九"詭詐部"《張祜》在"出門便

---

① 關於馮夢龍對於三教的觀點,傅承洲有詳細的論述,他指出在《太平廣記鈔》卷五七"鬼部""鬼二"《王弼》的眉批:"三教不妨並存,先輩何可輕?"已較《三教偶拈序》爲早提到三教並存的觀點。但馮夢龍還是以崇儒爲主,釋道二家爲輔,所以對於釋道不符儒家之旨的,都加以批評。參見氏著《馮夢龍〈太平廣記鈔〉的删訂與評點》,第182—185頁。許建崑也特别提出馮夢龍的評點所提出的對神仙世界的質疑,和對儒家理想的認同。參見氏著《馮夢龍〈太平廣記鈔〉初探》,第119—122頁。在此評點中"吾儒"之稱,更證明了馮夢龍是以儒士自居。

與妻兒別下"的"便"下眉批:"'便'字尚有黏帶,改'不'字更快。"又卷一九"徵應部""休徵""人臣休徵"《高駢》對於高駢一矢貫二雁而得"落雕公"之名,眉批:"名'貫雕公',更佳。"

卷四六"酒食部""食"《敗障泥》,馮夢龍從文本所述:"無物不堪吃,唯在火候。"於文末評曰:"善作文者,無語不可入;善用人者,無才不可使。"正體現了馮夢龍作爲一名文士所關注的"文"與"才"的問題。

《太平廣記鈔》的評點實爲博雜,以上僅挈較爲普遍而形成議題者而論,在其中仍存許多零金碎玉的評點,值得抉發其意。如卷一四"異僧部""異僧二"《懶殘》中對於懶殘因去大石爲刺史所重之後評:"執役二十年,奉之如神,便懷去意,此其故,你知嗎?"是採取與讀者對話的形式,顯現了白話小説叙述形式對馮夢龍評點《太平廣記鈔》的影響。而前述"文本的呼應"部分,亦見得白話小説的文本和人物,都是馮夢龍評點的資源。

四、結語: 兼論《太平廣記鈔》的價值

當馮夢龍著手進行編纂《太平廣記鈔》時,其所秉持編纂的原因,就是他自我界定的編選價值所在,特別是他面對"一人删之"的自我質疑,所提出的"療俗"觀點,賦予他編纂全書的正當性。而爲《太平廣記鈔》寫序的李長庚(1573—1641),也呼應了馮夢龍在《小引》中的自我質疑,爲馮夢龍編纂《太平廣記鈔》的意義定位。

> 友人馮夢龍氏近者留心性命之學,書有《譚餘》,經有《指月》,功在學者不淺。兹又輯《太平廣記鈔》,蓋是書閎肆幽怪,無所不載,猶龍氏掇其蒜酪膾炙處,尤易入人,正欲引學者先入廣大法門,以窮其見聞。而後可與觀《指月》、《譚餘》諸書之旨也。①

即李長庚認爲《太平廣記》全書博雜,經過馮夢龍編纂整理後精華盡出,以其内容適爲窮盡見聞的廣大法門,閱覽之後,則可理解馮夢龍所撰有關性命之學的《指月》、《譚餘》宗旨。李長庚的論述,有一非常清楚的思維邏輯,

---

① 見(明)馮夢龍評纂,莊葳、郭群一校點《太平廣記鈔》之"前言",第2頁。

就是窮究事理纔能呈顯性命,故三教聖人以廣設譬喻的方式,陳述道理,度化世人,馮夢龍編纂《太平廣記鈔》就是窮盡事理之舉,以便於世人觀覽他留心於性命之學的著作——《指月》和《譚餘》。① 這種思維邏輯的背後,蘊含了以正典爲體、小說爲用的觀點,即閱讀內容光怪陸離的博雜之書是爲了理解關涉性命之學的經典,完全是以經典爲本位,只不過從增廣見聞、窮究事理以便理解經典意義來賦予小說的正當性。當然這樣的論述,還是受制於文學正統的觀念,特別是可以由《指月》一書是馮夢龍對《春秋》的解説與《太平廣記》沒有關連性,而《譚餘》一書則不知何指得見。②

　　無論是馮夢龍的療俗説或是李長庚的增廣見聞以窮究事理的觀點,都是在小說文類素來的邊緣處境,爲從事小說編纂所建構的正當性立論,而自《太平廣記》編輯成書起,便有類似觀點來維護其説的價值。③ 所以嚴格而論,"療俗"或"博聞究理"實際上是在揄揚《太平廣記》的價值,藉此揄揚來肯定編纂《太平廣記》的價值。而"療俗"或"博聞究理"的功效似乎無法具體檢驗,尤其《太平廣記鈔》自天啓六年刊行後,不復重刻,在流傳不廣的情形下,如此的功效更難達成,同時也否定了推廣《太平廣記》流傳的立意。所以《太平廣記鈔》的價值,應回歸到全書作爲一《太平廣記》的選本上來討論,根據王國良先生的研究,《太平廣記》的選本除了馮夢龍的《太平廣記鈔》外,尚有《郡齋讀書志·後志》著録的《鹿革事類》30卷,朝鮮世祖八年

---

① 在序文中李長庚實有一完整的立論,他首先拈出孔子的博學於文的觀點,指出孔子將博學置於思辨篤行之首。李長庚認爲孔子之所以如此,是因爲見聞造就了一個人認知的心念,若見聞囿限便不足以盡天地民物情性之變,終身拘於所見所聞,本來的性靈就無法通透,所以善學之人必須打破常聞常見,以及因常聞常見所創造的見聞,這樣纔能呈顯一己之性靈。李長庚亦將這種拓展見聞的觀點,推衍至經、子典籍的窮究事理,藉由經典窮究事理、極人情之變易時,不免會出現的怪、戲、誣、誕等曲説,巧妙地賦予了怪、戲、誣、誕等曲説的正當性,間接維護小説題材。李長庚還更進一步申述窮盡事理的主張,萬物皆可證實道理,非正經之言、藝亦存有其效用,亦可發抒爲文。一如三教聖人陳述道理時,廣設譬喻,實爲渡世的方便法門。見(明)馮夢龍評纂,莊葳、郭群一校點《太平廣記鈔》"序",第1—2頁。
② 莊葳和郭群一認爲《譚餘》究竟是怎麼樣的一本書已無法查考,馮夢龍曾著有《古今譚概》,但不能簡稱爲《譚餘》,而《指月》殆指馮夢龍所著《麟經指月》和《四書指月》二書。見(明)馮夢龍評纂,莊葳、郭群一校點《太平廣記鈔》之"前言",第2—3頁。
③ (南宋)唐士耻的《太平廣記序》就是從通儒博學的觀點立論,以六經爲常,《太平廣記》爲變,在知識的吸收上,不可以常廢變。參見(南宋)唐士耻《靈巖集》卷三,收録於《叢書集成續編》,臺北:新文豐出版社1989年版,第185册,第18—19頁。又徐居正和李承召爲《太平廣記詳節》所寫的序文,亦是出於同一種思維。參見《太平廣記詳節》,收録於《域外漢籍珍本文庫》第2輯,重慶:西南師範大學出版社2011年版,第5—6頁。

（1462）成任（1421—1484）編選的《太平廣記詳節》50 卷，還有清嘉慶二十三年（1818）張澍（1776—1847）編選的《太平廣記鈔》1 卷，以及約在清咸豐五年（1855），日本一位無名氏編選的《太平廣記抄》1 卷。① 在這些選本中，成任所編的《太平廣記詳節》爲現存的選本中較完備者，試以《太平廣記詳節》爲參照，來談《太平廣記鈔》的價值。

根據《太平廣記詳節》所存的目録和殘存的內容可知，成任將 500 卷的《太平廣記》選編成 50 卷，由約 7 000 篇的故事變爲 840 篇故事，所選只是《太平廣記》的十分之一，由數量上來看，删選的幅度很大，然除了調整一些類目和篇目外，在類目、篇目的題名、次序，以及單篇的叙事內容上，幾乎都忠於《太平廣記》，②可以説是《太平廣記》的删節本，即以删篇來編選，可以説是一部比較單純的選本，由於成任未對所選故事評論，所以僅能就擇選的篇目，去掌握《太平廣記詳節》所反映的時代背景和編選者的想法。③

至於《太平廣記鈔》，根據本文對《太平廣記鈔》呈現出的分類特色、類目和篇目的編排，以及單篇文本叙事的探究，可知《太平廣記鈔》雖然没有完全脱離《太平廣記》的基本結構，但决不是單純的編選，而是以非常繁複的方式併整類目、篇目，删改單篇文本的叙事，致使所選的文本分類更爲清楚詳細，篇目的編排更爲精簡合理，單篇叙事也因删改而精鍊符實，這樣的編選也縮合了全書的內在聯繫，而具有"書"的性質，非僅爲"類書"而已。在本文的細密探索下，大致呈現了這一部涉及 500 卷內容的《太平廣記》選本是如何編纂而成的，尤其能體會馮夢龍明晰的編纂意識和耗費的心思，他所做的編選工作，遠遠逾越了《太平廣記鈔·小引》所陳述的內容，確實改善了《太平廣記》過於蕪雜之失。此外，馮夢龍扮演著純粹的讀者、評論者、注解者、歷史學家、文學家等多重身份，展現他廣博的知識、對歷史和文學的見解、對人生的思考、對現實社會的批判和抒發個人的胸懷，完成了兩千多條的評點，實爲理解馮夢龍的一大資料庫，可以之進一步佐證和抉發馮夢龍的思想和情感。④ 特別值得一提的是，馮夢龍運用眉批來注解分類，

---

① 見氏著《韓、日兩國現存〈太平廣記〉選本初探——以〈太平廣記詳節〉、〈太平廣記抄〉爲主的考察》，載於《書目季刊》第 48 卷第 3 期（2014 年 12 月），第 34—35 頁。

② 參見拙著《成任〈太平廣記詳節〉的編選特色及其意義》，《域外漢籍研究集刊》第 11 輯，北京：中華書局 2015 年版，第 115—151 頁。

③ 同上注。

④ 許建崑認爲《太平廣記鈔》呈現了馮夢龍的知識見聞和編輯理念，可提供後人研究他的思想模式和文學觀點直接參佐的資料。參見氏著《馮夢龍〈太平廣記鈔〉初探》，第 129—130 頁。

甚至以眉批分類;還以眉批注記"附見"的體例,説明同一故事涉及的人與事;此外亦以眉批注解相關的故事文本,間接地帶進未選的《太平廣記》文本,同時讓編選的文本間互相照應。這種以評點爲編纂方式的作法,亦顯示了馮夢龍編纂的用心。

　　《太平廣記詳節》成書後影響了其後小説叢書的編纂和傳奇小説的創作,①《太平廣記鈔》的編選除了助益了馮夢龍編纂之外,②在刊行後並未受到重視,直到當代纔有學者注目,但從其編纂的心思和豐富的評點,應該獲得更多的關注和肯定。

　　　　　　　　　　　　（作者單位: 臺灣大學中國文學系教授）

---

① 參見拙著《成任〈太平廣記詳節〉的編選特色及其意義》,《域外漢籍研究集刊》第 11 輯,北京:
　中華書局 2005 年版,第 150—151 頁。
② 傅承洲指出馮夢龍在《太平廣記鈔》付梓後,又利用《太平廣記》和其他野史筆記,選輯和評點了
　《智囊》和《情史》。參見氏著《馮夢龍〈太平廣記鈔〉的刪訂與評點》,第 179 頁。

再論八音詩和八居詩

陳福康

【摘　要】本文對歷史上的八音七律詩、最早的八居詩、百多年後的八居詩、八音詩與八居詩相結合的"雙八詩"、難度更大的限字詩等問題繼續進行探討。所言均爲雜體詩研究領域的首次論述。強調對於古人無比高妙的智慧與文學傑作，應該心存敬畏之心而進行介紹、欣賞、評論和研究。

【關鍵詞】八音詩　八居詩　限字詩　雜體詩　智慧　傑作

拙文《論八音詩和八居詩》在 2011 年第 5 期《蘇州大學學報》上發表後，頗有碩博論文等給以引用。其後，我陸續又有一些重要發現，很想作一些自我糾正和補充。不然時間一長，那些近年通過大量雜覽（大多在各種數據庫中所無）好不容易纔找到的珍貴而有趣的史料連自己也將遺忘，就未免太可惜了。

一、八音七律詩

前一拙文提到，八音詩的七律是更難寫的，當年我曾反復檢索，僅見元明之際林清寫過一首，因此希望有碩學之士來補充。遺憾的是，此後并沒有什麼人幫我，還是自己在讀書中陸續有較多發現。例如，明清之際丁耀亢（野鶴）就寫過不少七律八音詩，其《聽山亭草》中就有作於 1666 年的《丙午壽日都門謝張光禄，限"金石絲竹匏土革木"八音》，今見三首：

金紫名高羨蚤飛,石渠書滿未能歸。絲綸久著黃扉望,竹帛頻分青瑣輝。匏葉藤稍常繫客,土羹塵飯久忘饑。革囊謝卻甘長往,木樨香中間祖衣。

金樽頻倒向君家,石上藤蘿月未斜。絲杼鮫人雲作錦,竹林高士筆生花。匏瓜魯叟心常苦,土室袁閎鬢已華。革俗何曾敦古道,木蘭開後各天涯。

金水橋邊楊柳枝,石楠花發憶當時。絲聲尚譜開元曲,竹管能吹長恨詞。匏葉隨舟迷去住,土花繡劍老雄雌。革心已逐春風化,木葉山頭自賦詩。

應該説寫得很不錯(第一首出現兩個"久",似爲敗筆)。書中接著又有《前八音詩得之亂書中,再續遣懷》:

金盡枺頭壯士枯,石門松菊久荒蕪。絲嫌商激琴難暢,竹苦腰强杖懶扶。匏作巨瓠羞溝落,土增丹腰笑浮屠。革懸正鵠誰能貫,木馬桑弧道已孤。

金門漏盡五雲中,石馬銅駝漢舊宫。絲色青黃隨世變,竹竿高下與時同。匏藏苦種人猶食,土作高山力未終。革酪雖甘難一醉,木奴千樹笑春風。

金吾不禁夜如何,石季倫家酒客多。絲肉聲中歌白苧,竹枝詞裏舞陽阿。匏星欲摘天難問,土鼓雖鳴樂不和。革帶束腰蒲作笠,木門塞外渡黃河。

續寫的這三首亦警句甚多。其後,書中還載有另外兩首(這樣,我們一共看到了丁耀亢存世的八首七律八音詩),水平都比較高:

用前八音,寄山中人

金丹不就老何爲,石洞雲生問紫芝。絲卷晴煙飛絮後,竹垂新粉晚花時。匏場豆圃迷荒徑，土屋泥墻寫舊詩。革履抛殘思蠟屐，木香亭畔醉春扈。

參禪（用前八音）

金光影裏鬥禪機，石火生蓮道法微。絲縷傳燈分五葉，竹篦敲戶隱雙扉。匏員瓟破無分別，土濕泥乾有是非。革去頂毛成底事，木雞啼後曉星稀。

我還曾看到清代吉林長白人恩孚（春農）也寫過兩首，見於其《敝帚集》：

自約，效林處士八音詩

金印榮名試繹尋，石麟多少鳳根深。絲綸閣豈輕投足，竹素園須勉會心。匏苦濟川材聽用，土甘宜稼力求任。革除欲達官癡念，木架何愁白滿林。

林處士不知何人，看來也是一位寫過七律八音詩的人。恩孚寫的另一首《廢墅，效八音詩》更佳，可惜末聯有重字：

廢墅，效八音詩

金碧樓臺蛛網封，石闌池甕少魚喁。絲絲柳似桓公嘆，竹竹叢無子敬逢。匏瓟亂栽侵砌藥，土人偷采蔭軒松。革爻水火同相息，木立荒庭太息重。

二、最早的八居詩

前一拙文寫到明清之際魏裔介寫的《癸丑初春奉和大名道心一孔公祖年臺八居詩，一時作者林立，魏子惟度爲之首倡，惟度名憲，閩人也》，認爲從這個題目中即可斷定"八居詩"的首創者爲魏憲。時隔多年，當我重讀這段拙文時，忽然感到自己當年理解魏裔介這個詩題好像有點問題：他"奉和"的可是"心一孔公"（孔衍樾），而不是魏憲；而所謂"魏子惟度爲之首倡"，似可理解爲是魏憲帶頭發起奉和孔衍樾之詩。那樣的話，"八居詩"的

首創者就不是魏憲,應該是孔衍樾了,而我説孔衍樾是"發起奉和"者也不
對了。這樣一想,不禁出了一身冷汗。但前一拙文所引當時人孫奇逢的日
記,也説"天雄(按,即孔衍樾)倡和詩咏八居"啊,這到底又是怎麼回事呢?
於是,我只得再去重新查閱魏憲所編選《百名家詩選》中的孔衍樾的八居
詩,①看到我已經忘了在第一首《山居》題後的自注"次魏惟度韻"。這樣,
我總算舒了口氣: 當年我説的八居詩首創者爲魏憲,没有説錯!

　　我曾找到康熙癸丑(1673)年頃魏憲的六位友人寫的八居唱和詩,當年
因顧慮篇幅而未將魏裔介及另外四人之作引出,現在我重新查閱那些詩,
看到那四人都是明確寫著乃是奉次魏憲之韻的。而這些連我自己都忘了,
以致懷疑首創者不是魏憲,那麼,一般讀者不是更將疑惑嗎? 因此,我覺得
有必要將這些早期八居唱和之作整理引用於此。

(一) 魏裔介《癸丑初春奉和大名道心一孔公祖年臺八居詩,一時作者林立,魏子惟度爲之首倡,惟度名憲,閩人也》

山　居

　　曾愛巉屼澗下溪,卜居深在數峰西。白雲自轉庭前樹,天籟時聞
窗外雞。徑險不妨樵擔度,峰高時見鳥飛齊。春生洞壑偏妍秀,何處
子規半夜啼。

巖　居

　　山深一室抱前溪,瓮牖繩樞嵐嶂西。樹杪飛泉驚瀑布,田家報午
寂鳴雞。炊成世外青精飯,看到人間物我齊。門外青山自太古,春林
簇簇野禽啼。

樓　居

　　斷壁紅深隔一溪,雙丸飛渡自東西。不將鳩拙思乘鳳,欲學鵬摶
笑鬥雞。寶瑟網灰偕燕老,方瞳鶴駕與雲齊。滄桑此處尤分曉,絶意
秦川烏夜啼。

茅　居

　　結草爲椽傍野溪,倚門老樹失東西。莫嫌世味如牛馬,獨愛雲中

---

① 與此同時,我查考得知魏憲當是明天啓丙寅(1626)生,卒於清康熙癸亥(1683)後。其《百名家
　詩選》原名《補石倉詩選》,後被挖改換名。

有犬雞。自檢方書和露寫,手栽仙藥傍櫓齊。春來奇事君知否,一帶花林鳥亂啼。

鄽　居

近市猶如在澗溪,杏花歷亂小窗西。譚玄入妙思騎鶴,問字時來載炙雞。手卷湘簾白畫永,坐聞流水竹根齊。人間大隱藏丘壑,滿目芳菲鳥自啼。

船　居

齊州九點半山溪,畫舫新移湖水西。青史遺編空逐鹿,英雄壯志喜聞雞。百年泡影人難久,萬有空中數不齊。若問風花與雪月,盡他歡笑與悲啼。

水　居

波起漣漪派一溪,秦風讀罷夕陽西。好修翎翮如鸞鳳,莫入樊籠學鶩雞。欸乃聲中漁網下,蒹葭叢裏酒簾齊。溯洄此地勞心曲,忽念驚鴻四野啼。

村　居

塵嚚不到武陵溪,試訪桃源亦在西。漢魏兩朝同野馬,朱陳二姓共鳴雞。槽林自漉茅柴易,擺丫新收玉粒齊。老我一生長在此,含飴好聽小兒啼。

(二) 魏裔魯《八居詩次魏惟度韻》

山　居

十丈丹梯百尺溪,緑楊村在衆峰西。松門日暖眠花鴨,蘚徑雲深護竹雞。卷幔遠山青未了,携觴嫩草碧初齊。幽居最喜無塵事,時有春禽隔樹啼。

巖　居

絶壁天開傍柳溪,誅茅近向瀑泉西。草堂醉客青霞酒,藥塢占晴碧樹雞。乞竹漸看幽徑滿,分花新共短欄齊。閒來盡日唯孤坐,谷口無人鳥自啼。

樓　居

千章喬木俯清溪,疊畫垂虹雉堞西。天半遠驚楡塞雁,雲中雙舞玉樓雞。開簾白晝□□入,極目蒼煙九點齊。若使洞簫吹月下,鳳雛應向碧梧啼。

茅　居

幽栖何必若耶溪，茅屋新成似瀼西。老樹風寒喧野鳥，短籬晝靜
過鄰雞。課耕迎喜桑麻熟，除架新看芋栗齊。留得邠郊遺俗在，無家
不效杜陵啼。

鄽　居

桃源曾識避秦溪，大隱何妨近市西。一徑紅深藏吠犬，半窗綠暗
寂鳴雞。忘機自覺心俱遠，觀化從知物可齊。翻笑天津橋畔客，無端
更聽杜鵑啼。

船　居

雨漲銀塘綠滿溪，蘭橈還指畫橋西。風輕斜舞飛飛燕，樹遠時聽
喔喔雞。領略閒情煙樹迥，平分幽景水雲齊。浮家願學鴟夷子，一任
春林謝豹啼。

水　居

別開池館枕回溪，一水縈洄繞澗西。徑曲幾迷秋苑鹿，窗虛暗度
竹林雞。閒憑小閣清輝集，靜對漣漪積翠齊。卻望秋江猶可涉，芙蓉
采罷聽蛩啼。

村　居

白沙翠竹繞幽溪，十畝閒閒負郭西。野渡遠看船載馬，夕陽斜照
屋栖雞。風翻繡陌松濤急，雨過平疇麥浪齊。絶喜爲農堪寄老，桑麻
深處少鴻啼。

（三）程啓朱《和魏惟度八居韻》

山　居

叠嶂重重水一溪，囂塵隔絶數峰西。考槃幽處群麋鹿，畜牧深林
效祝雞。遍地异香花氣合，滿山積翠藥苗齊。優游世外渾無事，散髮
行吟聽鳥啼。

巖　居

靈巖聳翠抱丹溪，爲愛巖居住水西。一片煙嵐生地籟，千章雲樹
舞天雞。清泉瀅澈光堪鑒，白石崚嶒勢不齊。空谷寂寥無伴侶，老猿
故故傍人啼。

樓　居

高樓虛敞俯青溪，梧柳風枝盡向西。四面啓窗通野馬，六時談學對鳴雞。望中縹緲晴煙合，檻外蒼茫雲樹齊。百尺置身塵累遣，那知人世有悲啼。

茅　居

茅茨數笏住清溪，指顧平疇一水西。客至疏籬迎吠犬，蟬吟高樹雜鳴雞。青苗過雨經鋤長，新笋驚雷出土齊。門巷久蕪車馬隘，喧喧終日亂禽啼。

廊　居

門限通溝似小溪，紅塵不到席門西。居臨大道常馳馬，里接鳴珂慣鬥雞。玩世獨游塵境外，忘機自覺物情齊。榮枯得喪憑真宰，閱盡人間笑與啼。

船　居

一自扁舟去雪溪，浮家遍歷五湖西。候風泊渚馴鷗鳥，觀日乘潮聽玉雞。素練遥連滄海闊，青山高與白雲齊。往來且喜皆幽處，多事檣烏入夜啼。

水　居

溪繞幽居竹繞溪，柴扉苔徑板橋西。緣堤紅蓼藏花鴨，夾岸青蘋戲水雞。蔓草侵階書帶長，芰荷浥露翠華齊。栖遲轉覺衡門樂，時有幽禽對酒啼。

村　居

環村古木帶深溪，野水縈回東復西。壟畝初收縱牧犢，場功才畢散塒雞。釀錢社飲淳風古，釀秫酣歌苦樂齊。且喜年來稍豐稔，更無鴻雁澤中啼。

(四) 楊輝斗《八居詩次魏惟度韻》

山　居

含煙蒼翠滴蒙溪，小築平原嶺表西。雪滿難尋高臥伴，情閒恰共縱談雞。巷門遠對松陰肅，麋鹿偕游寢食齊。穩向北窗留勝賞，峽猿莫教夜深啼。

巖　居

洞天遥望武陵溪，滴翠微含返照西。風動水簾霏玉露，石懸寶鏡觸山雞。層巒叠就金屛豔，一溜中分清馼齊。忽散朝煙封澗戶，虯然古木號猿啼。

樓　　居

百尺憑空俯大溪，朝東煙雨暮飛西。倚欄開放雲中鶴，高臥時聞天上雞。作賦仲宣登自爽，娛賓庾子興還齊。青山四望常留影，恰恰嬌鶯盡日啼。

茅　　居

蓬飛曲徑漱流溪，買築閒閒十畝西。透牖泄煙驚睡鳥，疏籬驟雨亂荒雞。數椽誰訝參差麗，四壁何妨淡漠齊。小設方牀供醉臥，園林直剩杜鵑啼。

鄽　　居

堪羨當年隱竹溪，飛塵莫染西山西。晝喧不礙游春夢，漏盡偏傳伺夜雞。入世方求青眼盼，過門只有繡衣齊。歸尋老圃春城曉，淡寄物情未敢啼。

船　　居

一葉風飄逆上溪，月明直趁荻花西。披雲臥水乘危浪，褰袖攀蓮候曉雞。醉把釣竿供性傲，閒依樓櫓掛帆齊。搖搖剗曲沖來晚，驚起沙鷗逐對啼。

水　　居

廬結人間溪復溪，溯洄宛在水雲西。臨流遠引千堆雪，隔塢平嫻五德雞。簾卷湖光晴欲碎，窗含秋月淡偏齊。芰荷低覆茅檐靜，白鷺閒閒散漫啼。

村　　居

酒滿匏尊花滿溪，醇醪那問自東西。酣歌莫諳邀鄰叟，吐綬知晴報午雞。比屋倉盈婦子樂，平疇蔓長稻粱齊。牧童不省笛聲誤，貪看山鳩故故啼。

（五）戴共員《次魏惟度韻八首》

山　　居

深山夜雨漲桃溪，綠暗紅鮮落照西。藉草任眠蒼徑鹿，當窗只蓄長鳴雞。啁啾嘈雜幽禽細，突兀巉屼古木齊。坐對歸雲青冥色，栖烏猶自傍人啼。

巖　　居

勝侶漫尋舊虎溪，幽栖巖壑小窗西。潺潺水澗長堤鳥，寂寂空林午夢雞。地僻杳無柯斧到，居高似與嶺雲齊。朋儔寥落煙霞外，愁聽夕曛杜宇啼。

樓　　居

危樓百尺俯深溪，坐臥渾忘東復西。嘐唉遠聞鳴海鶴，蹁躚晴看舞鷳雞。晚霞照野楹前出，曉日當窗木末齊。憑高眺望開懷抱，巢鵲山鳩次第啼。

茅　　居

四面環山抱一溪，誅茅編槿斷橋西。市遠只憑銀繫鹿，時清不聞渡頭雞。鷺鶿雜沓沙邊偶，花樹蒙茸竹屋齊。風景幽尋元絕俗，悲蟬何事不禁啼。

鄽　　居

紫陌紅塵映碧溪，幽人宅在水涯西。南橋公子會馳馬，北郭俠邪來鬭雞。開徑詎云蔣詡并，著書欲與虞翻齊。昂藏七尺非無淚，不向牛衣卧裏啼。

船　　居

煙水垂綸不著溪，笠雲蓑雨任東西。空蒙霧裏驚秋雁，欸乃聲中聽曉雞。蝦菜生涯隨日足，笭箵事業稱船齊。鳴榔恐觸蛟龍怒，弄棹且隨黃鳥啼。

水　　居

世網攖人避窅溪，性躭岑寂水鄉西。但能海畔狎鷗鳥，莫道雲中墮犬雞。春醉夭桃含色重，秋肥蒼荻長苗齊。數聲漁笛滄浪興，休管鷦鴣夜半啼。

村　　居

卜築由來傍水溪，綠陰覆屋柳垂西。繞飛貪愛銜泥燕，催起莫尤報曉雞。四野浪翻麰麥動，一庭香送稻粳齊。閒來欲作梅花賦，社酒村歌任笑啼。

三、百多年後八居詩

前一拙文寫到,曾令我非常驚異的是,在魏憲之後百餘年,在鄰國日本,竟然還有六七位詩人賦過"八居"。當時,我不知道在我們中國,百餘年後還有没有人知道這樣一種雜體詩。但後來,我在雜覽群書中還是發現了不少。

清乾隆、道光年間,廣西臨源(今桂林興安)有一位以坐館授徒爲生的民間詩人龔錫紳(1779 年生),號黻堂,曾於 1850 年序刻其《聽之草堂詩集》,書中有作於 1810 年的《和蓉峰太史幽居八首(均限"溪西雞齊啼"韻)》,距魏憲首唱已經一百三十多年了。他的"八居"與魏氏原唱,次序略有不同,又將"巖"改爲"崖","水"改爲"涯"。(當然是他所和的原作即如此。)由於他一直生活在底層,其詩頗接地氣,不只是孫奇逢説的"總之柴桑'樂是幽居'之意"的"高人致",而亦略含對不平社會的不平,頗值得一讀:

廛　　居

吾家自昔住東溪,偶爾移居闤闠西。逐逐是耽慚笑虎,孳孳何爲愧鳴雞。低昂市價隨時易,高下物情本不齊。我受一廛聊自足,充腸兒女免饑啼。

山　　居

左枕平岡右帶溪,幽居愛向夕陽西。款關自昔無奔馬,對鏡閒看舞錦雞。深緑當門三徑滑,送青排闥萬峰齊。莫嫌個裏多岑寂,鳥自呼名向我啼。

茅　　居

不識何年有此溪,誅茅結屋溜灣西。苔痕靜掃迎嘉客,葭管晴編唱午雞。酣夢不驚風雨過,溜檐焉減瓦瓴齊。秋來預束生芻補,牗户綢繆鳥自啼。

村　　居

幾處桑麻繞碧溪,居人遙隔畝東西。孤村夜靜不聞犬,娱老年豐好畜雞。屋小霜凝紅樹古,田寬水滿緑萍齊。豆觴酌罷家家醉,隴上一聲布穀啼。

崖　居

幾重飛瀑落雲溪，無數峰巒劍閣西。松沸江濤奔戰馬，日懸金鏡動天雞。仰看絕□千尋聳，俯瞰平林一帶齊。我與巴猿親狎慣，聲聲和月任他啼。

船　居

蘆滿回汀漲滿溪，朝朝舟泊水雲西。斷崖通處時聞鳥，隔岸聽來遠唱雞。漁笛風清人影靜，萍花浪涌櫓聲齊。沙鷗自是浮生慣，只解閒游不解啼。

樓　居

高起層樓面小溪，窗開遠岫列東西。望殘秦女吹簫鳳，聽滿江城報曉雞。幾處風聲入耳早，一鈎月影掛櫓齊。每逢秋夜詩敲罷，靜鎖寒蟲伴枕啼。

涯　居

彎環嶺路曲隨溪，結個空齋傍水西。紅蓼色殷浮綠鴨，流泉聲咽雜青雞。月浮潭影簾前漾，風聚花英水面齊。隔岸山光悅鳥性，常來涯際掠波啼。

龔錫紳自稱是“和蓉峰太史”，據考，此人是聶銑敏（1775—1828），字晉光，號蓉峰，湖南衡山人，有《寄岳雲齋初稿》存。今查該書，果然有《和陳蒼山幽居八首（韻限“溪西雞齊啼”）》和《迭和前韻八首》，共十六首。因怕刊物限於篇幅不願登，我也就不在此一一辛苦錄入了。而聶銑敏所和之陳蒼山，則不審何人矣，其八居詩亦未得見。

我還曾讀到乾嘉時四川巴縣（今屬重慶）詩人朱桱（稼軒）的《讀蘇軒詩草》鈔本，中有《八居詩，以“溪西雞齊啼”為韻，同王笛亭作》八首，分別為廛居、村居、山居、水居、樓居、船居、崖居、茅居。限於篇幅，也不為具引了。與他同作的王笛亭，亦不知何許人也，僅知其有漑蘭草堂，其八居詩則今不得見矣。

又見嘉道時安徽無為人高學濂（希之），在其《希齋詩存》中也有《八居詩》存三首（山居、崖居、樓居）。這裏也不引了。

凡此可知，八居詩雖然流行不算廣，但延續也有一個半世紀了。

八居詩要寫得好，其實是不容易的，我看到著名明遺民魏禮在其《魏季子文集》中有一篇《八居詩跋》，未知所跋何人之詩，但對八居詩的難寫則有很好的論述："古人以性情流溢而爲詩，後人以詩雕刻其性情，故古先之詩後人不能及。然古之爲詩易，今之爲詩益難。途徑日多，約束滋迫，語曰'盤根錯節，乃別利器'，而工者甚難也。八居詩限以五韻，八其五（按，殆'居'字之誤）焉，有山、巖、水、舟、茅、村之辨，一或不審，流移無當矣。故送韻欲其渾適，措句著題欲其爾雅，無皮、陸澀僻之累。予讀是詩，滌其弊，有其佳致，而巧思迭發於章句之間，不囿於題，悠然清響，蓋所謂難能者。"

四、中國的"雙八詩"

前一拙文寫到日本藤森天山等人的詩，將八音詩與八居詩相結合（我想把這命名爲"雙八詩"），而且還是七律，等於戴上數重鐐銬跳舞。短短五十六個字，有十三個字固定不可變，還要寫出好的詩意，確實難度極大。我當年還没有看到中國古人寫的這樣的"雙八"詩，還以爲是日本人的創意，佩服得不得了。

後來，我讀到了著名明遺民陸世儀（1611—1672）的詩《石隱看菊次日飲興未已，時有作詩以"金石絲竹匏土革木"爲句首、下限"溪西雞齊啼"韻者，頗矜其難，石隱即前題依式賦之，以示菊齋，菊齋亦屬和并以命予，率爾勉成》。從詩題中"時有作詩以……頗矜其難"，就可知當時已有國人寫這種限字詩了（只是内容未必是"八居"）。而且，從詩題中可知，陸世儀的友人，同爲明遺民的石隱（王育）、菊齋（宋龍）就都寫過（可惜今未見）。陸世儀詩云：

金菊花開傍小**溪**，**石**牀聯坐日斜**西**。**絲**桐掛壁無弦柱，**竹**徑留賓有黍**雞**。**匏**葉屢吟非刺衛，**土**風難變不忘**齊**。**革**三未定憂心悄，**木**落寒林躲鳥**啼**。

我又讀到陸世儀同里摯友、著名明遺民陳瑚（1613—1675）的《漁家傲二首，和諸六在，限字作》。這兩首《漁家傲》可不是詞，而是七律。其二也是一首極爲精彩的首限"金石絲竹匏土革木"，尾限"溪西雞齊啼"的詩（可惜諸六在的原唱今未見），①若放在"八居"中，可以題爲"船居"：

> 金笳聲不到青溪，石冷雲深似瀼西。絲卷釣車驚翡翠，竹欹頹岸響莎雞。匏瓜儲粟妻孥飽，土缶招鄰老稚齊。革故鼎新都不問，木蘭舟上聽猿啼。

可知，日本人的"雙八詩"必不是他們的創意，也是從我們中國傳過去的。我們清初的古人早就想到這種很難寫的限字詩了。而且，難度更大的與"溪西雞齊啼"有關的雜體詩還有呢！

五、難度更大的限字詩

我最早讀到的是清末名臣瞿鴻機（1850—1918）的與"溪西雞齊啼"有關的限字詩。瞿氏湖南善化（今屬長沙）人，著有《超覽樓詩稿》，中有《和樊山閨怨詩，限"溪西雞齊啼"韻，中嵌"一二三四五六七八九十百千萬雙半丈尺"等字》。也就是説，一首詩五十六字中，有二十二個字規定必用，其中五個字的位置已經固定，而且還必須符合律詩的對仗等要求。難度之大，遠超上述"雙八"之作。（樊增祥的原詩，我草草翻查他的詩集，沒有找到。）而瞿氏居然寫了四首，而且還非常不錯：

> 垂絲丈二罨清溪，百尺朱樓月半西。三樹珠巢雙翠鳥，七弦琴曲一鵾雞。六張五角偏難合，萬紫千紅總不齊。心事十常乖八九，愁雲四起夢中啼。

> 尺五天臨丈八溪，輦施萬口獨誇西。九苞六律諧鳴鳳，百歲千頭羨祝雞。白璧一隻三倍重，金釵十二兩行齊。獨憐七夕空牀冷，四壁秋螿夜半啼。

---

① 陳瑚的第一首詩也頗精彩："落日炊煙生古屋，霞影山南度山北。孤舟罷釣繫垂楊，鷺下前村送歸鹿。秋雲淡蕩秋風清，水上微燈炤幽獨。長笛聲中月正明，天風吹傍蘆花宿。"首限"落霞孤鶩秋水長天"，尾限"屋北鹿獨宿"。

　　神弦十一小姑**溪**，錯認河圖**四**九**西**。七寶半垂釵上燕，六銖**雙**舞鏡中**雞**。五三心囑楡誰種，二八要支柳已**齊**。萬影千聲迷咫**尺**，陽臺**百丈**亂猿**啼**。

　　七盤千仞五雲**溪**，十二層城接閬**西**。**百丈**明河**雙**渡鵲，半牀殘月一聲**雞**。萬重蓬島終懸隔，三九梅花看放**齊**。憑仗六書通**尺**素，四時八節落珠**啼**。

後來我知道了，這種詩體，甚至詩題《閨怨》，原來最早起於清康熙年間，而且源於宮廷考試。王培荀《聽雨樓隨筆》載：

　　康熙間考翰林，題爲《閨怨》，詩中用“一二三四五六七八九十百千萬雙單丈尺”等字，以“溪西雞齊啼”爲韻，往往束手，而能者則爭新鬭奇，心花艷發。狀元歸允肅尤爲擅場。

鄭光祖《一斑録·詩才敏捷》中也有記述：

　　邑鍾虞山之秀，人材甚盛，國朝狀元孫公承恩（順治戊戌）、歸公允肅（康熙己未）、汪公繹（康熙庚辰）、汪公應銓（康熙戊戌），榜眼嚴公虞惇（康熙丁丑），探花翁公叔元（康熙丙辰）。前輩記載，康熙二十五年七月五日，皇帝面試各詞臣，時諸翰苑擬《閨怨》七律詩一首，限“溪西雞齊啼”韻，內嵌“一二三四五六七八九十百千萬丈尺兩雙半”等字，點綫香二寸爲限，詩成者徐乾學（昆山）、歸允肅、韓菼（蘇州）、翁叔元四人。……香限之速，詩限之難，告成者吾鄉先達居二人焉。

康熙二十五年爲 1686 年。所規定的限字實有二十三之多。鄭光祖書中記録了詩成者四人之詩：

（一）徐乾學

　　十二思君隔**五溪**，一簾風月六橋**西**。**百千**情緒三更夢，七八歸期**半**夜**雞**。裊裊綠楊雙槳去，萋萋紅葉**四**山**齊**。寒衣**九**月催刀**尺**，**萬丈**

愁城**兩**泪**啼**。

(二) 歸允肅

百丈愁思繫遠**溪**，尺封**四五**隔東**西**。**九**回腸斷**三**更雁，**一**片魂驚**五**漏**雞**。**七八**韶光隨隙去，**萬千**幽憾與山**齊**。朱欄**十二**空憑遍，半掩**雙**扉**兩**泪**啼**。

(三) 韓荽

花開**兩兩**映**雙溪**，尺**五**橋頭**六**馭**西**。**一**室孤燈聞去雁，**半**牀明月聽鄰**雞**。**八千**里路夢難到，**二十四**番風不**齊**。**九**變**七**弦**三萬丈**，寄情**百**里泪交**啼**。

(四) 翁叔元

萬嶺**三**山**百丈溪**，**兩**心同在**八**蠻**西**。回欄**十二**憐**雙**雁，織錦**三千**憾午**雞**。**七**月寒衣裁獨早，**一**身寬窄**半**肩**齊**。尺書**四五**憑誰報，**六九**平分但泪**啼**。

那以後，民間士人寫這種詩的也不少。就我所見，金武祥《粟香隨筆》即記載：

銘蒼軒又有《閨怨詩》，序云：都下作消寒會，同人拈此題，限"溪西雞齊啼"爲韻，中用"一二三四五六七八九十百千萬丈尺"等字，爲成四律。今錄其一云：六曲圍屏**九**曲**溪**，尺書**五**夜寄遼**西**。銀河**七**夕秋填鵲，玉枕**三**更冷聽**雞**。道路**十千**腸欲斷，年華**二八**髮初**齊**。情波**萬丈**心如**一**，**四**月山深**百**舌**啼**。①

同書又載，甚至當時的婦女也有能寫這種很難寫的詩的：

---

① 這首詩據説是紀昀寫的，見本文下引。

徐憺園尚書雅集東山，編修顧偉權在座，尚書限"溪西雞齊啼"韻，中用"一二三四五六七八九十百千萬兩丈尺半雙"等十八字，成七律詩。座客擱筆。編修歸語其妻吳位貞，即夕成一首，藝林傳誦。詩云：**百尺**樓頭花**一溪**，七香車斷**五陵西**。六橋遥望三湘水，八載空驚**半夜雞**。風急**九**秋**雙**燕去，雲開**四面萬**山**齊**。子規不解愁**千丈**，十二時中**兩兩啼**。位貞名學素，婁江人，有《蔭綠閣草》。

這樣的女性詩人我還能舉出幾位。例如，阮元所編《淮海英靈集》有蔣蕙（字玉潔，蔣葵之女弟，後亦爲尼，字德月）詩《閨怨（限"溪西雞齊啼"韻，并"一至十百千萬兩雙半丈尺"字）》：

　　十丈深情**四**繞**溪**，風光**二**月**六**橋**西**。**八千**路遠**三**秋別，**百萬**愁驚**一夜雞**。白璧**五雙**盟尚有，青絲**七尺**結難**齊**。**半**生**兩**處成孤夢，**九**折柔腸烏夜**啼**。

王應奎《柳南隨筆》也記載："陳典，字玉先，邑人也。善畫牡丹，一時推重。生一女，頗能詩，嘗作《閨怨》一首，以'溪西雞齊啼'爲韻，而以'一二三四五六七八九十百千萬丈尺兩雙半'十八字運入八句中，其第二聯云：'一春羞見雙飛燕，五漏愁聽三唱雞。'好事者至今傳之。"

又見毛曙《野客齋詩集》有詩《黃三丈移居，自製一律，以"溪西雞齊啼"五字爲韻，於中填入"一二三四五六七八九十百千萬半雙寸尺丈"共十八字，朋知和詩，同用是體韻》：

　　新營**五**畝卜城**溪**，**百尺**滄浪繞戶**西**。清簟**四**周**三萬**軸，短籬**半丈一雙雞**。**十千**置酒朋知集，**八九**能詩興概**齊**。**六**義**七**言程**寸**燭，體無**二**致韻同**啼**。

欽璉《虛白齋詩集》有詩《春閨，依李二少蓮原韻（韻限"溪西雞齊啼"，中藏"一二三四五六七八九十百千萬雙半兩丈尺"共十八字）》：

　　百丈長堤柳**半溪**，一聲鶯喚**七**盤**西**。**四**時最好**三**春月，**十**載相思**五夜雞**。**二八**韶華偏易擲，**萬千**愁恨**兩**難**齊**。**六**街**九**陌君游處，尺素無憑**雙**泪**啼**。

嚴熊《嚴白雲詩集》有詩《閨怨,限"溪西雞齊啼"韻,内用"一二三四五六七八九十百千萬兩丈尺雙半"共十八字,里中小友競傳新句,醉後戲效二首》:

相思**萬丈**隔山**溪**,九十春光咫**尺西**。**百**恨**千**愁憑一夢,**五**更**半**夜妬**雙雞**。**二三**燭爐天將曙,**七八**星稀彩不**齊**。此際**兩**心應倍切,**六**窗**四**面又鶯**啼**。

十丈巫峰**九**折**溪**,綺寮**七八**在溪**西**。**兩三**翰札空傳雁,**百二**關河未放**雞**。**萬**户**千**門情自切,**雙**星**半**夜恨難**齊**。腰圍**一尺**減**四五**,常背紗窗**六**扇**啼**。

此外,今人鄔化志的《中國古代雜體詩通論》寫到"傳爲紀曉嵐與黃煥中的《閨怨》唱和詩"。黃詩云:

百尺樓臺**萬丈溪**,雲書**八九**寄遼**西**。忽聞**三**月**雙**飛燕,最恨**三**更**一**唱**雞**。**五六**歸期空望斷,**七千**離恨竟未**齊**。**半**生**四**顧孤鴻影,**十**載悲隨杜鵑**啼**。

紀昀和詩云:

六曲圍屏**九**曲**溪**,**尺**書**五**夜寄遼**西**。銀河**七**夕秋填鵲,玉枕**三**更冷聽**雞**。道路**十千**腸欲斷,年華**二八**髮初**齊**。情波**萬丈**心如**一**,**四**月深山**百**舌**啼**。

今人徐元的《趣味詩三百首》還寫到清末南社詩人胡穎之(字栗長,號力漲,浙江紹興人)寫過《悶坐成禁體詩,用"溪西雞齊啼"韻,"一二三四五六七八九十百千萬雙兩半尺丈寸東西南北"字》多首,其二云:

東流**百尺半**山**溪**,**十萬**閒愁付海**西**。**尺**素**寸**心**雙**剖鯉,**千**紅**一**醉四閏雞。九霄北斗七星朗,六月南風五兩齊。逝水年華剛二八,不堪杜宇再三啼。

此七律禁體(即限字)已達二十七字,幾占百分之五十,而且還要做到詩特工妙,令人驚奇不已!

當然,胡穎之寫的還不算這類限字雜體詩的極限。因爲我看到過的最多的七律限字竟高達三十七字,佔百分之六十六! 那就是上面已經引用過的王培荀《聽雨樓隨筆》中所記載的:"合州張西村七律中,更用'江流有聲、斷岸千尺、山高月小、水落石出、風片雨絲、雲飛霧卷、漁竿畫船、煙波晚釣'等字,亦以'溪西雞齊啼'爲韻,更難措手,而詩特工妙。"①

最後,或許有人還會說我:你引了那麼多詩,不就是一種比腦力、比技巧的文字游戲麼,又有什麼意思呢? 那麼,我想反問:如今的田徑比賽、跳水比賽、足球比賽等等,從某種意義上來說,不也就是一種比體力、比技巧的游戲嗎? 那爲什麼現在甚至還有各國的元首都要正式出席的世界大會來舉行呢? 爲什麼現在有那麼多人對這些比賽如癡如醉呢?(甚至還有更加令人敬畏的"極限運動"呢!)那麼,我們熱愛中華傳統文學的人,對於古人無比高妙的智慧與文學傑作,難道不可以、不應該心存敬畏之心而進行介紹、欣賞、評論和研究嗎?

(作者單位:福州外語外貿學院、上海外國語大學)

---

① 王培荀還記載:"鈕玉樵作《閨怨詩》,蓋頭用'雨絲風片煙波畫船'八字,詩亦甚佳。有詩中用'金石絲竹匏土革木',皆才人狡獪之技。"而他所說的"更難措手而詩特工妙"的"合州張西村七律",舉出了三首:"山下風煙罨畫溪,釣竿絲卷小船西。斷雲漁弄飛波雨,出霧江寒叫月雞。千片落花流水送,尺魚沽酒晚歸齊。醉歌白石還高卧,任水猿聲兩岸啼。""漁歌聲小出前溪,一片雲流石岸西。山斷風高吹笠雨,江空月落聽潮雞。乍開煙霧回船晚,未挽竿絲下釣齊。咫尺波光圖畫裏,千湍水激有鳥啼。""山斷雲高水滿溪,小船流出畫橋西。釣絲尺卷晴無霧,漁隱叢談甕有雞。岸石秋江千丈落,煙蓑風雨一竿齊。晚來片刻波聲聒,魚翠驚飛映月啼。"(第二首缺"飛""卷"二字,疑王氏書誤,我也完全可以幫他修改補入。)

劉禹錫與元白詩派的離合

陳才智

【摘　要】拙著《元白詩派研究》將晚年與白居易唱和的劉禹錫劃入元白詩派，曾引發異議。確實，歷來文學史對劉禹錫的定位，都是視其爲中唐元白與韓孟兩大詩派之外的優秀詩人，自具風格，別有個性。但劉禹錫晚年的詩歌創作，因爲與白居易交往唱和而有所變化，也同樣是不爭的事實，只是没有受到充分的重視而已。二人詩風因交互影響而不免有趨同傾向，歷史上也屢有劉冠白戴的誤判，其中還包括方虚谷、王漁洋和袁隨園等赫赫有名的詩評家。本文擬在詳細排比劉禹錫與白居易交遊唱和詩基礎上，論述他們詩歌創作上的交互影響之跡，以求辨析劉禹錫與元白詩派的離合。

【關鍵詞】劉禹錫　白居易　元白詩派　交遊唱和　影響　離合

劉禹錫與白居易同年而生，惺惺相惜，二人晚年交遊、唱和甚密，生前即並稱"劉白"，所謂"四海齊名白與劉"①，而身後這一齊名狀態則不復存在。早在晚唐批評家張爲的《詩人主客圖》中，二人地位的改變已見端倪，一爲廣大教化派之"主"，一爲瑰奇美麗派之上入室，一主一客，雖不至雲泥而分，但軒輊之别顯然已濫觴於此。儘管也有人曾推崇劉禹錫，説："元和以後，詩人之全集可觀者數家，當以劉禹錫爲第一。其詩入選及人所膾炙，不下百首矣。"②但

---

① 白居易《哭劉尚書夢得二首》其一，見朱金城《白居易集箋校》，上海古籍出版社1988年版，第4冊，第2541頁。
② 楊慎《升庵詩話》卷一二，見《歷代詩話續編》，中華書局1983年版，下册，第889頁。

二人名家與大家之别，今日已成公認。按説劉禹錫登進士第比白早七年之久，出仕亦早，在貞元、元和詩壇上亦聲名早著，當日，“劉、白並稱，中山（劉禹錫）未必甘也”①，但論今時之聲名地位，白卻後來居上。乃至焦袁熹（1661～1736）《論詩絶句五十二首》更聲稱：“香山只是憐同調，老子韓非作一家。”並自注云：“夢得詩非求則忮，忮尤可惡，不特玄都二詩也。劉白并稱，是知詩而不知所以詩也。”②百年人物有誰在，千古聲名無盡時。在文學史上，聲名的指認固然難以量化和定論，但品第甲乙從來没有停止。這裏無意評騭二人聲名高下，只想由此説開，結合二人的交遊、唱和等，探討劉禹錫與元白詩派的離合。

一

元白詩派的領袖是白居易，向無疑義。詩派成員衆多，而晚年與白居易交往密切、唱和頻頻的劉禹錫，因爲身份、地位較特殊，創作上又自具風格，别有個性，所以一般文學史多將其單列，並無歸入元白詩派者。因此，當拙著《元白詩派研究》（社科文獻出版社 2007 年版）將晚年與白居易唱和的劉禹錫劃入元白詩派，曾引起異議。確實，一般而言，甘入某流某派者，多爲二三流，罕有名家大家，尤其是明清詩壇，所謂拉大旗作虎皮也。劉禹錫豈能與之同列？何況，與活躍在詩壇中心的白居易不同，劉禹錫一生大半在窮僻荒遠的貶所度過，苦悶哀怨與執著不屈交織，成爲他詩歌的底色，同香山優遊林下的閑適沖淡形成對比。從詩風上看，一豪邁俊爽，一平易淺淡，迥然有别，劉之高華與白之通俗之間，亦難以混同。白居易《劉白唱和集解》稱：“彭城劉夢得，詩豪者也。其鋒森然，少敢當者。”洵爲知言，正以慧眼道出夢得“詩豪”的特質。但耐人尋味的是，樂天自己也曾屢爲後人稱作“詩豪”③，可見其詩風之廣大，之多樣，之與夢得有趨同之處。

劉白之趨同，歷史上曾引起白冠劉戴或劉冠白戴的誤判，其中還包括

① 紀昀批劉禹錫《病中一二禪客見問因以謝之》之語，見李慶甲《瀛奎律髓彙評》，上海古籍出版社 1986 年版，第 1579 頁。
② 《論詩絶句五十二首》（其二十），《萬首論詩絶句》，人民文學出版社 1991 年版，第 1 册，第 278 頁。
③ 葛立方《韻語陽秋》卷一一：“杜子美、白樂天皆詩豪，器識皆不凡。”（《歷代詩話》，中華書局 1981 年版，第 568 頁）王逢《讀白寓齋詩》：“太白南流昂漸高，樂天退隱擅詩豪。”（《四庫全書》本《梧溪集》卷四）夏之蓉《讀白香山詩集》：“一代詩豪孰與儔，最清微處費冥搜。”（《半舫齋編年詩》卷一九，《四庫未收書輯刊》影印清乾隆夏味堂等刻本。）

方回、王士禛和袁枚這樣赫赫有名的詩評家。方回《瀛奎律髓》卷四十二"寄贈類"收録《寄李蘄州》七律一首："下車書奏襲黃課,動筆詩傳鮑謝風。江郡謳謡誇杜母,洛陽歡會憶車公。笛愁春盡梅花裏,簟泠秋生䕘葉中(蘄州出好笛,並䕘葉簟)。不道蘄州歌酒少,使君難稱與誰同。"歸爲劉賓客之作,何焯點評:"寄詩卻切蘄州事,春秋二句點化固妙,然章法又不甚緊,所以七言四韻須教夢得獨步也。"①紀昀批曰:"前四句太庸濫。"許印芳議道:"四句用六箇古人,太堆砌,亦太猥雜。"②實際上,正如馮班所辨:"此首白居易作"。方回心目中:"劉夢得詩格高,在元、白之上,長慶以後詩人皆不能及。且是句句分曉,不吃氣力,別無暗昧關鎖。"③但這還不是他將這首詩白冠劉戴的具體原因,具體原因應該是開成三年(838)李播赴任蘄州刺史時,劉、白均有七律之作送行,劉詩《送蘄州李郎中赴任》云:"楚關蘄水路非賒,東望雲山日夕佳。䕘葉照人呈夏簟,松花滿碗試新茶。樓中飲興因明月,江上詩情爲晚霞。北地交親長引領,早將玄鬢到京華。"④其中寫蘄州特產的"䕘葉照人呈夏簟"一句,與上引白詩"簟泠秋生䕘葉中"出典用語均略相似,因此致誤。相比之下,劉詩頸聯"樓中飲興因明月,江上詩情爲晚霞",一用庾亮,一用謝朓,但讀之使人不覺,儘管也受到"纖巧"⑤的批評,但較白詩《寄李蘄州》前四句堆砌六個古人確實更有詩味。

　　再來看劉冠白戴的誤判,白居易《劉白唱和集解》曾激賞的"沉舟側畔千帆過,病樹前頭萬木春",在號稱"一代正宗"⑥、"一代之宗"⑦、

① 朱金城《白居易集箋校》,第 4 册,第 2352 頁。
② 李慶甲《瀛奎律髓彙評》,第 1506 頁。
③ 李慶甲《瀛奎律髓彙評》,第 1740 頁。
④ 瞿蛻園《劉禹錫集箋證》,上海古籍出版社 1989 年版,第 921 頁。
⑤ 許學夷《詩源辯體》卷二十九,杜維沫校點本,人民文學出版社 1987 年版,第 281 頁。
⑥ 袁枚《隨園詩話》卷二:"阮亭先生,自是一代名家。""本朝古文之有方望溪,猶詩之有阮亭:俱爲一代正宗,而才力自薄。"其《論詩絶句》:"一代正宗才力弱,望溪文集阮亭詩。"王士禛門人史申義《題帶經堂集後東程聖跂》亦嘗云:"鴻文一代仰宗師,心苦編摩愛者誰。"鄭江《拙隱齋集序》:"我朝王漁洋先生集宋元明人之大成……詩人之詩惟漁洋先生爲孤詣、爲正傳。"(沈廷芳《拙隱齋集》卷首,《清代詩文集彙編》第 298 册)盧見曾《國朝山左詩鈔》卷四十六:"本朝詩家以漁洋爲正宗。"沈廷芳《研精齋詩序》:"新城王尚書獨標此旨,世稱正宗。百餘年間,流派既殊,踵武者罕。"(《拙隱齋集》卷三八,《清代詩文集彙編》第 298 册)李元度《王文簡公事略》:"一代正宗必以新城王公稱首,公以詩鳴海内五十餘年,士大夫識與不識,皆尊之爲泰山北斗。"(《清朝先正事略》卷六)胡薇元《題周誠甫江左三大家集虞山集後》:"一代正宗王貽上,瓣香私淑只虞山。"(《夢痕館詩話》卷四)
⑦ 鄭方坤《本朝名家詩鈔小傳》卷二稱許王漁洋:"至先生出而始斷然爲一代之宗。天下之士尊之如泰山北斗,至今家有其書,户習其說,蓋自韓、蘇二公以後,求其才足以包孕餘子,其學足以貫穿古今,其識足以別裁僞體,六百年來未有盛於先生者也。"(臺北:廣文書局 1971 年影印本,第 112—113 頁)

“一代宗匠”①、“一代宗工”②、“一代詩宗”③的王漁洋那裏,居然被視爲白樂天的詩句。王士禛《池北偶談》卷十六“表語本樂天詩”一則云:“宋任忠厚(惇)坐上書入籍,久不得調,投時相啓云:‘籠中剪羽,仰看百鳥之翔;岸側沉舟,坐閲千帆之過。’蓋用白樂天詩‘沉舟側畔千帆過,病樹前頭萬木春’語。”④而同書卷十四及《香祖筆記》卷五明明又稱,樂天作《劉白唱和集解》獨舉夢得“沉舟”一聯以爲神妙,看來多半是王漁洋意氣之餘的記憶短路。這意氣源自與趙執信的擡杠。趙執信《談龍録》載:“劉賓客詩云:‘沉舟側畔千帆過,病葉前頭萬木春。’有道之言也。白傅極推之。余嘗舉似阮翁。答云:‘我所不解。’阮翁……薄樂天而深惡羅昭諫。”⑤王漁洋詩尚神韻,故薄斥以直白淺易著稱的樂天,以致劉冠白戴——即使是千古警句,沉鬱豪放,且正切己境與酬贈當下之景,王漁洋眼中亦是“下劣”,下劣之句,自然下意識就歸入自己心目中所薄斥的樂天名下。其後居然仍有以訛傳訛者——乾隆間,山東即墨學者黄立世《柱山詩話》即云:“香山‘沉舟側畔千帆過,病樹前頭萬木春’,阮翁非之,是也。秋谷極口稱讚,何也? 豈好詆阮翁,必使之無完膚耶?”⑥這位忙著拉偏架的學者,居然如此不學,也算罕見。

　　王漁洋另有一處關於劉白之詩的誤判,其《香祖筆記》載:“《丹鉛録》云:‘《麗情集》載湖州妓周德華者,劉采春女也,唱劉夢得《柳枝詞》云云。此詩甚佳,而劉集不載。’余按,此乃白樂天詩,詩本六句,非絶句,題乃《板橋》,非《柳枝》。蓋唐樂部所歌,多剪截四句歌之,如高達夫‘開篋淚沾臆’,本古詩,止取前四句;李巨山‘山川滿目淚沾衣’,本《汾陰行》,止取末四句是也。白詩云:‘梁苑城西三十里,一渠春水柳千條。若爲此路今重過,二十年前舊板橋。曾與美人橋上别,更無消息到今朝。’板橋在今汴梁

① 楊際昌《國朝詩話》卷一:“王新城詩,一代宗匠,總是風騷絶世。”(《清詩話續編》第 1658 頁)茹綸常《題漁洋山人詩後》:“一代文章仰巨公,瓣香爭欲拜涪翁。”(《容齋詩集》卷一)單可惠《題國朝六家詩鈔後·王貽上》:“領袖群公一代奇,生前身後九重知。”(《射鷹樓詩話》卷十七)翁心存《論詩絶句十八首》其一:“一代文章正始音,漁洋三昧印禪心。”(《知止齋詩集》卷二)
② 秦朝釬《消寒詩話》:“阮亭喜風調,尚標格,爲詩家一代宗工。”
③ 方廷楷《習靜齋詩話》卷二:“王阮亭爲一代詩宗。”袁嘉穀《卧雪詩話》卷一:“阮亭一代風雅,壇坫盟主。”金震《書王漁洋詩集四首》其二:“一代詩名推正主,落箋堂與帶經堂。”(《東廬詩鈔》卷六)
④ 王士禛著,靳斯仁點校《池北偶談》,中華書局 1982 年版,第 393 頁。
⑤ 趙執信著,趙蔚芝、劉聿鑫注釋《談龍録注釋》,齊魯書社 1987 年版,第 39 頁。
⑥ 山東省博物館藏高氏辨洄居齊魯遺書鈔本《柱山詩話》。

城西三十里中牟之東，唐人小説載板橋三娘子事即此，與謝玄輝之‘新林浦板橋’異地而同名也。升庵博極群書，豈未睹《長慶集》者，而亦有此誤耶?"①此前之《池北偶談》卷十三"板橋詩"一則亦云："白氏集有板橋詩云：‘梁苑城西三十里，一渠春水柳千條。若爲此路今重過，十五年前舊板橋。曾共玉顔橋上別，不知消息到今朝。’今訛作劉夢得，而説者疑《中山集》不載此詩，蓋未考《長慶集》耳。"②按，白詩題爲《板橋路》，"三十里"一作"二十里"。③《香祖筆記》所引楊慎《丹鉛録》云云，又見《升庵詩話》卷七，惟末尾多出一句："然此詩隱括白香山古詩爲一絶，而其妙如此。"④升庵《絶句衍義》卷二、《百琲明珠》卷一均收録《柳枝詞》七言絶，署名周德華。⑤《絶句衍義》並於詩後注云："周德華，鏡湖妓劉采春女也。此詩隱括白香山古詩爲七言絶，而其妙思如此，真花月之妖也。"楊升庵劉冠周戴，確有未諦，但並未如王漁洋所云白冠劉戴。白詩七言三韻，劉詩據之删削改易爲七絶，出處須注明，但版權還是劉，而漁洋恰恰忽略了升庵業已點明的"隱括白香山"云云。隱括削改後的"春江一曲柳千條，二十年前舊板橋。曾與美人橋上別，恨無消息到今朝"，其實愈加凝練精彩，也更適合歌唱，原創者樂天想必也要承認其鍛煉磨礱之功。

　　與素來不喜香山詩風的王漁洋不同，號稱"詩學白傅"⑥的袁枚居然也劉冠白戴，可謂更令人吃驚。袁枚《隨園詩話》卷十二云："唐人詩曰：‘欲折垂楊葉，回頭見鬢絲。’又曰：‘久不開明鏡，多應爲白頭。’皆傷老之詩也。不如香山作壯語曰：‘莫道桑榆晚，餘霞尚滿天。’又，宋人云：‘勸君莫惱鬢毛斑，鬢到斑時也自難。多少朱門年少子，被風吹上北邙山！’"⑦按，"莫道桑榆晚，餘霞尚滿天"並非香山之壯語，乃是劉禹錫《酬樂天詠老見示》中的名

---

① 王士禛著《香祖筆記》，《四庫全書》本卷五；湛之點校本，上海古籍出版社 1982 年版，第 100 頁。又見王士禛著，張宗柟纂集，夏閎校點《帶經堂詩話》卷一八，人民文學出版社 1998 年版，第 525 頁。

② 王士禛著，靳斯仁點校《池北偶談》，中華書局 1982 年版，第 316 頁。

③ 朱金城《白居易集箋校》，第 1298 頁。

④《歷代詩話續編》，第 777 頁。

⑤ 王文才、萬光治主編《楊升庵叢書》，天地出版社 2002 年版，第 6 册，第 229、439 頁。

⑥ 袁枚《讀白太傅集三首·序》："人多稱余詩學白傅，自慚平時於公集殊未宣究。今年從嶺南歸，在香亭處借《長慶集》，舟中讀之，始知陽貨無心，貌類孔子。"（《小倉山房詩集》卷三〇，周本淳標校本《小倉山房詩文集》，上海古籍出版社 1988 年版，第 2 册，第 819 頁）參見石玲《袁枚詩與白居易詩之"貌類"及内在成因》，《文學評論》2005 年第 3 期。

⑦ 袁枚著，顧學頡校點《隨園詩話》，人民文學出版社 1998 版，第 332 頁。

聯。"餘霞"原作"微霞",又作"爲霞"。開成二年(837),66 歲的白少傅
《詠老贈夢得》云:"與君俱老也,自問老何如? 眼澀夜先臥,頭慵朝未梳。
有時扶杖出,盡日閉門居。懶照新磨鏡,休看小字書。情於故人重,跡共少
年疏。唯是閑談興,相逢尚有餘。"①劉禹錫《酬樂天詠老見示》答道:"人誰
不願老,老去有誰憐? 身瘦帶頻減,髮稀冠自偏。廢書緣惜眼,多炙爲隨
年。經事還諳事,閱人如閱川。細思皆幸矣,下此便翛然。莫道桑榆晚,爲
霞尚滿天。"②四語中極起伏之勢。結句英邁之氣,老而不衰,堪與其"在人
雖晚達,於樹似冬青"③之句並美,實難爲樂天所掠美。袁枚的這一劉冠白
戴,大概可以視爲對貌類而心儀的學習對象白香山之擡舉,好在此時香山
確也英華未衰,此後"餘霞"尚比劉禹錫多了四年。其實,在上引《隨園詩
話》的語境裏,香山自有"放眼看青山,任頭生白髮"這聯壯語,見於《洛陽有
愚叟》一詩④,是大和八年(834)63 歲在洛陽任太子賓客分司所作,明人陳
洪綬還曾反其語句,書爲"任頭生白髮,放眼看青山"一副對聯,以示曠達自
適之心態,不知袁枚爲何沒有想起。

二

將劉禹錫歸入元白詩派,不僅源自二人並稱齊名,更因爲詩風詩境之
趨同,堪稱文友詩敵。毛奇齡《西河詩話》曾分析:

> 白居易與劉禹錫齊名,又與元稹齊名,當時有《劉白集》,又有《元
> 白長慶集》,而白並不辭,世亦疑之。予謂夢得與樂天原可肩並,元則
> 卑劣抑下矣,白豈不自知,而甘與頡頏。蓋其時丁開、寶全盛之後,貞
> 元諸君皆怯於舊法,思降爲通俗之習,而樂天創之,微之、夢得並起而
> 效之,故樂天第喜其德鄰之廣,而不事較量。然猶自言曰:"每被老元
> 偷格律,苦教短李伏歌行。"則亦若有不甘於並名者。夫既創斯體,已
> 置身升降之際,使能者爲之,不過舍謐(密)就疏,舍方就圓(圓),舍官

---

① 朱金城《白居易集箋校》,第 4 册,第 2236 頁。
② 瞿蛻園《劉禹錫集箋證》,第 1261 頁。
③ 劉禹錫《贈樂天》,陶敏等《劉禹錫全集編年校注》,嶽麓書社 2003 年版,上册,第 549 頁。
④ 朱金城《白居易集箋校》,第 4 册,第 2056 頁。

樣而就家常。而自不能者效之,則卑格貧相,小家數,駔儈氣,無所不至。幸樂天才高,縱卑貧小巧,而意能發攄,力能搏捖,才與氣能克斥布濩,而所在周給。老元短李,又何能爲! 白所自言,固審耳。①

　　分析元和詩壇通俶(脱)風習的興起,指出傾向通脱之風的詩人形成創作群體,其主創爲白居易,其並起而效之的主要成員有劉禹錫與元稹,圍繞著這一詩歌群體所共同具有的通脱放達的藝術傾向,他們在詩歌創作中有三點共性:(一)詩歌意象結構由細密而趨疏朗,(二)遣詞造句由方正而趨圓融,(三)主題與取材捨官樣而就家常。這是對元和詩風變化較爲準確的歸納。方世舉《蘭叢詩話》論承繼老杜五七言律詩者,"白香山之疏以達,劉夢得之圍以闊"②,均可爲初學唐詩之導引,與上引毛奇齡所云三點共性有相通之處。毛奇齡詩學少好宋元,後轉宗唐③。其所宗之唐,不廢中晚。他給丁克揚《琴溪合稿》所作之序云:"自夫論詩者好言初盛,遂致貞元、元和以後棄置不問,而昔有終身爲詩,始悟《長慶集》之不易爲者。"④上引對元和詩風之變代表人物元、白、劉三人的歸納,可以追溯至《新唐書·文藝傳序》,其中言詩除杜甫、李白之外,即元稹、白居易、劉禹錫三人,"皆卓然以所長爲一世冠"⑤。至於推尊"樂天創之",毛奇齡《唐七律選》也有類似評説,中云:"樂天爲中唐一大作手,其七古五排,空前掩後,獨七律下乘耳,然猶領袖元和、長慶間,寶、太以後竊脂乞澤者,越若干年亦文豪也,若同時倡和,爭相摩仿,終不得似。此如東家效西家,才分懸遠。老元、短李,久在下邦嗤笑中矣,但黄鐘大吕鏗鈞已久,既降細響,則蝸吟蚓呻,自所不免,兹擇其於卑格貧相、小家數、駔儈氣不甚浸淫者,備録於篇,以厭時好之目。"⑥詩選之評與其詩話之論正可參照。

　　毛奇齡爲人好辨,有時不免强作解事,如論蘇軾詩"春江水暖鴨先知"之類。上引論元和詩風之變,沈德潛曾提出異議,其雍正九年(1731)所撰《説詩晬語》卷上云:"大曆十子後,劉夢得骨幹氣魄,似又高於隨州,人與樂

---

① 毛奇齡《西河合集·詩話》卷七,《四庫全書存目叢書》影印清康熙間書留草堂刻本,集部第420册,第566—567頁。
② 《清詩話續編》,第773頁。
③ 參見蔣寅《清初錢塘詩人和毛奇齡的詩學傾向》,《湖南社會科學》2008年第5期。
④ 毛奇齡《琴溪合稿序》,《四庫全書》本《西河集》卷三七。
⑤ 《新唐書》卷二〇一,中華書局1975年版,第18册,第5726頁。
⑥ 毛奇齡《唐七律選》卷三序語,中國社會科學院文學研究所圖書館藏清刊本。

天並稱,緣劉、白有《倡和集》耳。白之淺易,未可同日語也。蕭山毛大可,尊白詘劉,每難測其指趣。"①説毛大可尊白是不錯,但他並未詘劉,只是以"卑劣抑下"詘元稹而已,稍帶也批評了江湖間元和體末流妄相仿效,卑格貧相的小家數和駔儈氣。沈德潛早年編選的《唐詩宗》卷一二及康熙五十二年(1713)增删《唐詩宗》而成的十卷本《唐詩别裁集》卷八中,持論與《説詩晬語》相仿:"中唐七律,夢得可繼隨州,後人與樂天並稱,因劉、白有唱和詩耳,神彩骨幹,惡可同日語?"語詞亦頗爲近似。而乾隆二十八年(1763)重訂的二十卷本《唐詩别裁集》卷十五中,關於劉禹錫七言律詩的評語則訂正爲:"大曆後詩,夢得高於文房。與白傅唱和,故稱劉、白。實劉以風格勝,白以近情勝,各自成家,不相肖也。"②其實,毛大可將劉禹錫列入白居易所創元和通脱詩風的追隨者,並未屈就其地位。

　　劉、白二人地位之高下,在他們在世之日即有辯説,白居易作爲當事人表示,儘管彭城劉夢得"其鋒森然,少敢當者",但他並未服軟,稱"予不量力,往往犯之",結果"合應者聲同,交爭者力敵,一往一復,欲罷不能"(《劉白唱和集解》),可見不相上下。當然,對《石頭城》"潮打空城寂寞回",白居易還是服善讓能,據劉禹錫講,不僅嘆賞良久,並且説:"吾知後之詩人不復措辭矣!"③而史上盛傳的"金陵懷古"同題競賽,劉禹錫探龍獲珠,白居易等罷唱,④則因所云時間、地點多有不合之處,恐爲傳訛附會⑤。開成三年(838),因爲好五言詩的唐文宗欲置詩學士七十二員,翰林學士推薦了名

---

① 丁福保輯《清詩話》,上海古籍出版社1999年版,第541頁。

② 沈德潛著,富壽蓀校點《唐詩别裁集》,上海古籍出版社1979年版,第490頁。

③ 見劉禹錫《金陵五題·序》,《劉賓客文集》卷二十四,陶敏等《劉禹錫全集編年校注》,嶽麓書社2003年版,上册,第390頁。

④ 何光遠《鑒誡録》卷七"四公會":"長慶中,元微之、劉夢得、韋楚客同會白樂天之居,論南朝興廢之事。樂天曰:'古者言之不足,故嗟嘆之;嗟嘆之不足,故詠歌之。今群公畢集,不可徒然。請各賦《金陵懷古》一篇,韻則任意擇用。'時夢得方爲郎署,元公已在翰林,劉騁其俊才,略無遜讓。滿斟一巨杯,請爲首唱。飲訖不勞思忖,一筆而成。白公覽詩曰:'四人探驪,吾子先獲其珠。所餘鱗甲何用?'三公於是罷唱。但取劉詩吟詠竟日,沈醉而散。劉詩曰:'王濬樓船下益州,金陵王氣黯然收。千尋鐵鎖沈江底,一片降幡出石頭。荒苑至今生茂草,古城依舊枕寒流。而今四海歸王化,兩岸蕭蕭蘆荻秋。'"(《叢書集成初編》第2843册,第51頁)參見《唐詩紀事》卷三九,王仲鏞《唐詩紀事校箋》,巴蜀書社1989年版,上册,第1070頁;《全唐詩話》卷三,《歷代詩話》第125頁。

⑤ 見卞孝萱《劉禹錫年譜》,中華書局1963年版,第120—121頁;瞿蜕園《劉禹錫集箋證》,第670頁。

單,宰相楊嗣復聲稱:"今之能詩,無若賓客分司劉禹錫。"①可見劉禹錫聲名之盛。可惜被人聯繫起從前元白始作俑並風行一時的"元和體",因爲擔心玷黷王化,實非小事,於是不了了之。但劉白二人詩壇地位之不相上下,已按下伏筆。官方史書《舊唐書》既在《元白傳論贊》聲稱:"元和主盟,微之、樂天而已"②,同時也於《劉禹錫傳》表明:"禹錫晚年與少傅白居易友善,詩筆文章,時無在其右者。"③

　　分析後世劉、白二人高下的形成史,約有兩派,一派認爲劉不及白,如宋人晁公武《郡齋讀書志》卷一七云:"禹錫早與柳宗元爲文章之友,稱劉柳,晚與居易爲詩友,號劉白,雖詩文似少不及,然能抗衡二人間,信天下之奇才也。"④明人楊士雲《詠史·白樂天》:"吟醉先生幾石樽,香山居士半桑門。誰言元白還劉白,只恐元劉落後塵。"⑤明人許學夷《詩源辯體》卷二九云:"劉雖與白齊名,而其集變體實少,五、七言古及五言律俱未爲工。"⑥清人趙駿烈《劉賓客詩集序》云:"元和、長慶諸公,與香山唱和齊名者,劉賓客爲稱首。……大約劉之比白,邊幅稍狹,而精詣未之或遜。"⑦余成教《石園詩話》卷一云:"劉固詩豪,白乃詩仙。……在當時則劉白齊名,日久論定,劉終不能逾白也。"⑧康發祥(1788—1865)《伯山詩話前集》云:"與香山倡和者,則有元微之積,世稱爲元白:後有劉夢得禹錫,世稱爲劉白。香山叙劉詩曰:'彭城劉夢得,詩豪者也。其鋒森然,少敢當者。予不量力,往往犯之。'其推崇之也甚矣。愚按:其詩殊難與白比,其古詩亦是長慶體,而沈鬱頓挫處尚少。"另一派認爲白不及劉,如元人方回心目中,"夢得詩句句精

① 王讜撰,周勛初校證《唐語林校證》,中華書局1997年版,上册,第149頁。胡應麟《詩藪》外編卷三"(唐)上"云:"文宗欲置詩學士,固非急務,然非雅尚不能。李玨奏罷,未爲無見,所以憲宗爲詩,釀成輕薄之風,中間聱牙崛奇,譏諷時事,明指韓、柳、元、白諸公,此大是無識妄人。唐一代之文,所以能與漢并,正賴數君,豈俗子所解。乃憲宗興起之風,可與漢武、唐文相次。淮、蔡之勛,尚出此下,而史不略言,故余特詳著焉。樂天有諷諫詩,元積、李紳有新樂府。"(王國安校補本,上海古籍出版社1979年版,第173頁)《資治通鑑》卷二四六:"(文宗開成三年)上好詩,嘗欲置詩學士;李玨曰:'今之詩人浮薄,無益於理。'乃止。"(中華書局1976年版,第7938頁)
②《舊唐書》卷一六六,中華書局1975年版,第13册,第4360頁。
③《舊唐書》卷一六〇,中華書局1975年版,第13册,第4212頁。計有功《唐詩紀事》卷三九徑襲此語(王仲鏞《唐詩紀事校箋》上册,第1073頁)。
④ 孫猛《郡齋讀書志校證》,上海古籍出版社1990年版,第882頁。
⑤《楊弘山先生存稿》卷二,上海書店《叢書集成續編》第114册,第727頁。
⑥《詩源辯體》杜維沫校點本,第281頁。
⑦ 臺灣圖書館藏《劉賓客文集》卷首,陶敏等《劉禹錫全集編年校注》,下册,第1511頁。
⑧《清詩話續編》,第1755頁。

絕,其集曾自刪選,故多佳者,視樂天之易不侔也。"①"劉夢得詩格高,在元、白之上,長慶以後詩人皆不能及,且是句句分曉,不吃氣力,別無暗昧關鎖。"②明人黎民表《書劉中山別集卷首》亦稱:"中山於唐元和間有雋名,文稍亞於韓、柳,世謂之'劉柳',其詩則元、白諸人遠不逮也。"③均爲上引沈德潛《説詩晬語》意見之先聲,喬億《劍溪説詩又編》以爲:"劉禹錫七言律絕,……並出樂天之右。樂天只長律擅場,亦無子厚筆力也。而當日名播雞林,後人多宗之,良由諸體贍博,盡疏快宜人耳。"④同調還有《四庫全書總目·劉賓客文集提要》云:"其詩則含蓄不足,而精鋭有餘。氣骨亦在元、白上,均可與杜牧相頡頏,而詩尤矯出。"⑤民國間丁儀《詩學淵源》卷八《名人小傳詩品》甚至認爲:"元和詩人,(劉禹錫)自當首屈一指。韓、劉、元、白雖屬異曲,未見同工也。"⑥今天看來,正如瞿蜕園所云:"元、白、劉三人同開元和新派,各成壁壘。而居易能知人,能服善,此所以得廣大教主之稱歟!"⑦知人服善,非僅詩藝也。看來,論詩之道,有時也是功夫在詩外。

三

　　儘管劉前期詩風之俊爽高華,後期詩風之雄渾老辣,與元白的淺切平易不相肖,但如果從交遊的密切、唱和聯句的頻繁來看,晚年劉禹錫與元白詩派的脗合之處,要多於疏離之端。劉白交遊可以按照二人唱和詩的四次結集爲綫索加以勾勒。具體的復原工作,因爲《劉白唱和集》編排以時間先後爲序,而今存《劉賓客文集·外集》之唱和詩,即宋敏求自《劉白唱和集》中裒出者,保留了原集的編次,因此給復原工作提供了很好的基礎。此後,日本學者花房英樹、柴格朗、橘英範等,中國學者熊飛、賈晉華、王卓華、王

---

① 《瀛奎律髓》卷二四"送別類",李慶甲《瀛奎律髓彙評》,第 1072 頁。
② 《瀛奎律髓》卷四七"釋梵類",李慶甲《瀛奎律髓彙評》,第 1740 頁。紀昀批曰:"論夢得是,然以論夢得此二詩則未是。二詩乃夢得之不佳者。"二詩指《酬淮南廖參謀秋夕見過之作》、《送景玄師東歸》。
③ 臺灣圖書館藏《劉賓客文集》卷首,陶敏等《劉禹錫全集編年校注》,下册,第 1510 頁。
④ 《清詩話續編》,第 1126 頁。
⑤ 《欽定四庫全書總目提要》整理本卷一五〇,中華書局 1997 年版,下册,第 2009 頁。
⑥ 《民國詩話叢編》,上海書店出版社 2002 年版,第 3 册,第 207 頁。
⑦ 瞿蜕園《劉禹錫集箋證·劉禹錫交遊録》,第 1606 頁。

艷玲等均曾作過進一步的努力①。筆者在博士畢業論文《元白詩派成立之研究》(2000)基礎之上,復編訂《白居易資料新編》,於劉白唱和集復有補訂。② 此毋須贅,僅列四次結集爲下表,以見其概況。

劉白唱和之結集

結集名稱	結集時間	年　齡	卷　數	出　　　　處
劉白唱和集	大和三年(829)	58 歲	兩卷(138 首)	白居易《劉白唱和集解》:"一二年來,日尋筆硯,同和贈答,不覺滋多。至大和三年春以前,紙墨所存者凡一百三十八首。"(《白居易集箋校》第 6 册,卷六九,第 3711 頁) 參見劉禹錫《彭陽唱和集引》。(瞿蜕園《劉禹錫集箋證》下册,第 1496 頁)
劉白吳洛寄和卷	大和六年(832)	61 歲	一卷	白居易《與劉蘇州書》:"與閣下在長安時,合所著詩數百首,題爲《劉白唱和集》卷上下事(具《集解》中)。去歲冬,夢得由禮部郎中、集賢學士遷蘇州刺史。……僕方守三

① 花房英樹《〈劉白唱和集〉稿》,《京都府立大學學術報告》(人文)12,1960 年 12 月,第 1—28 頁,後收入其《白居易研究》(世界思想社,1971 年 3 月);柴格朗《劉白唱和考》,《中國語文志》(京都產業大學外國語學部中國語文研究會),1961 年;《〈劉白吳洛寄和卷〉中所表現的劉禹錫對政界的執著》,《中唐文學會報》(日本中唐文學會)8,2001 年 10 月;柴格朗譯注《劉白唱和集》,東京勉誠社,2004 年 7 月;橘英範《劉白唱和詩復原的問題》,《中國中世文學研究》(廣島大學中國中世文學研究會)20,1991 年 2 月;《劉白唱和詩研究序説》,載《廣島大學文學部紀要》第 55 卷特輯號 3(1995);《關於劉白的聯句》,《中國中世文學研究》31,1997 年 1 月;《中唐唱和文學的發展——走向〈劉白唱和集〉之路》,《日本中國學會報》(日本中國學會)第 60 集,2008 年。熊飛《劉禹錫、白居易唱和詩簡論》(《湖北大學學報》1990 年第 2 期)及《〈劉白唱和集〉編集流散考》(《唐都學刊》1997 年第 4 期);賈晉華《唐代集會總集與詩人群研究》(北京大學出版社 2001 年版);王卓華《從幾部唐代唱和總集看劉禹錫的唱和詩》(《殷都學刊》2005 年第 4 期);王艷玲《劉白詩人群的唱和活動及其詩歌創作——以劉白唱和詩的四次結集爲中心》(《天津大學學報》2009 年第 5 期)。此外學位論文方面,可供參考者,還有王玫《劉禹錫白居易唱和詩研究》,首都師範大學中文系碩士論文,2002 年 5 月,導師鄧小軍;王曼霏《劉白唱和詩研究》,廣西大學文學院碩士論文,2008 年 7 月,導師李寅生;付瑤《劉禹錫唱和詩研究》,新疆師範大學碩士論文,2005 年 6 月,導師薛天緯;張育樺《劉禹錫、白居易交往詩研究》,屏東教育大學中國語文學系碩士論文,2010 年 8 月,導師簡貴雀。
② 其中劉詩繫年參照卞孝萱《劉禹錫年譜》(中華書局 1966 年版)、高志忠《劉禹錫詩文繫年》(廣西人民出版社 1988 年版)、瞿蜕園《劉禹錫集箋證》(上海古籍出版社 1989 年版)、蔣維崧等《劉禹錫詩集編年箋注》(山東大學出版社 1997 年版)和陶敏等《劉禹錫全集編年校注》(嶽麓書社 2003 年版)。白詩繫年參照朱金城《白居易集箋校》(上海古籍出版社 1988 年版)。

結集名稱	結集時間	年　齡	卷　數	出　　處
劉白吳洛寄和卷	大和六年（832）	61歲	一卷	川，得爲東道主。閣下爲僕稅駕十五日，朝觴夕詠，頗極平生之歡。各賦數篇，視草而別。歲月易得，行復周星。一往一來，忽又盈篋。……今復編次焉，以附前集，合前三卷，題此卷爲下，遷前下爲中。命曰《劉白吳洛寄和卷》，自大和五年冬送夢得之任之作始。"（《白居易集箋校》第6册，卷六八，第3696頁）按，"送夢得之任之作"指《送劉郎中赴任蘇州》。（《白居易集箋校》第6册，外上，第3831頁）
汝洛集	大和八年（834）	63歲	一卷	劉禹錫《汝洛集引》："大和八年，予自姑蘇轉臨汝，樂天罷三川守，復以賓客分司東都。……明年，予罷郡，以賓客入洛，日以章句交歡。因而編之，命爲《汝洛集》。"（瞿蛻園《劉禹錫集箋證》下册，第1500頁）。《新唐書·藝文志》、《唐詩紀事》以之爲裴度、劉禹錫唱和集。據劉禹錫《汝洛集引》可知主要爲劉、白。據陳尚君《唐代文學叢考》（第212頁）與唱者還有裴度、吳士矩等。
劉白唱和集	會昌五年（845）	劉已逝，白74歲	五卷（新增兩卷）	白居易《白氏長慶集後序》："其文盡在大集内録出，别行於時。"（《白居易集箋校》第6册，外下，第3916頁）

　　從《劉白唱和集》看，二人交遊始於元和五年（810），翰林學士白居易將詩作百篇寄給被貶朗州（今湖南常德）司馬已有五年的劉禹錫，元稹也是在這一年開始與劉禹錫唱和，白主動寄詩當因元稹之介。[1] 劉禹錫答以《翰林白二十二學士見寄詩一百篇因以答貺》："吟君遺我百篇詩，使我獨坐形神馳。玉琴清夜人不語，琪樹春朝風正吹。郢人斤斫無痕跡，仙人衣裳棄刀

---

[1] 卞孝萱《劉禹錫叢考·交遊考》，巴蜀書社1988年版，第196頁；陶敏等《劉禹錫全集編年校注》，上册，第103頁。

尺。世人方内欲相尋，行盡四維無處覓。”①此詩收入《劉賓客文集》外集，
爲卷一壓卷之作，開篇第二句稱，讀白詩而坐形神馳，與劉禹錫《董氏武陵
集紀》所云“片言可以明百意，坐馳可以役萬里，工於詩者能之”可以參觀。
結尾誇白詩並世無二，大概緣於初交，不免溢美，但中間兩聯，盛讚白詩如
琴韻悠揚，玉聲清越，且匠心獨運，自然渾成，如郢人運金，毫無斧鑿之痕，
似仙人裁衣，不用刀尺之功，顯然出自詩友之間真切的體認。正如趙翼《甌
北詩話》卷四所云：“香山主於用意，用意則屬對排偶，轉不能縱橫如意；而
出之以古詩，則惟意所之，辨才無礙。且其筆快如并剪，銳如昆刀，無不達
之隱，無稍晦之詞；工夫又鍛鍊至潔，看是平易，其實精純。劉夢得所謂‘郢
人斤斫無痕跡，仙人衣裳棄刀尺’者，此（香山）古體所以獨絶也。然近體中
五言排律，或百韻，或數十韻，皆研鍊精切，語工而詞贍，氣勁而神完，雖千
百言亦沛然有餘，無一懈筆。當時元、白唱和，雄視百代者正在此。”②後來
陸游《九月一日讀詩稿有感走筆作歌》“詩家三昧忽見前，屈賈在眼元歷歷。
天機雲錦用在我，剪裁妙處非刀尺。”即師此意。值得一提的是，何焯於劉
禹錫此詩之批語留意到：“夢得別集七言律詩，大抵多效白公之體，但起結
多恨其過於平直。”③可見在二人唱和之始，劉禹錫即有意識向樂天詩風
靠攏。

　　長慶二年（822）正月，劉禹錫任夔州刺史時，有《始至雲安寄兵部韓侍
郎中書白舍人二公近曾遠守故有屬焉》，表達對兵部侍郎韓愈、中書舍人白
居易在京爲官的欽羨，中云：“故人青霞意，飛舞集蓬瀛。昔曾在池篽，應知
魚鳥情。”④長慶三年（823），白居易作《杭州春望》：“望海樓明照曙霞（城東
樓名望海樓），護江堤白蹋晴沙。濤聲夜入伍員廟，柳色春藏蘇小家。紅袖
織綾誇柿蒂（杭州出柿蒂，花者尤佳也），青旗沽酒趁梨花（其俗釀酒趁梨花
時熟，號爲梨花春）。誰開湖寺西南路，草緑裙腰一道斜（孤山寺路在湖洲
中，草緑時望如裙腰）。”⑤次年（824），劉禹錫答以《白舍人自杭州寄新詩有
“柳色春藏蘇小家”之句因而戲酬兼寄浙東元相公》：“錢塘山水有奇聲，暫
謫仙官守百城。女妓還聞名小小，使君誰許喚卿卿。鼇驚震海風雷起，蜃

① 陶敏等《劉禹錫全集編年校注》，上册，第102頁。
② 《清詩話續編》，第1174—1175頁。
③ 卞孝萱《劉禹錫詩何焯批語考訂》，《唐研究》第二卷，北京大學出版社1996年版，第185頁。
④ 《劉夢得文集》外集卷一，四部叢刊景宋本；陶敏等《劉禹錫全集編年校注》，上册，第279頁。
⑤ 《白居易集箋校》，第3册，第1364頁。

闞嘘天樓閣成。莫道騷人在三楚,文星今向斗牛明。"①白詩中首句之"望海樓"在杭州鳳凰山。頷聯"入"字、"藏"字,極寫望中之景,伍員即伍子胥,伍員死,吳王取子胥屍,盛以鴟夷革,浮之江中,吳人憐之,爲立祠於江上,因命曰胥山。蘇小,指南齊錢塘名妓蘇小小,才空士類,容華絕世。白居易《和春深二十首》有"杭州蘇小小,人道最夭斜"。"柿蒂"是杭産綾絹所織之花紋,"梨花"是杭州美酒的名稱。落句結足春意。禹錫和詩第一句中"奇聲",是説異樣聲名。"仙官"指居易曾爲中書舍人,極清華之選而出。"守"一作"領"。三、四句言雖有名妓蘇小小,然不許命使君以卿卿也。諧謔之語卻精極。五句"鷔鷘"言刺史之雷厲風行。六句言舍人之文詞燦麗。"莫道"句説向云騷人詩思盛於三楚,故有屈原、宋玉輩,如今文星都改到吳越來了("斗牛"間,杭與越之星野也)。這首詩通體清穩,可以和白居易原作旗鼓相當。説文星改照到吳越之間,又是何等自負!

劉、白大規模的唱和,始於寶曆年間。寶曆元年(825)春,劉禹錫在和州作《春日書懷寄東洛白二十二楊八二庶子》:"曾向空門學坐禪,如今萬事盡忘筌。眼前名利同春夢,醉裏風情敵少年。野草芳菲紅錦地,遊絲撩亂碧羅天。心知洛下閑才子,不作詩魔即酒顛。"②從中可見,他對洛中白居易的詩酒生活極爲瞭解,詩風亦與白頗似。

寶曆二年(826),當時劉禹錫卸任和州刺史,經揚州回洛陽,與自蘇州北歸的白居易相逢於揚子津,一見如故,白居易作《醉贈劉二十八使君》:"爲我引杯添酒飲,與君把箸擊盤歌。詩稱國手徒爲爾,命壓人頭不奈何。舉眼風光長寂寞,滿朝官職獨蹉跎。亦知合被才名折,二十三年折太多。"③劉禹錫答以《酬樂天揚州初逢席上見贈》:"巴山楚水淒涼地,二十三年棄置身。懷舊空吟聞笛賦,到鄉翻似爛柯人。沉舟側畔千帆過,病樹前頭萬木春。今日聽君歌一曲,暫憑杯酒長精神。"④劉詩回贈接過白詩話頭,既抒寫出那一特定環境中的感情,又蘊含著貶官二十多年後回鄉的深沉感嘆。那一年兩人都是 55 歲,回溯到貞元十九年癸未(803),他們都是 32 歲,禹錫在京官監察御史,居易職爲校書郎,住常樂里。二十三年過去,難免欷歔慨嘆。可頸聯卻突然振起,化沉鬱爲通達,變悲怨而樂觀,寫沉舟側畔,千帆

① 《劉禹錫集箋證》,第 1032 頁。
② 陶敏等《劉禹錫全集編年校注》,上册,第 357 頁。
③ 《白居易集箋校》,第 3 册,第 1706 頁。
④ 《劉禹錫集箋證》,第 1047 頁。

競發;病樹前頭,萬木爭榮。在自然界的平凡現象中,暗示社會人事新陳代謝的哲理,意象新奇壯麗,寓意深長,較之樂天之"命壓人頭不奈何"確實較勝一籌。難怪樂天稱贊這兩句詩"神妙","在在處處應有靈物護之"(《劉白唱和集解》),清人趙執信《談龍録》更推許爲"有道之言",至今仍常常被人引用,並賦予新的意義,説明新事物必將取代舊事物的自然和社會發展規律。類似閃爍著清剛的理性之光的詩句,劉禹錫還有"芳林新葉催陳葉,流水前波讓後波"(《樂天見示傷微之敦詩晦叔三君子皆有深分因成是詩以寄》),"自古逢秋悲寂寥,我言秋日勝春朝"(《秋詞》),都是對宇宙與自然沉思之後的一種感悟。這種感悟以形象出現在詩裏,不僅有開闊的視界,而且有一種超時空的跨度,顯示出歷史、現實、未來的一種交融。

　　大和二年(828),劉、白都在長安,多有活動,與張籍同遊杏園,白有《杏園花下贈劉郎中》,劉有《杏園花下酬樂天見贈》;劉、白都參加的聯句,有《杏園聯句》、《花下醉中聯句》、《首夏猶清和聯句》、《薔薇花聯句》、《西池落泉聯句》。之後,劉禹錫在長安、蘇州、汝州等地,與白居易唱和不斷。大和三年(829)白居易歸洛後,劉禹錫有《遙和白賓客分司初到洛中戲呈馮尹》,這是白退閑後,劉、白頻繁唱和的開始,時劉在長安任禮部郎中、集賢院學士。開成元年(836),劉禹錫以太子賓客分司東都,白居易其時已在洛陽,兩人再次相聚,因爲都以分司身份生活於洛陽,有相對自由的時間彼此唱和,交往更密,正如劉禹錫《汝洛集引》所説:"予罷郡,以賓客入洛,日以章句交歡。"[1]劉、白的深契,主要是此後一段時間。如開成二年(837)夏,白居易有《分司洛中多暇數與諸客宴遊醉後狂吟偶成十韻因招夢得賓客兼呈思黯奇章公》云:"性與時相遠,身將世兩忘。寄名朝士籍,寓興少年場。老豈無談笑? 貧猶有酒漿。隨時求伴侶,逐日用風光。數數遊何爽,些些病未妨。天教榮啓樂,人恕接興狂。改業爲逋客,移家住醉鄉。不論招夢得,兼擬誘奇章。要路風波險,權門市井忙。世間無可戀,不是不思量。"[2]其中"身將世兩忘",引申鮑照《詠史》"身世兩相棄"之意,與此前元和三年《偶作》"是非一以貫,身世交相忘",元和五年《適意》"悠悠身與世,從此兩相棄",元和七年《詠興五首》其三《池上有小舟》"我今異於是,身世交相忘",

<hr/>

① 陶敏等《劉禹錫全集編年校注》,下册,第1230頁。
②《白居易集箋校》,第4册,第2323頁。

元和九年《退居渭村寄禮部侍郎翰林錢舍人詩一百韻》末二句"可憐身與世,從此兩相忘",元和十二年《閉關》"我心忘世久,世亦不我干",大和八年《詠懷》"由兹兩相忘,因得長自遂",大和九年《詔下》"我心與世兩相忘,時事雖聞如不聞"等,一脈而承。劉禹錫答以《酬樂天醉後狂吟十韻(來章有"移家住醉鄉"之句)》詩:"散誕人間樂,逍遥地上仙。詩家登逸品,釋氏悟真筌。制誥留臺閣,歌詞入管弦。處身於木雁,任世變桑田。吏隱情兼遂,儒玄道兩全。八關齋適罷,三雅興尤偏。文墨中年舊,松筠晚歲堅。魚書曾替代,香火有因緣。欲向醉鄉去,猶爲色界牽。好吹《楊柳》曲,爲我舞金鈿。"①"散誕人間樂,逍遥地上仙",説出"中隱"生活的快意;"醉鄉"、"色界"、"香火"、"管弦"、"歌詞"等,寫出"中隱"生活的内容;"處身於木雁,任世變桑田。吏隱情兼遂,儒玄道兩全",對白居易"中隱"思想本質特徵加以概括,相當準確。

　　開成三年(838)元日,白訪劉,白贈以《新歲贈夢得》,劉答以《元日樂天見過因舉酒爲賀》。晚夏,白訪劉,白寄《晚夏閑居,絕無賓客,欲尋夢得,先寄此詩》,劉答《酬樂天晚夏閑居欲相訪先以詩見貽》。秋日,劉又訪白,白寄示《與夢得沽酒閑飲且約後期》、《夢得相過援琴命酒因彈秋思偶詠所懷兼寄繼之待價二明府》,劉酬以《樂天以愚相訪沽酒致歡因成七言聊以奉答》。舉此可以概見二人交遊之頻繁。此間劉詩不乏仿白之作,如開成五年(840),白有《楊柳枝》:"陶令門前四五樹,亞夫營裏百千條。何似東都正二月,黄金枝映洛陽橋。"②劉禹錫和詩云:"金谷園中鶯亂啼,銅駝陌上好風吹。城東桃李須臾盡,爭似垂楊無限時。"③范晞文《對床夜語》即斷爲"仿白"之作④。寶曆二年(826),白居易《正月三日閒行》云:"緑浪東西南北水,紅欄三百九十橋。"大和六年(832),劉禹錫《樂天寄憶舊游因作報白君以答》云:"春城三百九十橋,夾岸朱樓隔柳條。"楊慎以此作爲"唐人詩句,不厭雷同"之例證。此外,如前所述,劉禹錫還有檃括白香山古詩《板橋路》的《柳枝詞》。

---

① 《劉禹錫集箋證》,第1266頁,《劉禹錫全集編年校注》,上册,第672頁。
② 《白居易集箋校》,第4册,第2167頁。
③ 《劉禹錫集箋證》,第858頁。
④ 范晞文《對床夜語》卷五,《歷代詩話續編》,第442頁。

四

　　全部《劉白唱和集》，共137組唱和詩作，已超過《元白唱和集》的111組。其浩博堪稱詩史一大奇觀。劉、白唱和詩之詩體，由多至少，依次爲七律、七絕、五律、五排、五古。劉、白和韻詩詩體，由多至少，依次爲七絕、七律、五律、五排、五古。二者次序基本一致。不過，劉、白唱和在元、白之後，以律體唱和之比例，明顯超過古體，超過元白，這也是中晚唐以還律體逐漸成熟壯大趨勢的反映。劉、白和韻詩佔同體唱和詩的比例，由大至小依次爲七絕、七律、五排、五古、五律，與元、白和韻詩情況略有不同。在比例上，劉白唱和詩與元白唱和詩一樣，所占各自全部詩作之比例，都相當可觀。白居易詩2 830首、劉禹錫詩884首。其中，因白集保存較爲完整，唱和對象較多，故比例稍小；而元集、劉集唱和詩有散佚，且唱和對象主要是白居易，故比例稍高。劉白唱和詩與元白唱和詩中，後者和韻詩所占比例稍高于前者。劉白和韻詩與元白和韻詩中，後者次韻詩所占比例遠遠超過前者。

劉、白唱和詩之詩體

	唱和者	七絕	七律	五律	五排	五古	七古	六絕	總計	比例
唱和詩	白居易	49	62	28	11	9	3	2	164	6%
	劉禹錫	52	57	25	12	8	2	2	158	19%
和韻詩	白居易	33	13	4	4	2	——	——	56	34%
	劉禹錫	33	14	4	4	2	——	——	57	36%
次韻詩	白居易	21	2	2	2				27	48%
	劉禹錫	21	2	2	2	——			27	47%

　　劉、白唱和詩之浩博，足以佐證劉禹錫與元白詩派的親合度。如果細相比對，可以發現，劉白二人在詩風詩境上較量之餘，不乏相互趨同與妥協。何焯《劉禹錫詩》批語對劉白唱和詩尤其留意二人詩作同異的相互比對，如《春日書懷，寄東洛白二十二、楊八二庶子》："曾向空門學坐禪，如今萬事盡忘筌。眼前名利同春夢，醉裏風情敵少年。野草芳菲紅錦地，遊絲

撩亂碧羅天。心知洛下閑才子，不作詩魔即酒顛。"《八月十五日夜半雲開然後玩月因書一時之景寄呈樂天》："半夜碧雲收，中天素月流。開城邀好客，置酒賞清秋。影透衣香潤，光凝歌黛愁。斜輝猶可玩，移宴上西樓。"二詩皆批云："白公體。"《三月三日與樂天及河南李尹奉陪裴令公泛洛禊飲各賦十二韻》："洛下今修禊，群賢勝會稽。盛筵陪玉鉉，通籍盡金閨。波上神仙妓，岸傍桃李蹊。水嬉如鷺振，歌響雜鶯啼。歷覽風光好，沿洄意思迷。棹歌能儷曲，墨客競分題。翠幄連雲起，香車向道齊。人誇綾步障，馬惜錦障泥。塵暗宮墻外，霞明苑樹西。舟形隨鷁轉，橋影與虹低。川色晴猶遠，烏聲暮欲棲。唯餘踏青伴，待月魏王堤。"批語云："樂天固不可及，此作亦自秀整。齊韻容易窘人，非夢得幾於擱筆矣。"《題于家公主舊宅》："樹繞荒臺葉滿池，簫聲一絕草蟲悲。鄰家猶學宮人髻，園客爭偷御果枝。馬埒蓬蒿藏狡兔，鳳樓煙雨嘯愁鴟。何郎獨在無恩澤，不似當初傅粉時。"批語云："比樂天詩更曲折有味，三、四妙絕。馮己蒼（馮舒）極稱此詩，以爲悲涼之中，自饒才致，他人爲此而定薄矣。"《和樂天誚失婢榜者》："把鏡朝猶在，添香夜不歸。鴛鴦拂瓦去，鸚鵡透籠飛。不逐張公子，即隨劉武威。新知正相樂，從此脫青衣。"批語云："定翁（馮班）云：'似勝白。'第三先起後半二句，直是叙得生動。"《和白侍郎送令狐相公鎮太原》："十萬天兵貔錦衣，晉城風日斗生輝。行臺僕射深恩重，從事中郎舊路歸。疊鼓蠻成汾水浪，閃旗驚斷塞鴻飛。邊庭自此無烽火，擁節還來坐紫微。"批語云："其精切工假如此，樂天'青衫書記'、'紅旆將軍'，未免爲渠壓倒。"[1]等等，不一而足，皆別具隻眼。

總之，儘管劉禹錫詩自具風格與個性，但晚年創作，因與白居易交往唱和而有所變化，二人在流暢自然的風格特色中找到了共通之處，尤其體現在七言律絕體中，每有異曲同工的含思婉轉之妙。正如明人許學夷《詩源辯體》所云："考《萬首唐人絕句》，劉（夢得）實有似樂天者，故當時有'劉白'之稱。"[2]方世舉《蘭叢詩話》亦云："（五七絕句）元、白清宛，賓客同之。"[3]後來唐寅、徐禎卿等吳中詩人，不約而同共同師法劉禹錫與白居易，所鍾愛者，也是二人流利自然、語工調協的七言律絕。

進一步追下去，劉白并稱也絕非僅限於七言律絕體。在元白詩派"長

---

① 卞孝萱《劉禹錫詩何焯批語考訂》，《唐研究》第二卷，北京大學出版社 1996 年版，第 185—202 頁。
② 《詩源辯體》卷二九，杜維沫校點本，第 282 頁。
③ 《清詩話續編》，第 779 頁。

慶體”創作上，劉禹錫元和八年（813）任朗州司馬期間所作《泰娘歌》①、《傷秦姝行》②，與元、白“長慶體”的創作時間大致平行，且符合其四個共性——（一）詩體爲七言歌行體，（二）内容以叙事爲主，（三）篇幅爲八句以上的長篇，（四）韻律上多用律句和轉韻。而且均不約而同，於詩前又加以小序，可以見出這種叙事歌行體的一種風尚。因拙著《元白詩派研究》曾有所論及，此不贅。

綜合以上，可見劉、白二人詩風，因交互影響，亦多有趨同傾向，既有異中之同，也有同中之異。比較之下，異中之同已超過同中之異。將劉禹錫劃入元白詩派，并非僅僅著眼於劉白唱和詩。在不同詩體的創作上，劉禹錫與元白詩派均有相互脗合之跡，且合大於離，這就是劉禹錫可以劃入元白詩派的主要理由。

（作者單位：中國社會科學院文學研究所）

① 《劉禹錫集箋證》，第 630—631 頁；《全唐詩》卷三五六；《增訂注釋全唐詩》第 2 册，第 568 頁（余才林撰）。寫作時間，陳寅恪謂作於元和九年（814），見劉隆凱整理《陳寅恪“元白詩證史”講席側記》（湖北教育出版社 2005 年版，第 69 頁）；卞孝萱《劉禹錫年譜》第 72 頁和高志忠《劉禹錫詩文繫年》第 81、298 頁繫於元和元年（806）至元和九年（814），此據陶敏等《劉禹錫全集編年校注》，上册，第 137 頁。

② 《劉禹錫集箋證》，第 1014—1015 頁；《全唐詩》卷三五六；《增訂注釋全唐詩》第 2 册，第 1574 頁（余才林撰）。寫作時間據高志忠《劉禹錫詩文繫年》，第 84、283 頁。

《文章辨體》的分類與選篇*

踪　凡

【摘　要】明初吳訥所編之《文章辨體》55卷,既是一部著名的詩文總集,也是一部影響深遠的文章辨體學著作。至於該書的文體數量,諸家所言不一。今依照國家圖書館所藏明天順八年刻本《文章辨體》卷首詳目,並結合"序題"和正文,認定該書實際分爲58體。吳訥批判地繼承了前代詩文總集的編纂思想和分類方法,他將《文選》、《文苑英華》貫通古今的氣魄,《文章正宗》"明義理、切世用"的編纂思想和古今正變觀念,以及《唐文粹》、《宋文鑑》、《元文類》所展示的文體分類方法加以融會、提升,集其菁英,棄其未當,編成了一部思想正統、體制宏大、古今兼收、源流判然的詩文總集。將該書與《古賦辯體》等書比較,可知其選篇情況亦對前代總集多有繼承與發展。儘管《文章辨體》亦有瑕疵,但其對中國古代文體學發展的貢獻是十分突出的,許多真知灼見至今仍有參考價值。

【關鍵詞】《文章辨體》　分體　序題　選篇　成就　影響

明初吳訥所編之《文章辨體》55卷,既是一部著名的詩文總集,也是一部影響深遠的文章辨體學著作。吳訥(1372—1457),字敏德,號思庵,蘇州府常熟(今江蘇省常熟市)人。明永樂年間,因諳熟醫學而被舉薦至京。洪熙元年(1425),任監察御史。宣德間出按浙江、貴州,後任南京左副都御

---

* 國家社科基金重大項目"中國古代散文研究文獻集成"(項目批准號:14ZDB066)、北京市成像技術高精尖創新中心資助項目(項目編號:BAICIT－2016)階段性研究成果。

史。英宗正統四年(1439)告老返里。卒諡文恪。著有《思庵集》、《小學集解》、《文章辨體》等。本文擬對《文章辨體》一書的文體分類、選篇情況及其文體學意義作初步探討。

一

《文章辨體》50卷，外集5卷，採輯先秦至明代詩文約2 500篇，按照文體分類編録①。至於該書的文體數量，諸家所言不一。主要有以下幾種觀點：

(一) 五十四體説

清紀昀(1724—1805)等《四庫全書總目·文章辨體提要》稱："是編採輯前代至明初詩文，分體編録，各爲之説。《内集》凡四十九體，大旨以真德秀《文章正宗》爲藍本；《外集》凡五體，則皆駢偶之詞也。"②認爲該書内集49體，外集5體，共計54體。近人蔣伯潛(1892—1956)《文體論纂要》從之："明吳訥底《文章辨體》，名稱很像一部文體論，實際也是一部總集。它分内外二集：内集是散文，分四十九類；外集是駢文，分五類。"③今按：外集所收，並不限於"駢文"一體，還有律詩、絶句、詞曲等；紀、蔣説外集凡5體，亦與正文不符。

(二) 五十五體説

此説産生最早，但類目不盡一致。明代中期徐師曾(1517—1580)在《文體明辨序》中稱："(本書)大抵以同郡常熟吳文恪公訥所纂《文章辨體》爲主而損益之。《辨體》爲類五十，今《明辨》百有一；《辨體》外集爲類五，今《明辨》附録二十有六。"④在徐師曾看來，《文章辨體》内集50體，外集5體，共計55體。

---

① 本文所引《文章辨體》，皆以國家圖書館藏明天順八年(1464)刻本《文章辨體》55卷爲準。
② (清)紀昀等：《四庫全書總目》卷一九一，中華書局1965年版，第1739頁。
③ 蔣伯潛：《文體論纂要》，正中書局1946年版，第7頁。
④ (明)徐師曾：《文體明辨》卷首，四庫全書存目叢書影印本(集部310，第359頁)，齊魯書社1997年版。

又，明末許學夷（萬曆間人）《詩源辯體》卷三六云：“吳敏德《文章辨體》，首古歌謠辭，次古賦，次樂府、古詩、歌行，次文章諸體四十六名。外集則連珠、判、律賦、律詩、排律、絶句、聯句、雜體、詞曲。”①以爲該書内集46體，外集9體，共計55體。許氏稱外集有9體，數目準確；但對内集列目不全，難以考察其“諸體四十六名”之所指。

（三）五十八體説

褚斌杰（1933—2006）《中國古代文體概論·附録》以爲《文章辨體》分内集49體，外集9體，計58體。②褚先生詳細列目，便於研究。又，馬新廣《略論我國古代文體分類中存在的一些問題》亦稱本書凡58體，但未列目，似因襲褚説而已③。

（四）五十九體説

清紀昀等《四庫全書總目·文體明辨提要》言：“（本書）蓋取明初吳訥之《文章辨體》而損益之。訥書内編僅分體五十四，外編僅分體五。”④以爲内集54體，外集5體，計59體。當代學者金振邦《略論中國古代文體分類》、楊春燕《清代文體分類論》、何詩海《從文章總集看清人文體分類思想》等亦以爲《文章辨體》分59體⑤，但皆未列目。

（五）六十體説

仲曉婷《〈文章辨體〉的文體分類數目考》認爲：“因該書每種文體之前皆有‘序説’，以此爲顯著標誌，綜合各方面情況進行考辨，可基本認定，《文章辨體》内集分體五十一，外集爲九，計分文體六十體。”⑥今按：以“序説”（實爲序題）爲依據考察文體分類，是一重要研究角度。

---

① （明）許學夷：《詩源辯體》，人民文學出版社1987年版，第363頁。
② 褚斌杰：《中國古代文體概論》（增訂本），北京大學出版社1990年版，第498頁。
③ 馬新廣：《略論我國古代文體分類中存在的一些問題》，《沙洋師範高等專科學校學報》2005年第2期。
④ （清）紀昀等：《四庫全書總目》卷一九二，中華書局1965年版，第1750頁。
⑤ 詳參金振邦：《略論中國古代文體分類》，《東北師範大學學報》1989年第4期；楊春燕《清代文體分類論》，《長沙大學學報》1998年第3期；何詩海：《從文章總集看清人的文體分類思想》，《中山大學學報》2012年第1期。
⑥ 仲曉婷：《〈文章辨體〉的文體分類數目考》，《上饒師範學院學報》2005年第5期。

　　以上衆説紛紛,令人莫衷一是。究其原因,除了所見版本之差異外,主要在於《文章辨體》卷首既有《總目》,又有詳細的《目録》,二者出現齟齬。仔細比較,發現《總目》粗略,且間有遺漏,似爲書商所爲,不可從。今依照國家圖書館所藏明天順八年刻本《文章辨體》卷首詳目,並結合"序題"(學術界習稱"序説",原書彭時序稱"序題",當從之)和正文情況,認定該書實際分爲58體,如下:

　　　　《正集》:1 古歌謡辭,2 古賦,3 樂府,4 古詩,5 歌行,6 諭告,7 璽書,8 批答,9 詔,10 册,11 制,12 誥,13 制策,14 表,15 露布,16 論諫,17 奏疏,18 議,19 彈文,20 檄,21 書,22 記,23 序,24 論,25 説,26 解,27 辨,28 原,29 戒,30 題跋,31 雜著,32 箴,33 銘,34 頌,35 贊,36 七體,37 問對,38 傳,39 行狀,40 謚,41 謚議,42 碑,43 墓碑,44 墓碣,45 墓表,46 墓誌(墓記、埋銘),47 誄辭,48 哀辭,49 祭文;

　　　　《外集》:50 連珠,51 判,52 律賦,53 律詩,54 排律,55 絶句,56 聯句詩,57 雜體詩,58 近代詞曲。

其中古賦、樂府、古詩3體選篇較多,又有二級分類。需要説明的是:

　　一、第5類"歌行"體,于北山校點之《文章辨體序説》、褚斌杰《中國古代文體概論》之附録,皆將其納入第四類"古詩"之下[1]。今考詳目所列,有"古詩一·四言"、"古詩二·五言一"、"古詩三·五言二"、"古詩四·七言"、"歌行"、"諭告"、"璽書"、"批答"等等。顯而可見,由於"古詩"篇數較多,編者將其分爲四言、五言、七言凡3類,釐爲4卷;而"歌行"則別爲一體,與"古詩"、"諭告"、"璽書"、"批答"等並列。不標"古詩五·歌行",而直接標"歌行",説明該體屬一級分類,並非"古詩"之一體。《總目》遺漏"歌行"二字,遂造成後人誤解。明人許學夷《詩源辯體》卷三六云:"吳敏德《文章辨體》,首古歌謡,次古賦,次樂府、古詩、歌行",將"歌行"與"樂府"、"古詩"等並列,所言甚是。此外,宋人李昉等《文苑英華》將歌行與詩、賦並列,姚鉉《唐文粹》將古調歌篇與古賦、古今樂章、樂府辭並列,或許

---

① 于、褚二先生在"古詩"之下又分爲四言、五言、七言、歌行凡4類。詳參于北山校點:《文章辨體序説》,人民文學出版社1998年版,第32頁;褚斌杰:《中國古代文體概論》(增訂本),北京大學出版社1990年版,第498頁。

爲此書所本。

二、第46類"墓誌"(墓記、埋銘)體,諸家皆視爲三種文體。今考該體之序題,於"墓誌"之下云:"埋銘、墓記,則墓誌異名。"是所謂墓誌、墓記、埋銘,異名同實,當視爲一種文體。又考該書《目録》之體例,一般先標示文體名(大字,低一格),再作"序題"(低六格刻印),最後列舉篇名(低三格刻印,篇名大字,作者名小字)。偶有將若干文體合併作"序題"者,以便於比較,但對於所選作品,仍分體列目。例如"説"目下之有"序題"11行,並釋"説"、"解"二體;而"説"下列目29篇,"解"下列目4篇,又各自獨立。此處雖將墓碑、墓碣、墓表、墓誌、墓記、埋銘合併作"序題",但其中"墓碑"之下列目9篇、"墓碣"之下列目2篇、"墓表"之下列目7篇,顯然視爲三種文體;而墓誌、墓記、埋銘卻合併一處,列目凡28篇,據其體例格式,亦當爲一種文體。這種文體,吕祖謙《宋文鑑》、程敏政《明文衡》題作"墓誌",蘇天爵《元文類》、徐師曾《文體明辨》題作"墓志銘",皆不曾分爲三目。

三、本文所謂58體,與褚斌杰先生之58體有別。除了將"歌行"體從"古詩"中抽離而別爲一體,將墓誌、墓記、埋銘合併爲一體外,褚先生所遺漏的"16論諫"體,今亦加以增補。原書之詳目標爲"論",與"24論"重複,今據《總目》改爲"論諫"。

二

吳訥《文章辨體》一書,充分吸收前代總集的分類方法和編纂思想,而總其大成。該書《凡例》云:

　　文辭以體制爲先。古文類集今行世者,惟梁昭明《文選》六十卷、姚鉉《唐文粹》一百卷、東萊《宋文鑑》一百五十卷、西山前後《文章正宗》四十四卷、蘇伯修《元文類》七十卷爲備。然《文粹》《文鑑》《文類》惟載一代之作;《文選》編次無序,如第一卷古賦以《兩都》爲首,而《離騷》反置於後,甚至揚雄《美新》、曹操《九錫文》亦皆收載,不足爲法。獨《文章正宗》義例精密,其類目有四:曰辭命,曰議論,曰叙事,曰詩賦。古今文辭,固無出此四類之外者,然每類之中,衆體並出,欲識體而卒難尋考。①

這段話反映了吳訥對前代文章總集成就得失的批判性思考，是其編纂《文章辨體》的理論前提。今考吳訥所能見到的大型文學總集，只有《文選》與《文苑英華》通選各代，(《文苑英華》有南宋刻本，不知吳氏得見否。)其中《文選》分文體爲 39 類，《文苑英華》略有調整，分 38 類，二者皆始於“賦”體，終於“祭文”，垂範後世遠矣。其分體排序，以“賦”居首，正反映了中古時期以“賦”爲文壇正宗的風尚，吳氏批評其賦先於《騷》爲“編次無序”，實有未當。但二者編纂年代較早，《文選》選文迄於梁代，《文苑英華》則迄於五代，皆不能反映宋、元、明三代的文學實踐和文體新貌。至於《唐文粹》、《宋文鑑》、《元文類》三書，文體分類逐漸細密，《宋文鑑》更多至 58 體，爲吳氏取資甚多。但三者僅選録一代之文，缺乏貫通意識。

　　吳氏最爲激賞的是宋真德秀之《文章正宗》，《四庫全書總目·文章辨體提要》稱：“《内集》凡四十九體，大旨以真德秀《文章正宗》爲藍本。”其實《文章正宗》共分四類，極其粗放，實在不足爲法；吳氏所繼承的，是真德秀“明義理、切世用”的思想(即所謂“大旨”)，而不是具體的分類方法。真氏《文章正宗綱目》云：“夫士之於學，所以窮理而致用也。文雖學之一事，要亦不外乎此。故今所輯，以明義理、切世用爲主。其體本乎古，其指近乎經者，然後取焉。否則，辭雖工，亦不録。”②吳氏《文章辨體凡例》亦云：“凡文辭，必擇辭理兼備、切於世用者取之。其有可爲法戒而辭未精，或辭甚工而理未瑩，然無害於世教者，間亦收入。至若悖理傷教，及涉淫放怪癖者，雖工弗録。”二者所論，如出一轍，反映了編者對“義理”的推崇。吳氏批評《文選》收録揚雄《劇秦美新》、曹操《九錫文》，就是出於這種“辭理兼備、切於世用”的評判標準，以爲其“悖理傷教”，違背儒家的基本思想。由於《文章正宗》只收録“其體本乎古，其指近乎經”的作品，所以對後代產生的律賦、律詩、絶句、詞曲等作品一概不録，顯然不能全面反映唐、宋、元三代的文學發展，有迂腐、狹隘之嫌。《文章正宗》將這些駢偶聲律之作一概編入外集，附在全書之末，雖然比《文章正宗》有所進步，但亦表現出鮮明的貴古賤今思想和文體正變觀念。

---

① （明）吳訥：《文章辨體》卷首，明天順八年刻本，國家圖書館藏。
② （宋）真德秀：《文章正宗》卷首，文淵閣《四庫全書》本，第 1355 册。

在具體分類方面,《文章辨體·凡例》自稱吸收了三部斷代文章總集——北宋姚鉉(968—1020)《唐文粹》(分文體 23 類)、南宋呂祖謙(1137—1181)《宋文鑑》(分文體 58 類)、元蘇天爵(1294—1352)《元文類》(分文體 43 類)——的文體分類方法。試比較四部總集對詩賦作品的分類,就不難看出《文章辨體》類目的來源:

《文章辨體》類目來源表

《唐文粹》	《宋文鑑》	《元文類》	《文章辨體》
4 古調歌篇類			正集 1 古歌謡辭
1 古賦類	1 賦,11 騷	1 賦,2 騷	2 古賦
3 樂府類		6 樂府歌行	3 樂府
2 古今樂章類(含楚騷)	3 四言古詩,4 五言古詩,5 七言古詩	4 四言詩,5 五言古詩,7 七言古詩,8 雜言	4 古詩
		3 樂章	5 歌行
	2. 律賦		外集 52 律賦
	6 五言律詩,7 七言律詩	10 五言律詩,11 七言律詩	53 律詩
			54 排律
(無)	8 五言絕句,9 七言絕句	12 五言絕句,13 七言絕句	55 絕句
	10 雜體	9 雜體(集句詩、聯句詩等)	56 聯句詩
			57 雜體詩
			58 近代詞曲

很顯然,《唐文粹》分類十分粗糙,並且對律賦、律詩、絕句等新的文體形態持排斥態度,表現出鮮明的復古觀念,但其"古調歌篇"一類爲《文章辨體》所繼承。《宋文鑑》與《元文類》分類趨於細密,類目亦十分接近,例如二書皆編入大量近體詩賦,皆將古詩分爲四言古詩、五言古詩、七言古詩等,將律詩分爲五言律詩、七言律詩,將絕句分爲五言絕句、七言絕句,《元文類》甚至還關注集句詩、聯句詩等新近出現的特殊詩歌樣式,單列雜體一類,尤爲可貴。《文章辨體》充分吸收了二者的分類方法,將大量近體詩賦編入書中,但也有調整和創新:一、將古體詩賦編入正集,將近體詩賦編入外集,表達鮮明的文章正變觀念;二、將騷、賦合併爲古賦類,將四言古詩、五言古

詩、七言古詩、雜言合併爲古詩類,將五言律詩、七言律詩合併爲律詩類,將
五言絕句、七言絕句合併爲絕句類,分類更爲簡潔、科學;三、新增排律類和
近代詞曲類,反映唐宋以來的文學發展,頗有識見。

　　總之,吳訥《文章辨體》批判地繼承了前代詩文總集的編纂思想和分類
方法,他將《文選》、《文苑英華》貫通古今的氣魄,《文章正宗》"明義理、切
世用"的編纂思想和古今正變觀念,以及《唐文粹》、《宋文鑑》、《元文類》所
展示的文體分類方法加以融會,集其菁英,棄其未當,與時俱進,完善提高,
編成了一部思想正統、體制宏大、古今兼收、源流判然的詩文總集。

　　較之前人,吳訥最大的貢獻,恐怕還是在於他爲每個體類都撰寫了序
題。序題即題下小序,"是明代最有特色、影響最大的批評方式之一"①,編
者通過序題,對每一種文體的淵源流變和文體特色進行闡釋。其實早在晉
代,摯虞在編纂《文章流別集》時就曾經對不同文體有過簡要介紹,但已散
佚;劉勰《文心雕龍》亦有關於文體的評説,惜不夠系統,且與選文脱節;宋
真德秀《文章正宗》分文章爲四體,每體皆有詳細的序題,但僅有四篇,顯然
粗略。吳訥對 58 種文體分別進行研究,追溯每種文體的淵源,分析其體式
特點,辨析其與其他文體的異同,並結合具體作品進行寫作指導。例如
"序"體之序題云:

　　　　《爾雅》云:"序,緒也。"序之體始於《詩》之《大序》,首言六義,次
　　言風雅之變,又次言二南王化之自。其言次第有序,故謂之序也。東
　　萊云:"凡序文籍,當序作者之意;如贈送燕集等作,又當隨事以序其實
　　也。"大抵序事之文,以次第其語、善序事理爲上。近世應用,惟贈送爲
　　盛,當須取法昌黎諸作,庶爲有得古人贈言之義,而無枉己徇人之
　　失也。②

先徵引《爾雅》以釋意;接著追溯淵源,對"序"體之首篇《詩大序》進行分
析,以明確"序"的體例;然後又徵引吕祖謙《宋文鑑》的論述,談"序"體分
類和創作要求,認爲"序"體創作"以次第其語、善序事理爲上";最後指出當

① 吳承學:《明代文章總集與文體學——以〈文章辨體〉等三部總集爲中心》,《文學遺産》2008 年
　　第 6 期。
② (明) 吳訥:《文章辨體》卷首,明天順八年刻本,國家圖書館藏。

代作家多作贈序,當以韓愈諸篇爲範本。或徵引,或分析,有條不紊。選篇有卜子夏《詩大序》、韓愈《送孟東野序》和《送許潁州序》等,爲文人士子的仿寫提供範本。如此清晰中肯並且與選篇互相呼應的文體論述,在中國文體學史上尚屬第一次,其體例和方法直接影響了徐師曾《文體明辨》、賀復徵《文章辨體彙選》、張溥《漢魏六朝百三家集》等文學總集的編纂,對後世有深遠影響。

三

不過,吳訥所參考的前代文獻,並不限於以上數種綜合性文學總集,其所採集的内容,也不限於文體分類一端。試舉一例:元代祝堯編有《古賦辯體》8 卷外集 2 卷,是一部專體文學總集,其編纂體例、方法乃至具體選篇都爲吳氏吸收。第一,《古賦辯體》將歷代賦按其時代和體制分爲楚辭體、兩漢體、三國六朝體、唐體、宋體凡 5 類;《文章辨體·古賦》則分爲 7 類,前 5 類照搬《古賦辯體》,然後增加元、國朝(明代)2 類。第二,《古賦辯體》爲每一類皆撰寫序題,描述其體制特徵;《文章辨體·古賦》前 5 類每一類皆引録祝堯論述,幾乎照抄,因循之跡昭昭在焉。第三,《文章辨體·古賦》的選篇大都來自《古賦辯體》,請看下表:

《文章辨體·古賦》所收作品及其與《古賦辯體》比較表

古 賦 辯 體		文章辨體·古賦		備　注
卷一楚辭體上	屈原:離騷 九歌:東皇太乙、雲中君、湘君、湘夫人、大司命、少司命、東君、河伯、山鬼 九章:惜誦、涉江、哀郢、抽思、懷沙	第二卷古賦一楚	屈原:離騷 九歌:東皇太乙、雲中君、湘君、湘夫人、大司命、少司命、東君、河伯、山鬼 九章:惜誦、涉江、哀郢、抽思、懷沙、思美人、惜往日、橘頌、悲回風 遠遊、卜居、漁父 宋玉:九辯(9篇)、**招魂**	《文章辨體》共收録楚辭作品 32 篇,全部來自《古賦辯體》。(《九辯》據其格式,定爲 9 篇。)其中 31 篇來自《古賦辯體》正集卷一、卷二;《招魂》來自《古賦辯體·外録上》"後騷"體。
卷二楚辭體下	九章:思美人、惜往日、橘頌、悲回風 遠遊、卜居、漁父 宋玉:九辯(9篇) 荀卿:禮賦、知賦、雲賦、蠶賦、箴賦			

續　表

古賦辯體		文章辨體·古賦	備　注
卷三兩漢體上	賈生：吊屈原賦、鵬賦 司馬長卿：子虛賦、上林賦、長門賦 班婕妤：自悼賦、擣素賦	第三卷古賦二兩漢	賈生：吊屈原賦、鵬賦、**惜誓** 司馬長卿：子虛賦、上林賦、長門賦 班婕妤：自悼賦、擣素賦 揚子雲：甘泉賦 班孟堅：兩都賦（2篇） 禰正平：鸚鵡賦 附錄：**高帝：鴻鵠歌、武帝：秋風辭、淮南小山：招隱士**	共計15篇。 其中11篇取自《古賦辯體》正集卷三、卷四；《惜誓》、《招隱士》出自《古賦辯體·外錄上》"後騷"體；《秋風辭》出自《古賦辯體·外錄上》"辭"體。 新增1篇：漢高帝《鴻鵠歌》。
卷四兩漢體下	揚子雲：甘泉賦、河東賦、羽獵賦、長楊賦 班孟堅：西都賦、東都賦 禰正平：鸚鵡賦			
卷五三國六朝體上	王仲宣：登樓賦 陸士衡：文賦、嘆逝賦 張茂先：鷦鷯賦 潘安仁：籍田賦、秋興賦 成公子安：嘯賦	第四卷古賦三 三國六朝	王仲宣：登樓賦 陸士衡：文賦 潘安仁：籍田賦、秋興賦 謝惠連：雪賦 謝希逸：月賦 鮑明遠：舞鶴賦 附錄：**陶淵明：歸去來辭、孔德璋：北山移文**	共計9篇，全部來自《古賦辯體》。其中7篇來自《古賦辯體》正集卷五、卷六；附錄2篇分別來自《古賦辯體·外錄上》"辭"體、《外錄下》"文"體。
卷六三國六朝體下	孫興公：天台山賦 謝惠連：雪賦 謝希逸：月賦 鮑明遠：蕪城賦、舞鶴賦、野鵝賦 江文通：別賦 庾子山：枯樹賦			
卷七唐體	駱賓王：螢火賦 李太白：大鵬賦、明堂賦、大獵賦、惜餘春賦、愁陽春賦、悲清秋賦、劍閣賦 韓退之：閔已賦、別知賦 柳子厚：閔生賦、夢歸賦 杜牧之：阿房宮賦	唐	駱賓王：螢火賦 李太白：大鵬賦、劍閣賦 韓退之：閔已賦、別知賦 柳子厚：閔生賦 杜牧之：阿房宮賦 附錄：**韓退之：吊田橫文、訟風伯，柳子厚：吊屈原文**	共計10篇，全部來自《古賦辯體》。其中7篇來自《古賦辯體》正集卷七；附錄3篇中，《訟風伯》來自《古賦辯體·外錄上》"反騷"體，餘2篇來自《外錄下》"文"體。
卷八宋體	宋子京：圜丘賦 歐陽永叔：秋聲賦 蘇子瞻：屈原廟賦、前赤壁賦、後赤壁賦 蘇子由：屈原廟賦、黃樓賦、超然臺賦	第五卷古賦四宋	歐陽永叔：秋聲賦 蘇子瞻：**服胡麻賦**、屈原廟賦、前赤壁賦、後赤壁賦 蘇子由：屈原廟賦 秦少游：黃樓賦	共計13篇。 其中7篇來自《古賦辯體》正集卷八；《秋風三疊》、《延陵懷古辭》分別來自《古賦辯體·外錄上》"反騷"體、"辭"體。

續　表

古 賦 辯 體		文章辨體·古賦		備　注
卷八宋體	蘇叔黨：颶風賦黃魯直：悼往賦秦少游：黃樓賦張文潛：病暑賦、大禮慶成賦、老圃賦	第五卷古賦四宋	張文潛：大禮慶成賦**朱晦庵：感春賦、空同賦**附録：邢居實：秋風三疊、**朱晦庵：虞帝廟樂歌詞**、楊萬里：延陵懷古辭	新增4篇：《服胡麻賦》、《感春賦》、《空同賦》、《虞帝廟樂歌詞》。
		元	**黃晉卿：太極賦****吳立夫：索居賦、貧女賦****虞伯生：木齋賦****楊廉夫：哀三良賦、八陣圖賦**附録：**袁伯長：垂綸亭辭**	元明時期11篇，皆爲新增作品。
		明	**胡仲申：少梅賦****宋景濂：蟠桃核賦**附録：**胡仲申：吊董生文、王子充：招遊子辭**	

《文章辨體》收辭賦90篇，比《古賦辯體》增補元、明兩代。其中先秦至宋代賦凡79篇，竟有74篇取自《古賦辯體》，佔總數的94%，具體篇目與順序皆依從祝氏。所增補者，不外漢高祖《鴻鵠歌》、蘇軾《服胡麻賦》、朱熹《感春賦》、《空同賦》、《虞帝廟樂歌詞》數篇而已。需要説明的是，吳訥將《古賦辯體》外集中所收"賦家流別"之作也收入正集，標明"附録"，他在《文章辨體》外集"律賦"體下選録3篇律賦作品，説明其雖然接受了祝堯以來的復古觀念，但也沒有完全忽略律賦的價值和意義。

《文章辨體》其他各類，亦對前代總集有所借鑒與剪裁。例如"樂府"體的分類和選篇，皆來自宋郭茂倩之《樂府詩集》。郭書將漢唐樂府詩分爲郊廟歌辭、燕射歌辭、鼓吹曲辭等12類，收録作品約五千篇；吳書則合併爲郊廟歌辭、凱悦歌辭、橫吹曲辭等7類，選録作品335篇。

四

《文章辨體》是明代文體學的開山之作，直接影響了有明一代的文章辨體之風。徐師曾在《文體明辨自序》中説:"(本書)大抵以同郡常熟吳文恪公訥所纂《文章辨體》爲主而損益之。《辨體》爲類五十,今《明辨》百有一;《辨體》外集爲類五,今《明辨》附録二十有六。"顯而可見,《文體明辨》是在吳訥《文章辨體》基礎上加以調整、擴充而成的一部文章總集,其文體增至127類。《文章辨體》分爲正集、外集,《文體明辨》則分爲正編、附録,皆持有文體學的古今正變觀念。至明末賀復徵編《文章辨體彙選》一書,分類更多達132類。徐、賀二書踵事增華,分類加廣,但皆對每種文體撰有序題,體例直承吳氏。如賀復徵《文章辨體彙選》之"序"體,選文數百篇,釐爲80卷,是《文章辨體》(3卷)的二十多倍,可謂浩博。其序題十分詳盡:首先徵引吳訥、徐師曾二人的論述(幾乎全部引録),然後下按語云:

> 復徵曰:序,東西牆也。文而曰序,謂條次述作之意,若牆之有序也。又曰:宋真氏《文章正宗》分議論、序事二體,今叙目曰經,曰史,曰文,曰籍,曰騷賦,曰詩集,曰文集,曰試録,曰時藝,曰詞曲,曰自序,曰傳贊,曰藝巧,曰譜系,曰名字,曰社會,曰遊宴,曰贈送,曰頌美,曰慶賀,曰壽祝,又有排體、律體、變體諸體,種種不同。而一體之中有序事,有議論,一篇之中有忽而叙事,忽而議論,第在閱者分別讀之可爾。①

賀復徵將"序"體文又按照其内容、使用場合、語言形式分爲24類,儘管邏輯上並不嚴密,但卻充分展示了"序"體文的豐富多彩,是對吳訥的繼承和發展。

　　《文章辨體》的序題,已經成爲明清文人反複徵引的經典。除了徐師曾、賀復徵之外,明程敏政《明文衡》卷五六、唐順之《稗編》卷七三、卷七五,清吳楚材《强識略》卷一九皆有引録,大型類書《古今圖書集成》、《淵鑑類函》的"文學部"亦反複加以徵引。儘管《文章辨體》亦有缺陷,如對於唐代以來的律賦、律詩、絶句、詞曲、通俗文學等存有偏見,分類亦偶有失當之處,但其對中國文體學發展的貢獻是十分突出的,許多真知灼見直到今天仍有參考價值。

(作者單位:首都師範大學文學院)

---

① (明)賀復徵:《文章辨體彙選》卷二八一,文淵閣四庫全書本。

詩人與作品

唐人《幽蘭賦》意象源流論

詹杭倫

【摘　要】唐人《幽蘭賦》意象的源頭是屈原的《離騷》和託名孔子的《幽蘭操》。《文苑英華》中收録六篇《幽蘭賦》，一篇是初唐楊炯的古賦，另外五篇是題下限韻的律賦，爲大曆十三年進士試賦。這些賦作中的幽蘭意象一方面對屈原或孔子有所繼承，另一方面對幽蘭意象的内涵有所改造與豐富。中國文學"意象"的特色之一是：意象的内涵既具有歷史的傳承性，又隨著時空語境的變遷而發生變化。當代電影《孔子》主題曲《幽蘭操》既有對傳統意象的誤讀，在某種意義上也顯示出對古典美的回歸。

【關鍵詞】幽蘭　意象　屈原　孔子　科舉　律賦

本文主要有三項内容：首先運用文獻考證方法，論證《幽蘭賦》爲唐代大曆十三年（778）進士賦題；其次以唐代《幽蘭賦》爲中心，運用文藝美學原理，上掛下聯，分析幽蘭意象的源頭及其在唐以後的演變；最後運用古今對照方式，考察幽蘭意象在當代的意義和價值。

在中國文學中，"意象"一詞最早見於東漢班固的《漢書・李廣傳》："廣不謝大將軍而起行，意象慍怒。"①這裏的意象指人物的神情儀態。作爲文學審美範疇的"意象"最早見於梁代劉勰的《文心雕龍・神思》："獨照之匠，窺意象而運斤。"②意謂優秀的作家如眼光獨到的木匠一樣，能夠按著心中營構好的意象來進行創作。"意象"有多種解釋，但它的基本意義是蘊涵

---

① 班固：《漢書》，文淵閣《四庫全書》本，臺北：商務印書館 1986 年版，卷五四，第 9b 頁．
② 范文瀾注：《文心雕龍注》，人民文學出版社 1958 年版，第 493 頁。

著意念的物象。當代學術界對"意象"的研究已經很多,本文無意於重複,只是想通過"幽蘭"意象的源流考察,指明中國文學中"意象"的一個特色:意象的内涵既具有歷史的傳承性,又隨著時空語境的變遷而發生變化。前代某位著名作家在其作品中創造性地運用了某個物象之後,這一物象就變成了"意象"。例如,"東籬菊"由陶淵明所創立,後世詩人作品中一旦出現這一意象,便立即令人聯想到某種高潔的人格精神;但後人所用的與此意象有關的内涵,則隨著時空環境與作家心境的變化而變化,或許是"東籬菊有黄花吐"①,或許是"明日黄花蝶也愁"②,表意大不相同。"幽蘭"的意象是由屈原《離騷》所創立的,並在托名孔子的《幽蘭操》中得到强化。後人在運用這一意象時,對此意象的意涵有所繼承,有所揚棄,有所改造,有所豐富,從而形成中國文學中幽蘭意象的意涵序列。本文擬以唐人科舉作品《幽蘭賦》爲中心,對此問題作個案探討。

一、屈原"幽蘭"的原始意象

在屈原的《離騷》中,有兩段明確提到"幽蘭",兹將王逸《楚辭章句》、洪興祖《楚辭補注》、朱熹《楚辭集注》的闡釋過錄於下:

> 時曖曖其將罷兮,結幽蘭以延佇。世混濁而不分兮,好蔽美而嫉妒。

王逸注:"曖曖,暗昧貌;罷,極也。""言時世闇昧,無有明君,周行罷極,不遇賢士,故結芳草長立,有還意。""混,亂也;濁,貪也。""言時世君亂臣貪,不別善惡,好蔽美德而嫉妒忠信也。"③
洪興祖補注:"罷,一作疲。補曰:曖,日不明也,音愛;罷,音皮。""而,一作以。五臣云:結芳草自潔,長立而無趣向。補曰:劉次莊云:蘭喻君子,言其處於深林幽澗之中,而芬芳郁烈之不可掩,故《楚辭》云云。"④

---

① 辛棄疾:《重陽》,載《草堂詩餘》,文淵閣《四庫全書》本,卷三,第28b頁。
② 蘇軾:《重陽》,載《草堂詩餘》,文淵閣《四庫全書》本,卷一,第37b頁。
③ 王逸注:《楚辭章句》,文淵閣《四庫全書》本,卷一,第16a頁。
④ 洪興祖補注:《楚辭補注》,文淵閣《四庫全書》本,卷一,第31a、b頁。

朱熹集注:"曖,音愛;罷,音皮;溷,胡困反;好,呼報反;妬,叶丁五反;曖曖,昏昧貌;罷,極也。結幽蘭而延佇,言以芳香自潔而無所趨向也。溷,亂也。既不得入天門以見上帝,於是嘆息世之溷濁而嫉妬。蓋其意若曰:不意天門之下亦復如此,於是去而他適也。"①

　　　　戶服艾以盈要兮,謂幽蘭其不可佩。

王逸注:"艾,白蒿也;盈,滿也。或言艾非芳草,一名水臺。""言楚國戶服白蒿,滿其要帶,以爲芬芳,反謂幽蘭臭惡,爲不可佩也。以言君親愛讒佞,憎遠忠直賢良,而不肯近之也。"②

洪興祖補注:"補曰:要與腰同。《爾雅》:艾,水臺。注云:今艾蒿。""其,一作兮,一作之。五臣云:言楚國皆好讒佞,謂忠正不可行於身也。③

朱熹集注:"好惡,並去聲;要,於遙反,即古腰字。其,一作兮,一作之。佩,叶音備。黨,朋也,言人性固有不同,而党人爲尤甚也。艾,白蒿,非芳草也,服之滿腰而反謂蘭爲臭惡而不可佩,言其親愛讒佞而憎遠忠直也。"④

綜觀王逸、洪興祖、朱熹的理解和闡釋,並無大的分歧,他們歸納的幽蘭意象主要有三點內涵:其一,品質:幽蘭是一種香草,屈原喜歡它、佩戴它。其二,幽怨:幽蘭與艾草處於對立的態勢,時人香臭不辨,寧願佩戴艾草而不佩戴幽蘭,詩人由此而生出幽怨之氣。其三,譬喻:幽蘭是君子的譬喻,雖然獨處深林幽澗之中,而芬芳鬱烈之氣不可掩蓋,是君子特立獨行節操的象徵。

屈原創立的"幽蘭"意象影響深遠,如同一塊美玉投射到文學的長河之中,在後世的文學作品裏常常泛起漣漪。

二、初唐楊炯的《幽蘭賦》

唐人寫有不少幽蘭詩和幽蘭賦,爲避免焦點分散,本文擬集中討論賦

---

① 朱熹集注:《楚辭集注》,文淵閣《四庫全書》本,卷一,第16a頁。
② 王逸注:《楚辭章句》,文淵閣《四庫全書》本,卷一,第19a、b頁。
③ 洪興祖補注:《楚辭補注》,文淵閣《四庫全書》本,卷一,第38a頁。
④ 朱熹集注:《楚辭集注》,文淵閣《四庫全書》本,卷一,第19a、b頁。

作。《文苑英華》卷一四七收録六篇《幽蘭賦》,第一篇是楊炯的《幽蘭賦》,
過録於下:

惟幽蘭之芳草,稟天地之純精。抱青紫之奇色,挺龍虎之嘉名。
不起林而獨秀,必固本而叢生。

爾乃丰茸十步,綿連九畹。莖受露而將低,香從風而自遠。

當此之時,叢蘭正滋。美庭闈之孝子,循南陔而采之。

楚襄王蘭臺之宫,零落無叢;漢武帝猗蘭之殿,荒涼幾變。聞昔日
之芳菲,恨今人之不見。

至若桃花水上,佩蘭若而續魂;竹箭山陰,坐蘭亭而開宴。江南則
蘭澤爲洲,東海則蘭陵爲縣。

隰有蘭兮蘭有枝,贈遠別兮交新知。氣如蘭兮長不改,心若蘭兮
終不移。

及夫東山月出,西軒日晚。受燕女於春闌,降陳王於秋坂。

乃有送客金谷,林塘坐曛。鶴琴未罷,龍劍將分。蘭釭燭燿,蘭麝
氛氳。舞袖迴雪,歌聲遏雲。度清夜之未艾,酌蘭英以奉君。

若夫靈均放逐,離群散侣。亂鄢郢之南都,下瀟湘之北渚。步遲
遲而適越,心欝欝而懷楚。徒眷戀於君王,斂精神於帝女。汀洲兮極
目,芳菲兮襲予。思公子兮不言,結芳蘭兮延佇。

借如君章有德,通神感靈。懸車舊館,請老山庭。白露下而警鶴,
秋風高而虬縈。循階除而下望,見秋蘭之青青。

重曰:若有人兮山之阿,紉秋蘭兮歲月多。思握之兮猶未得,空佩
之兮欲如何。抽琴命操,爲幽蘭之歌。

歌曰:幽蘭生矣,於彼朝陽。含雨露之津潤,吸日月之休光。美人
愁思兮,採芙蓉於南浦。公子忘憂兮,樹萱草於北堂。雖處幽林與窮
谷,不以無人而不芳。

趙元淑①聞而歎曰:昔聞蘭葉據龍圖,復道蘭林引鳳雛。鴻歸燕
去紫莖歇,露往霜來緑葉枯。悲秋風之一敗,與蒿草而爲芻。②

① 據萍庵:《趙元淑是誰?》,《中華讀書報》(2010 年 11 月 17 日 15 版)一文考述,南京博物館藏明
代書畫家杜大綬書《幽蘭賦》,"趙元淑"作"趙元叔",即東漢賦家趙壹。
② 李昉等編:《文苑英華》,文淵閣《四庫全書》本,卷一四七,第 1—2 頁。

　　楊炯這篇賦以幽蘭意象爲指歸,寫蘭名、蘭色、蘭香、蘭情、蘭歌,清麗流美,搖曳生情。從體式上看,没有限韵,屬駢賦。從句法上看,大部分是兩兩相對的駢句,不過也設置了幾聯隔句對,如"楚襄王蘭臺之宫,零落無叢;漢武帝猗蘭之殿,荒涼幾變"、"桃花水上,佩蘭若而續魂;竹箭山陰,坐蘭亭而開宴",這種句法,對後來的律賦應産生影響。

　　筆者特別留意到其寫屈原的一段:"若夫靈均放逐,離群散侣。亂鄢郢之南都,下瀟湘之北渚。步遲遲而適越,心欝欝而懷楚。徒眷戀於君王,斂精神於帝女。汀洲兮極目,芳菲兮襲予。思公子兮不言,結芳蘭兮延佇。"揣摩屈子放逐的心態,可謂非常之傳神。由此可見,楊炯所取的幽蘭意象,主要是屈原幽蘭意象的前兩點——"品質"和"幽怨"的意涵。

　　楊炯對屈子的幽蘭意象,主要是繼承闡發,並未作明顯的改造或發明。到了中唐之後,隨著"幽蘭"意象進入科舉考試,其意涵也就隨之發生了變化。

三、大曆十三年(778)進士試《幽蘭賦》

　　唐人的《登科記》僅有總目留存,其各年考試所用詩賦題及其登第進士人名,需要通過考證來予以補充。清人徐松《登科記考》卷一一大曆十三年未載試賦事,當代陳尚君《登科記考正補》、孟二冬《登科記考補正》等書也未予以補充。怎樣爲《登科記》補充詩賦題目和登第進士?自徐松以來,已經成熟地運用了一種可命名爲"絲牽繩貫"的考證方法。即首先通過可靠的文獻考定某年的一位進士(此爲"絲牽"),然後考察《文苑英華》中與這位進士同題同韵共作詩賦的作者,將同題共作的詩賦列爲該年的詩賦試題,並將同題共作的作者列爲該年的進士(此爲"繩貫")。如果没有反證,一般認爲用"絲牽繩貫"法補充的進士及其詩賦題目都是可靠的。按:大曆十三年進士有仲子陵,權德輿《唐故尚書司門員外郎仲君墓志銘并叙》:"君諱子陵,字某。……君卝歲好古學,與同門生肄業於峨嵋山下,採撮前載可以爲文章樞要者,綱繹區別,凡數十萬言。大曆十三年,舉進士甲科。調補秘書省校書郎,歷同官、醴泉二縣尉。貞元十年,舉賢良方正,拜太常博士,轉主客司門二員外郎。十八年乙巳,寢疾殁於靖恭里第,享年五十九。"①查《文苑英華》卷一四七載喬彝、陳有章、韓伯庸、仲子陵、李公進五篇《幽蘭賦》,皆以"遠方襲人,終古無絕"爲韻,當是本年進士賦題。又《文苑英華》卷一八九"省試十"載仲子陵、張佐同題同韻《秦鏡詩》,當是本年進士詩題。喬彝、陳有章、韓伯庸、李公進、張佐,皆可補入本年進士。茲據《文苑英華》,錄喬彝、仲子陵二賦如下。

喬彝《幽蘭賦》,以"遠芳襲人,終古無絕"爲韻:

蘭之生矣,不以無人而不芳。被廣澤,生回塘。和寡調高,未儷郢中之曲;神符夢叶,終傳鄭國之香。贈靈修於南浦,襲嘉慶於北堂。

於是芊眠茂遠,靡迤秋坂。紉而爲佩,騷人之意已深;間以在衿,楚客之情何遠。薄秋風而香盈十步,泛皓露則花飛九畹。豈衆草之敢陵,幸移根之未晚。

若乃吳露清兮天氣新,湘水碧兮楓岸春。烟轉綠蕙,波摇白蘋。榮曲澥之初蓮,遺天涯之美人。離別經時,嘆孤芳於秀質;艷陽可惜,悵獨立於良辰。

復有映金砌,羅玉户。分竹宮,疏蕙圃。因風而起,不隨彼苜之蓬;擇地以生,能殊有杕之杜。宜其比同心於先哲,冠美名於前古。

蘭之在幽兮其芳滿叢,士守業兮其道未通。入提携固在於高賞,播酷烈當跤於下風。寧使凋急景於散地,迫嚴凝於歲終。②

况復光陰慘烈,冰霰凄切。靜而處順,不得近於階墀;長未當門,獨遣冒於霜雪。艷歇紅暗,莖萎紫折。懼鶗鴂之先鳴,掩氛氳而頓絕。

於戲,蘭與艾兮异味,薰與猶兮殊途。一室之人,雖當執我之契;十年之臭,尚可攘公之瀚。囂然此道,何有何無。

嗟乎! 蘭無薰兮搴摘之所不及,士無文兮聲華之所不立。倘一借於韶光,庶餘香之可襲。③

喬彝試賦有一個著名的故事,唐張固《幽閑鼓吹》記載:"喬彝京兆府解試,時有二試官,彝日午叩門,試官令引入,則已醺醉,視題曰《幽蘭賦》,彝

① 權德輿:《權德輿詩文集》,上海古籍出版社 2008 年版,卷二四,第 367—368 頁。
② 此段文字據董誥等:《全唐文》(北京:中華書局 1985 年版)卷五一五,第 5536 頁所載《幽蘭賦》校定。
③ 李昉等編:《文苑英華》,文淵閣《四庫全書》本,卷一四七,第 2—4a 頁。

不肯作,曰:'兩個漢相對,作得此題? 速改之。'速改《渥洼馬賦》,曰:'此可矣。'奮筆斯須而成。警句云:'四蹄曳練,翻瀚海之驚瀾;一噴生風,下湘山之亂葉。'便欲首送,京尹曰:'喬彝崢嶸甚,以解副薦之可也。'"①這個故事近似小說家言,唐時士子對考官的態度恐怕不敢如此傲慢。士子置身考場,與考官乃準師生關係,若考中即爲座主與門生,豈有兩漢相對不能作《幽蘭賦》之理? 清代陳鴻墀《全唐文紀事》也引用這則故事,並下了按語:"鴻墀謹案:今所傳《渥洼馬賦》'驚瀾'作'霜華','亂葉'作'木葉',又有《幽蘭賦》,以'遠芳襲人,終古無絕'爲韵。考唐人《幽蘭賦》共五首,限韵俱同,當是應試之文。此云喬彝不肯作者,恐傳聞之異也。"②事實上,喬彝既有《渥洼馬賦》(載《文苑英華》卷一三二),又有《幽蘭賦》,兩賦具傳,前者是其解試賦,後者是其省試賦,不得混淆。

"幽蘭"的意象出自屈原,喬彝賦只是在第二段輕輕地提及:"紉而爲佩,騷人之意已深;間以在衿,楚客之情何遠。"並未作深層的探討。觀其賦押"終"字韻一段:"蘭在幽兮其芳滿叢,士守業兮其道未通。入提携固在於高賞,播酷烈當跋於下風。寧使凋急景於散地,迫嚴凝於歲終?"以在幽之蘭與其道未通的士子相比,盼望高賞提携的心態躍然紙上。由此可見,喬彝所取的幽蘭意象,主要是屈原幽蘭意象的第三點:君子的譬喻。

仲子陵《幽蘭賦》,以"遠芳襲人,終古無絕"爲韻:

蘭惟國香,生彼幽荒。貞正内積,芬華外揚。和氣所資,不擇地而長;精英自得,不因人而芳。

況乃崖斷坂折,蹊分石裂。山有木而轉深,逕無人而自絕。柔條獨秀,芳心潛結。翡翠戲而相鮮,薜蕪生而共悅。

然後衆草之中,迥爲一叢。卑以自牧,和而不同。揚翹布葉,舒翠錯紅。霄承結露,曉泛光風。傾於陽,希所照無隱;託其地,知其道有終。

且求之昔人,徵以邃古。宛成章於楚客,爰命操於尼父。佩之衆,匪蘭不紉;曲之多,匪蘭奚鼓。

夫以薰蕕之喻,臭味斯殊。同之則十年猶有,異之則一日而無。

---

① 李昉等編:《太平廣記》,北京:中華書局1961年版,卷一七九,第1334頁引。
② 陳鴻墀:《全唐文紀事》,臺北:世界書局1961年版,卷三二,第425頁。

　　乃清以爲露，滋而爲晼。比德者以之守真，贈離者以之傷遠。

　　宜其出幽谷之濱，爲階除之珍。羅堂未晚，被逕知春。依瑶池而自庇，與玉樹之爲鄰。杜若芳芷，香辛白蘋。俱受生於大塊，獨取象於同人。

　　是故蘭也之采，伊人所急。篇章間起，比興俱入。道之廢可鋤而去，道之興可俯而拾。爲君灑微芳於素衿，希見寶於重襲。①

　　仲子陵（743—802），唐嘉州峨眉人。其賦章法與喬彝之作稍有不同，前三段著力寫幽蘭之幽，突出其特立獨行的個性，第四段始點出來歷：“宛成章於楚客，爰命操於尼父。”謂“幽蘭”出自《離騒》，孔子也作有《幽蘭操》，皆得到後人的珍重。仲子陵賦與喬彝之作，可謂各臻其妙。仲子陵特別强調幽蘭的品性，主要采納了屈原幽蘭意象的第一種意涵。宋人高似孫《緯略》卷八評云：“仲子陵《幽蘭賦》曰：‘芬華外揚，真正内積；和氣所資，精英自得。’此十六字超出筆墨蹊徑。”②

　　其他人的省試賦也注重回溯幽蘭意象的源頭，如陳有章《幽蘭賦》云：“充佩而靈均不棄，入握而仙都必取。”③認爲不僅屈原喜歡佩戴幽蘭，道教的仙都也鍾意擁有它④。韓伯庸《幽蘭賦》云“納佩爲華，空戴騒人之什”，又云“横琴寫操，夫子傳之至今”⑤。其賦與仲子陵賦一樣，既提到屈原《離騒》，又提到孔子《幽蘭操》。

　　唐人在省試賦中，揚棄了屈原“幽蘭”意象中的“幽怨”情節。這是因爲省試賦是給考官和皇帝看的，一不能説帝王識鑒不明，用人不當；二不能説世人香臭不分，識鑒不明。況且，班固對屈原早有批評，其《離騒序》説：“若屈原露才揚已，競乎危國群小之間，以離讒賊，然責數懷王，怨惡椒蘭，愁神苦思，强非其人，忿懟不容，沈江而死，亦貶絜狂狷景行之士。”⑥對此，唐人應當有所警覺，所以，唐人試賦中采用源自屈原的幽蘭意象，必然要對其中的意涵有所弃取。另一個辦法，那就是聲明孔子曾經用過幽蘭，爲使用幽

---

① 李昉等編：《文苑英華》，卷一四七，第6a—7a頁。
② 高似孫著、左洪濤校注：《緯略校注》，浙江大學出版社2012年版，卷八，第161頁。
③ 李昉等編：《文苑英華》，卷一四七，第4頁b。
④ 仙都：道教傳説中仙人居住的地方。東方朔：《海内十洲記·聚窟洲》：“滄海島，在北海中。……島中有紫石宮室，九老仙都所治，仙官數萬人居焉。”明《古今逸史》本，第8a、b頁。
⑤ 李昉等編：《文苑英華》，卷一四七，第5a—6a頁。
⑥ 王逸注：《楚辭章句》，文淵閣《四庫全書》本，卷三，第16a、b頁。

蘭意象尋求正統合法性。正因如此，仲子陵、韓伯庸在賦裏新引進了孔子的《幽蘭操》，筆者需要去追尋其中所藴涵的意象内涵。

四、孔子《幽蘭操》的意象

宋人郭茂倩《樂府詩集》載孔子《猗蘭操》，題下小注云：“一曰《幽蘭操》。《古今樂録》曰：孔子自衛反魯，見香蘭而作此歌。《琴操》曰：《猗蘭操》，孔子所作。孔子歷聘諸侯，諸侯莫能任。自衛反魯，隱谷之中，見香蘭獨茂，喟然嘆曰：‘蘭當爲王者香，今乃獨茂，與衆草爲伍。’乃止車援琴鼓之，自傷不逢時，托辭於香蘭云。《琴集》曰：《幽蘭操》，孔子所作也。”

> 習習谷風，以陰以雨。之子于歸，遠送于野。何彼蒼天，不得其所。逍遥九州，無所定處。時人暗蔽，不知賢者。年紀逝邁，一身將老。[①]

孔子《幽蘭操》的意象主要有三點意涵：其一，王者香：幽蘭本來應當成爲王者之香，但可惜淪落到與衆草爲伍。其二，士不遇：自己本來應當爲王者所用，可惜生不逢時，不能與帝王遇合，落得與幽蘭的命運一樣。其三，悵惘之情：蘭將老，身將老，不知將來能否再有所作爲。這首托名孔子的《幽蘭操》當然不可能是孔子親手製作，而是後人有感孔子的遭際，揣測孔子的心情而寫成的作品。不過，王肅輯《孔子家語·在厄》篇記載孔子曾說：“芝蘭生於深林，不以無人而不芳；君子修道立德，不爲窮困而敗節。”[②]說明孔子確實曾用芝蘭與君子相比。從蔡邕《琴操》認定《幽蘭操》是孔子所作來看，這篇作品應當產生在東漢以前。顯而易見，其中的幽蘭意象所抒發的生不逢時的感慨，不僅與孔子有關，實質上與屈原也有内在的聯繫，其内涵與漢人擬騷的《士不遇賦》如出一轍。毋庸諱言，孔子《幽蘭操》中彌漫著一股士不遇的感慨和嘆老嗟卑的悲涼情緒。不過，它一經貼上聖人的標籤，那就在一定程度上體現聖人的旨意，後人就可以大張旗鼓地引用和宣揚了。

---

① 郭茂倩編：《樂府詩集》，上海古籍出版社 1998 年版，卷五八，第 646 頁。
② 王肅輯：《孔子家語》，文淵閣《四庫全書》本，卷五，第 10a 頁。

中唐詩人韓愈也模仿孔子之作,寫了一首《猗蘭操》,據《東雅堂昌黎集注》引錄於下:

> 蘭之猗猗,揚揚其香。不採而佩,於蘭何傷。今天之旋,其曷爲然。我行四方,以日以年。雪霜貿貿,薺麥之茂。子如不傷,我不爾覯。薺麥之茂,薺麥之有。君子之傷,君子之守。①

清人方世舉《韓昌黎詩集編年箋注》闡釋説:"竊推之,蘭有國香,固宜服佩,然無人自芳,要亦何損。特天之生蘭,不宜如是置之耳。今夫道不可知而我亦終老於行,唯見邦無道,富且貴焉者累累若若,於此而不傷,則亦無以見蘭爲矣。雖然,彼薺麥固無足怪也,所謂適時各得所也。若夫君子之傷,則謂生不逢時,處非其地,爲世道慨嘆耳。要其固窮之守豈與易哉?薺麥即指衆草,'今天之旋'四句即舊《操》'何彼蒼天'四句之意。'子如不傷','子'字即指蘭,如'籊兮籊兮,風其吹汝'之'汝'也。諸家之説,蓋未向舊《操》推求耳。"②方世舉的闡釋基本是準確的,韓愈的作品補充或改造了幽蘭意象的一些內涵:其一,幽蘭自有其香,人不採摘佩戴,於蘭無傷。其二,薺麥與幽蘭取向不同,各得其所。其三,君子與幽蘭一樣,應當固窮守節。顯然,韓愈的作品較孔子的作品增加了"自守"的意涵,這對於強化儒家的操守意識,自有積極的意義。不過,韓愈所寫的"幽蘭"與"薺麥"雖取向不同,但各行其道,和平共處。這體現中唐時代部分知識分子所採取的委順處世的人生態度。這與屈原《離騷》中所寫的"幽蘭"與"艾草"處於勢不兩立的對峙狀態,有我無他,有他無我,那就有很大的不同了。詩如其人,屈原是屈原,韓愈是韓愈,後人可以通過其作品去體會他們各自的內心世界。

五、黄庭堅與《幽蘭賦》

唐人省試作品《幽蘭賦》得到宋人的喜愛,他們或以之爲題創作,如李

---

① 廖瑩中集注:《東雅堂昌黎集注》,文淵閣《四庫全書》本,卷一,第21b頁。
② 方世舉箋注:《韓昌黎詩集編年箋注》,《續修四庫全書》本,據清乾隆盧見曾雅雨堂刻本影印,卷一一,第448頁上。

綱、高似孫都有《幽蘭賦》①，或書寫唐人作品，留下書法精品。最引人注目的是傳爲黃庭堅書寫的《幽蘭賦》，有石刻傳世，一在四川資中，一在河南葉縣。資中文廟大成殿西廡配殿裏，陳列有一通黃庭堅所書韓伯庸《幽蘭賦》拓本石刻，高約 2.5 米，長約 7 米，規模壯觀，被定爲國家二級文物。據《楊祖堃與資中〈幽蘭賦〉石碑》一文介紹，清代咸豐年間，資中人李福州購得黃庭堅所書《幽蘭賦》（拓本），請人刻石立碑。1974 年，時任資中縣博物館館長的楊祖堃在一位農民的灶房外牆和豬圈發現此碑，於是將其運回文廟保護起來②。

　　葉縣的《幽蘭賦》石碑，爲清同治八年（1869）葉縣知縣歐陽霖所刻，共12 塊，每塊通高 208 厘米（不計碑趺），寬 60 厘米，厚 18 厘米。歐陽霖在碑後題跋云：“此幀爲袁端敏公督師皖江所得，劉伯瑗觀察守陳時，從筱鎬學士處雙鈎副本，以贈傅青餘都轉，欲付剞劂，而未逮也。丁卯（1867）冬，霖由中牟遷葉，於城北臥羊山得公摩崖五十六字，爲公尉葉時游觀所留，因建公祠於上。時都轉兵備南汝觀察守宛，因索此本，命工刊石焉。幀中與唐文原本不無少異，姑存疑以俟博物君子。至公之書品，海内鉅公自能辨之，無待霖之贅述也。同治己巳（1869）小陽月朔日彭澤歐陽霖謹跋。”③碑現藏於葉縣明代縣衙博物館中，爲省一級文物。

　　資中碑與葉縣碑内容一致，可知所據拓本來源相同。資中碑最後署爲“唐韓伯庸《幽蘭賦》，吏部員外郎臣黃庭堅奉敕敬書於績熙殿中”，葉縣碑則將其作爲第一塊碑題。按照書法慣例，資中碑的位置是正確的，葉縣碑是按照後人的習慣，將賦題前置。全碑共 395 字，爲行書，字體有大有小，大字逾尺，小字盈寸，避讓得當，錯落有致，酣暢淋漓，大氣磅礴，確實與黃庭堅書風相似。晚清學者袁昶（1846—1900）在光緒九年癸未（1883）十二月曾見過此碑，其著《毗邪臺山散人日記》記載：“飯畢，步至西堂。觀壁上所懸山谷道人擘窠行書，寫唐人《幽蘭賦》，字勢雄偉不常，一洗姿媚偏軟之習，然游於規矩之内。入後幅，覺過於爛漫，漸入雕疏矣。”④認爲此碑書法前後不大相稱。確實，此碑是否果真出自黃庭堅手筆，我有三點疑問：

---

① 李綱、高似孫《幽蘭賦》，見陳元龍《歷代賦彙》（文淵閣《四庫全書》本）卷一二一，第 15—18 頁。
② 陳志強、黃薦科：《楊祖堃與資中〈幽蘭賦〉石碑》，《人民日報海外版》，2009 年 8 月 29 日第4 版。
③ 河南省博物館：《黃庭堅書幽蘭賦》，中州書畫社 1982 年版，第 12 頁。
④ 轉引自張小莊：《清代筆記、日記中的書法史料整理與研究》，中央美術學院出版社，2012 年，第 741 頁。

　　其一,這通碑所署黄庭堅"吏部員外郎"官職令人懷疑。據鄭文曉著
《黄庭堅年譜新編》,徽宗建中靖國元年(1101)四月,黄庭堅在湖北荆州接
到尚書省札子除吏部員外郎任命,即上《辭免恩命狀》,請求改官太平州或
無爲軍,並在荆州待命。同年六月二十二日,奉聖旨不許辭免已除吏部員
外郎之命,黄庭堅又上《再辭免恩命奏狀》。此後一直在荆州待命,直到崇
寧元年(1102)正月二十三日,始離開荆州,經岳、鄂等地,六月初九,領太平
州(治所在今安徽當塗)事。不料時局大變,新黨重新執政。五月,司馬光
而下四十餘人遭貶。黄庭堅知太平州事僅九日即遭貶官①。《宋史·黄庭
堅傳》記載:"徽宗即位,起監鄂州税,簽書寧國軍判官,知舒州,以吏部員
外郎召,皆辭不行。"②考察黄庭堅這兩年的行實,實未曾接受吏部員外郎的官
職,也未曾到過汴京,如何能在"績熙殿"中書寫《幽蘭賦》?
　　其二,碑文中所謂"績熙殿"名也令人生疑。查《宋史》、《續資治通鑑
長編》、《玉海》等書,皆未載"績熙殿"名。此殿名僅見於書法作品,2010年
12月,北京海士德國際拍賣有限公司拍賣黄庭堅《行書十二條屏》,其落款
有"臣黄庭堅奉勅敬書於績熙殿中"字樣③。但該條屏所書兩首七言律詩,
均不見黄庭堅詩文集,頗令人生疑。清人方濬頤《夢園書畫録》載《宋米南
宫梅花賦墨迹》,有"梁簡文帝《梅花賦》,臣米芾奉敕敬書於績熙殿"字
樣④。書法界也有關於該墨迹真僞的討論。
　　其三,黄庭堅所書《幽蘭賦》碑文比《文苑英華》所載韓伯庸原賦多出
十句:

　　　　芊眠茂宛,靡迤秋坂。紉而爲佩,騷人之意何深;間以在衿,楚客
　　　之情已罕。薄秋風而香盈十步,泛皓露則花飛三田。豈衆草之敢陵,
　　　信有慎乎伐剪。

這十句其實是從喬彝《幽蘭賦》移來的,試對比喬彝賦原作:

　　　　芊眠茂遠,靡迤秋坂。紉而爲佩,騷人之意已深;間以在衿,楚客

──────────
① 鄭文曉:《黄庭堅年譜新編》,社會科學文獻出版社1997年版,第338—369頁。
② 脱脱等:《宋史》,文淵閣《四庫全書》本,卷四四四,第2b頁。
③ 博賣拍賣網:http://auction.artxun.com/paimai-50170-250848063.shtml。
④ 方濬頤:《夢園書畫録》,清光緒刻本,卷三,第28b頁。

之情何遠。薄秋風而香盈十步,泛皓露則花飛九畹。豈衆草之敢陵,幸移根之未晚。

　　比較之後可知,碑文對原賦是有意地改造。如首句"遠"字改爲"宛"字,是爲了迴避押韵字;將"幸移根之未晚"改成"信有慎乎伐剪",也可説是爲了與原賦末句的"移根"二字避複。這些字句的改動相對合理,姑且不論。這一段其它字句改得可説是相當拙劣,如喬彝原賦的"紉而爲佩"一聯原是流水對,"騷人"與"楚客"均指屈原,而改作換詞("已深"换成"何深","何遠"换成"已罕"),使得此聯變成了反義對,造成表意不明的困惑。最要命的是將原作的"九畹"改成"三田","九畹"出自《離騷》,表意貼切;而"三田"或指帝王一年田獵三次,或指道家的上丹田、中丹田、下丹田①,或指佛家的報恩田、功德田、貧窮田②,放在這裏都不妥當。況且全段押"遠"字韵,爲上聲,"田"字爲平聲"先韵"。如此平仄不分的押韵即爲"失韵",而"失韵"是科舉試賦的大忌。韓伯庸原賦不誤,黄庭堅是深於聲律之人,也絶對不會犯這種低級錯誤的。所以,即使不問其它,僅此一個"田"字已可基本斷定,所謂黄庭堅書《幽蘭賦》必是僞作無疑。

　　辨析黄庭堅傳世書法碑刻的真僞,其實並非本文之初衷。筆者更感興趣的是,爲何人們喜歡把幽蘭與黄庭堅拉在一起? 檢查文獻,知幽蘭確實是黄庭堅平生所好。黄庭堅《與檀敦禮書》云:"公之歸澧,亦是佳事。彩衣奉親,兄弟同文字之樂,此人生最得意處也;又可多爲求蘭,得數十本,乃足平生所好耳。庭堅頓首敦禮秘校足下。"③其《與人帖》云:"檀敦禮惠蘭數本,皆煜煜成叢,但不花耳。方送田子平家培植之。"④在宋代崇尚雅致的文化背景下,喜愛幽蘭,不足爲奇。筆者更關心的是黄庭堅對幽蘭生發的議論,在黄庭堅《豫章黄先生文集》和《山谷別集》中各有一篇文章可爲代表。

---

① 三田:《漢語大詞典》(香港:商務印書館 2002 年版)注釋:1. 古時天子、諸侯每年三次田獵,稱爲三田。《禮記·王制》:"天子諸侯無事,則歲三田,一爲乾豆,二爲賓客,三爲充君之庖。"孔穎達疏:"一歲三時田獵。獵在田中,又爲田除害,故稱田也。"2. 道家謂兩眉間爲上丹田,心爲中丹田,臍下爲下丹田,合稱三丹田或三田。唐吕岩《贈劉芳處士》詩:"悠悠憂家復憂國,耗盡三田元宅火。"
② 釋道世:《法苑珠林》,第二一,《大正新修大藏經》,第 53 册,第 437a 頁。
③ 黄庭堅:《山谷簡尺》(文淵閣《四庫全書》本),卷下,第 17a、b 頁。
④ 任淵:《山谷内集詩注》(文淵閣《四庫全書》本),卷一五,第 4a 頁。

正集中《書幽芳亭》一文云：

　　士之才德蓋一國，則曰國士；女之色蓋一國，則曰國色；蘭之香蓋
一國，則曰國香。自古人知貴蘭，不待楚之逐臣而後貴之也。蘭蓋甚
似乎君子，生於深山叢薄之中，不爲無人而不芳；雪霜淩厲而見殺，來
歲不改其性也；是所謂遯世無悶，不見是而無悶者也。蘭雖含香體潔，
平居蕭艾不殊，清風過之，其香藹然，在室滿室，在堂滿堂，是所謂含章
以時發者也。然蘭、蕙之才德不同，世罕能別之。予放浪江湖之日久，
乃盡知其俗姓。蓋蘭似君子，蕙似士。大概山林中十蕙而一蘭也。楚
辭曰：“予既滋蘭之九畹，又樹蕙之百畝。”以是知不獨今，楚人賤蕙
而貴蘭久矣。蘭、蕙叢生，初不殊也。至其發華，一榦一花而香有餘
者，蘭；一榦五七花而香不足者，蕙。蕙雖不若蘭，其視椒榝則遠矣。
世論以爲國香矣，乃曰當門不得不鋤，山林之士所以往而不返
者耶？①

　　這篇文章説了四個要點：其一，蘭爲國香；其二，蘭有君子人格；其三，
蘭、蕙之別即君子與士之別；其四，世俗之論，以爲國香當門（即“擋門”），不
得不鋤；君子擋道，不得不排斥，所以，出類拔萃的君子只好隱居山林，不能
爲世所用。這些議論都很正當，當然也不難體會出蘇、黃一流在政治上遭
到排斥的怨憤，這與屈原的幽怨心態是息息相通的。

　　別集中《幽芳亭記》一文云：

　　蘭生深林，不以無人而不芳；道人住山，不以無人而不禪。蘭雖有
香，不遇清風不發；捧雖有眼，不是本色人不打。且道蘭香從甚處來？
若道香從蘭出，無風時又却與萱草不殊；若道香從風生，何故風吹萱
草，無香可發？若道鼻根妄想，無蘭無風，又妄想不成。若是三和合
生，俗氣不除。若是非蘭非風非鼻，惟心所現，未夢見祖師脚根有似恁
麽，如何得平穩安樂去？涪翁不惜眉毛，爲諸人點破。蘭是山中香草，
移來方廣院中，方廣老人作亭，要東行西去，涪翁名曰幽芳，與他著些

---

① 黄庭堅：《山谷集》（文淵閣《四庫全書》本），卷二五，第22a—23a頁。

光彩。此事徹底道盡也，諸人還信得及否？若也不得，更待彌勒下生。①

黃庭堅在這裏講的禪理出自慧能《壇經》："印宗法師講《涅槃經》時，有風吹旛動。一僧曰'風動'，一僧曰'旛動'，議論不已。惠能進曰：'不是風動，不是旛動，仁者心動。'一眾駭然。"②如是而言，蘭香非從蘭出，也非從風生，自是惟心所現。但參禪悟道者必須明白祖師當下如何應對，纔能得到平穩安樂。宋人曾慥編《類説》記載禪宗二十二祖摩拿羅的故事："我在林間已經九白（古印度以一年爲一白），偈曰：'心隨萬境轉，轉處實能幽。隨流認得性，無喜復無憂。'"③黃庭堅的意思是説，當人們在方廣禪院體味蘭香之時，必須借助摩拿羅和慧能等祖師的智慧，纔能領悟到"心隨境轉"的平穩安樂。

黃庭堅上述兩篇文章，談的都是方廣禪院裏栽種幽蘭的幽芳亭，何以一篇收在正集、一收在別集呢？在《題王子飛所編文後》一文中，黃庭堅曾經作出聲明："鄙文不足傳，世既多傳者，因欲取所作詩文爲内篇，其不合周、孔者爲外篇，然未暇也。它日合平生雜草搜獵去半，而別爲二篇，乃能終此意云。"④顯然，《書幽芳亭》闡述的是符合周公、孔子的儒家正理，《幽芳亭記》論述的則是方外禪理。從幽蘭意象發展演變的序列來看，前篇主要是繼承屈原、孔子，論述幽蘭的君子人格，後篇則爲幽蘭意象增添了禪理的色彩，這是在宋代禪學大盛的語境下對幽蘭意象的改造和豐富。

六、民國集大成的《蘭言四種》

民國年間，南京古物保存所主任楊鹿鳴⑤是出名的嗜蘭之人，他著有

---

① 黃庭堅：《山谷別集》（文淵閣《四庫全書》本），卷四，第 7a—8b 頁。
② 法海編：《六祖大師法寶壇經》自序品第一，《大正新修大藏經》第 48 册，第 349c 頁。
③ 曾慥編：《類説》（文淵閣《四庫全書》本），卷二〇，第 9a 頁。
④ 黃庭堅：《豫章黃先生文集》，卷二七。
⑤ 楊鹿鳴，字復明，號賓叔，江寧人。擅書畫、文物鑒定，精古琴，嗜蘭。二十世紀二十年代至三十年代任國民政府南京古物保存所主任。1919 年至 1921 年，他用三年時間編著成《蘭言四種》，爲蘭書系列的集大成之作。

《蘭言四種》①,包括《畫蘭瑣言》、《詠蘭瑣言》、《藝蘭瑣言》、《評蘭瑣言》四個部分,從繪畫、歌詠、種植、評鑒等方面對歷代與蘭有關文獻作了整理與研究,被譽爲蘭文化百科全書式的集大成之作。楊鹿鳴在《評蘭瑣言·序》中指出:"蘭,貞蕤也。世稱松、竹、梅爲歲寒三友,然竹有節,嗇於花;梅有花,嗇於葉;松有葉,嗇於香,惟蘭並有之。雖朱晦翁有古蘭、今蘭之説,而詠盆蕙云:'今花得古名,旖旎香更好。得意欲忘言,塵編詎能考。'其曰'旖旎',蓋猶淺之乎視蘭亦。"朱熹所説,一則見於《楚辭集注·楚辭辯證》卷上:"大抵古之所謂香草,必其花葉皆香而燥濕不變,故可刈而爲佩。若今之所謂蘭蕙,則其花雖香而葉乃無氣,其香雖美而質弱易菱,皆非可刈而佩者也。其非古人所指甚明,但不知自何時而誤耳。"一則見於《晦庵集》卷五九《答吳斗南》:"蓋古人所説似澤蘭(澤蘭此中有之,尖葉方莖紫節,正如洪慶善説,若蘭草似此,則決非今之蘭矣)者,非今之蘭,自劉次莊以下所説,乃今之蘭,而非古之蘭也。"楊鹿鳴認爲,朱熹辯證蘭有古蘭、今蘭之不同,從考證學上來看,固然是有其意義的,但是,從朱熹對蘭蕙的歌詠來看,僅僅提到其"旖旎"的姿態,沒有涉及其"貞節"的品性,則是把蘭看淺了。楊鹿鳴爲幽蘭所作的辯護是很有道理的,因爲幽蘭無須以"旖旎"的媚態取悦於人,其意象中"貞節"的品性已經内化在中華民族審美意識的歷史積澱之中。

七、"幽蘭"意象的當代遺響

2010年1月6日,由王菲演唱的影片《孔子》主題曲《幽蘭操》舉行全球首發儀式,這首作品被宣傳爲"溝通了人間與天空的美",歌詞如下:

> 蘭之猗猗,揚揚其香。衆香拱之,幽幽其芳。
> 不採而佩,於蘭何傷? 以日以年,我行四方。
> 文王夢熊,渭水決決。採而佩之,奕奕清芳。

---

① 楊鹿鳴:《蘭言四種》,民國甲子(1924)年版;當代莫磊、姚和金譯注《蘭言四種譯注》,北京:中國林業出版社2014年版。

雪霜茂茂,蕾蕾於冬,君子之守,子孫之昌。①

　　這首作品主要是對韓愈《猗蘭操》的改寫,大量採用了韓愈原作的句子,全詩每四句一段,可分爲四個層次:首四句寫幽蘭在衆香拱衛之下,散放芳香。次四句寫人不採蘭,於蘭無傷;比喻人不用我,我行四方。第三段引用文王用姜太公的典故,比喻幽蘭終於成爲王者之香。第四段寫幽蘭在嚴冬孕育蓓蕾,就像君子固守信念一樣,可以保佑子子孫孫永遠昌盛。平心而論,這首作品保留了原作的古典韻味,而且意脈連貫有序,可稱爲成功的改作。若論其瑕疵則可指出兩點:其一,"衆香拱之"一句,脫離了從屈原、孔子到韓愈對幽蘭特立獨行品性的描寫,有悖原意。這來源於改作者對原文的誤讀:在孔子《幽蘭操》題下小注中,孔子所喟嘆的"蘭當爲王者香",原意是"蘭當爲王者所用之香",改作者將其誤讀爲"蘭香爲衆香之王"②,所以纔會寫出"衆香拱之"的詩句。其二,"蕾蕾於冬"一句,未能押韻,作爲古體詩,不合格套,同時也增添了演唱者的難度。雖然有這些瑕疵存在,但筆者仍然要爲《孔子》主題曲的改作叫好,因爲它延續了"幽蘭"意象的生命力。改作者對"蘭當爲王者香"的誤讀産生在當代的語境之中,由於知識分子已經解除了王權的束縛,所以作爲士人譬喻的幽蘭可以躍升成爲衆香之王,如同群星朝北斗一樣受到衆香的拱衛。這也可以被認爲是幽蘭意象的意涵在當代的延伸和豐富。

八、結　語

　　本文以唐人《幽蘭賦》爲中心,上掛下聯,探討幽蘭意象内涵的發展演變。歷史上,涉及蘭蕙的作品汗牛充棟,本文雖然只能摘要舉例,但已可見出:屈原《離騷》、託名孔子《幽蘭操》、唐人的《幽蘭賦》、韓愈《猗蘭操》、黄庭堅《幽芳亭記》等作品,或爲詩,或爲辭賦,或爲散文,構成了中國古代文學中幽蘭意象具有代表性的意涵序列,包容了儒、釋、道等文化精義,成爲

---

① 録自新浪娛樂網站《孔子》主題曲《幽蘭操》歌詞: http://ent.sina.com.cn/m/c/2010 - 01 - 06/21042835879.shtml。

② 杏壇春熙法蘭文化沙龍注釋:"孔子有'爲政以德,誓如北辰,居其所而衆星拱之'之語,拱是環繞之義。此處比喻蘭香爲衆香之王,所有的花香都拱而奉之。"見上引新浪娛樂網站。

中華民族審美意象歷史積澱中的重要成分之一。幽蘭具有豐厚民族特色的貞節意象也在當代社會生活中激起迴響。

從研究方法來看,中國古典文學研究要走向現代化,應該追求三個結合:一是文獻學與文藝學相結合,文獻是基礎,文藝理論是指導,既可用理論指導作品分析,也可從作品中抽繹出理論。二是各種文體研究要相結合,古代大家都是全才,文體之間有貫通性,今人也不能以研究詩、研究詞或研究文來劃分疆域,自樹藩籬。三是古今結合,不少現代文學大家的古文功底深厚,古代文學與現代文學研究也不能截然分開,並且要儘量做到古爲今用①。筆者在後來的古代文學研究中,對三個結合的目標,雖不能至,心嚮往之,本文之研究,可以説也是在這些方面努力的嘗試之一。

其一,文獻學與文藝學相結合。本文在考訂大曆十三年科舉進士考試《幽蘭賦》的基礎上,追溯“幽蘭”意象的原始意涵及其發展演變,正是文獻學與文藝學相結合的實踐。中國文藝史上以蘭爲表現題材的優秀作品甚多,也許唐人的《幽蘭賦》算不上典型的作品,但因其與科舉的結合而發生重要的影響則是不爭的事實。

其二,各種文體研究相結合。前人創立的“意象”在後人的作品中反復呈現,同一“意象”出現在不同文體之中。在不同的時空語境下,後人的運用既有對前人意涵的繼承,也有揚棄、改造和豐富。本文對“幽蘭”意象在不同時代不同體裁作品中意涵演變的闡釋,可以在一定程度上彰顯中國文學意象的獨特性。

其三,古今結合。研究中國古典文學不僅僅是發思古之幽情,古典文學作品對當代社會的作用也不容低估。當代電影《孔子》主題曲《幽蘭操》雖然對傳統意象有所誤讀,但“幽蘭”的意象能夠從先秦延伸到當代,可以證明,當代的審美意象在某種意義上也是對傳統古典美的回歸。正如唐人《幽蘭賦》限韻所説的那樣:

遠芳襲人,終古無絶!

（作者單位: 馬來西亞南方大學中文系）

———————————

① 此爲筆者 1993 年夏拜訪程千帆先生的記録。

附録：圖片三幀：

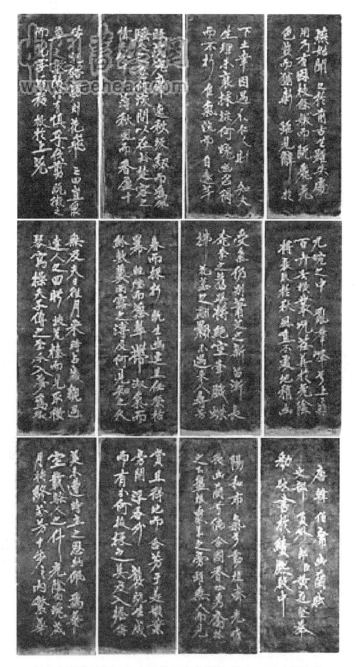

録自中國書法網：黃庭堅的行書《幽蘭賦》十二通碑刻拓片

錄自布衣書局《蘭言四種》書影

錄自中國孔廟網：資中文廟大成殿西廡配殿黃庭堅所書《幽蘭賦》石刻

廖恩燾：詩界革命一驍將

胡全章

【摘　要】從 1903 年攜帶一批"俗曲新唱"的新粤謳作品登上《新小説》"雜歌謡"專欄,在"詩界革命"主陣地奏響啓蒙救亡的主旋律,成爲《新小説》第一詩人,到 1906 年創作"以舊風格含新意境"的古巴紀事詩和域外竹枝詞,被飲冰室主人譽爲"詩史"和"地志",與黄遵憲一樣"餘事爲詩人"的晚清外交官廖恩燾,憑藉其貢獻給 20 世紀初年新詩壇的三個系列五十多篇詩歌作品,在詩界革命陣營扮演了他人不可替代的重要角色,洵爲詩界革命一驍將。時至今日,當我們從原始報刊文獻史料出發重新勘察、篩選、描述與定位詩界革命詩人群及其代表詩人,當我們以客觀公允的歷史態度重寫中國近代文學史和詩歌史的時候,實在不該再遺漏掉被塵封了一個多世紀的新派詩人廖恩燾。

【關鍵詞】廖恩燾　珠海夢餘生　詩界革命　《新小説》　新解心　梁啓超

　　文學史家述及晚清詩界革命陣營的代表詩人時,大都沿用梁啓超《飲冰室詩話》中的説法,推黄遵憲、夏曾佑、蔣智由爲"近世詩界三傑"①,以"詩人之詩論"則邱逢甲亦"天下健者",稱得上"詩界革命一鉅子"②;頂多再加上康有爲和譚嗣同。其實,1903 至 1905 年間,有一位《新小説》"雜歌謡"欄目代表詩人和臺柱子,亦稱得上詩界革命一驍將。然而,由於此人身

---

① 飲冰子《飲冰室詩話》,載於《新民叢報》第十四號(1902 年 8 月 18 日)。
② 飲冰子《飲冰室詩話》,載於《新民叢報》第十八號(1902 年 10 月 16 日)。

份特殊,梁啓超當時不得不故意隱去其真實姓名,致使這位"珠海夢餘生"的真實身份長期以來隱而不彰;又由於學界迄今對晚清詩界革命運動仍缺乏整體意義上的系統深入的研究,遂使這位與黄遵憲一樣"餘事爲詩人"的晚清外交官,至今仍未進入中國近代文學史書寫之中。

學界率先指出"珠海夢餘生"係廖恩燾者,大概是近世"嶺南才女"、文史專家冼玉清(1895—1965)。然而,冼先生那篇題爲《粤謳與晚清政治》的遺稿,直到她去世近二十年之後纔在《嶺南文史》公開發表;此時(1982),距離廖恩燾在《新小説》雜誌發表新粤謳作品已經過去近八十年。2006年,夏曉虹《近代外交官廖恩燾詩歌考論》一文,首次對廖恩燾的生平和詩歌創作做了系統的考論,其中包括廖氏刊諸《新小説》的《粤謳新解心》和見諸《新民叢報》"飲冰室詩話"專欄的《紀古巴亂事有感》、《灣城竹枝詞》兩組組詩,指出廖氏在晚清文學界的出現確與梁啓超大有關係,饒有意味地透視了這位"外交官筆下的古巴詩緣"①。不過,基於原始報刊文獻史料的廖恩燾新派詩的刊發狀況與創作面貌的歷史還原工作及其文學史評價與定位等問題,尚待進一步展開。本文意在通過"詩界革命"視野下的廖恩燾詩歌研究,還原廖氏作爲《新小説》第一詩人的歷史地位,以及其在詩界革命運動中所扮演的他人不可替代的重要而獨特的角色,通過一個被長期遮蔽而鮮爲人知的新派詩人之個案,豐富人們對於詩界革命運動的認知。

一、《新小説》第一詩人和詩界革命驍將

1903年10月,梁啓超在《新民叢報》"飲冰室詩話"欄中介紹過這位"游宦美洲"的老鄉:"鄉人有自號珠海夢餘生者,熱誠愛國之士也,游宦美洲,今不欲著其名,頃仿《粤謳》格調成《新解心》數十章。""皆絶世妙文,視子庸原作有過之無不及,實文界革命一驍將也。"②飲冰室主人故意幻化其身,其實是用障眼法保護這位身份特殊的"熱誠愛國之士"。

梁啓超1902年冬在日本橫濱創辦的《新小説》雜誌,是《新民叢報》的

---

① 夏曉虹《近代外交官廖恩燾詩歌考論》,載於《中國文化》第23期(2006年12月)。
② 飲冰子《飲冰室詩話》,載於《新民叢報》第三十八、三十九號合刊(1903年10月4日)。

姊妹刊物，其根本宗旨都是爲了“新民”與救國。《新小説》月刊是梁氏發起“小説界革命”的主陣地；而其開闢的“雜歌謠”專欄，既是配合小説界革命的産物，又是對梁氏此期主要依託《新民叢報》“文苑”欄開展的“詩界革命”的有意策應，爲當時蓬勃發展的詩界革命運動提供了很大助力。前期《新小説》“雜歌謠”專欄主要刊發的是新樂府和樂歌作品，梁啓超、黄遵憲、高旭、雪茹等是其骨幹詩人；第七號之後則以“新粵謳”、“新解心”爲重頭戲，1905 年前後出刊的最後三期（第十號、第十一號、第十六號）“雜歌謠”專欄竟成了“粵謳新解心”系列作品的一統天下。其實，不論是未署名的《粵謳新解心六章》，還是外江佬戲作的《粵謳新解心四章》、《新粵謳三章》，抑或是珠海夢餘生的《粵謳新解心四章》、《粵謳新解心五章》，作者只有一個人；此人乃是梁啓超 1903 年游歷美洲期間結識的一位廣東老鄉，時任大清國駐古巴總領事。

　　梁氏這一障眼法果然奏效，不僅晚清時期珠海夢餘生的真實身份一直撲朔迷離，民國時期亦不爲人知。共和國初期，冼玉清在其遺稿《粵謳與晚清政治》選録了珠海夢餘生的《離巢燕》、《黄種病》和外江佬的《珠江月》，指出珠海夢餘生“係廖恩燾的筆名”，言其“係清末有名的粵謳作者”，將其定位爲一位“改良主義者”；但冼先生似乎並未意識到外江佬和珠海夢餘生係同一人①。其實，細讀梁啓超《飲冰室詩話》中那段述及珠海夢餘生的話，便可知曉不僅外江佬和珠海夢餘生係同一人，而且《新小説》第七號刊發的未署名的《粵謳新解心六章》亦爲珠海夢餘生所作。這是因爲，梁氏詩話中所舉珠海夢餘生“新解心”作品《自由鐘》、《自由車》、《天有眼》、《地無皮》、《趁早乘機》、《呆佬祝壽》就出自《粵謳新解心六章》，而《學界風潮》則出自外江佬《粵謳新解心四章》。飲冰室主人其實已經在巧妙地告訴讀者：《新小説》所刊《新解心》係一人所爲，但作者“不欲著其名”，故而化名珠海夢餘生。

　　廖恩燾（1865—1954），字鳳舒，號懺庵，亦號半舫翁，常用筆名有珠海夢餘生、懺綺盦主人，廣東惠陽（今惠州市）人，幼年隨父赴美讀書，歷任中國駐古巴、朝鮮、日本、巴拿馬、馬尼拉外交官，抗戰期間曾出任汪僞國民政府委員會委員，晚年寓居香港。殊不知，這位在中國近代外交史上幾被遺

---

① 參見冼玉清《粵謳與晚清政治（上）》，載於《嶺南文史》（1983 年第 1 期）、《粵謳與晚清政治（中）》，載於《嶺南文史》（1983 年第 2 期）。

忘的晚清帝國的外交官,還是梁啓超領銜發起的"詩界革命"、"文界革命"、
"小説界革命"的熱心支持者和創作實踐者,其見諸《新小説》"雜歌謡"專
欄的系列新粵謳作品和《新民叢報》"飲冰室詩話"專欄的兩組取材在駐國
古巴的紀事詩與竹枝詞,顯示了其此期的文學創作實績。

　　照《新小説》標示的時間,自 1903 年 9 月至 1905 年 5 月,廖恩燾"粵謳
新解心"系列作品陸續在《新小説》"雜歌謡"欄分五期刊出,共計 22 篇①,
篇目和版面之多,遥居 15 位欄目詩作者②之榜首,成爲該欄目後期頂樑柱
和代表詩人。廖氏寫作《新解心》的動機與題旨,可用其題詞中的詩句來概
括:"樂操土音不忘本,變徵歌殘爲國殤。""萬花扶起醉吟身,想見同胞愛國
魂。"③體現出千年未有之大變局下,一位由鄉人到國人再到世界人的晚清
帝國派駐美洲的職業外交官希冀喚起國人鄉人愛國自强之心的强烈願望。
廖氏"粵謳新解心"系列作品以嶺南地區流行的鄉土曲藝形式"俗曲新唱",
奏響了啓蒙救亡的主旋律,具有顯著的近代氣息、時代特徵和進步意義。
論質論量,廖恩燾都堪稱《新小説》雜誌的第一詩人。

　　文學史家將梁啓超領銜發起的"文界革命"、"詩界革命"、"小説界革
命"、"戲曲界革命"合稱爲文學界革命。文學界革命是一項系統的文學革
新工程和民族思想文化重建工程,文界、詩界、小説界、戲曲界之間並非壁
壘森嚴,不同文體之間多有重疊交會。任公在詩話中贊珠海夢餘生《新解
心》爲"絶世妙文",譽作者爲"文界革命一驍將",是將廖氏《新解心》置於
廣義的"文界"來定位的;這一語境中的"文界"概念,其範疇包含"詩界"。
事實上,由於廖氏新解心系列作品是作爲《新小説》"有韻之文"刊發,梁氏
又是在詩話中贊譽其人其文,作爲《新小説》第一詩人的廖恩燾,自然堪稱
"詩界革命一驍將"。

---

① 《新小説》第七號所刊未署名《粵謳新解心六章》篇目有《自由鐘》、《自由車》、《天有眼》、《地無
　皮》、《趁早乘機》、《呆佬祝壽》,第九號所刊外江佬戲作《粵謳新解心四章》篇目有《學界風潮》、
　《鴉片煙》、《唔好發夢》、《中秋餅》,第十號所刊珠海夢餘生《粵謳新解心四章》篇目有《勸學》、
　《開民智》、《復民權》、《倡女權》,第十一號所刊外江佬戲作《新粵謳三章》篇目有《珠江月》、《八
　股毒》、《青年好》,第十六號所刊珠海夢餘生《粵謳新解心五章》篇目有《黄種病》、《離巢燕》、
　《人心死》、《爭氣》、《秋蚊》,五組共計 22 篇。
② 《新小説》"雜歌謡"欄目署名詩作者有梁啓超(少年中國之少年)、黄遵憲(嶺東故將軍、人境廬
　主人)、燕市酒徒、哀郢生、金城冷眼人、水月庵主、公之瘦、雪如、張敬夫、襄一、拜鵑人、高旭(劍
　公、自由齋主人)、陽湖胡仇、東莞生、廖恩燾(外江佬、珠海夢餘生),計 15 人,共計刊發各類詩
　歌作品 73 題 111 首。
③ 飲冰子《飲冰室詩話》,載於《新民叢報》第三十八、三十九號合刊(1903 年 10 月 4 日)。

二、新解心：啓蒙救亡與俗曲新唱

　　粵謳，亦稱越謳，別稱解心，是清代中後期至民國年間盛行於嶺南地區的一種通俗説唱文學形式，音調在木魚歌、咸水歌、龍舟歌、南音等粵曲歌謠的基礎上融合進北方民間説唱"子弟歌"、"南詞"曲調，文辭在韻文基礎上大量參用廣府民系地區方言諺語，形成了極具地方特色、能唱能誦、易唱易懂的民間方言文藝新品種。早期粵謳作品題材不出風花雪月、男女情事，聲調悠揚，語意悲惋。至晚清，粵籍啓蒙思想家廣泛運用這一民間文藝形式，遂將這一長於歌詠男女情事、纏綿哀婉、語淺情深的嶺南地區的"流行歌曲"，改造成揭露社會黑暗、諷刺官場腐敗、宣揚維新思想乃至鼓吹排滿革命的"啓蒙"利器，充當了文藝輕騎兵。流亡海外的嶺南人梁啓超在日本橫濱創辦的《新小説》雜誌，是較早刊發新粵謳作品的近代報刊重鎮；同爲嶺南人的大清國駐古巴總領事廖恩燾，則成爲近代中國最爲出色的新粵謳作家之一。

　　在廖恩燾見諸《新小説》雜誌的五組22篇新粵謳作品中，《珠江月》篇雖刊出較晚，卻可謂其中的點題之作，其作用類似於招子庸《粵謳》首章《解心事》，爲我們解讀廖氏《粵謳新解心》系列作品提供了一把鑰匙。招子庸那篇作爲粵謳鼻祖開篇之作的《解心事》，其題旨無非是勸人要學會苦中尋樂，行善積德，讓茫茫苦海中的市井細民暫解愁懷，得到片刻心靈的慰藉。廖恩燾《珠江月》則開門見山地交代了以"新名詞"俗曲新唱的意圖，亮出了警世、覺世和救世的底牌，表現出鮮明的救亡動機和思想啓蒙宗旨。其開篇云：

　　　　珠江月，照住船頭。你坐在船頭，聽我唱句粵謳。人地唱箇的粵謳，都重係舊；我就把新名詞譜出，替你散吓個的蝶怨蜂愁。你聽到箇陣款款深情，就打你係鐵石心腸，亦都會仰住天嚟搔吓首。捨得我銅琶鐵笛，重怕唔喚得起你敵愾同仇！只爲我中國淪亡，四萬萬同胞問邊一個來救。等到瓜分時候，箇陣就任你邊個，都要作佢啲馬牛！你睇我咁好山河如錦還如繡，做乜都冇個英雄獨立，撞一吓鐘，嚟唱一吓自由。[1]

――――――――――

[1]　外江佬戲作《新粵謳三章》，載於《新小説》第十一號（1904年10月）。

警醒世人,振起民氣,張揚尚武合群精神,輸入自由獨立意識,喚起鄉人國人的愛國自强之心,奏響了救亡啓蒙的主旋律。

　　1903 年 9 月《新小説》第 7 號"雜歌謠"欄刊出的《自由鐘》篇,是廖恩燾氏新解心系列作品的首發之作,以産自西洋的自由鐘爲譬,曉喻鄉人國人要珍惜光陰,振刷精神,齊心協力,勇往直前,同種合群,衆志成城。"自由鐘"①這一源自西方的"新名詞"還有更深一層的寓意,那就是美國費城獨立閣高懸的"自由鐘"所象徵的民族自由、獨立與公正的精神内涵。其篇末道:

　　　　呢陣賠款好似催命符,滿洲就係粧嫁槤。内盤破壞外面亦都穿凹,你唔睇天色做人,都要按住鐘數嚟發夢,花擊月上重有幾耐夕陽紅。

似有隱喻晚清帝國這架破鐘已經内外鏽蝕、氣數將盡之意,頗耐尋味。

　　同期刊出的《趁早乘機》篇,言辭更爲激烈,思想更爲激進,不僅以西方"國民"意識來詮釋中國本土思想資源庫中古已有之的"民本"思想,而且徑直指斥滿清政府"賣民賣國"的行徑:

　　　　自古話民爲邦本君爲次,紂王無道,就被箇個周武焚屍。有的話既屬係蟻民,唔該逆旨;點曉得人生世上,各有權宜。今日中國無人,箇滿政府來得咁放恣,賣民賣國佢重詐作唔知。

正是基於對一個無可救藥的賣民賣國政府的極度失望乃至絶望,作者在篇末開出了"廣東先自治"的救國方略:

　　　　廣東地大人非細,只怕你無血性,唔怕大事難爲。即話單手獨拳,

---

① 《新民叢報》第十四號(1902 年 8 月 18 日)所刊《中國唯一之文學報〈新小説〉》預告《新小説》欄目内容時,有"歷史小説"《自由鐘》之規劃;其廣告云:"此書即美國獨立史演義也。因美人初起義時,於費特費府建一獨立閣,上懸大鐘,有大事則撞之,以召集國民僉議焉,故取以爲名。首叙英人虐政,次叙八年血戰,末叙聯邦立憲。讀之使人愛國自立之念油然而生。"由此可窺知新名詞"自由鐘"在時人腦際間留下的印象。作爲駐美洲外交官的廖恩燾,對美國的"自由鐘"不會不熟悉。

慌到無人繼；豈知人人都有我，便是興國生機。大家若係有心，還要想過法子。民權自治，重等到幾時？山岳有靈還降義士，太平之後自見妍娃。世界翻新唔係希罕事，歐亞文明我地獨遲。你估十八省等齊然後作致，我怕烏鴉頭白，我中國重一樣低威。時勢可以造得個的英雄，做乜英雄唔可以造時勢。唉！容乜易，廣東先自治，箇陣平權萬國，怕佢十七省唔追住跟嚓。

這一思路與梁啓超構思的《新中國未來記》的情節發展——"先於南方有一省獨立，舉國豪傑同心協助之，建設共和立憲完全之政府，與全球各國結平等之約，通商修好。數年之後，各省皆應之，群起獨立，爲共和政府者四五。復以諸豪傑之盡瘁，合爲一聯邦大共和國。"①——何其相似！

　振民氣也好，開民智也好，抨擊滿清政府賣民賣國也好，呼籲國人合群愛國也好，其目的都是爲了挽救國家危亡；在廖恩燾看來，救亡圖存的根本途徑，在於在中國建立一個民權高於君權的立憲政體。《復民權》篇以盧梭"天賦人權"思想爲理論武器，以英國的君主立憲政體爲學習樣板，向國人宣傳"君民共主"的立憲政體：

　　　人地識得國家就係國民所建，做到國民嘅公僕，國政就唔敢自專。法律科條，總由議院議定；文明程度，要合得公理爲先。細考各國政治原因，都唔似立憲法咁善。唔信你試睇吓英國，就知到十足完全。君唔係冇權，不過重在民個一邊；君民共主，算係無黨無偏。唉，道理咁淺，我四萬萬主人翁，唔知打乜算。若然唔聽我勸，怕猶太波蘭箇的慘禍，遠雖在天邊，近即在目前。②

　廖恩燾這篇新粵謳作品問世之時，懷抱"醫學救國"理想的青年魯迅進入了日本仙臺醫學專門學校攻讀醫學；第二年舊曆年底，經歷了"幻燈片事件"刺激的魯迅清醒地認識到："凡是愚弱的國民，即使體格如何健全，如何苗壯，也只能做毫無意義的示衆的材料和看客。""所以我們的第一要著，是在改變他們的精神，而善於改變精神的是，我那時以爲當然要推文藝，於是

---

① 《中國唯一之文學報〈新小説〉》，載於《新民叢報》第十四號。
② 珠海夢餘生《粵謳新解心四章》，載於《新小説》第十號（1904 年 9 月）。

想提倡文藝運動了。"①而當時"文藝運動"的領袖人物,正是"少年中國之少年"梁任公;廖恩燾與當時正在美洲游歷的梁氏極爲投緣,引爲同道,大力支持這位同鄉在日本依託橫濱《新民叢報》、《新小説》掀起的"文藝運動",從萬里之遥的美洲島國古巴寄去大量新詩稿。在青年魯迅尚沉浸在"醫學救國"夢之時,廖恩燾已經體認到"國家就是國民所建",將國人的地位上升到"我四萬萬主人翁"的高度來認識,希冀著國人的思想覺悟和精神奮發。

　　"倡女權"也是"復民權"的一部分,甚或是實現國家振興的根本保障之一。正是基於這一清末有識之士的普遍認知,《倡女權》篇不僅對"點估在深閨藏匿,重慘過地獄幽囚"的中國女性表同情,而且得出"想我國勢唔强,都係女權禁錮得久"的結論,將造成國家積弱不振的根源歸結爲女權長期遭禁錮,將興女權的重要性和緊迫性上升到强國强種的高度來認識,將"開民智"與"倡女權"並重,"等佢二萬萬同胞嘅血性女子,都做得敵愾同仇"②。其"倡女權"的根本目的仍是"救亡",最終是爲了實現民族振興和國家富强的"中國夢"。

　　以感情基調的慷慨激昂和鼓動性之强來看,《唔好發夢》篇是一個突出範例,體現出新粤謳作品從口頭演唱到文字傳播轉換過程中發生的微妙變化:

　　　　勸你唔好發夢,我想花花世界,都在夢中。你若果夢裏平安,就係夢一千年,我都由你去夢。只怕滄桑變幻,就會警醒你夢眼朦朧。人地把你皮肉瓜分,難道你都唔知到痛? 就算你會莊周化蝶,亦不過化到沙蟲! 咪把黑甜鄉沉埋我黄種,你睇酣眠卧榻,邊一個係主人翁。估話咁響嘅鼻鼾,都會嘈醒吓大衆。點想你苟延殘喘,重帶住的惺忪;你好極精神,夢裏都係唔中用。東方春曉,正話等到旭日初紅。箇陣你便擡起頭嚟,放開吓眼孔,夢魂驚覺自由鐘。太平洋上風潮湧,把個雄獅鞭起,又試叫醒吓女龍。我四萬萬國民,就伸一吓腰嚟,都震得全球動! 捨得你呢回唔發夢咯,重怕乜運會難逢。青年才氣騰蛟鳳,我

---

① 魯迅《吶喊·自序》,載於《魯迅全集》第一卷,北京:人民文學出版社 2005 年版,第 439 頁。
② 珠海夢餘生《粤謳新解心四章》,載於《新小説》第十號(1904 年 9 月)。

共你舞臺飛上去，演一個盖世英雄！①

粵謳曲調原本節奏緩慢，演唱起來不易表現昂揚向上的韻味；而刊發在報刊上的帶有鼓動性和宣傳性的新粵謳作品，則以作者的千鈞筆力使之充滿時代風雲，没有了兒女情長，平添了英雄之氣。

從語言之形象傳神和作品諷喻色彩之濃厚來看，《呆佬祝壽》篇稱得上廖氏新粵謳系列中的上乘之作。該作以甲辰年慈禧太后奢華鋪張的七十壽誕爲影射對象，窮形盡相地描摹了各地督撫和王公大臣挖空心思準備豪華壽禮的情狀：

　　攪出滿天神佛，好似着了癲瘋。三界八仙，都離了玉洞；如來老祖，不在西蓬；玉葉瓊枝都向金盤捧。奇葩異草，咁就獻到仙童。我想海錯山珍，唔系咁容易進貢，撇開珊瑚銕綱，都打唔盡个的東海錦龍。你睇瑶池咁大，唔係冇蟠桃種。點解收埋咁多壽禮，塞滿天宫。

進而將批判的矛頭直指壽主呆佬，"唔信你睇祝過咁多回壽哩，都遇着天魔浩劫，鬧到妖霧迷濛"②。聯想十年前爲慈禧太后準備六十壽辰而挪用海軍軍費興建頤和園的荒唐誤國之舉，現如今國難當頭、民不聊生卻仍驕奢淫逸、不思悔改，這位壽主實在是個神志失常的"呆佬"。如此折騰下去，家焉能不敗？國焉能不亡？

梁啓超 1902 年秋冬時節規劃《新小説》"有韻之文"專欄時，最終放棄了自己初擬的"新樂府"而採納了黃遵憲建議的"雜歌謡"這一欄目名稱，着重刊發的作品形式亦聽取了黃遵憲"當斟酌於彈詞、粵謳之間"的意見③；内容上則提出了"總以關切時局爲上乘"④的指導思想。廖恩燾 1903 年前後在美洲創作的新粵謳系列作品，完全貫徹了他的這兩位廣東老鄉共同擘畫的《新小説》"雜歌謡"欄目作品創作指針。引方言土語入詩入歌，是《新小説》"雜歌謡"題中應有之意，可視爲飲冰室主人在運用民間歌謡"俗曲新唱"方面一個具有導向意義的理論自覺。梁啓超、黃遵憲將"新粵謳"引

---

① 外江佬戲作《粵謳新解心四章》，載於《新小説》第九號（1904 年 8 月）。

② 《粵謳新解心六章》，載於《新小説》第七號（1903 年 9 月）。

③ 黃遵憲《致梁啓超函》，載於《黃遵憲全集》（上），北京：中華書局 2005 年版，第 432 頁。

④ 《新小説社徵文啓》，載於《新民叢報》第十九號（1902 年 10 月 31 日）。

入《新小説》"有韻之文"專欄的主觀設想,隨着廖恩燾系列新解心作品的問世而得以實現,從而爲當時的文壇提供了一種借用民間説唱文藝形式"俗曲新唱"的寫作範式,進而以其示範性效應帶動了近代粤語方言文學創作。

三、古巴紀事詩與域外竹枝詞

1906 年 8 月,《新民叢報》第八十五號"飲冰室詩話"專欄衷録了懺餘生《紀古巴亂事有感十律》和懺广①《灣城竹枝詞》組詩(22 首)。這組古巴紀事詩和域外竹枝詞,是廖恩燾見諸詩界革命主陣地的另一系列的新詩作品,也是當時僅有的以古巴時局和古巴首都灣城(今譯哈瓦那)風情爲題材的詩章,且有較高的藝術性,洵爲晚清新派詩中的珍品。

《紀古巴亂事有感十律》以十首七言律詩,記録下十九世紀末葉古巴人民反抗西班牙統治者的獨立戰爭期間湧現的可歌可泣的民族英雄與感人事蹟,以及二十世紀初年古巴獨立後因内亂黨爭和美國軍事佔領而造成的危亡時局。廖氏隨詩稿寄給梁啓超的信箋云:

> 古巴民政四黨,因爭選舉構亂,美國遽以兵艦相加,奪其政柄。雖以美總統盧斯福之義俠,或不致顯背萬國平和約章,古島容有珠還之日。然黨界之足以亡國,内亂之足以召外兵,則南美洲一帶諸國,覆轍甚多,不獨古巴爲然,正不可不爲我國人警告也。②

飲冰室主人讚歎道:"此真有心人之言,不能徒以詩目之;即以詩論,杜陵詩史,亦不是過矣!"廖氏希冀國人(主要針對革命黨人和保皇黨人)以古巴爲鑒的良苦用心,梁氏自然心領神會,目之爲"詩史",因其發揮着"杜陵詩史"記録時變的社會功能。這裏選其第四首看看:

> 香花祝鼓迓兒童,鑄像巍峨紀戰功。政界脱離專制軛,國魂敲起

自由鐘。歸元先軫都無恨（麥時母高摩斯山度明古島人，兩佐古巴革
命軍，土人自立後，麥死，輿櫬歸葬以總統之禮），殉國離騷尚可風（古
巴文豪河西瑪帝以民權獨立鼓吹國民，卒爲西班牙所殺）。惱煞共和
閑歲月，蕭牆無故仗兵戎。

　　作者由當下古巴國情而發出的"如此膏腴一片土，鯨吞蠶食已分明"的感
歎，亦是對晚清帝國危亡時局的深重憂慮；組詩末章以"夜來凄絕聞鄰笛，
故國山河更可哀"之句收束，流露出身在海外而心繫祖國的拳拳憂國之情。
　　照飲冰室主人的交代和推介，"灣城者，古巴首都也"，懺广《灣城竹枝
詞》"感韻頑豔，且可作地志讀"①。我們選其第六首看看：

　　　　小立窗櫺月色明（閨中人每黃昏時輒倚窗以待所歡之至，至則立
　　窗外談至夜深）。喁喁私語口脂馨。昨宵阿母叮嚀囑，莫浪敲門喚妾
　　名（男女雖極相悅，無父母命不得擅自訂婚，男來訪則屏諸門外，不許
　　入室升堂也）。

以民歌情韻狀寫異國風情，加上詩中小注，廖氏這組"感韻頑豔"的海外竹
枝詞，真可作爲一部記誦古巴首都哈瓦那民俗風物的"地志"來讀。
　　1906 年夏秋時節，廖恩燾這兩組取材域外的新派詩見諸《新民叢報》
"文苑"欄時，被梁啓超樹爲"詩界革命"陣營一面旗幟的黃遵憲已去世一年
多，作爲時代思潮的詩界革命運動已處於快速退潮期。在此前後，除了廖
恩燾，還有一位廣東籍新派詩人不時從萬里之遥的美洲和歐洲給梁啓超寄
來取材於域外的新詩稿，且符合"以舊風格含新意境"的創作指針——此人
就是康有爲。然而，無論是康氏《吾曾經滑鐵盧見擒拿破崙處及在巴黎觀
其陵墓旗旌記功坊壯麗甚矣及遊蠟人院見拿翁帳中殮殊狀爲凄然於蓋世
雄也賦詩寫寄任弟》、《巴黎登汽球歌》、《巡覽全美還穿落機山頂放歌》、
《睹荷蘭京博物院制船型長歌》、《太平洋東岸南北米洲皆吾種舊地》等氣勢
恢宏的長篇海外詩，抑或是廖氏品質上乘的古巴紀事詩和《灣城竹枝詞》，
這些鮮明地體現著"詩界革命"的精神氣度與詩體革新方向的新詩篇，只是
充當了作爲時代思潮的詩界革命運動的餘續與尾聲，卻無法改變其走向消

_____

① 飲冰子《飲冰室詩話》，載於《新民叢報》第八十五號。

歇的歷史命運。

　　從 1903 年詩界革命運動高峰期攜帶一批"俗曲新唱"的新粵謳作品登上《新小説》"雜歌謠"專欄,在"詩界革命"主陣地奏響啓蒙與救亡的主旋律,成爲《新小説》第一詩人;到 1906 年詩界革命運動退潮期創作"以舊風格含新意境"的古巴時局紀事詩和域外風情竹枝詞,被梁啓超在《新民叢報》"飲冰室詩話"專欄全文裒録,譽其爲"詩史"和"地志"——身爲大清國駐美洲外交官的廖恩燾,以珠海夢餘生、外江佬、懺餘生、懺广等筆名幻化其身,在被清政府通緝的流亡海外的政治犯梁啓超依託近代報刊發起的新民救國運動和文學界革命中,充當了友情客串的角色。而這位"餘事爲詩人"的晚清外交官,憑藉其貢獻給 20 世紀初新詩壇的絶對數量不多、相對數量也不能算少的三個系列五十多篇詩歌作品,在以梁啓超爲主帥和精神領袖的詩界革命陣營扮演了他人不可替代的重要角色,洵爲詩界革命一驍將。時至今日,當我們不再以先入爲主的帶有這樣那樣偏見的文學史眼光系統考察晚清新派詩運動的創作實績及其做出的多方面的開拓性貢獻,當我們從原始報刊文獻史料出發重新勘察、篩選、描述與定位詩界革命詩人群及其不同階段、不同陣地、不同地域、不同體裁等諸多方面的代表詩人,當我們以客觀公允的歷史態度重寫中國近代文學史和詩歌史的時候,實在不該再遺漏掉被塵封了一個多世紀的新派詩人廖恩燾。

（作者單位：河南大學）

權力意志：清高宗乾隆帝
譏斥錢謙益詩文再議

嚴志雄

【摘　要】清高宗乾隆皇帝(1736—1795 在位)對批判明清易代之際文壇宗主錢謙益(牧齋,1582—1664)似乎有一種情結或執念,無所不用其極。檢《清實錄·高宗純皇帝實錄》,乾隆《御製詩集》、《文集》,乾隆二十六年至五十四年(1761—1789)之 28 年間,關涉牧齋者(包括直接因牧齋而發或提及牧齋者),至少有諭、令等 19 件,詩 12 題 15 首。前賢論乾隆之批判牧齋,切入點多在乾隆關於牧齋的諭旨及其種種政治舉措,此乃大關節大問題,固宜先攻破之,但筆者以爲,值得一併考論者,還有學者尚未注意到的乾隆所寫關於牧齋的古今體詩。有鑒於學者對乾隆的相關諭令著墨已多,成果豐碩,但全面探論乾隆相關詩作者尚未之見,本文擬另闢蹊徑,將探論的重心放置於乾隆的詩作,而輔之以乾隆的相關諭令,如此,或能更完整地瞭解乾隆帝譏斥牧齋的情實,並能進一步拓展此一研究課題的深度與廣度。

【關鍵詞】清高宗　錢謙益　批判　古今體詩　權力意志

一、前　　言

所謂"權力意志",尼采説,"即貪得無厭地要求顯示權力,或者,作爲創造性的本能來運用、行使權力,等等"①。

　　清高宗"十全老人"乾隆皇帝(1736—1795 在位)對批判明清易代之際文壇宗主錢謙益(牧齋,1582—1664)似乎有一種情結或執念(psychological complex),無所不用其極,此習明清文史者所熟知,論者已多,拙著 The Poet-historian Qian Qianyi (2009)一書中亦有專節討論②。近因研究所需,覆核乾隆批判牧齋詩文,發現往昔失檢者不少,慚愧之餘,撰爲本文,用補前之所闕,並嘗試進一步拓展此一研究課題的深度與廣度。

　　筆者在前著 The Poet-historian Qian Qianyi 一書中已比較詳細地探討過,除政治、道德批判及禁燬誹謗清朝、犯清諱的書籍的情況外,在乾隆持續批判牧齋的近三十年中,牧齋的厄運還須與其時乾隆施行的種種政教舉措一併考量,此中包括:給予明季殉節諸臣謚號、彙輯《四庫全書》、編纂明季《貳臣傳》、編製國初以來滿漢大臣表傳、建構"滿洲"身份及主體性等等,不一而足;此外,乾隆自命天下聖王及歷史、文化"大判官"的心態、其欲締構一種忠貞不貳的臣節觀、其暗中與牧齋較勁爭高下等心理因素,亦不容忽視③。探論乾隆批判牧齋的詩文,若能從此等方向展開論述,料能抉微探隱,洞悉其所以然。

　　至於前賢論乾隆之批判牧齋,切入點多在乾隆關於牧齋的諭令及其種種政治舉措,此乃大關節大問題,固宜先攻破之,但愚見以爲,值得一併考量者,還有學者尚未注意到的乾隆所寫關於牧齋的古今體詩。有鑒於學者

① 見弗里德里希·尼采著,張念東、凌素心譯:《權力意志——重估一切價值的嘗試》,北京:商務印書館 1991 年版,第 154 頁。
② Lawrence C. H. Yim, *The Poet-historian Qian Qianyi* (London & New York:Routledge,2009).
③ Yim, *The Poet-historian Qian Qianyi*, pp. 59–76. 此外,正如史家 Mark Elliott(歐立德)所言:"至乾隆登基之時,滿洲人正日益面臨著淪爲自己成功的犧牲品之危機。在與漢人生活的一個世紀中,高生活水準、輕率魯莽、自命不凡及不事生産的綜合影響正嚴重威脅著滿洲人,那些令人敬畏的、高素質的軍事菁英正在趨於變成一個寄生的、不再輝煌的勇士階層,而且,他們已經不再能用母語交流。因此,乾隆時期正是滿洲身分認同發生重大危機之時,清朝的未來懸而未決。"見歐立德(Mark C. Elliott)著,清石譯:《皇帝亦凡人:乾隆·世界史中的滿洲皇帝》,新北:八旗文化 2015 年版,第 102 頁。(Mark Elliott 此書原名 *Emperor Qianlong:Son of Heaven, Man of the World*,2010 年由 Pearson Education, Inc 出版,若依愚見,譯爲《乾隆皇帝:天子,亦世俗中人》可能比較準確、可讀。)面對八旗制度面臨瓦解、滿洲"涵化"(或"漢化")加快的危機,Elliott 指出,乾隆採取了兩項策略企圖化解之:"一個是強化八旗體制,另一個是促進滿洲民族意識的復興。乾隆以父親爲榜樣,不知疲倦地去維持和加強諸如勇猛、節儉及騎射技巧等滿洲的傳統和美德。他盡其所能地去保護滿洲特有的認同,包括推進滿語的使用、整理並編輯歷史資料、書寫讚美滿洲故土的詩歌、整編宗教禮儀及慶祝滿洲的尚武文化等。"見上揭書,第 112—114 頁。

對乾隆的相關諭令著墨已多,成果豐碩,但全面探論乾隆相關詩作者尚未之見,本文擬另闢蹊徑,將探論的重心放置於乾隆的詩作,而輔之以乾隆的相關諭令,如此,或能更完整地瞭解乾隆帝譏斥牧齋的情實①?

二、乾隆批判牧齋詩文年表

檢《清實錄·高宗純皇帝實錄》,乾隆《御製詩集》、《文集》,乾隆二十六年至五十四年(1761—1789)之 28 年間,關涉牧齋者(包括直接因牧齋而發或提及牧齋者),至少有諭、令等 19 件,詩 12 題 15 首。茲製年表如下,以便一窺全豹。(表內"内容"一欄中,用楷體者爲詩,用宋體字者,則相關諭令之標題或事由。同一年而有多件文獻者,依時間先後,用 ABC 等順序排列。)

年　　份	内　　　　容	階　　段
乾隆二十六年 （1761）	"沈德潛來京,進所選《國朝詩別裁集》,求爲題辭……披閲卷首,即冠以錢謙益。"	第一階段
乾隆三十年 （1765）	《反錢謙益淮陰侯廟詩即用其韻》 《題夏圭山水》 《歌風臺》	
乾隆三十四年 （1769）	A"錢謙益,本一有才無行之人。" B"錢謙益以故明大員,設使死節,則爲明之忠臣。" C"諭軍機大臣等,據永德奏稱,淮江省起獲王宬尊書舖玉詔堂《初學集》、《有學集》板片。" D"又諭:前經降旨,將錢謙益之《初學集》、《有學集》嚴行查禁。" E"軍機大臣等奏,查汲古閣刻《十三經》、《十七史》……等書,均有錢謙益序文。" F"軍機大臣等奏,查《續藏經》內,有錢謙益塔銘跋二種。"	第二階段

---

① 近者,張小李刊有《乾隆帝批判錢謙益的過程、動因及影響》一文,分別從"批判錢謙益是清帝加強文化專制的邏輯延伸"(清除明季遺民影響)、"確立本朝文學傳統"、"強化清人忠君觀念"等角度分析乾隆帝批判牧齋的原因,論述頗中肯。見氏著:《乾隆帝批判錢謙益的過程、動因及影響》,《故宮學刊》(北京:故宮博物院)(2013 年第 1 期),第 150—163 頁。又,張文臚列的、乾隆批判牧齋的諭旨與筆者檢得者數量及內容相同(見下文),筆者頗有同道之感,惜乎張文並未論及乾隆批判牧齋之詩作,而本文之作,正可補足這方面的欠缺。

續　表

年　　份	内　　　　　容	階　段
乾隆三十五年 （1770）	《觀錢謙益初學集因題句》	第二階段
乾隆三十六年 （1771）	《銅印詩（有序）》	
乾隆三十八年 （1773）	“其錢謙益所著《楞嚴蒙鈔》一種，亦據奏請燬徹。”	
乾隆四十年 （1775）	“命議予明季殉節諸臣謚典。”	第三階段
乾隆四十一年 （1776）	A“前因彙輯《四庫全書》，諭各省督撫，遍爲採訪。” B“前因沈德潛選輯《國朝詩別裁集》……有才無行之錢謙益居首，有乖千秋公論。……而沈德潛身故後，其門下士無識者流，又復潛行刷印，則大不可。” C“命國史館編列明季《貳臣傳》。”	
乾隆四十三年 （1778）	“命國史館以明季《貳臣傳》分甲乙二編。” 《全韻詩》（其三） 《寧遠祖氏石坊疊舊作韻二首》 《經呂翁山作》	
乾隆四十四年 （1779）	A“陶煊、張燦選刻《國朝詩的》，將錢謙益、屈大均等詩選入。” B“各省郡邑志書内，如有登載應銷各書名目，及悖妄著書人詩文者，請一概俱行剗削等語，所奏甚是。” 《五詞臣五首·故禮部尚書銜原侍郎沈德潛》	
乾隆四十六年 （1781）	A“國史之修，所以彰善癉惡，信今傳後。……如錢謙益、龔鼎孳、馮詮諸人，則列入（《貳臣傳》）乙編，以昭褒貶之公。……乃自開館以來，迄今十有七年，其所纂成進御之書，甚屬寥寥。” B“命館臣録存楊維楨《正統辨》。……（楊維楨）較之錢謙益託言不忘故君者，鄙倍尤甚。” 《宋端石綬帶硯歌》	
乾隆四十八年 （1783）	《經呂翁山疊戊戌舊作韻》 《寧遠祖氏石坊再疊舊作韻二首》	

續　表

年　份	内　　容	階　段
乾隆五十年（1785）	"此事舒常辦理太過。……外間所著詩文，果有如錢謙益、呂留良等，其本人及子孫，俱登膴仕，而狂吠不法者，自應搜查嚴辦。"	第三階段
乾隆五十二年（1787）	"前因熱河文津閣所貯《四庫全書》，朕偶加披閱。……此内閣若璩《尚書古文疏證》一書，有引李清、錢謙益諸說，未經删削。"	
乾隆五十四年（1789）	"朕閱國史館所進《貳臣傳》……所有《貳臣傳》甲乙編内，如馮銓、龔鼎孳、薛所蘊、錢謙益等者……不必立傳。若以伊等行爲醜穢，一經删削，其姓名轉不傳於後，得倖免將來之訾議，不妨僅爲立表。"	

三、乾隆批判牧齋詩文彙次

細閱以上所臚列乾隆二十六年至五十四年間之諸詩文，愚見以爲，可見乾隆之批判牧齋，前後歷經三個階段。本節旨在彙次、舉列相關文獻，以期具體呈顯乾隆批判牧齋之來龍去脈、修辭策略、目的。更詳盡的論析，請俟後二節。

下面叙論，先詩後文，並稍尋考其指歸。又，爲彰顯詩與文間之"互文性"（intertextuality），下文不嫌文煩，盡量展示乾隆之文字，其或累贅無味，不堪卒讀，但原文如此，無可奈何，幸讀者諒之。

第一階段，乾隆二十六至三〇年（1761—1765）：沈德潛所編《國朝詩別裁集》收入牧齋詩，引起乾隆注意及批評。

乾隆以下三詩均作於乾隆三十年（1765）。

反錢謙益淮陰侯廟詩即用其韻

<u>謙益詩云"豈知隆準如長頸"，夫信反跡已明，豈得謂高祖忌刻如句踐乎？是非倒置甚矣。無知者猶有以彼言爲當者，故不可不正之。</u>（此處及下文，凡是乾隆詩序、注及諭旨中涉及牧齋者，加底綫，以便考覽。）

家臣謀詐赦官徒，反跡寧同有莫須。陛下早知能將將，項王嘗見語

姁姁。(二句皆櫽括信語。)枉尋彼讒稱直尺,(謂謙益。)惡紫吾猶恐亂朱。
心事若殊陳代相,那尋遺廟奠傾盃。(謙益有"好爲英雄奠一盃"之句。)①

牧齋《題淮陰侯廟》原詩云:

　　淮水城南寄食徒,真王大將在斯須。豈知隆準如長頸,終見鷹揚
死雄姁。落日井陘旗尚赤,春風鍾室草常朱。東西塚墓今安在?好爲
英雄奠一盃。②

　　鳥盡弓藏,兔死狗烹,牧齋以此喻漢高祖與韓信事。《史記·越王句踐
世家》載范蠡遺大夫種書云:"蜚鳥盡,良弓藏;狡兔死,走狗烹。越王爲人
長頸鳥喙,可與共患難,不可與共樂。子何不去?"③又《淮陰侯列傳》云:
"上令武士縛信,載後車。信曰:'果若人言,"狡兔死,良狗亨;高鳥盡,良弓
藏;敵國破,謀臣亡。"天下已定,我固當亨!'上曰:'人告公反。'遂械繫信。
至雒陽,赦信罪,以爲淮陰侯。"④在乾隆看來,牧齋毫無識見,蓋韓信謀反之
跡昭彰,漢高祖不得不制縛之,非其刻薄寡恩如越王勾踐也。

歌　風　臺
　　歌風千載稱高臺,當年提劍起草萊。天下大定還過沛,置酒樂擬
登雲來。何事涕洒英雄血,遊子故鄉悲往轍。百二十人習和歌,止張
(去聲。)三日從茲別。復沛不已復豐鄉,雍齒之恨獨未忘。卓爾想見興
王慨,詎止霄漢雲飛揚。知人善任何與良,叔孫制禮明有方。方回何
獨爲(去聲。)信慨以慷?烏號之挽寧因鷖鳥藏。(信之反跡已明,不得謂高
祖寡恩,故反賀詩意並見近作《反錢謙益淮陰侯廟詩》。)⑤

---

① (清)清高宗御製,(清)蔣溥、于敏中等奉敕編:《御製詩集》,上海:上海古籍出版社1987年
　版,《四庫全書·集部·別集類》第1302—1311册,三集,卷四六,古今體一百一十四首(乙酉
　四),第2b—3a頁(總第41頁)。

② (清)錢謙益著,(清)錢曾箋注,錢仲聯標校:《牧齋初學集》,上海:上海古籍出版社1985年
　版,卷八,第252頁。

③ (漢)司馬遷著,(南朝宋)裴駰集解,(唐)司馬貞索隱,(唐)張守節正義:《史記·越王勾踐
　世家》,北京:中華書局1959年版,卷四一,第1746頁。

④ (漢)司馬遷:《史記·淮陰侯列傳》,卷九二,第2627頁。

⑤ (清)清高宗:《御製詩集》,三集,卷五○,古今體九十八首(乙酉八),第12a–b頁(總第105頁)。

乾隆此詩，乃步宋賀鑄（方回，1052—1125）《彭城三詠·歌風臺詞》韻之作。方詩云：

　　漢祖高風百尺臺，千年客土生蒿萊。何窮人事水東去，如故地形山四來。江淮猶沸鯨鯢血，八十一車枉歸轍。白叟逢迎皆故人，牢酒歡呼惜將別。崤澠迢遥非我鄉，死生此地何能忘。酒闌鳴築動雲物，青衿兒曹隨抑揚。爾時可無股肱良，端思猛士守四方。君不聞淮陰就縛何慨慷，解道鳥盡良弓藏。①

賀詩結聯承上“爾時可無股肱良，端思猛士守四方”而及漢高祖殺開國功臣如韓信之事，其運思，於傳統懷古、詠史詩中可謂司空見慣（牧齋上詩亦然），而乾隆持以反牧齋及方回詩之理據亦無非老生常談，不過爾爾。此數詩稍可觀者在於文辭，非其議論。

題夏圭山水（乾隆三十年，1765）

　　落落喬松遠遠山，人家多住綠筠間。展圖恰在維揚道，真境真情共往還。（其一）
　　山意雄渾水態潴，淋漓元氣卻安排。稼軒已自歸烏有，弄者誰知耕石齋。（見卷前錢謙益識語。）（其二）②

乾隆所詠之“夏圭山水”，今存，淡設色絹本，手卷，明清間瞿式耜（1590—1651）、冒襄（1611—1693）遞藏（乾隆詩末提及之“耕石齋”爲瞿式耜室名），最後入清內府③。卷末載瞿式耜後跋，云：“夏圭，字禹玉，係南

---

① （宋）賀鑄：《彭城三詠》，《慶湖遺老詩集》，上海：上海古籍出版社1987年版，《四庫全書·集部·別集類》第1123册，卷一，第4a–b頁（總第200頁）。
② （清）清高宗：《御製詩集》，三集，卷50，古今體九十八首（乙酉八），第3b頁。
③ 鑒藏印有：瞿式耜：“瞿稼軒收藏印”、“稼軒”；冒襄：“冒巢民老人七十歲寶彝染香樓閣書畫焚後收藏印記”、“辟疆園”；乾隆帝：“石渠寶笈”、“乾隆御覽之寶”、“石渠定鑒”、“重華宫鑒藏寶”、“乾隆鑒賞”、“三希堂精鑒璽”、“寶笈重編”、“宜子孫”（八璽全）；嘉慶帝：“嘉慶御覽之寶”；宣統帝：“宣統御覽之寶”。2003年，佳士得（Christie's）香港拍賣公司於香港拍賣會曾拍售此畫。參 *Fine Classical Chinese Paintings and Calligraphy*（Sunday 27 April 2003）（Hong Kong：Christie's，2003），no. 525，pp.158–163。香港中文大學文物館博士後研究員陳冠男博士代檢此條材料，謹此致謝。

宋御前畫院，與李唐、馬遠同輩，同著名於時，筆力遒勁，墨氣淋漓，亦與相類，蓋一時風尚然也。但禹玉真蹟，傳世頗少，而如此長卷，尤不易得。此卷邱壑幽奇，林泉深邃，屋宇橋杓，漁舠遊騎，佈置點綴，無纖微瑕纇，而一種氣韻生動鬱鬱蒼蒼，非精熟之至，得心應手者，一筆不敢效顰，洵禹玉生平絕作也。甲戌（崇禎七年，1634）長夏與家起邰，避暑東皋山莊，披覽及此，頓覺清風習習，襲我襟袖，喜而記之。稼軒主人，式耜。"①

乾隆《題夏圭山水》詩其二末聯後注云"見卷前錢謙益識語"，今畫上無之，頗疑卷前原有，而乾隆因厭惡牧齋其人，遂割去之。

瞿式耜，號稼軒，江蘇常熟人，牧齋同里老弟子。式耜乃南明永曆朝重臣，官拜兵部尚書，封臨桂伯。順治七年（1650），桂林城陷，式耜被俘，不久慷慨就義。式耜爲殘明竭力致死，其忠義之行傳頌人口，有"今之文信國"之隆譽②。乾隆於式耜歿後百餘載，賞玩式耜舊藏宋畫，怡然自樂之餘，不禁施其慣技，題詩畫上。詩尚可，形容不無生動處。

第二階段，乾隆三十四至三十八年（1769—1773）：乾隆以牧齋詩文"筆墨騰謗"，下令禁燬其書。

觀錢謙益《初學集》因題句（乾隆三十五年，1770）

平生談節義，兩姓事君王。進退都無據，文章那有光？真堪覆酒甕，屢見詠香囊。末路逃禪去，原爲孟八郎。（禪宗以不解真空妙有者爲孟八郎。）③

乾隆此詩，作"口號詩"之一例觀可也，無多聖哲，打油有餘，譏諷之意，一洩無遺。牧齋確喜於詩文談朝廷之安危、名士之節義，而在乾隆看來，此滿口節義之人，卻有"兩姓事君王"之事，言行不一，修辭不立其誠，更全無臣節。如此進退無據、大節有虧之人，根本已失，文章復何足觀哉！復由牧

---

① 瞿氏文字著錄部分，參見（清）王杰、董誥、阮元等編：《欽定石渠寶笈續編》，收入北京出版社編：《秘殿珠林石渠寶笈匯編》，北京：北京出版社 2004 年版，重華宮藏五，第 5 册，第1534 頁。

② 瞿式耜的最新近研究，可看范雅琇：《從虞山到桂林——瞿式耜殉國叙事之研究》，臺北：政治大學中國文學系碩士論文，2012 年。

③ （清）清高宗：《御製詩集》，三集，卷八七，古今體一百四十首（庚寅三），第 6a－b 頁（總第682 頁）。

齋之道德與夫文章而及其"詠香囊"，將其言情之作亦一併否定。最後抨擊牧齋另一生命面向，判其晚年"逃禪"，乃走投無路之舉，實於佛教之真諦無識①。

銅印詩(有序)(乾隆三十六年，1771)

　　定邊左副將軍成衮扎布奏進銅印一，云：巡卡台吉於額爾遜特斯地鄂博間得之。印方得三寸有十分寸之一，厚十分寸之五。三臺遞上，各減二分有半，上臺方二寸有十分寸之六。直紐：高寸有十分寸之七，縱寸有十分寸之三，橫十分寸之六，其末微斂，縱減分之二，橫半之。通印之高二寸有十分寸之七。重六十九兩。文曰："太尉之印。"蒙古篆，八疊文。覆首：右署"太尉之印"，左署"宣光元年十一月日中書禮部造"，凡十有七字，皆漢文。考之，則元昭宗嗣位及林時所鑄也。(昭宗即元順帝太子阿育師利達拉史，舊作愛猷識理達臘，今譯改，事詳詩注。)元太尉，官位尚書右丞相上，秩正一品，不常置。印制無考。宣光年號，史亦不載。乃今四百餘年，忽得此於新屯墢壤中，登之冊府。物之顯晦以時，誠有定數。且因此而得考北元之紀年、官制，不終湮沒無傳，足以補正史之闕，蓋亦有莫之爲而爲者乎？因叙其事，而系以詩。

　　厄魯久蕩平，屯田闢耕畷。掘土得銅印，將軍呈京闕。文曰太尉印，宣光年頒發。正史雖無考，彝尊(朱。)集可掇。其書高麗後，昭宗年號揭。(《高麗史》載：元順帝子嗣立，徙和林，遣使至高麗，行宣光年號，國人不允。尋復告紀年天元，辛禑遣人往賀。立十一年而殂，諡曰昭宗，云云。見朱彝尊集《書高麗史後》。)數百歲月湮，隱現有時節。北元國未亡，南宋難同列。(元自順帝出居應昌，即稱北元，傳及昭宗，紀年、命官、典章猶備，視宋末二王之流離海島者，不可同日而語。乃《宋史》於昺、昰，具載年號，而《元史》則順帝北遷以後，即不復書其世系，偏袒不公，殊乖信史，向於《通鑑輯覽》曾論定之。)南人率左袒，正論誰衷折。謙益(錢。)瀛國公，其事益瞽説。(明宗北狩，過阿爾斯蘭地，納霍勒祿魯氏，生順帝，史文甚明。及文宗下詔，謂順帝非明宗子，本嫉怨搆誣之辭，風影無據。錢謙益遂謂順帝爲瀛國公子，明宗乞養之，并攜其母以歸，詭誕不經，顯與史戾。紀載家任情毀譽，大都不足深信。似此逞私肆詆，則悖妄尤甚。然謙益大節已隳，其人不足齒於人類，其邪説更安足論乎？)②

① 詳參拙著：《錢謙益〈病榻消寒雜咏〉論釋》，臺北：聯經出版事業股份有限公司 2002 年版，第 3—8 頁。
② (清)清高宗：《御製詩集》，三集，卷九四，古今體一百三十七首(辛卯二)，第 1b—3a 頁(總第 800—801 頁)。

元惠宗(順帝)至正二十八年(1368)閏七月,明大軍壓境,惠宗棄大都北奔,退回蒙古草原,以其地處塞北,史稱"北元"。至正三十年(洪武三年,1370),惠宗於應昌駕崩,皇太子愛猷識理答臘即位,次年改元宣光。北元共傳七帝,享祚三十五年。

惠宗身世,撲朔迷離。元末明初人權衡《庚申外史》載:"宋恭帝降元,封瀛國公,居漠北,生一子,元周王和世瓎(即後明宗)收爲己子,此即惠宗之出身。"①明初以降,此説風行,幾成定論,牧齋非其始作俑者。乾隆對牧齋的批評有欠公允。夷究其實,牧齋《書瀛國公事實》一文所堪注意者②,非乾隆所謂其"謙益瀛國公"之説(意謂牧齋主元惠宗實爲瀛國公之子),而在其排比材料之特色——牧齋於此展露了"詩史互證"的方法。牧齋取程敏政(克勤,1445—1499)《宋遺民録》載洪武間人余應所詠相關史事之《合尊大師》一詩及明初以來諸家載記,相互鋪陳叙論,別出心裁,結撰成一元惠宗"詩史"。

現代學者已辨明,"抱養"之説,野史無稽之談耳③。此乃後世史家佔有更多材料以後所作之考論,可謂後出轉精。牧齋於文末云:"余得《庚申大事記》(按:即《庚申外史》),以余應之詩疏通證明,然後知信以傳信,可備著國史,不當以稗官瑣録例之也。《元史》潦草卒業,實本朝未成之書。"④今天看來,牧齋此一結論未免武斷。而乾隆之據以駁斥牧齋之"瞽説"者,僅《元史》所載"明宗北狩,過阿爾斯蘭地,納霍勒禄魯氏,生順帝"數語,乾隆謂"史文甚明",只此孤證而已,比牧齋更爲武斷;至其謂"文宗下詔,謂順帝非明宗子,本嫉怨搆誣之辭,風影無據",並無辨證,大言欺人耳。至於乾隆末云:"然謙益大節已隳,其人不足齒於人類,其邪説更安足論乎?"此數語大類其於乾隆三十四年批評牧齋之諭中語:"錢謙益本一有才無行之人,在前明時,身躋膴仕,及本朝定鼎之初,率先投順,洊陟列卿,大節有虧,實不足齒於人類。"(1769A)⑤乾隆之詩注,顯係再挪用道德、政治批判的力量

① (明)權衡:《庚申外史》,臺南:莊嚴文化事業有限公司1996年版,《四庫全書存目叢書·史部·雜史類》第45册,蘇州市圖書館藏明鈔本影印本,卷上,第9b—10a頁(總第221頁)。

② 牧齋文見(清)錢謙益:《牧齋初學集》,卷二五,第794—796頁。

③ 可參任崇岳:《元順帝與宋恭帝關係考辨》,《民族研究》(1989年第2期),第41—47頁。

④ (清)錢謙益:《牧齋初學集》,卷二五,第796頁。

⑤ 清實録館纂修:《清實録·高宗純皇帝實録》,北京:中華書局1986年版,卷八三六,乾隆三十四年六月上,第153頁。

以杜絕異議並"因人廢言"也①。

第三階段，乾隆四十至五十四年（1775—1789）：牧齋成爲乾隆核定明季殉節諸臣及釐訂"貳臣"甲乙二編的參照系。

全韻詩（其三）（乾隆四十三年，1778）
世祖平定天下

帝后追葬有禮，（順治元年五月，王師平定燕京，以禮葬明崇禎帝后及妃袁氏兩公主，並熹宗后張氏、神宗妃劉氏，仍造陵墓如制。）公卿賜諡無淆。（十年六月，賜諡明末殉節之大學士范景文等二十人，仍于本籍給田致祭，追錄勝國遺忠易名，褒闡實亘古曠典。）樵採護其林木，莫陳予以蕙肴。試考歷來勝國，誰能似此荒包？推而行之或待，丙申德音孔膠。（丙申春，以世祖章皇帝時表章崇禎末死事諸臣，僅據傳聞，未暇遍爲搜訪。迨久而遺事漸彰，《明史》所載，按籍可考。若史可法之力支殘局，矢死全忠；劉宗周、黃道周之謇諤立朝，臨危授命，均足稱一代完人。其他或死守城池，或身殞行陣，與夫俘擒駢僇，視死如歸，若而人者，皆無愧疾風勁草，即自盡以全名節，亦並可矜憐。又如福王之倉猝偏安，唐、桂二王之流離竄迹，已不得成其爲國，而其臣茹苦相依，捨生取義，各能忠於所事，亦豈可令其湮没？又如我太祖薩爾滸之捷，明良將若劉綎、杜松等，皆歿於陣，其時抗我顏行，自當獮薙，至今迹其竭忠効命，未嘗不爲嘉憫。又若明社將移，孫承宗、盧象昇等之抵拒王師，身膏原野，周遇吉、蔡懋德、孫傳庭等，以闖獻蹂躪，禦賊亡身，凛凛猶有生氣。總由明政不綱，權奸接踵，遂致黑白混淆，忠良泯滅，每爲撋掔不平。福王時雖間有追諡之人，而去取未公，亦無足爲重。予惟以大公至正爲衡，若錢謙益之自詡清流，覥顏降附，及金堡、屈大均輩之倖生畏死，詭託緇流，均屬喪心無耻，自當嚴《春秋》斧鉞之誅。而明季盡節諸臣，爲國抒忠，宜加優獎，準情理而公好惡，即以示彰癉，而植綱常。因命大學士九卿等集議，徵考姓名，仍其故

---

① 平情而論，乾隆此詩及注還是展現了若干卓見的。北元歷史，記載甚稀，今天我們對它的認識，幸賴傳世及近年出土北元文物獲得些許信息。此等文物分布在雲南、漠北及朝鮮，包括經卷、碑刻、題記、塔磚、官印、文書。迄今發現三方北元官印，分別鑄於宣光元年、五年、天元五年，其中之宣光元年官印即乾隆《銅印詩》所詠者，出土最早。乾隆得觀此印，即敏銳地指出"因此而得考北元之紀年、官制，不終湮没無傳，足以補正史之闕"，確爲卓識。關於北元出土文物及其歷史價值，可參黃德榮：《雲南發現的北元宣光紀年文物及相關問題》，《廣西民族大學學報》（2009年7月號），第111—116頁。又如乾隆認爲北元自順帝傳及昭宗，"紀年、命官、典章猶備，視宋末二王之流離海島者，不可同日而語"，而《元史》於順帝北遷以後，即不復書其世系，"偏袒不公，殊乖信史"，其對《元史》之批評亦不無道理。

官,予以謚號,一如世祖時例。議上。予專謚者二十六人,通謚忠烈者一百十二人,通謚忠節者一百九人,通謚烈愍者五百七十六人,通謚節愍者八百四十三人,並各節叙事實,輯爲《勝朝殉節諸臣録》刊行,以垂不朽,此惟遠紹祖德,而所録幾多至百倍,有若當時留待此日之推行云爾。)[1]

此詩應與乾隆四十年(1775)一諭對讀:

命議予明季殉節諸臣謚典。諭:崇獎忠貞,所以風勵臣節。然自昔累朝嬗代,於勝國死事之臣,罕有録予易名者。惟我世祖章皇帝定鼎之初,於崇禎末殉難之大學士范景文等二十人,特恩賜謚。仰見聖度如天,軫恤遺忠,實爲亘古曠典。第當時僅徵据傳聞,未暇遍爲搜訪,故得邀表章者,止有此數。迨久而遺事漸彰,復經論定,今《明史》所載,可按而知也。至若史可法之支撐殘局,力矢孤忠,終蹈一死以殉;又如劉宗周、黄道周等之立朝謇諤,抵觸僉壬,及遭際時艱,臨危授命,均足稱一代完人,爲褒揚所當及。其他或死守城池,或身殉行陣,與夫俘擒駢僇,視死如歸者,爾時王旅徂征,自不得不申法令以明順逆,而事後平情而論,若而人者,皆無愧於疾風勁草,即自盡以全名節,其心亦並可矜憐。雖福王不過倉猝偏安,唐、桂二王,并且流離竄跡,已不復成其爲國,而諸人茹苦相從,舍生取義,各能忠於所事,亦豈可令其湮没不彰?自宜稽考史書,一體旌謚。其或諸生韋布,及不知姓名之流,並能慷慨輕生者,議謚固難於概及,亦當令俎豆其鄉,以昭軫慰。嘗恭讀我太祖《實録》,載薩爾滸之戰,明楊鎬等,集兵二十萬,四路分出,侵我興京。我太祖、太宗,及貝勒大臣等,統勁旅數千,殲戮明兵過半,一時良將,如劉綎、杜松等,皆殁於陣。近曾親製書事一篇,用揚祖烈而示傳信。惟時王業肇基,其抗我顔行者,原當多爲獮薙,然跡其冒鏑攖鋒,竭忠効命,未嘗不爲嘉憫。又若明社將移,孫承宗、盧象昇等之抵拒王師,身膏原野;而周遇吉、蔡懋德、孫傳廷等,以闖獻蹂躪,禦賊亡身,凛凛猶有生氣。總由明政不綱,自萬曆以至崇禎,權奸接踵,閹豎橫行,遂致黑白混淆,忠良泯滅,每爲之搤擘不平。福王時,雖間有追謚之人,而去取未公,亦無足爲重。朕惟以大公至正爲衡,凡

---

[1] (清)清高宗:《御製詩集》,四集,卷四八,全韻詩下平聲十五首(戊戌四),第4b—5b頁(總第131頁)。

明季盡節諸臣，既能爲國抒忠，優獎實同一視。至錢謙益之自詡清流，
靦顏降附，及金堡、屈大均輩之倖生畏死，詭託緇流，均屬喪心無耻。
若輩果能死節，則今日亦當在予旌之列，乃既不能捨命，而猶假語言文
字，以圖自飾其偷生，是必當明斥其進退無據之非，以隱殄其冥漠不靈
之魄。一褒一貶，袞鉞昭然，使天下萬世，共知予準情理而公好惡，以
是植綱常，即以是示彰癉。凡諸臣事蹟之具於《明史》，及《通鑑輯覽》
者，宜各徵考姓名，仍其故官，予以謚號，一準世祖時例行。其令大學
士、九卿、京堂、翰詹科道、集議以聞。①

乾隆朝中葉以後，清廷展開一系列修史事業，其中至少有二項與明清
易鼎之際的歷史直接相關，即：給予明季殉節諸臣謚號及編纂明季《貳臣
傳》。被壓抑了百多年的歷史，終於可以筆之於文，公之於世。②

在上録乾隆四十年的《命議予明季殉節諸臣謚典》一諭中，乾隆羅列了
各類應考慮賜予謚號的"勝國死事之臣"。在諭文後段，牧齋赫然以反面人
物的代表出現。乾隆給予牧齋的評價毫不含糊："自詡清流，靦顏降附"、
"喪心無耻"；尤有進者，牧齋"既不能捨命，而猶假語言文字，以圖自飾其偷
生，是必當明斥其進退無據之非，以隱殄其冥漠不靈之魄"。

乾隆四十三年，乾隆創作《全韻詩》，内有《世祖平定天下》一首③。此
首詠順治帝之入主中土。乾隆歌其功頌其德，表其禮葬前明帝之后妃、公
主等，又賜予明末殉節諸臣謚號，"褒闡實亘古曠典"，云云。於此語境中，
乾隆四十年《命議予明季殉節諸臣謚典》一諭之文字再派用場，被逐録於詩
句後，用爲詩注，而乾隆對牧齋之"斧鉞之誅"，亦同時再次重申、強調。

寧遠祖氏石坊疊舊作韻二首（乾隆四十三年，1778）

翠華迤邐度秋朝，祖氏石坊復見遥。雖是貳臣背明國，卻成世族
事清朝。（昨命國史館以明臣降附本朝者，列爲《貳臣傳》，幷視其歷著勳績，忠於

---

① 清實録館纂修：《清實録·高宗純皇帝實録》，卷九九六，乾隆四十年十一月上，第 317—318 頁。
② 關於乾隆對南明歷史的處理，可參何冠彪：《清高宗對南明歷史地位的處理》，《新史學》第 7 卷
　第 1 期（1996 年 3 月），第 1—27 頁。
③《全韻詩》者，乾隆詠史之系列詩作，凡 106 首，遍用全部詩韻，故稱。《全韻詩》所詠上起唐堯，
　直至清世，乾隆以之傳達其歷史政治觀。參喬治忠、崔岩：《韻文述史　審視百代——論清高宗
　的咏史〈全韻詩〉》，《文史哲》（2006 年第 6 期），第 69—74 頁。

我朝如洪承疇等，爲甲編，<u>其進退無據，不齒於人</u>，如錢謙益，爲乙編，以示褒貶。若祖大壽，雖由明總兵來降，有負勝國，然在本朝，則功績茂著，其子孫並爲世臣，正宜列之甲編者也。)（其一）

　　崇煥遭繯入獄朝，率兵獨跳去而遥。弗追弗罪仍爲守，足識陵夷笑勝朝。(祖大壽聞我軍進薄燕京，同袁崇煥入援，及我太宗用計，明帝不察，竟磔崇煥於市。大壽驚懼，率兵徑歸，其叛跡已著，而明帝聞之，既不追回，又不加罪，大壽亦仍爲明守錦州。且既已納款我朝，及縱歸，復懷觀望，反覆無常，直待勢窮援絶，始決計來降。其故誠不可解，而明人委邊事於叛臣，明政之陵夷，即此可見矣。)（其二）①

寧遠祖氏石坊再疊舊作韻二首(乾隆四十八年，1783)

　　明綱值夕不謀朝，天命人心去已遥。大壽屢招降乃就，(天聰三年，太宗親統大軍征明，寧遠巡撫袁崇煥、錦州總兵祖大壽赴援。我太宗用計間之，明帝不察，竟磔崇煥於市。大壽驚懼，率兵徑歸，仍爲明守錦州。明帝既不追回，又不加罪。至天聰五年秋，太宗統兵圍大凌河，明兵四萬自錦州來援，我軍進擊，大破之，生擒監軍道張春等。十月大凌壘中糧絶，祖大壽始舉城降，夜至御營輸款，尋縱歸錦州。大壽復叛，與我兵相拒。太宗復遣鄭親王濟爾哈朗等統軍，更番圍錦州。至崇德七年三月，大壽糧盡援絶，戰守計窮，又聞松山已失，乃率衆官詣軍門降，遂克錦州。計其屢懷觀望，實爲反覆無定。而其初志，尚依戀勝國，猶一端之可節取者耳。)嘉其初尚戀朱朝。（其一）

　　寧遠重征值此朝，因之詠古羃思遥。貳臣傳復分甲乙，用訓人毋事兩朝。(前曾敕國史館，以明臣降附本朝者，編列《貳臣傳》，以爲人臣身事兩朝者戒。其中復示區別，如洪承疇等，著有勳績，盡力本朝者，爲甲編；<u>其進退無據，不齒於人，如錢謙益輩</u>，爲乙編。若祖大壽，雖大節已虧，有負勝國，而於我朝功績茂著，子孫世禄，仍予列之甲編云。)（其二）②

　　祖大壽（？—1656），字復宇，遼東寧遠（今遼寧興城）人，吳三桂舅。崇禎元年（1628），祖大壽守寧遠，獲"寧遠大捷"，擢爲前鋒總兵官，駐錦州。後隨袁崇煥入關保衛京城。而崇禎中皇太極反間計，袁崇煥下獄。祖大壽懼，毁山海關逃出。崇禎四年（1631）大凌河之戰，祖大壽糧盡援絶，詐降，

---

① （清）清高宗：《御製詩集》，四集，卷五二，古今體六十二首（戊戌八），第 16b—17a 頁（總第198 頁）。

② （清）清高宗《御製詩集》，四集，卷一〇〇，古今體八十一首（癸卯八），第 24b—25b 頁（總第910 頁）。

後逃至錦州城。清屢次招降，不從。崇禎十四年（1641）松錦大戰，援軍洪承疇兵敗，錦州解困徹底無望，祖大壽乃率部降清。後從龍入關，順治十三年（1656）歿於北京①。

乾隆所詠之祖氏石坊位於寧遠衛，即所謂"祖家牌樓"，一爲祖大壽樓，一爲祖大樂樓。祖大壽樓建於明崇禎四年，高可十餘丈，上層內外匾皆大書"玉音"二字，第二層前刻"元勳初錫"，後刻"登壇駿烈"②，爲明室爲表彰祖氏功勳所頒賜者。

經呂翁山作（乾隆四十三年，1778）

我太宗皇帝擒洪承疇處也，見皇祖詩中，而《通志》訛爲呂洪山。兹經過其處，命更正之。爾時武烈，已見於《全韻詩》中松山、杏山之作。特以洪承疇被擒於此，復以其事詠之。

袞衣經略屢更人，足識君無定見真。莫怪生降背厥義，要知能養在乎仁。（太宗每得降人，皆厚撫之，使各得其所。洪承疇既降，送至盛京，即授顯秩，推誠待之，故感而思報。）明亡緣自生多議，國史應爲列貳臣。（洪承疇在明代，身膺閫寄，一旦力屈俘降，歷躋顯要。律以有死無二之義，固不能爲之諱。然其後宣力東南，頗樹勞伐，雖不克終於勝國，實能効忠於本朝。豈可與錢謙益輩之進退無據，不齒於人者，漫無區別？因命國史館總裁，於《貳臣傳》分爲甲乙二編，俾優者瑕瑜不揜，劣者斧鉞凜然，以示傳信，而彰公道。）然亦其間具優劣，更教甲乙等差陳。③

經呂翁山疊戊戌舊作韻（乾隆四十八年，1783）

明似承疇者幾人，生降其國兆亡真。固緣靦面不知恥，亦以開心大布仁。遼左馳驅從聖主，江南經略果能臣。（洪承疇，在勝國身膺閫寄，一旦力屈俘降，固於臣節有虧，亦由我太宗推誠布德，能得人之心，是以承疇感激圖報。其馳驅遼瀋，宣力東南，頗樹勞伐，雖不克終於明季，實能効用於本朝，非如錢謙益輩進退無據者比也。）金陵縛致道周（黃。）日，無奈稜稜事說陳。（承疇

---

① 事詳趙爾巽等著：《清史稿·祖大壽傳》，北京：中華書局1976年版，卷二三四，第9419—9429頁。
② 參見金景善：《祖氏兩牌樓記》，《燕轅直指》，載於《燕行錄全集》第71冊，首爾：東國大學校出版部2001年版，卷二，第66—68頁。
③ （清）清高宗：《御製詩集》，四集，卷五二，古今體六十二首（戊戌八），第18a—19a頁（總第199頁）。

既投誠本朝,明人訛傳爲陣亡,優恤備至。後黄道周被執至金陵時,承疇經略江南,以道周同鄉,遣人慰問。道周言"先帝因洪經略已死,優賜祭葬,舉國皆知,今安得復有洪經略"云云。詞氣激昂慷慨,聞者感動,承疇爲之慙沮。承疇、道周者,皆閩人,漳浦蔡聞之先生嘗言其鄉事最悉。)①

洪承疇(1593—1665),字彦演,號亨九,福建泉州南安英都人。萬曆四十四年(1616)進士,累官至陝西布政使參政,崇禎時官至兵部尚書、薊遼總督。吕翁山在錦縣松山附近。崇禎十五年(1642),清八旗破洪承疇軍於松山,遂盡得遼西之地。松錦大戰,洪承疇戰敗被俘,後降清爲漢人大學士。順治元年(1644)四月,隨清軍入關。抵京後以太子太保、兵部尚書兼右副都御史銜,列内院佐理機務。十年(1653),受命經略湖廣、廣東、廣西、雲南、貴州等地,總督軍務兼理糧餉。十六年(1659),督清軍攻佔雲南後返京。十八年(1661),自請致仕。康熙四年(1665)逝世,謚文襄。②

與上四題詩直接相關者,爲乾隆四十三年(1778)之諭:

> 命國史館以明季《貳臣傳》分甲乙二編。諭:我國家開剙之初,明季諸臣,望風歸附者多,雖皆臣事興朝,究有虧於大節,自不當與范文程諸人,略無區別。因命國史館,以明臣之降順者,另立《貳臣傳》,據實直書,用彰公是。兹念諸人立朝事蹟,既不相同,而品之賢否邪正,亦判然各異,豈可不爲之分辨淄澠? 如洪承疇在明代,身膺閫寄;李永芳曾乘障守邊,一旦力屈俘降,歷躋顯要,律以有死無貳之義,固不能爲之諱,然其後洪承疇宣力東南,頗樹勞伐,李永芳亦屢立戰功,勳績並爲昭著,雖不克終於勝國,實能効忠於本朝。昔戰國豫讓,初事范中行,後事智伯,卒伸國士之報。後之人,無不諒其心而稱其義。則於洪承疇等,又何深譏焉? <u>至如錢謙益,行素不端,及明祚既移,率先歸命,乃敢於詩文陰行詆毁,是爲進退無據,非復人類;又如龔鼎孳,曾降闖賊,受其僞職,旋更投順本朝,並爲清流所不齒,而其再仕以後,惟務覥顔持禄,毫無事蹟足稱,若與洪承疇等同列《貳臣傳》,不示等差,又何以昭彰癉? 著交國史館總裁,於應入《貳臣傳》諸人,詳加考覈,分爲甲</u>

---

① (清)清高宗:《御製詩集》,四集,卷一〇〇,古今體八十一首(癸卯八),第22b—23a頁(總第909頁)。
② 事詳趙爾巽等著:《清史稿·洪承疇傳》,卷二三七,第9465—9475頁。

乙二編，俾優者瑕瑜不掩，劣者斧鉞凜然，於以傳信簡編，而待天下後世之公論，庶有合於《春秋》之義焉。然朕所以爲此言者，非獨爲臣子勵名教而植綱常，實欲爲君者，當念苞桑而保宗社。蓋此諸人，未嘗無有用之才，誠使明之守成者，能慎持神器而弗失，則若而人，皆足任心膂股肱，祖業於是延，人才即於是萃。故有善守之主，必無二姓之臣。所以致有二姓之臣者，非其臣之過，皆其君之過也。崇禎臨終之言，不亦舛乎！①

乾隆四十三年，乾隆東巡龍興之地盛京，恭謁祖陵；四十八年，盛京庋藏《四庫全書》之文淵閣落成，乾隆再度東巡，同時祭奠先祖三陵。乾隆於滿清崛起之地撫今追昔，攄懷舊之蓄念，發思古之幽情，賦詠曾與先祖戰鬥於遼瀋大地之明朝總兵祖太壽、總督洪承疇，並對二人“雖是貳臣背明國，卻成世族事清朝”之功過給予評價。乾隆此六詩，可能是一時有感而發之作，但其背後的評價綱領其實早已胸有成竹，蓋乾隆四十三年，乾隆有《命國史館以明季〈貳臣傳〉分甲乙二編》一諭，早於諸詩之作。此諭部分文字，直接出現在詠祖大壽、洪承疇詩的注文中。

在上述《全韻詩》中，牧齋是做爲“勝國死事之臣”的反面人物代表而被論及的。在詠祖大壽、洪承疇六詩中，牧齋是乾隆釐定何等人物可入《貳臣傳》甲編、何等人物該貶入乙編的參照系。在乾隆的操作、“定性”下，牧齋在清代官史的話語系統中成爲既不忠於明室又不忠於清朝的典型負面人物；“自詡清流，靦顏降附”、“進退無據，不齒於人”乃乾隆給予牧齋的判詞，乾隆大書特書之，反覆使用之，樂此不疲。而究其實，明清改朝換代，仕二姓之臣多的是，爲何乾隆如此在意、憎惡牧齋？在上引二諭中，乾隆已透露了箇中玄機——牧齋“既不能捨命，而猶假語言文字，以圖自飾其偷生，是必當明斥其進退無據之非，以隱殛其冥漠不靈之魄”；“行素不端，及明祚既移，率先歸命，乃敢於詩文陰行詆毀，是爲進退無據，非復人類”。從此看來，牧齋之所以成爲乾隆眼中極惡不赦、喪心無恥之徒，不在於他的政治行爲（類似牧齋者大有人在，甚至可以説，牧齋的作爲，在其時的歷史形勢中，根本無足輕重），而在於他的“語言文字”、“詩文”。乾隆之舉措，從側面佐證了一個事實——牧齋的詩文具有異於尋常的力量。

其他不屬上述三個系統的，尚有二詩。

---

① 清實錄館纂修：《清實錄·高宗純皇帝實錄》，卷一〇五一，乾隆四十三年二月下，第50—51頁。

五詞臣五首·故禮部尚書銜原侍郎沈德潛(乾隆四十四年,1779)

　　沈德潛與錢陳羣,余嘗稱爲江浙二老。施恩則同,而守分承恩,則沈不逮錢遠甚。德潛吳中諸生,久困場屋。乾隆戊午舉於鄉,年已七十。其成進士、選詞林,皆由物色而得之。授職甫三年,即擢至詹事,再遷禮部侍郎,命在尚書房授諸皇子讀。戊辰秋,引年乞休,准致仕。瀕行,呈所作《歸愚集》籲賜序文。德潛早以詩鳴,非時輩所能及。余耳其名已久,頻年與之論詩,名實信相副,笑俞所請。因云非常之人,然後有非常之遇。德潛受非常之知,而其詩亦今世之非常者,故以非常之例序之,蓋異數也。辛未南巡,命在籍食俸。丁丑,加禮部尚書銜。乙酉,賜其孫維熙爲舉人。嗣復時予存問,冀躋百齡。尋以己丑秋卒於家,聞而贈階優恤,以示軫惜,并入祀鄉賢祠。生前身後,寵榮至矣。顧其辛巳來京,以選刻《國朝詩別裁集》乞序。閱之,則以錢謙益輩爲本朝之冠。其人皆士類所不齒,德潛首列之,離忠孝而言詩,乖於正道。其他序次,亦多蹉誤。意德潛耄荒,或其門下士依草附木者流所爲,而德潛未及檢。因命内廷翰林重爲精校,以定去留,并序示大義而還之,猶包容不加責也。戊戌秋,徐述夔逆詞案發。沈德潛曾爲作傳,稱其品行文章皆可法,直視悖逆詩句爲泛常,轉欲爲之記述流傳,則良心澌滅盡矣。使其身尚在,獲罪不小。雖已死,亦不可竟置不論。因下廷臣議。僉云:應削奪所有階銜祠諡,并仆其墓碑,以爲衆戒。並從之。今作懷舊詩,仍列詞臣之末,用示彰癉之公,且知余不負德潛,而德潛實負余也。

　　東南稱二老,曰錢沈則繼。並以受恩眷,佳話藝林志。而實有優劣,沈蹉錢爲粹。錢已見前詠,茲特言沈事。其選國朝詩,説項乖大義。(錢謙益品本不端,且以明季大臣降順本朝,復膺顯秩,而又陰爲誹刺,進退無據,實不足比於人類。德潛取爲國朝詩之冠,竟不論其名節有虧,妄加評許,昧於忠孝大義,尚何足以言詩?詳見向所作《〈國朝詩別裁集〉序》。)制序正厥失,然亦無訶厲。仍予飾終恩,原無責備意。昨秋徐(述夔。)案發,潛乃爲傳記。忘國庇逆臣,其罪實不細。用是追前恩,削奪從公議。彼豈魏徵比,仆碑復何日。(叶。)蓋因耄而荒,未免貪小利。(徐述夔家饒於貲,德潛爲之作傳,不過圖其潤筆,貪小利而諛大逆,不知有耻,并不知畏法矣。)設曰有心爲,吾知其未必。(叶。)其子非己出,紈袴甘廢棄。(德潛無子,其嗣子種松,不知何所來。人甚不肖,狎邪作惡,曾命該撫就近約束之,幸而未致生事抵罪。而德潛末年所得諛墓財,皆被其蕩費罄盡。娶妾至多,養子至十四人。其視德潛賜舉人者,不久即夭,其餘無一成材者,實德潛忘良負恩之報也。)孫至十四人,而皆無書味。天網有明報,地下應深媿。可惜徒工詩,行闕信何濟?①

────────────────

① (清)清高宗:《御製詩集》,四集,卷五九,古今體三十七首(己亥五),第 8a—10b 頁(總第 198 頁)。

關於沈德潛《國朝詩別裁集》事，乾隆二十六年（1761）先有一諭：

　　諭軍機大臣等：沈德潛來京，進所選《國朝詩別裁集》求爲題辭，披閱卷首，即冠以錢謙益。伊在前明，曾任大僚，復仕國朝，人品尚何足論？即以詩言，任其還之明末可耳，何得引爲開代詩人之首！又如慎郡王，以親藩貴介，乃直書其名，至爲非體。更有錢名世，在雍正年間，獲罪名教，亦行入選。甚至所選詩人中，其名兩字，俱與朕名同音者，雖另易他字，豈臣子之誼所安？且其間小傳評注，俱多紕謬。沈德潛身既老憒，而其子弟及依草附木之人，慫恿爲此，斷不可爲學詩者訓。朕顧可輕弁一辭乎？已命内廷翰林，逐一檢删，爲之別白正定矣。至朕自來加恩於沈德潛者，特因其暮年晚遇，人亦謹愿無他。是以令其在家食俸，加晉頭銜，以示優恤，然莊有恭前任蘇撫時，曾奏及伊子不知安分，時爲規戒，俾不至多事，累及伊父。此正莊有恭存心公正，所以保全沈德潛者不少。現在詩選刻已數年，陳宏謀則近屬同城，尹繼善雖駐江寧，亦斷無不行送閱者。使能留心如莊有恭，據理規正，不但此集早知檢點，即其子弟等群知約束，安靜居鄉，其所裨於沈德潛者，豈淺鮮耶？陳宏謀無足論，而尹繼善佯爲不知之錮習，雖朕屢經諄諭，尚執而不化耳！著將此傳諭尹繼善、陳宏謀，令其知所省改。①

乾隆《沈德潛選〈國朝詩別裁集〉序》云：

　　沈德潛選國朝人詩而求序，以光其集。德潛老矣，且以詩文受特達之知，所請宜無不允。因進其書而粗觀之，列前茅者，則錢謙益諸人也。不求朕序，朕可以不問，既求朕序，則千秋之公論繫焉，是不可以不辨。夫居本朝，而妄思前明者，亂民也，有國法存。至身爲明朝達官，而甘心復事本朝者，雖一時權宜，草昧締構所不廢，要知其人，則非人類也。其詩自在，聽之可也，選以冠本朝諸人，則不可，在德潛，則尤不可。且詩者何？忠孝而已耳。離忠孝而言詩，吾不知其爲詩也。謙益諸人，爲忠乎？爲孝乎？德潛宜深知此義。今之所選，非其宿昔言

① 清實録館纂修：《清實録·高宗純皇帝實録》，卷六四八，乾隆二十六年十一月上，第251—252頁。

詩之道也。豈其老而耄荒,子又不克家,門下士依草附木者流,無達大義、具巨眼人捉刀所爲,德潛不及細檢乎? 此書出,則德潛一生讀書之名壞,朕方爲德潛惜之,何能阿所好而爲之序? 又錢名世者,皇考所謂名教罪人,是更不宜入選。而慎郡王,則朕之叔父也。雖諸王自奏,及朝廷章疏署名,此乃國家典制。然平時朕尚不忍名之,德潛本朝臣子,豈宜直書其名? 至於世次前後倒置者,益不可枚舉。因命內廷翰林,爲之精校去留,俾重鋟板,以行於世,所以栽培成就德潛也,所以終從德潛之請,而爲之序也。①

逮乾隆三十四年,乾隆查處牧齋遺著最烈時,復有此諭:

> 又諭: 前經降旨,將錢謙益之《初學集》、《有學集》嚴行查禁。業據高晉、永德等先後奏到,江浙兩省所有板片書本,陸續收繳銷燬。因思沈德潛、錢陳群二人,平素工於聲韻,其收藏各家詩集必多在。錢陳群於錢謙益詩文,似非其性之所近,且久直內廷,尚屬經事,諒不致以應禁之書,轉視爲可貴。若沈德潛,向曾以錢謙益詩選列《國朝詩別裁集》首,經朕於序文內申明大義,令其徹去,但既謬加獎許,必於錢謙益之詩,多所珍惜,或其門弟子狃於錮習,尚欲奉爲瓣香,妄以沈德潛齒宿爵尊,謂可隱爲庇護,慫憑存留,亦未可定。果爾,豈沈德潛不知思重,不復望朕爲之慶百歲耶? 沈德潛、錢陳群,自退居林下以後,朕恩禮便蕃,所以體恤而矜全之者,無所不至,冀其頤養林泉,俱臻上壽,人瑞表稱,爲東南縉紳佳話。優眷所被,至今有加。伊二人寧不感戴殊榮,勉思仰副? 若其家尚有錢謙益《初學》、《有學》等集未經呈繳者,即速遵旨繳出,與兩人毫無干涉,斷不必慮及前此收藏之非,妄生疑畏。豈朕成全兩人至此,而委曲令其繳出,轉從而加之罪責乎? 設或不知警悟,密匿深藏,使悖逆之詞,尚留人世,此即天理所不容,斷無不久而敗露之理。縱使二人不及身受其譴,寧不爲其子孫計乎? 朕於獎善懲惡,悉視其人之自取,從無絲毫假借,錢陳群尤所深知,而沈德潛則恐不能盡悉矣。著傳諭高晉、永德,將此旨就近密諭沈德潛、錢陳群知

---

① (清) 清高宗御製,(清) 于敏中、梁國治等奉敕編:《御製文集》,上海: 上海古籍出版社 1987 年版,《四庫全書·集部別集類》第 1301 冊,初集,卷 12,第 9b—11a 頁(總第 114—115 頁)。

之。令各據實恪遵,體朕始終優禮保全之意。仍將如何宣諭遵辦之處,附便奏聞。(1769D)①

沈德潛(歸愚,1673—1769)《國朝詩別裁集》(又有《欽定國朝詩別裁集》之目,今稱《清詩別裁集》),始選於乾隆十九年(1754),二十四年(1759)初刻,二十五年(1760)重訂,二十六年(1761)增訂本刻行,同年十二月,乾隆嚴屬批評之,責令南書房刪改重鐫,將錢謙益等之詩刪去。沈氏此選,收清初以迄乾隆間詩人近千,詩作幾達四千首,無愧鴻篇鉅製。沈氏以《國朝詩》名其集,固欲使之成爲清朝之"正典"(canon),而己爲此國朝詩"選政"之功臣。

沈德潛生前曾有殊遇,七十餘歲後獲帝識昈,平步青雲,"尚書房行走",致仕前,官拜內閣學士兼禮部侍郎。乾隆曾賜德潛詩,有句曰:"我愛德潛德,淳風挹古初。從來稱晚達,差未負耽書。"②沈進獻《國朝詩別裁集》,求御序,本爲成就聖朝及己一椿風雅之事,没想到,此舉竟爲自己及牧齋帶來滅頂之災。

沈德潛殁於乾隆三十四年(1769)。沈氏的文字獄案,竟在其身後愈演愈烈。先是乾隆四十一年,乾隆下令追查沈氏門人潛行印刷原本《國朝詩別裁集》之事。逮乾隆四十三年,"徐述夔逆詞案"發(乾隆語),乾隆以沈氏曾爲徐述夔作傳,"直視悖逆詩句爲泛常","雖已死,亦不可竟置不論",命廷臣議其罪。最後,曾經"青鞋布襪金階上,天子親呼老秘書"的沈老先生被追奪階銜、罷祠削諡、平毁墓碑,真個慘不忍睹③。沈氏晚歲及身後之劫禍,與牧齋難分難解,菟絲附女蘿,詩與政治之糾葛,往往出人意表,有莫知其所以然者。

宋端石綬帶硯歌(乾隆四十六年,1781)

端溪之石潤溪瀨,誰鑿爲硯刻綬帶?蓋不出乎熱中流,寓意乃在

---

①　清實錄館纂修:《清實錄·高宗純皇帝實錄》,卷八四一,乾隆三十四年八月下,第239—240頁。

②　(清)清高宗:《御製詩集》初集,卷三四,第23b頁。

③　袁枚《懷人詩》其四:"確士先生七十餘,自删詩稿號歸愚。青鞋布襪金階上,天子親呼老秘書。"見(清)袁枚:《小倉山房詩集·文集·外集》,上海:上海古籍出版社1995年版,《續修四庫全書·集部·別集類》第1431—1432册,上海圖書館藏清乾隆刻增修本影印本,詩集,卷三,第16b頁(總第262頁)。

不言外。鐵崖改綬以爲壽，欲藉硯田永年久。（二句檃括楊維楨銘語。）大明鏡歌鼓吹曲，亦曾用此摛詞否？（維楨於元仕不顯，而不肯仕明，似爲全人。然其集中，有《大明鏡歌鼓吹曲》，非刺故國，頌美新朝，與《劇秦美新》何異？豈真全人所爲？夫錢謙益既仕本朝，復陰爲詩文詆毀，深惡其進退無據，然猶稍有懷故國之心。若維楨，則直毀故國，其較謙益尤甚。昨歲因閱《四庫全書》，見所録維楨集，曾爲文揭其卷首以斥之。）爲壽榮乎抑辱乎？龍賓有識慼斯徒。①

作此詩三年以前（乾隆四十三年，1778），乾隆已有《題楊維楨〈鐵崖樂府〉》一文，云：

　　楊維楨於元仕不顯，而不肯仕於明，似爲全人矣。而其補集中，有《大明鏡歌鼓吹曲》，非刺故國，頌美新朝，非真全人之所爲，與《劇秦美新》何以異耶？予命爲《貳臣傳》，於錢謙益之既仕本朝，陰爲詩文詆毀，常惡其進退無據。然謙益之所毀者本朝，猶稍有懷故國之心，若維楨，則直毀故國，較謙益爲甚。夫文章者，所以明天理、叙人倫而已，舍是二者，雖逞其才華，適足爲害，不如不識字之爲愈也。若曰懼明祖之强留，而故爲此遜詞以自全，乃明哲保身之計，予謂明祖直未强留耳，若與之官，將亦必受之。何也？以其忘故國而知之。危素跋而贊之，蓋亦同病相憐，曲爲之解耳。因著此論，並命録其集前，亦所以教萬世之爲人臣者。②

乾隆四十六年諭有云：

---

① （清）清高宗：《御製詩集》，四集，卷七七，古今體七十六首（辛丑一），第15b—16a頁。又，"宋端石綬帶硯"，今存，即"南宋端石鳳池硯"，南宋淳熙元年（1174）銘，長24.1 cm，寬16.4 cm，厚3.5 cm，重3 310 g。紫端石，硯面陷刻一綬帶鳥，鳥首與鳥身爲墨池，長尾由左向右回繞出墨堂，首端與左下角有傷缺。硯背寬平，首端與右側有傷缺。中央直刻隸書："淳熙元年。"右方陰刻楷書銘："壽帶翩翩集我硯田，用發藻思亦以永年。"行楷款"維楨"，篆印"維楨"、"鐵崖"。左下方陰刻行書"姚綬珍藏"，篆印"雲東逸史"。下方側壁陰刻楷書乾隆此詩。款識曰："乾隆己亥（四十四年，1779）仲秋月，御題。"陰刻篆書印"古香"、"太璞"。見故宮博物院編輯委員會編：《千禧年宋代文物大展》，臺北：故宮博物院2000年版，第445頁。又，硯上乾隆此詩下款題乾隆四十四年，而在《御製詩四集》中，此詩屬乾隆四十六年之什。今觀硯上詩與《御製詩集》中詩文字相同，但《御製詩集》本增加了注文。或乾隆先有硯上詩，後又於乾隆四十六年爲詩添注，故所標作年亦有二？

② （清）清高宗：《御製文集》，二集，卷一八，第5b—6b頁。

命館臣録存楊維楨《正統辨》。論：……夫維楨身爲元臣，入明雖不仕，而應明太祖之召，且上《鐃歌鼓吹曲》，頌美新朝，非刺故國，幾於《劇秦美新》，<u>其進退無據，較之錢謙益託言不忘故君者，鄙倍尤甚</u>，向屢於詩文中斥之。（1781B）①

楊維楨（鐵崖，1296—1370），所謂“元末三高士”之一，元亡後不仕。楊氏詩、文、戲曲皆精，尤以“鐵崖體”古樂府詩名擅一時。元社既屋，明太祖召楊纂修禮、樂書，婉辭不就。後有司敦促再三，無奈赴京，作《老客婦謡》，以表不仕二朝之意。留京百有一十日，俟所修書叙例略定，即乞歸家。行前宋濂作詩贈别，有句云：“不受君王五色詔，白衣宣至白衣還。”楊抵家卒。②

楊維楨不仕二姓，理應得到乾隆的讚美纔是，不意乾隆卻深惡其人。在乾隆看來，楊氏雖無仕明之事實，但未必無仕明之心，又應明太祖召至京，上《大明鐃歌鼓吹曲》，“頌美新朝，非刺故國”，無異於“劇秦美新”。在乾隆批判楊維楨之際，牧齋竟然又成爲對比的對象。於此語境中，相對於維楨，牧齋雖進退無據，又陰爲詩文詆毁，“然猶稍有懷故國之心”，比維楨尚算略勝一籌。難得乾隆找到一個比牧齋更“不齒於人”的易代人物。

四、乾隆批判牧齋詩文探微

詳味乾隆三十年（1765）乾隆所作三詩，可知該年前後，他對牧齋的反感似乎還不至於太强烈，還未採取大段、長篇詩注的策略以施展其對牧齋狠毒的人身攻擊（詳下）。《反錢謙益淮陰侯廟詩即用其韻》、《歌風臺》二首，乃步韻詩，至少在文詞的表層結構上，與原作構成一定程度的、對等的互動關係，已作難免有所制約與收斂。就意韻而言，此二詩接近傳統的詠史詩，對前人所發的“史論”作一“翻案”（rebuttal），運思與文辭大體在傳統同類型作品的法度中。步韻有一定難度，能完成這兩首步韻詩，想乾隆對

---

① 清實録館纂修：《清實録·高宗純皇帝實録》，卷一一四二，乾隆四十六年十月上，第308頁。
② 詳（清）張廷玉等：《明史·楊維楨傳》，北京：中華書局1974年版，卷二八五，第7308—7309頁。

自己的詩藝多少有些得意。

《題夏圭山水》二首並未對牧齋作出任何批評,且其二末聯後注云"見卷前錢謙益識語",以此可以推想,乾隆本聯乃借用或化用牧齋原作的文字而來。這可以説是乾隆對牧齋罕見的"首肯"。固然,乾隆此詩是題寫在夏圭的畫作上的,這宋畫是國寶,"宜子孫"的物件("宜子孫"是乾隆在畫上所鈐衆多藏印的其中一章),乾隆自然會刻意爲自己在畫上留下一個文雅、聖哲的形象,以垂示永久,無惡言潑語,也頗可以理解。

前此四年,乾隆二十六年(1761),在示軍機大臣關於沈德潛《國朝詩別裁集》的諭令中,乾隆議及牧齋,也只説:"伊在前明,曾任大僚,復仕國朝,人品尚何足論? 即以詩言,任其還之明末可耳,何得引爲開代詩人之首?"乾隆此數語,比起以後的詬罵,可算"温柔"。

要言之,在這幾年間,乾隆尚未太在意、痛恨牧齋,對他的批評是偶然觸發的,尚有分寸。此中原因何在? 很可能是因爲乾隆此際還未讀過牧齋的《初學》、《有學》二集,對牧齋的認識尚不深,只是從沈德潛的《國朝詩別裁集》讀到牧齋若干詩作。乾隆《反錢謙益淮陰侯廟詩即用其韻》所"反"的牧齋的《題淮陰侯廟》詩,即在沈選中。在其1769A諭中,乾隆即云:"朕從前序沈德潛所選《國朝詩別裁集》……彼時未經見其全集,尚以爲其詩自在,聽之可也。今閲其所著《初學集》、《有學集》,荒誕背謬,其中詆謗本朝之處,不一而足。"可證。

後五年,乾隆三十五年(1770)的《觀錢謙益〈初學集〉因題句》詩是一個分水嶺,自此以後,乾隆對牧齋,儘是詬詈之詞。這個新的發展來得其實並不突然。前此一年,乾隆三十四年(1769),牧齋已遭受到清王朝最密集的、嚴厲的批判;其年六月至十二月,半年之內,乾隆對牧齋曾六度發言,批判不遺餘力。1769A—F六件文獻中,前四爲乾隆諭旨,指摘牧齋《初學》、《有學》二集"荒誕背謬","詆謗本朝之處"觸目皆是;復指示:"此等書籍,悖理犯義,豈可聽其流傳,必當早爲銷燬。"清廷禁燬牧齋著作之舉,於兹正式啓動。乾隆於此四諭中,對禁燬牧齋的具體措施、地域範圍、任員、時程等等,頒下明確的指令。後二文獻較短,係臣下就牧齋著作的情況上奏,乾隆在其上批覆之言。

在上述第一階段的批判中,乾隆認爲:"伊在前明,曾任大僚,復仕國朝,人品尚何足論?"指出牧齋人品有問題。在這第二階段中,批判的火力大大增强。乾隆説:"(錢謙益)在前明時,身躋膴仕,及本朝定鼎之初,率先投順，洊陟列卿，大節有虧，實不足齒於人類。"（1769A）到此地步，牧齋已不止人格有缺陷，他簡直不是人了。至於牧齋的著作，乾隆評曰："夫錢謙益，果終爲明臣，守死不變，即以筆墨騰謗，尚在情理之中。而伊既爲本朝臣僕，豈得復以從前狂吠之語，刊入集中？ 其意不過欲借此掩其失節之羞，尤爲可鄙可恥。"（1769A、1769B 開首之論類此。）很明顯，在此一階段的乾隆詩文中，牧齋在關乎臣節的道德問題之上，還有一個因爲對清朝"筆墨騰謗"而帶來的政治問題，而後者又連帶使前者的嚴重性大幅增加，更形具體化。

《觀錢謙益〈初學集〉因題句》爲五律，篇幅不長，卻是乾隆批評牧齋詩中最狠辣的一首，是對牧齋全方位的攻擊。乾隆三十六年（1771）的《銅印詩》所詠的主體並非牧齋，詩是乾隆因收得元末文物而發的思古之幽情。詩末論及中國史家對元末正統歸屬論斷之不公，云："南人率左袒，正論誰衷折。"而詩之末聯忽及牧齋，云："謙益瀛國公，其事益瞀説。"牧齋《書瀛國公事實》一文乃考史之作，主元順帝爲元明宗"抱養"之子，其生父實乃宋降主瀛國公。牧齋此論，是否"瞀説"，或可先置之不論，更重要的是，乾隆從"南人"史家忽而轉接至牧齋，在無意中透露出牧齋在其心目中的分量——牧齋儼然爲"南人"史家的代表。再者，乾隆厭惡的，又豈止於牧齋對"本朝"的"筆墨騰謗"？ 凡是牧齋對"異族"政權（古或今）有所諷議，都"招急"，聖天子乾隆一定要站出來糾謬匡正，口誅筆伐其"瞀説"。在此一認識下，乾隆與牧齋的對決，就不只因爲牧齋的文字對大清有所冒犯而已，而是因爲牧齋議及明清、漢滿、中外、華夷、正閏等大關大節，觸犯了當朝皇上的權威。愚意以爲，這纔是乾隆批判牧齋的關鍵所在。故質言之，牧齋文字、議論之妥當與否，只是乾隆詬罵牧齋的跳板而已，其亟亟捍護的，是"異族"入主"中國"的"政治正當性"（political legitimacy）。

乾隆批判牧齋的第三階段，有乾隆四十三年（1778）的《全韻詩》、《寧遠祖氏石坊疊舊作韻二首》（及乾隆四十八年［1783］的《寧遠祖氏石坊再疊舊作韻二首》）、《經吕翁山作》（及乾隆四十八年的《經吕翁山疊戊戌舊作韻》）。這五題七首詩的共同之處，在於所詠的都是明清易鼎之際人物，但此等人物，於生死去就的抉擇卻又迥然不同——《全韻詩》所詠者，乃爲明朝殉節死事之忠臣；《祖氏石坊》及《吕翁山》諸什，則事涉叛明降清之"貳臣"。乾隆没有在詩的正文中詠及牧齋，牧齋出現在詩句後的長注中。

若然真如乾隆所言，其批判牧齋，"實爲世道人心起見，止欲斥棄其書，並非欲查究其事"（1769A），那麼，在上述第二階段的詩、文、措施中，禁燬牧齋的作業可説已經布置完成，而且很快就見到成效，何以牧齋仍屢屢出現在乾隆此一階段的文字中？大概是因爲乾隆發現，牧齋大有"回收再利用"（recycle）的價值，故而不斷"鞭打一匹死馬"（beating a dead horse）。

如同上一階段，《全韻詩》、《祖氏石坊》、《吕翁山》諸作涉及牧齋的内容，都可在乾隆前此數年的諭令中找到對應的文字以及詮解的基準。乾隆四十年（1775）到四十三年（1778）間，對於明清易代之際的重要人物，乾隆下令給予權威的、官方的評價，具體的舉措是贈予明季殉節諸臣謚號，以及命國史館編列《貳臣傳》（及後復命《貳臣傳》分甲、乙二編），前者可參看乾隆四十年的諭令，後者有乾隆四十一年（1776C）、四十三年二諭可資研尋。

正是在製定其對明季殉國諸臣及"貳臣"的評議綱領、政策時，乾隆發現牧齋是一唾手可得的參照系，可多加利用。相對於"臨危授命，均足稱一代完人"的明季死事諸臣，"若錢謙益之自詡清流，靦顔降附，及金堡、屈大均輩之倖生畏死，詭託緇流，均屬喪心無恥，自當嚴《春秋》斧鉞之誅"，追加封謚，自然没他們的份。至如洪承疇、祖大壽等人物，"雖是貳臣背明國"，但洪承疇其人，"視其歷著勳績，忠於我朝"，而祖大壽，"雖由明總兵來降，有負勝國，然在本朝，則功績茂著，其子孫並爲世臣"，乾隆乃命史館臣，如此二人者，"正宜列之甲編"。

牧齋又如何？乾隆明確指示："其進退無據，不齒於人，如錢謙益，爲乙編，以示褒貶。"當初館臣受命編纂《貳臣傳》，稿成後呈上覽，乾隆披閲後，發現書中將錢謙益、洪承疇、祖大壽等混爲一談，龍顔大不悦，退件，命再分甲、乙二編，甲褒，乙貶。牧齋竟爾成爲清帝評價古今臣節的基準，而清代官史之一的體例、結構又因之而發生變化，牧齋於九泉之下，應感到"與有榮焉"？

總而言之，乾隆此一階段詩篇所詠的人物是明清之際明朝殉國諸臣及歸降清朝的"貳臣"，涉及牧齋的文字只在詩注中出現，但在此一語言環境中，乾隆所形構的、關於牧齋的"歷史記憶"（historical memory）可謂每況愈下，愈"不齒於人"了。

不在上述三個語義系統中的，尚有二詩。乾隆四十四年（1779），乾隆有《五詞臣五首》之作，其中一首爲《故禮部尚書銜原侍郎沈德潛》，牧齋出現在詩的前序及夾注中。上文已指出，牧齋之所以引起乾隆皇帝的注意，很有可能就是乾隆二十六年（1761）沈德潛進呈《國朝詩别裁集》求御序所惹的禍。乾隆於當年已降旨批評沈德潛及牧齋，此諭之文字及旨意又重現於乾隆賜沈書的序中。後來，在查禁牧齋著作最嚴厲時（乾隆三十四年，1769），乾隆又下特諭，警告沈德潛莫存僥倖，切勿"密匿深藏"牧齋詩集，否則後果自負（見1769D）。此乃其年八月廿九日之事，而沈猝死於九月七日①，乾隆此諭恐與沈氏之暴斃不無關係。逮乾隆四十一年（1776），乾隆又諭軍機大臣等，謂發現德潛歿後，"其門下士無識者流，又復潛行刷印"未經删定之原本《國朝詩別裁集》，命追查原板所在，解京銷燬。此德潛歿後一小劫也（詳1776B）。乾隆四十三年（1778），發生所謂"徐述夔逆詞案"，乾隆謂："沈德潛曾爲作傳，稱其品行文章皆可法，直視悖逆詩句爲泛常，轉欲爲之記述流傳，則良心澌滅盡矣！使其身尚在，獲罪不小。雖已死，亦不可竟置不論。"事態嚴重了。命下廷臣議，結果是："削奪所有階銜祠諡，並仆其墓碑，以爲衆戒。"此德潛身故後之一大劫。乾隆《故禮部尚書銜原侍郎沈德潛》一詩即作於此案定讞之次年，難怪其詩序、夾注叙述此事之來龍去脈特爲詳盡，之所以如此，大概就是不欲臣民視聖主爲刻薄寡恩之人，遂洋洋灑灑、絮絮叨叨一大篇，以申明中外，"余不負德潛，而德潛實負余也"②。

　　乾隆四十六年（1781），牧齋意外獲得一個小小的"平反"。乾隆本年收得一件南宋端石鳳池硯，見硯背刻楊維楨銘文，不恥之，乃作《宋端石綬帶硯歌》刻硯側壁，以譏諷維楨。乾隆於詩的夾注中議及維楨與牧齋的人格操守。元末楊維楨入明不仕，當時後世頗有嘉其行者。但在乾隆看來，維楨實乃僞君子，蓋其曾作《大明鐃歌鼓吹曲》，"非刺故國，頌美新朝，與《劇秦美新》何異？豈真全人所爲"？乾隆認爲，楊維楨比牧齋顯得更爲卑鄙無恥："夫錢謙益既仕本朝，復陰爲詩文詆毀，深惡其進退無據，然猶稍有懷故國之心。若維楨，則直毀故國，其較謙益尤甚。"雖然如此，乾隆依然趁機抒發了他對牧齋制式般的譏貶，但至少，在這個語境中，乾隆承認牧齋"猶稍有懷故國之心"。牧齋此一"美德"，乾隆是從未在他處表過的。（固然，前此三年，乾隆已作有《題楊維楨〈鐵崖樂府〉》一文，置諸《四庫全書》所錄維楨集卷首，此處詩注大部分文字實迻錄自該處，包括其評牧齋者。）

①　（清）袁枚：《太子太師禮部尚書沈文愨公神道碑》，《小倉山房詩集·文集·外集》，文集卷三，第23a頁（總第12頁）。

②　此中情實，也許還有必要從另一角度考量之，此乃於香港嶺南大學一次會議席間，徐雁平、羅時進二位教授所提點者。要言之，究竟是因爲乾隆要批判牧齋而牽連及沈德潛，還是因爲乾隆要奪其時天下之"文柄"（在沈德潛手中），必先整治而後方可？而牧齋乃此事"冷手"中之"熱煎堆"，遂借力打人？此一"陰謀論"，實在發人深省，惜筆者對沈德潛與乾隆二人之間的關係尚無深入研究，不敢臆斷，請俟他日。

五、關於皇權與"場域"的理論性思考

　　乾隆雖然愛寫,但其詩藝無甚足觀,顯而易見。但上文所述關於乾隆詠及牧齋的詩,卻有一個不見於歷代詩歌的、殊堪玩味的現象——這在於他安排詩句與附注的形構方式 (textual configuration)。從乾隆二十五年的《銅印詩》開始,我們發現,詩與注的篇幅完全不成比例,注文字數遠遠超過詩句本身——詩,淪爲滄海一粟,四面楚歌。而在相關的詩作中,注文又多半雷同,其來源,都是詩篇誕生前乾隆所曾頒下的相關諭令。

　　乾隆的詩與注構成一個"詮釋循環" (hermeneutic circle),可謂"吾道一以貫之"矣。而文本意義的基石,乃至於歸宿,不在詩,而在注 (或序) 中所述引的、乾隆的諭令。這些附注,是否乾隆手筆,很難判斷。"十全老人"治御天下萬國,文治武功,日理萬機,故而這些冗長的詩注,很可能是他授意翰林學士或隨侍的詞臣代爲檢索、繕寫的,但乾隆這皇帝,精力確實異於常人,要是他真的寫起來,也常滔滔不絕,連篇累紙。無論如何,這些文字是乾隆"權力意志"、"絕對意志"的展演則可斷言。乾隆雖屢屢強調其以"大公至正爲衡",所作所爲,光明磊落,"準情理而公好惡,即以示彰癉,而植綱常"、"以示傳信,而彰公道",但究其實,這種種背後,有一種嚴格的道德律在起著指導作用,而其"終極關懷" (ultimate concern),在於進一步鞏固清朝統治中國(甚至於萬國)的政治正當性,模鑄一種只效忠於一朝一姓的臣節觀,以及喚醒滿清八旗的"歷史記憶"。這些詩篇,可能是乾隆一時興起的產物,但其背後因爲有乾隆的政治觀、道德律、"權力意志"在支配著一切的賦義 (signification) 行爲與過程,它們難免宿命地、無奈地淪爲注文/詔諭/御旨的附庸。

　　史家 Mark Elliott 曾論乾隆之文藝作爲,有言道:

　　　　通過將自己訓練爲一個藝術鑒賞家和實踐者,乾隆想要展現給眾人的是一個理想的君子形象,就其言談和行爲而言,乾隆企圖在文章與武德之間取得完美平衡:精通射術並不足以讓他贏得文官的尊敬,其中一些文官爲世家大族,他們擁有的藏書比皇家還多。爲了鞏固皇權和他個人的權威,乾隆必須爲自己建構一個睿智君主的形象,以顯

示他和他治下的臣民一樣精通詩歌、藝術、歷史和哲學。這顯然並非易事。在某種程度上,乾隆是成功的;但從另一方面來看,他的努力因自負、褊狹和過激而打了折扣。不過,無論如何看待他的文化品味和天分,乾隆對於那一時代領域所産生的影響,兩者都不容忽視。①

此中意思,若用法國哲學家、社會學家布迪厄(Pierre Bourdieu)"場域"(field)理論的概念來表述,則乾隆乃欲將其於"文藝場域"中通過文藝創作所積累的"文化資本"(cultural capital),以及其扮演"詩人/書畫家/行動者"所掙得的"象徵資本"(symbolic capital),"轉換"爲其於"政治場域"中所能使用的資本與權力。愚見以爲,Elliott於此之説未免過於謹小慎微(又因寫作者對其書寫對象難免有"移情作用",遂亦有所遮閉)。要言之,至少從本文論述的乾隆有關牧齋的詩文來看,乾隆憑恃其九五之尊(imperial authority)而施行集權專制(autocracy),以及"自由",根本無視於各場域中的"自主性";乾隆的言論摻和了"文藝/政治/朕"而形成一種權力的"混合體"(hybridity)——結果,斯文掃地,一切均淪爲其"權力意志"的展演與施行。下面,不妨再援用布迪厄的理論,進一步分析此中情況②。

布迪厄的實踐理論包含三個核心概念,即,"習性"(habitus)、"資本"(capital)、"場域"。每一場域(諸如經濟場域、政治場域、文藝場域、科學場域)都具有半自主性,由場域中的"行動者"(agent)(如詩人、科學家等)來表出其特徵。然而,場域並不是絶緣體,在一個場域中獲得的資本酬勞是有可能"轉換"到另一個場域中的。布迪厄把資本的不同形式的構成以及資本在各場域中的"可轉換性"放到了研究的中心位置③。

---

① 歐立德:《皇帝亦凡人》,第204—206頁。
② 在討論乾隆常將其書法作品賜予臣下的現象時,Elliot曾説:"乾隆更樂意將其在書法上的天資轉變爲一種政治資本。"已觸及"文化資本"轉換爲"政治資本"的問題。見歐立德:《皇帝亦凡人》,第211頁。由此看來,我在這裏進一步使用Bourdieu的資本理論來探討此中涉及的"場域"間的逾越關係,應該是一個可取的進路。
③ 可參包亞明:《譯後記》,《文化資本與社會煉金術——布爾迪厄訪談録》,上海:上海人民出版社1997年版,第216—219頁。布迪厄説:"資本的不同類型的可轉換性,是構成某些策略的基礎,這些策略的目的在於通過轉換來保證資本的再生産(和在社會空間佔據的地位的再生産)。……資本的不同類型可以根據它們的再生産性加以區别,或更確切地説,可以根據它們如何輕易地被傳遞來加以區分,即帶著或多或少的損失和或多或少的隱蔽性來加以區分;損失率與隱蔽的程度成反比狀變化。"布迪厄:《文化資本與社會資本》(原題爲《資本的形式》),收入《文化資本與社會煉金術——布爾迪厄訪談録》,第209—210頁。

　　布迪厄所謂的“文化資本”以三種形式存在：一、具體的狀態，以精神和身體的持久“性情”的形式；二、客觀的狀態，以文化商品的形式（圖片、書籍、詞曲、工具、機器等等），這些商品是理論留下的痕跡或理論的具體顯現，或是對這些理論、問題的批判，等等；三、體制的狀態，以一種客觀化的形式，這一形式必須被區別對待，因爲這種形式賦予文化資本一種完全是原始性的財產，而文化資本正是受到了這筆財產的庇護①。

　　關於“文藝場域”的自主性及其行動者的特性，高宣揚有頗爲精到的觀察：布迪厄在分析文學和藝術場域時，一方面指明文學和藝術場域與社會其他場域的關聯（如其與政治或經濟場域的共同特點），但另一方面又呕呕揭示文學和藝術場域的文化再生產邏輯的特殊性，突顯其運作邏輯的自律性。文學和藝術場域不同於政治或經濟場域，在於文學和藝術所使用的特殊象徵性符號系統，其作爲人類創造精神的最高級、最細膩和最超越的表達方式，具有特別複雜、曲折、靈活和迂迴的性質。此外，文學家和藝術家，作爲特殊的知識分子，又傾向以清高的姿態和隱蔽的形式曲折地表達他們的利益和欲望。他們不願意直接參與社會、政治和經濟場域的鬥爭，有時甚至將政治和經濟場域的鬥爭看成“骯臟”的交易活動，他們寧願更多地以良心和道德責任的名義，從抽象的人性出發，監督政治和經濟場域的鬥爭②。

　　易言之，文藝場域的象徵性符號系統具有抽象、迂迴、“不切實際”的特質。若就中國傳統的文藝觀而言，也許就是講求“興寄”、“神韻”、“含蓄”、“言有盡而意無窮”等等。而且，欲將從文藝場域中掙得的資本“轉換”成經濟或政治場域的資本難乎其難。（不妨想想，畢其一生，梵谷曾賣出過幾張畫？司馬相如，又爲什麼要讓卓文君當爐賣酒？）再則文藝場域中人清高（或自命清高），“不戚戚於貧賤，不汲汲於富貴”③（至少就理想而言），且多半對政治冷感，或刻意敬而遠之，是以文人雅士、騷人墨客窮愁潦倒，朝不保夕，古今中外司空見慣，應謂尋常。

　　乾隆皇帝的文藝作爲及情狀，卻完全不符合以上的描述。竊以爲，乾

---

① 布迪厄：《文化資本與社會資本》，《文化資本與社會煉金術——布爾迪厄訪談録》，第192—193頁。
② 高宣揚：《布迪厄的社會理論》，上海：同濟大學出版社2004年版，第82—83頁。
③ 陶淵明於《五柳先生傳》中引黔婁之妻之言以自況。見逯欽立校注：《陶淵明集》，香港：中華書局1987年版，第175頁。

隆的賦詠行爲及其影響，不能用文藝場域的生產邏輯和美學來理解（無論乾隆是多麼的想附庸風雅）。乾隆關於牧齋的詩作帶有強烈的、明確的政治目的性，是政治舉措的產物；也可以說，在乾隆的操弄下，文藝場域與政治場域重疊起來了。此時，傳統詩歌的美學宗尚幾乎完全被犧牲掉，儘管這些詩篇遵從詩體的格律要求寫成（諸如句式、平仄、對仗、押韻等），卻毫無詩意、韻味。這些文本特殊的形構方式與結構更是對傳統詩歌的體式與情韻恣意的破壞（vandalism）：乾隆把原屬政治場域的文件（documents，他的諭旨、詔書，儘管其每每是披著教化的外衣而頒下的）"剪貼"（cut-and-paste）到詩句的四周，完全無視詩歌美學系統對意象、象徵、抒情、典雅的要求。更重要的是，詩中或詩後附注一般擔當補充、輔助的功能，爲詩句服務，而且文字也講求與詩句諧協，不至於喧賓奪主。乾隆的文本卻將這種主從關係、結構以及文字質地（textuality）完全顛倒過來——文本的意涵來自乾隆的諭令，詩句本身只是這些諭令的韻語"轉譯"（paraphrasing），淪爲相關諭令的附庸、從屬、延展。乾隆這些詩作（也許除了《題夏圭山水》一題），自始至終，都是政治場域的產物。乾隆專橫、野蠻地剝奪了文藝場域中文化生產的自主性、自律性，以及詩人的靈魂與尊嚴。

弔詭的是，乾隆這些味同嚼蠟的詩作卻擁有在文藝場域中一般詩作難以企及的權力與光環。箇中原因何在？首先，這些詩作出自御筆，乃皇帝的化身，其權威性不言而喻，且不容置疑。再者，在這些詩篇尚未誕生以前，它們的意義與權力早已獲得"體制"的確認與奉行，因爲詩篇的意義及旨歸其實來自早於詩篇的、在政治與法律場域中擁有至高無上的權力的"聖旨"。

正因爲在乾隆的操作下，文藝場域等同於政治場域，原來在各別場域的資本的困難"轉換"，現在不費吹灰之力就可以達成。復次，文藝場域的行動者原爲藝術家與作家，而政治場域的行動者是政治家，但就本文所論述的情況而言，這兩個場域的行動者都是乾隆皇帝本人，"政"與"教"既集於一身，"場域"於"帝力"何有哉！乾隆關於牧齋的詩作是乾隆的政治資本，"文章，經國之大業"。明乎此，也許，我們對於乾隆的詩作（以及乾隆作爲詩人）就不必過於苛評了——因爲它們不是詩。

總而言之，在乾隆有關牧齋的詩作中，展露的除了平庸乏味、不甚高明的"湊韻"（以及"不韻"，尤其是他詠五詞臣中沈德潛那首，於其中，乾隆恣意地揭人隱私，刻薄寡恩）以外，也就是皇權與"國家"無所不在的、龐大的力量與意志。固然，我們也不能否認，他這種種作爲，也許是出於爲其大清王朝的福祉以及臣民的"健康"思想著想，有其睿智、善良與苦心在。而布迪厄提醒我們："……國家最主要的力量之一，就是將思想的範疇强加於我們，并讓我們自發地將之運用於社會世界的所有事物，包括國家本身。"①至於乾隆屢屢强調的"大公至正"、"以示傳信，而彰公道"，我們不妨認爲，他是在文字中暗中（其實是明目張膽，習讀經史的讀者一眼就能看破）"挪用"（appropriate）中國先聖的格言箴訓，以行使其"象徵權力"（symbolic power）："假自然、仁愛、賢能的名義而行，意義與賦義系統（systems of meaning and signification）遂得以遮蔽（並因此而强化）壓迫與剥削關係的能耐。"②也許不妨説，乾隆所施展的象徵權力，對牧齋（以及類似牧齋的文士）而言，究其實，就是"象徵暴力"（symbolic violence），以及實際暴力。

六、結　語

於中國歷代帝王中，唐太宗（626—649 在位）是乾隆心儀的對象。陳威（Jack W. Chen）對於唐太宗的文學舉措有頗爲深刻的觀察。他指出，對於唐太宗而言，文學之所以對帝國的建立與鞏固至關要緊，是因爲"在文學的空間中，帝國與君主得以被想象"。陳威以"文學的構建力量"（constitutive power）形容之；在文學作品中，"抽象的政治觀念與難以名狀的社會機制被賦予了形式和聲音"。唐太宗書寫文學及政治的文本，而這些作品"也同時成爲其理想形象（ideal image），他的自我（self）也因之而受到規範"，他既是這些作品的"主體"（subject），也是這些作品的客體（object）③。在唐太宗的詩歌裏，陳威看到"在詩人的主體與帝國的化身（persona）之間存在著緊張性"④。而唐太宗的"帝王詩"（imperial poetry）不應只被看作"政治正

---

① 成伯清：《布爾迪厄的用途》，收入皮埃爾·布爾迪厄著，劉成富、張艷譯：《科學的社會用途——寫給科學場的臨床社會學》，南京：南京大學出版社 2005 年版，第 11 頁。

② Loïc Wacquant 闡釋 Bourdieu "象徵權力"的概念。見 Loïc Wacquant, ed., *Pierre Bourdieu and Democratic Politics: The Mystery of Ministry* (Cambridge and Malden [Massachusetts]: Polity Press, 2005), p. 134。

③ Jack W. Chen, *The Poetics of Sovereignty: On Emperor Taizong of the Tang Dynasty* (Cambridge [Massachusetts] and London: Harvard University Asia Center, 2010), p. 4.

④ Chen, *The Poetics of Sovereignty*, p. 381.

當性"（political legitimation）的産物。唐太宗是在認真寫詩，是詩人①。

　　唐太宗之後千餘載，清朝乾隆皇帝的文治武功成就彪炳。但在乾隆的詩文中，我們看不到像唐太宗那樣的詩與政治間的拉扯與"張力"（tension）。乾隆的詩，至少就本文所述引的那些而言，只是政治的傳聲筒，其中君主的"權力意志"無所不在，轟耳欲聾。花非花，霧非霧。乾隆不是詩人。他通過詩體所欲建構的，是一個絶對的、曠古絶今的聖王形象。

　　　　　　　（作者單位：香港中文大學中國語言及文學系）

---

① Chen, *The Poetics of Sovereignty*, p. 382.

《嶺南學報》徵稿啓事

　　本刊是人文學科綜合類學術刊物，由香港嶺南大學中文系主辦，上海古籍出版社出版，每年出版兩期。徵稿不拘一格，國學文史哲諸科不限。學報嚴格遵循雙向匿名審稿的制度，以確保刊物的質量水準。學報的英文名爲 *Lingnan Journal of Chinese Studies*。

　　《嶺南學報》曾是中外聞名的雜誌，於 1929 年創辦，1952 年因嶺南大學解散而閉刊。在這二十多年間，學報刊載了陳寅恪、吳宓、楊樹達、王力、容庚等 20 世紀最著名學者的許多重要文章，成爲他們叱咤風雲、引領學術潮流的論壇。

　　嶺南大學中文系復辦《嶺南學報》，旨在繼承發揚先輩嶺南學者的優秀學術傳統，爲 21 世紀中國學的發展作出貢獻。本刊不僅秉承原《嶺南學報》“賞奇析疑”、追求學問的辦刊宗旨，而且充分利用香港中西文化交流的地緣優勢，努力把先輩“賞奇析疑”的論壇拓展爲中外學者切磋學問的平臺。爲此，本刊與杜克大學出版社出版、由北京大學袁行霈教授和本系蔡宗齊教授共同創辦的英文期刊《中國文學與文化》(*Journal of Chinese Literature and Culture*, 簡稱 *JCLC*) 結爲姐妹雜誌。本刊不僅刊載來自漢語世界的學術論文，還發表 *JCLC* 所接受英文論文的中文版，力爭做到同步或接近同步刊行。經過這些努力，本刊冀求不久能成爲展現全球主流中國學研究成果的知名期刊。

　　徵稿具體事項如下：

　　一、懇切歡迎學界同道來稿。本刊發表中文稿件，通常一萬五千字左右。較長篇幅的稿件亦會考慮發表。

　　二、本刊將開闢“青年學者研究成果”專欄，歡迎青年學者踴躍投稿。

　　三、本刊不接受已經發表的稿件，本刊所發論文，重視原創，若涉及知識産權諸問題,應由作者本人負責。

　　四、來稿請使用繁體字,並提供 Word 和 PDF 兩種文檔。

　　五、本刊採用規範的匿名評審制度,聘請相關領域之資深專家進行評審。來稿是否採用,會在兩個月之内作出答覆。

　　六、來稿請注明作者中英文姓名、工作單位,並附通信和電郵地址。來稿刊出之後,即付予稿酬及樣刊。

　　七、來稿請用電郵附件形式發送至: Ljcs@ ln.edu.hk。

　　編輯部地址: 香港新界屯門　嶺南大學中文系（電話:［852］2616 - 7881）

撰 稿 格 式

一、文稿包括三部分：本文、中文提要及不超過 6 個的關鍵詞。

二、請提供繁體字文本，自左至右橫排。正文、注釋使用宋體字，獨立引文使用仿宋體字，全文 1.5 倍行距。

三、獨立引文每行向右移入二格，上下各空一行。

四、請用新式標點。引號用""，書名、報刊名用《》，論文名及篇名亦用《》。書名與篇（章、卷）名連用時，用間隔號表示分界，例如：《史記·孔子世家》。

五、注釋請一律用腳注，每面重新編號。注號使用帶圈字符格式，如①、②、③等。

六、如引用非排印本古籍，須注明朝代、版本。

七、各章節使用序號，依一、（一）、1.、（1）等順序表示，文中舉例的數字標號統一用（1）、（2）、（3）等。

八、引用專書或論文，請依下列格式：

（一）專書和專書章節

甲．一般圖書

1. 楊伯峻：《春秋左傳注》，北京：中華書局 1990 年修訂版，第 60 頁。

2. 蔣寅：《王夫之詩學的學理依據》，《清代詩學史》第一卷，北京：中國社會科學出版社 2012 年版，第 416—419 頁。

乙．非排印本古籍

1.《韓詩外傳》，清乾隆五十六年（1791）金谿王氏刊《增訂漢魏叢書》

本,卷八,第四頁下。

2.《玉臺新詠》,明崇禎三年(1630)寒山趙均小宛堂覆宋陳玉父刻本,卷第六,第四頁(總頁 12)。

(二) 文集論文

1. 裘錫圭:《以郭店〈老子〉爲例談談古文字》,載於《中國哲學》(郭店簡與儒學研究專輯)第二十一輯,瀋陽: 遼寧教育出版社 2000 年版,第 180—188 頁。

2. 余嘉錫:《宋江三十六人考實》,載於《余嘉錫論學雜著》,北京: 中華書局 1963 年版,第 386—388 頁。

3. Ray Jackendoff, "A Comparison of Rhythmic Structures in Music and Language", in *Rhythm and Meter*, eds. Paul Kiparsky and Gilbert Youmans (San Diego, California: Academic Press, 1998), pp.15–44.

(三) 期刊論文

1. 李方桂:《上古音研究》,載於《清華學報》新九卷一、二合刊(1971年),第 43—48 頁。

2. 陳寅恪:《梁譯大乘起信論僞智愷序中之真史料》,載於《燕京學報》第三十五期(1948 年 12 月),第 95—99 頁。

3. Patrick Hanan, "The Chinese Vernacular Story", *The Journal of Asian Studies* 40.4 (Aug. 1981): pp.764–765.

(四) 學位論文

1. 吕亭淵:《魏晉南北朝文論之物感説》,北京: 北京大學學位論文,2013 年,第 65 頁。

2. Hwang Ming-chorng, "Ming-tang: Cosmology, Political Order and Monument in Early China" (Ph.D. diss., Harvard University, 1996), p.20.

(五) 再次徵引

再次徵引時可僅出列文獻名稱及相關頁碼信息,如:

注① 楊伯峻譯注:《論語譯注》,第 13 頁。

九、注解名詞,注脚號請置於名詞之後;注解整句,則應置於句末標點符號之前;若獨立引文,則應置於標點符號之後。

十、英文提要限 350 個單詞之内,中英文提要後附關鍵詞,一般不超過6 個。

十一、標題及署名格式舉例如下（中英文提要亦按同樣格式署名）：

南北朝詩人用韻考

王　力

北京大學中國語言文學系教授